Das Individuum ohne Leidenschaften

Elena Pulcini

Das Individuum ohne Leidenschaften

Moderner Individualismus und
Verlust des sozialen Bandes

diaphanes

Titel der Originalausgabe:
L' individuo senza passioni
Individualismo moderno e perdita del legame sociale
© Bollati Boringhieri editore, Torino, 2001

Aus dem Italienischen von
Eva Birkenstock

Dieses Buch erscheint mit Unterstützung
des Programms Kultur 2000 der Europäischen Union.

Kultur 2000

Der Verlag dankt dem
Dipartimento di Filosofia der
Università degli Studi di Firenze

1. Auflage; ISBN 3-935300-27-1
© diaphanes, Berlin 2004
www.diaphanes.net
Alle Rechte vorbehalten

Umschlagzeichnung: Nikolai Franke
Layout: iograu, www.iograu.de
Druckvorstufe: 2edit, Zürich, www.2edit.ch
Druck: Stückle, Ettenheim

Inhalt

Einleitung   7

I. Von der Ethik der Ehre zur Selbsterhaltung   19
1. »Ja, hohl und leer sind wir alle«   19
2. Die Leidenschaft für den Ruhm und ihr Untergang   26
3. Ein gewöhnliches Leben   33
4. Der Weise und Beobachter   39
5. Das großzügige Ich   43
6. Das selbsterhaltende Individuum und
die Leidenschaft für das Nützliche   49

II. *Homo oeconomicus:*
zwischen Erwerbs-Leidenschaft und Ich-Leidenschaft   59
1. Das Individuum als Eigentümer und »der Wunsch,
mehr als das Notwendige zu besitzen«   59
2. Der Wunsch, die eigenen Verhältnisse zu verbessern   64
3. Die Wohlstandsleidenschaft und der Wunsch
nach Anerkennung   73

III. Die Kritik des Erwerbs-Individualismus
und die Suche nach Authentizität   87
1. Das mimetische Ich und das Verlangen nach Schein   87
2. Authentizität, Glück, *philía*   94
3. Das weibliche Individuum und die Leidenschaft
für den Anderen   106
4. Authentizität und Narzißmus   115

IV.	Das Verschwinden der Leidenschaften: der *homo democraticus*	123
	1. Die »Leidenschaft für den Wohlstand« und der Individualismus	123
	2. Homo aequalis: *Gleichheit und Indifferenz*	138
	3. Das Individuum ohne Leidenschaften: Der Narzißmus und die Abwesenheit des Bandes	153
V.	*Homo reciprocus:* Die Leidenschaft der Gabe und das gemeinschaftliche Individuum	171
	1. Die Leidenschaft der Gabe	171
	2. Gabe und Reziprozität	193
	3. Das gemeinschaftliche Individuum	207

Anmerkung der Übersetzerin 223
Siglenverzeichnis 224
Namenindex 225

Einleitung

Für jemanden, der sich heutzutage an einer Definition des *Individualismus* versuchen möchte, ist die Mahnung Max Webers,[1] der Komplexität dieses Begriffes Rechnung zu tragen, von gleichbleibend hoher Aktualität; eines Begriffes, der unterschiedliche und vielgestaltige Bedeutungen aufweist, die, wie Steven Lukes hervorgehoben hat, je nach dem historischen, ideologischen oder geographischen Kontext seiner Verwendung changieren. Mal wird er verherrlicht, dann wieder verflucht und dient als zentraler Anknüpfungspunkt anthropologischer und politischer, sozialer und moralischer Fragestellungen. So erscheint der Individualismus einer Vielfalt von Positionen und Interpretationen unterworfen, in die sich einzureihen alles andere als einfach ist – es sei denn, man wählt eine besondere Perspektive, bei der eine neue Lesart ansetzen kann.

Das wiedererwachende Interesse an diesem Thema in den jüngsten Debatten ist heute zweifellos wesentlich mit einer kritischen Reflexion der Moderne und ihrer Pathologien verbunden. Als »Essenz der westlichen Zivilisation« bzw. als »Epizentrum der Moderne«,[2] deren Emanzipationsversprechen das Individuum am vielleicht eindringlichsten verkörpert, schließt der Individualismus in sich allerdings zugleich die ihm eigenen pathologischen Degenerationen mit ein, die in der Erosion des Beziehungs- und Kommunikationsgeflechts und im Verlust der sozialen Bindungen, mit einem Wort: in der Schwächung der *Gemeinschaft*, immer sichtbarer werden.

---

1 M. Weber, *Die protestantische Ethik und der Geist des Kapitalismus,* Tübingen 1922/ Weinheim 2000.
2 A. Laurent, *Histoire de l'individualisme,* Paris 1993.

EINLEITUNG

Dieser problematische Aspekt ist umso deutlicher hervorgetreten, je mehr und je feiner der Begriff des Individualismus ausdifferenziert wurde. Sobald der Begriff aus der vollständigen Gleichsetzung mit dem Paradigma des *homo oeconomicus* herausgelöst worden war (eine Gleichsetzung, in der über lange Zeit sehr unterschiedliche Sichtweisen – von der liberalen Tradition über Max Weber bis zu Louis Dumont – übereinkamen), erfuhr er eine epochale Auffächerung. Ein erstes Zeugnis dieser kaleidoskopischen Vervielfältigung kann man wohl berechtigtermaßen in der Simmelschen Unterscheidung zwischen einem universellen und einem partikularen Individualismus, einem Individualismus der Einzigartigkeit bzw. der Differenzierung sehen, deren Ursprung im späten 18. Jahrhundert liegt.[3]

Die Vorstellung, daß verschiedene Modelle von Individualismus den unterschiedlichen Phasen der Moderne entsprechen, steht heute im Zentrum insbesondere der soziologischen Reflexionen von Richard Sennett über Christopher Lasch bis zu Robert Bellah.[4] Diese neigen immer mehr dazu, einem utilitaristischen und rationalen Individualismus, der die frühe Neuzeit charakterisiert hatte, einen hedonistischen (oder expressiven bzw. narzißtischen) Individualismus der späteren Moderne gegenüberzustellen.[5] Während das erste Modell von einem Individuum ausgeht, das von einer instrumentellen Vernunft geleitet, auf die Verwirklichung der eigenen Interessen ausgerichtet und zur Selbstbeschränkung fähig ist, reflektiert das zweite Modell das Bild eines hedonistischen und irrationalen Individuums, das sich auf narzißtische Weise lediglich auf sich selbst bezieht und auf uneingeschränkte Selbstbestätigung abzielt. Der *homo oeconomicus* der frühen Neuzeit, der umsichtig und weit vorausschauend war und Eigeninteresse und Gemeinwohl miteinander verknüpfen konnte, wird vom postmodernen *homo psychologicus* abgelöst, der ausschließlich an der eigenen Selbstverwirklichung interessiert und bar jeden Sinnes für die Zukunft ist; er befaßt sich lediglich mit der Suche nach *Authentizität*, was ihn dazu führt, die Realität zu psychologisieren und zu einem bloßen Spiegel der eigenen Interessen zu reduzieren, und sich zugleich aus dem Bereich des Öffentlichen und Sozialen zurückzuziehen.

Zweifellos ist diese Auffächerung geeignet, der tiefen Veränderung der Beziehung zwischen der anthropologischen Konfiguration des Individuums und den Formen der sozialen Einbindung Rechnung zu tragen, aber sie enthält zugleich die Gefahr einer zu starken Vereinfachung. Zum einen geht sie von einer allzu tiefen Kluft zwischen den beiden Individualismusmodellen aus, die jedoch, wie wir sehen werden,

---

3   G. Simmel, *Individualismus*, in: *Schriften zur Soziologie*, Frankfurt a. M. 1983, S. 267–274.
4   Aber auch Daniel Bell, Philip Rieff, David Riesman, Gilles Lipovetsky u.a., vgl. weiter unten, Kapitel 4.
5   Vgl. hinsichtlich einer ausschließlich philosophischen Perspektive auch A. Renaut, *L'Ère de l'individu*, Paris 1989, der diese Lesart vor dem Hintergrund der Opposition von Autonomie/ Unabhängigkeit vertritt.

ein gemeinsames Grundmuster aufweisen; zum anderen hat sie eine reduzierte Sicht auf beide Modelle, da sie nicht nur die Komplexität der Motivationen des *homo oeconomicus* ignoriert, sondern auch jegliches emanzipatorische Potential des Authentizitäts-Individualismus negiert, den sie meist summarisch mit dem pathologischen Narzißmus gleichsetzt.

Die Einbeziehung des Themas der Leidenschaften,[6] das in diesen Untersuchungen überraschenderweise marginal geblieben ist – was bestätigt, daß die Leidenschaften, wie Jon Elster sagt, »das Stiefkind der Sozialwissenschaften« sind[7] – erlaubt es hingegen, dieser Differenzierung ihre rechtmäßige Komplexität zurückzugeben und eröffnet darüber hinaus ungewohnte *normative* Perspektiven.

Dies ermöglicht zunächst eine Widerlegung der angeblichen Autonomie und Rationalität des modernen Individuums, die von der liberalen Tradition (von der Theorie des Besitz-Individualismus bis zum methodologischen Individualismus und zur Theorie der rationalen Entscheidung) stark gemacht wurde. Denn bereits mit Montaigne kommt das Bild eines schwachen und mit Mängeln behafteten Ichs auf, das sich seiner eigenen unverwirklichten Möglichkeiten, aber auch seiner Verletzlichkeit und Unvollkommenheit bewußt ist; man kann also vom Bild eines wesentlich *ambivalenten* Ichs sprechen. Mit Montaigne erwächst aus der irreversiblen und endgültigen Krise des prämodernen Individualismus der moderne Individualismus im eigentlichen Sinne: und zwar entsteht er aus dem Niedergang des heroisch-aristokratischen Ichs, das von einer Ethik der Ehre und von der »interesselosen« Leidenschaft für den Ruhm bewegt und fähig zu Edelmut und Selbstaufopferung war, wie noch in den Reflexionen Descartes' durchscheint (s. Kap. 1).

Es zeichnet sich eine *Anthropologie des Vakuums und der Mangelhaftigkeit* ab, die von Hobbes über Locke bis zur *Political Economy* von Mandeville und Smith dem Paradigma des *homo oeconomicus* und des utilitaristischen Individualismus der Frühmoderne zugrunde liegt. Man braucht nur die Ideen des klassischen liberalen Denkens noch einmal aufmerksam zu lesen, um festzustellen, daß sich der *homo oeconomicus* keineswegs auf ein rational und berechnend handelndes Subjekt reduzieren läßt, das einzig und allein von einem instrumentellen und kalten Interesse geleitet wird. Er scheint im Gegenteil getrieben von einem komplexen Bündel an Motivationen, die man zu zwei fundamentalen emotionalen Konstellationen zusammenfassen kann: die *Erwerbs-Leidenschaft* und die *Ich-Leidenschaft*, das heißt, das Verlangen nach Reichtum und materiellen Gütern sowie das Verlangen, sich vom Anderen zu unterscheiden und dessen Anerkennung zu erfahren. Beides sind

---

6 Zum Begriff der »Leidenschaft« vgl. E. Pulcini, »Passioni«, in: *Enciclopedia del pensiero politico* (hrsg. v. R. Esposito u. C. Galli), Rom/Bari 2000, sowie S. Vegetti Finzi (Hrsg.), *Storia delle passioni*, Rom/Bari 1995.
7 J. Elster, »Sadder but Wiser? Rationality and Emotion«, in: *Social Science Information*, 1993, Nr. 24.

EINLEITUNG

Leidenschaften, mit denen der Mensch auf den Zustand der Mangelhaftigkeit und der Angst, der Schwäche und der Entwurzelung reagiert, die ihn seiner Autonomie zum Trotz, oder besser: gerade aufgrund seiner Autonomie charakterisieren, seiner Autonomie als dem Ursprung von Souveränität und Mangelhaftigkeit, von Selbstbestätigung und Verletzlichkeit zugleich.

Die These von Hirschman,[8] der die Moderne als den Übergang von den »warmen« Leidenschaften zum »kalten« und ruhigen Interesse sieht, muß daher teilweise korrigiert werden. Zwar ist die Behauptung gerechtfertigt, daß das Interesse den prämodernen »uninteressierten« Leidenschaften entgegengesetzt ist, dennoch zeigt es sich in erster Instanz als eine heftige und aggressive Erwerbsleidenschaft, die zu Konflikten und sozialer Unordnung führt. Man denke nur an das Machtstreben bei Hobbes, welches, obwohl es im wesentlichen die Selbsterhaltung zum Ziel hat, den Kriegszustand auslöst, oder an die Vermischung von Erwerbsleidenschaft und Ich-Leidenschaft, die bei Mandeville und Smith den Ursprung des Wettbewerbs und der Marktgesellschaft markieren. Es läge daher näher, mit Jean-Pierre Dupuy zuzugestehen, daß die Interessen durch die Leidenschaften »kontaminiert« sind; diese emotionale Kontamination trägt nämlich auch dazu bei, könnte man hinzufügen, die anhaltende Vorherrschaft und Stärke des utilitaristischen Modells wenigstens teilweise zu erklären (s. Kap. 2).

Dennoch trifft es zu, daß das Interesse in diesem Modell auch als Zielmoment der emotionalen Dynamik fungiert, als normative Dimension – wie Stephen Holmes[9] behauptet –, die in letzter Instanz die Individuen dazu führt, zum Zweck des Selbstschutzes und der Verbesserung der eigenen Bedingungen die destruktiven Impulse zu kontrollieren. Mit anderen Worten, im Individualismus der Frühmoderne erzeugen die Leidenschaften Formen eines konfliktgeladenen Soziallebens, in denen der Andere im wesentlichen als *Feind* (Hobbes) oder als *Rivale* (Smith) gesehen wird, aber auch als unumgängliche Realität, mit der man instrumentelle Übereinkünfte treffen muß, um die eigenen individuellen Ziele zu erreichen. Hieraus entsteht das moderne Politische wie auch das ökonomische Gleichgewicht der bürgerlichen Gesellschaft, die beide die Bildung eines *lediglich instrumentellen sozialen Bandes* voraussetzen.

Gerade weil sie emotional begründet ist, verursacht diese instrumentelle Perspektive jedoch Kosten sowohl auf sozialer als auch auf individueller Ebene. Wie die Überlegungen Rousseaus auf beispielhafte Weise zeigen, läuft der von der politischen Ökonomie sanktionierte Erwerbs-Individualismus nicht nur auf die Schaffung einer ungerechten und ungleichen Gesellschaft hinaus, sondern führt auch

---

8 A. O. Hirschman, *The Passions and the Interests*, Princeton 1977; dt.: *Leidenschaften und Interessen*, Frankfurt 1987.
9 S. Holmes, *Passions and Constraint. On the Theory of Liberal Democracy*, Chicago 1995.

zur Entstehung von Pathologien des Ichs, die jedes Streben nach Selbstbestimmung bereits im Ansatz verderben. Es handelt sich dabei nicht so sehr um das Problem der Selbstunterdrückung und der Opferung von Trieben, auf die vor allem eine kritische Tradition von Max Weber über Sigmund Freud bis Norbert Elias hingewiesen hat. Vielmehr zeigt Rousseau in Bezug auf das repressive Modell, daß die Erwerbs- und Wettbewerbs-Leidenschaften – aufgrund des Zwangs zur Aneignung, der vom Bedürfnis nach Unterscheidung und Anerkennung genährt wird – zur Entstehung einer *falschen Identität* führt, nämlich einer verzerrten und unauthentischen. Dieser stellt Rousseau das Bild eines *authentischen Ichs* gegenüber, das die Fähigkeit besitzt, ein auf Gleichheit und Gerechtigkeit basierendes soziales Band zum Leben zu erwecken, indem es aus der Dynamik der Besitz-Leidenschaften ausbricht und jene Leidenschaften wiederentdeckt, welche hier *gemeinschaftsbezogene Leidenschaften* genannt werden sollen.

Das Streben nach Authentizität – in dem viele Autoren den Ursprung jener narzißtischen Inversion ansetzen, die den Individualismus der späten Moderne charakterisiert (Sennett, Bell, Lasch etc.) – erweist sich in dieser Lesart als ein kritisches und emanzipatorisches Projekt, das auf den Entwurf einer besseren Welt und auf gerechtere und gleichere Beziehungen zwischen den Menschen gerichtet ist. Dieses Streben entsteht als Reaktion und Antwort auf die Folgeschäden des utilitaristischen Individualismus und mobilisiert die Leidenschaften *für den Anderen*, in denen die Treue zu sich selbst und die Fähigkeit, sich dem entfremdenden Abdriften in die Erwerbs-Dynamik zu entziehen, sich mit einer besonderen Aufmerksamkeit gegenüber dem Anderen verbinden; sie werden sogar zur Voraussetzung dafür, im Anderen nicht nur den Feind oder Rivalen zu sehen, sondern den *Freund*, den Verbündeten, den Bruder: Die Authentizität kann, anders ausgedrückt, das Fundament der *philía* sein.

Gewiß bleibt das Modell Rousseaus von unzweifelhaften Aporien gekennzeichnet. Erstens scheint die Möglichkeit, *freundschaftliche* soziale Beziehungen aufzubauen, auf die kleine Gemeinschaft beschränkt, die von der »großen Gesellschaft« abgetrennt ist. Dies geschieht vor dem Hintergrund einer klaren Opposition von *Gemeinschaft* und *Gesellschaft*, die in der Reflexion des 20. Jahrhunderts maßgebliche Geltung erlangte und im zeitgenössischen Kommunitarismus nach wie vor eine Rolle spielt. Zweitens scheint sie vor allem ein Vorrecht des weiblichen Subjekts zu sein und daher auf einer partiellen Aufopferung des Ichs zu gründen. Durch eine bis dahin nicht gekannte Wertschätzung des weiblichen Individuums zeigt Rousseau in der Tat eine emotionale Struktur auf, die eine Alternative zu der des Erwerbs-Individualismus darstellt. Gegründet auf die Fürsorge und die Liebe für den Anderen, ist sie dazu bestimmt, das moderne Modell der weiblichen Subjektivität selbst zu verkörpern; Rousseau verbannt sie allerdings in die Privatsphäre und vertieft damit noch die Trennung zwischen dem öffentlichen und sozialen Individuum und dem intimen und privaten Individuum; eine Trennung, mit der sich die zeitgenössische feministische Debatte intensiv befaßt, wobei sie vor allem die darin implizierten Effekte der Ungleichheit zwischen den Geschlechtern aufzeigt. Drittens stellt man bei Rousseau tatsächlich ein narzißtisches Abdriften fest, das in der exzessiven Betonung des Ichs und in der Marginalisierung des Sozialen sichtbar wird, welche die letzte Phase seines Denkens kennzeichnen. Es erscheint plausibel, darin den Anfang vom »Verfall des öffentlichen Menschen« (Sennett) und den Beginn der Krise des sozialen Bandes zu sehen, die für den auf Selbstverwirklichung ausgerichteten Individualismus typisch ist. Der Narzißmus bewahrt allerdings im Modell Rousseaus den kritischen und sogar utopischen Beigeschmack eines in erster Linie emotionalen Widerstands gegen die entfremdenden Effekte der Erwerbsleidenschaften; ein Modell, dessen Spuren wir im folgenden immer dort begegnen können, wo die Betonung des Ichs, im Kontrast zum vorherrschenden Modell des Erwerbs-Individualismus, das Verlangen nach einer authentischeren, reicheren und erfüllteren Existenz sichtbar macht. So stehen z.B. der romantische Expressionismus, der amerikanische Individualismus eines Emerson und Whitman oder Marcuses Bild eines antiprometheischen Narziß symbolisch für Werte, die eine Alternative zu denen des *homo oeconomicus* bieten (s. Kap. 3).

Mit Rousseau können wir also verstehen, wie im Ideal der Authentizität noch in seinen implosivsten und »narzißtischsten« Formen eine ethische und gesellschaftliche Spannung erhalten bleibt, die es unter Umständen rechtfertigt, daß man im normativen Sinne daran anknüpft (wie in einigen zeitgenössischen Modellen bereits geschehen), und die es auf der anderen Seite verbietet, dieses Ideal unter die Pathologien des postmodernen Ichs zu subsumieren, für welches das Verlangen oder, wie Rieff sagt, das »Evangelium« der Selbstverwirklichung eine Loslösung vom Sozialen und eine Abneigung gegenüber allem impliziert, was jenseits der unmittelbaren Interessen der Ichs liegt.

Diese Form des pathologischen Narzißmus bedeutet nicht nur das Ende jeder kritischen Distanz gegenüber dem Existierenden und die Abkehr von jedem emanzipatorischen Projekt, sondern eine Art Flucht aus der sozialen und öffentlichen Sphäre, die ursprünglich auf dem *Verlust des emotionalen Bandes zum Anderen* gründet. Der pathologische Narzißmus und die Krise des sozialen Bandes, die er zur Folge hat, müssen daher auf eine Abwesenheit von Emotionalität zurückgeführt werden, auf einen Verlust des *páthos* und der sozialen Spannkraft, deren Ursprung sich nicht in der Suche nach Authentizität findet, sondern in der atomistischen und entropischen Deformation der Erwerbsleidenschaften selbst.

Eine kritische Diagnose dieses inneren Prozesses erbracht und dessen engen Zusammenhang mit dem Aufkommen der *Demokratie* aufzuweisen, ist diesbezüglich die vielleicht wertvollste Leistung Tocquevilles. Der von ihm beschriebene demo-

kratische Individualismus ist das Ergebnis eines komplexen Zusammenspiels zweier Faktoren: einerseits kommt es zu einer Art Entropisierung der Erwerbsleidenschaft (der »Leidenschaft für den Wohlstand«), die nicht mehr in das offene Konfliktmodell Hobbes'scher oder Smithscher Prägung einmündet, sondern zu entsozialisierenden Erscheinungen wie Neid und Ressentiment führt und implodiert; auf der anderen Seite steht der Konformismus, der durch die »Leidenschaft für Gleichheit« entsteht, welche die Menschen einander »ähnlich« macht, ohne sie jedoch zusammenzubringen, sondern eine Auflösung der Gestalt des Anderen bewirkt, die weniger zum Konflikt führt als vielmehr zu *Apathie* und *Indifferenz*.
Tocqueville zufolge löst die Demokratie das soziale Band auf, weil sie eine Schwächung der Leidenschaften zur Folge hat. Da sie allen einen unbeschränkten Horizont an Möglichkeiten eröffnet, fördert sie zwar die Erwerbsleidenschaft und macht diese sogar zum Angelpunkt, um den das emotionale Leben kreist; zugleich nimmt sie ihr jedoch jeden projektiven und prometheisch vorausblickenden Impuls und reduziert sie dadurch auf einen fieberhaften und mittelmäßigen Hedonismus aus ziellos fluktuierenden Wünschen, der die Energie des Ichs verbraucht, indem er es allein zu einer rastlosen Jagd nach flüchtigem Erfolg treibt und die Entmobilisierung des öffentlichen und sozialen Lebens verstärkt. Darüber hinaus erzeugt die Demokratie *Ähnlichkeit* und Homogenisierung: die Tendenz also, daß das Individuum, getrieben von einem besessenen Verlangen nach Gleichheit, intolerant gegenüber jeglicher Differenz und eifersüchtig auf jede Form der Unterscheidung, in der Masse verschwindet. Man kann also von einer konformistischen Leidenschaft sprechen, die sich einzig in den einsamen und »mißgünstigen« Formen des Neides zu zeigen vermag. Die Demokratie bringt eine undifferenzierte Masse unverbundener Individuen hervor, die atomistisch in ihrem nie zu befriedigenden Streben nach Wohlstand verschlossen sind, charakterisiert durch eine Schwäche der Leidenschaften und des Willens. Trotz der allgemeinen Ähnlichkeit bleiben sie einander fremd und werden schließlich zu Individuen, die dazu bereit sind, aus einem Bedürfnis nach Schutz und Ordnung heraus, das aus der eigenen Einsamkeit und aus dem Mangel an Solidarität entsteht, sogar auf die Freiheit zu verzichten und sich einem Despotismus einer nur scheinbar sanften Macht zu unterstellen, an die jede Wahl und Entscheidung delegiert wird. In der Tat erfaßt Tocqueville die Konfiguration einer anonymen und alles durchdringenden politischen Macht, die unmerklich in das Innere der Individuen eindringt, sie zu Handlungen anleitet, ihre Entscheidungen steuert und ihren Willen schwächt, was eine große Resonanz in den postweberschen Reflexionen über die Macht finden wird; den vollendetsten und jüngsten Ausdruck findet dies im foucaultschen Bild der modernen Macht als einer »Regierung der Seelen«.

EINLEITUNG

Atomismus und Vermassung, Einsamkeit und Konformismus, Unabhängigkeit und Unterwerfung: Die Ambivalenz des modernen Individuums erfährt im *homo democraticus* eine Radikalisierung, welche die Gestalt des Individualismus tiefgreifend verändert. Dieser ist nun nicht mehr aggressiv und konfliktorientiert, sondern schwach und apathisch, indifferent und delegierend. In ihm kann man die Genese des in der zeitgenössischen Analyse beschriebenen pathologischen Narzißmus erkennen, in dem ein grenzenloses Verlangen nach Selbstverwirklichung als die spiegelbildliche Auswirkung einer emotionalen Leere, eines Verlustes des *páthos* erscheint, welcher das Ich in eine Identitätslogik einsperrt – eine Logik, die sowohl für die Schwächung der individuellen Identität verantwortlich ist als auch für die Krise des sozialen Bandes. An die Stelle des Konfliktszenarios von Feinden und Gegnern, wie es für das liberale Modell typisch ist, tritt das demokratische Szenario von miteinander nicht verbundenen Atomen, die selbst zur Wahrnehmung ihres eigenen authentischen Interesses unfähig sind. An die Stelle des ausschließlich instrumentellen Bandes der Frühmoderne tritt ein Mangel des Bandes, als Folge einer Entsubstantialisierung der Gestalt des Anderen, welche den Konflikt in *Indifferenz* überführt. Man kann dennoch weder von einem epochalen Bruch sprechen, noch sich auf einen mutmaßlichen Verrat am emanzipatorischen Projekt der Moderne berufen. Der Narzißmus entspringt vielmehr aus einer entropischen Verdrehung der *Erwerbsleidenschaften selbst*, die – wie Tocqueville genau gesehen hat – vom sozialen und demokratischen Staat begünstigt werden (s. Kap. 4).

Es scheint also, als habe der narzißtische Individualismus die gesellschaftliche Dimension endgültig kompromittiert, insofern er auch nur die Möglichkeit, daß das Interesse instrumentell, als normative Reaktion wirken könnte, obsolet macht. Er führt allenfalls – im Sinne eines entgegengesetzten und komplementären Phänomens – zur Wiederkehr von »interesselosen« Leidenschaften, die eine *Rückkehr der Gemeinschaft* fördern, allerdings vor allem in regressiven und destruktiven Formen. Ein Beispiel hierfür sind die verschiedenen zeitgenössischen Tribalismen und Kommunitarismen (ob nun ethnischen, religiösen oder ideologischen Ursprungs), die der Apathie der Entwurzelung und der Homologisierung lediglich die endogame und heftige Leidenschaftlichkeit des *cum* gegenüberstellen.

Angesichts dieser Schere zwischen einem *narzißtischen Individualismus* und einem *regressiven Kommunitarismus*, zwischen einem Fehlen von *páthos*, welches das soziale Band korrodieren läßt, und einem Überschuß an *páthos*, durch den es in verzerrten und exklusiven Formen rekonstruiert wird, entsteht daher die dringende Notwendigkeit, Formen des In-Gemeinschaft-Seins neu zu denken, welche die Teilnahme am öffentlichen Leben und die Sensibilität für das Gemeinwohl wiederzubeleben vermöchten.

Die aktuellen normativen Entwürfe scheinen allerdings das Problem der Pathologie des modernen Individuums auszublenden: sei es, daß sie darum bemüht sind, das emanzipatorische Potential des Projekts der Moderne stark zu machen und ausgearbeitetere Formen der Rationalität und der Verständigung vorschlagen, wie Habermas, sei es, daß sie im Gegenteil die postmodernen Chancen einer Verantwortungsethik (von Jonas bis Bauman) unterstreichen. Hierdurch laufen sie Gefahr, ein weiteres Mal das Bild eines Individuums als gegeben anzusehen, das zu rationaler Verständigung bereit und fähig ist, das eigene Interesse zu erkennen, oder aber die Effizienz eines moralischen Imperativs zu postulieren, sei dieser ontologisch oder deontologisch fundiert.

Zunächst soll folgendes klar gestellt werden: diese Pathologien ernst zu nehmen und das Hindernis anzuerkennen, welches die emotionale Dynamik des Ichs jeglichem normativen Projekt oder abstrakten ethischen Appell in den Weg stellen kann, bedeutet nicht den Verzicht auf eine normative Lösung. Vielmehr eröffnen sich auch auf dieser Ebene unerwartete Perspektiven, die einer unbequemen, aber unreduzierbaren Komplexität Rechnung tragen. Es bedeutet vielmehr, die Chance zu ergreifen, in der emotionalen Struktur des Individuums selbst eine mögliche pränormative Antwort auf das Abdriften des zeitgenössischen Individualismus zu erkennen. Mit anderen Worten: Bevor wir uns fragen »was müssen wir tun?«, müssen wir uns vielleicht die Frage stellen »worauf können wir uns verlassen?«, und dabei die *diagnostische und kritische Perspektive der philosophischen Anthropologie* einnehmen.[10] Es handelt sich also darum, die Frage nach der tatsächlichen Existenz zu stellen, wie sie sich in der ambivalenten emotionalen Struktur des modernen Individuums darstellt, sowie die Frage nach den Leidenschaften, die nicht auf das utilitaristische und erwerbsorientierte Paradigma reduziert werden können; die Frage nach dem Vorhandensein von *gemeinschaftsbezogenen Leidenschaften*, für die der Andere nicht mehr nur der Feind und Rivale oder der Nächste, eine rein selbstreferentielle Projektion des Ichs ist, und auch nicht der endogame Komplize eines exklusiven und destruktiven »Wir«, sondern vielmehr für die Identität des Ichs selbst konstitutiv und für die Konstruktion seines Sinn-Universums notwendig.

---

10 Hinsichtlich des kritischen Potentials der philosophischen Anthropologie, die selbstverständlich einer gesonderten Analyse bedürfte, beschränke ich mich darauf, auf die Arbeiten von Charles Taylor hinzuweisen, welche mehrfach zitiert werden, und auf Odo Marquard (u. a.), »Zur Geschichte des philosophischen Begriffs ›Anthropologie‹ seit dem Ende des achtzehnten Jahrhunderts« (1965), in: ders.: *Schwierigkeiten mit der Geschichtsphilosophie*, Frankfurt a. M. 1973. Aber ich möchte auch Paolo Costa und Dimitri D'Andrea danken für ihre hilfreichen Diskussionsbeiträge zu diesem Thema anläßlich des Workshops über »Hermeneutik und philosophische Anthropologie nach dem 20. Jahrhundert« (Seminar zur Kritischen Theorie und Sozialphilosophie in Gallarate, 11.-12. November 2000).

Sowohl Rousseau als auch Tocqueville eröffnen einen möglichen Weg in dieser Richtung, indem sie dazu einladen, sich wieder auf die *philía* zu besinnen, als den Kern derjenigen Leidenschaften, die gegenüber denen, die den vorherrschenden Weg des modernen Individuums geleitet hatten, *anders* sind; Leidenschaften, die auf Übereinkunft und Solidarität, auf die *pietas* und die Sorge um den Anderen ausgerichtet sind. Es handelt sich dabei allerdings nicht darum, dem Individualismus einen sanften Altruismus gegenüberzustellen oder dem Egoismus ein friedliches Wohlwollen. Vor allem Tocqueville hilft uns, diese Gefahr abzuwehren, indem er nämlich die *philía*, obwohl er sie als Heilmittel gegen die Krankheiten der Demokratie ansieht, einer banal-altruistischen Lesart dennoch entzieht und ihren Ursprung gerade in der Schwäche und Mangelhaftigkeit des Ichs ansiedelt, die ihrerseits den Erwerbs-Individualismus hervorgebracht haben. Dies bedeutet, daß dasjenige, was vorher als Anthropologie der Mangelhaftigkeit bezeichnet wurde, auf der emotionalen Ebene zu einer anderen Antwort führen kann, die im Ich nicht nur ein rein instrumentelles Bedürfnis nach dem Anderen hervorruft, sondern im Gegenteil ein *Verlangen nach dem Anderen* als dem Objekt des eigenen Strebens nach Beziehung und des eigenen Bedürfnisses nach Bindung und Zugehörigkeit.

Dieser mögliche Weg scheint mir heute durch die *symbolische Realität der Gabe* schlüssig dargestellt (man denke insbesondere an die zeitgenössische Form der »Gabe an Fremde«): Diese ist – wie die durch Mauss inspirierten Theoretiker[11] behaupten – ein konkretes und unmißverständliches Zeugnis für die Existenz eines *Verlangens nach Bindung*, das nicht mehr als *Mittel* zur Verwirklichung der eigenen utilitaristischen und auf Erwerb ausgerichteten Ziele, sondern als *Zweck an sich* betrachtet wird.

Als archaische und bleibende Struktur, die nach der Interpretation von Mauss und Bataille durch die Moderne beseitigt und der Logik des Nützlichen geopfert wurde, taucht die Gabe innerhalb der Pathologien des Individualismus mit der zwingenden Kraft einer Leidenschaft wieder auf, die ich hier als *Leidenschaft für den Anderen* bezeichnen möchte: Es handelt sich um die Gefühlsneigung eines schwachen und mit Mängeln behafteten Individuums, das sich die Teilhabe, das *cum*, die Gemeinschaft wünscht, da es im Anderen den Sinnstifter der eigenen Existenz erkennt. Dies bedeutet freilich nicht, daß das Geben gänzlich bar der Dimension des Interesses sei und man es als rein altruistischen und uneigennützigen Akt zu begreifen habe: Als Leidenschaft ist es vielmehr eine »Exposition« dem Anderen gegenüber, eine *dépense*, eine Selbstverausgabung (Bataille), die allerdings einem unverzichtbaren *Bedürfnis des Ichs*, einem *individuellen Interesse an Bündnis und Bindung* entspringt. Die Gabe bedeutet daher also keinen Verrat am Interesse des Ichs, da sie

---

11 Vgl. die Texte von Alain Caillé, Jacques T. Godbout und den anderen Theoretikern des MAUSS (Mouvement des Anti-Ultilitaristes dans les sciences sociales); s. Kap. 5.

weder einen aufopfernden Verzicht noch Formen einer von Selbstvergessenheit hervorgebrachten Selbstaufgabe erfordert. Sie erkennt im Gegenteil sogar die *Authentizität* des Ichs an, weil sie einer Treue zu den tiefsten und unveräußerlichen eigenen Wünschen entspringt. Dennoch projiziert sie in ein »Außer-sich-Sein«, das Formen der zyklischen und unbegrenzten Reziprozität entstehen läßt. Der *homo reciprocus*, das Subjekt der Gabe, setzt ein Individuum voraus, das sich seiner eigenen Unvollkommenheit und Abhängigkeit vom Anderen bewußt ist. Er ist ein »verletztes« Subjekt, würde Bataille sagen, das die Andersheit als eine ihm innewohnende Dimension beherbergt, als seine konstitutive *Differenz*, die ihn daran hindert, sich wieder die Illusion der Selbstgenügsamkeit des *homo oeconomicus* aufzubauen oder sich hinter der narzißtischen Indifferenz des *homo democraticus* zu verschanzen (s. Kap. 5).

In dieser Hinsicht wäre es interessant, den Nexus zwischen der Gabe und dem weiblichen Subjekt neu zu denken und ihn den doppeldeutigen Zwängen eines säkularen Modells zu entziehen, dessen modernes Paradigma, wie bereits erwähnt, von Rousseau stammt. Eine Interpretation der Gabe als Leidenschaft für den Anderen würde es erlauben, die zum Geben bereiten Eigenschaften des weiblichen Subjekts hervorzuheben, das fürsorglich offen gegenüber dem Anderssein ist, des eigenen Ursprung aus der Abhängigkeit eingedenk – nicht ohne es zugleich von den Aspekten der Aufopferung zu befreien und ihm die souveräne Macht zurückzugeben, die in der Authentizität des Wählenkönnens enthalten ist. Doch dies eröffnet bereits ein anderes Kapitel.

Die Gabe ist ein konkreter Akt, der sich in einem Zyklus von Reziprozität, in dem jeder ständig zugleich Gebender und Empfangender ist, unendlich wiederholt. Sie beinhaltet eine eigene, *ihr inhärente Normativität, die anthropologisch und emotional fundiert* ist, aufgrund derer dasjenige, was moralisch und sozial wünschenswert ist, dem Handeln der Individuen faktisch bereits innewohnt. Als Ereignis, das gerade aufgrund seiner Konkretheit eminent symbolisch ist, vereint die Gabe in sich Individualismus und Zugehörigkeit, Selbstverwirklichung und Solidarität, Authentizität und Reziprozität und überwindet dadurch jede sterile Dichotomie zwischen Individualismus und Kommunitarismus. In der Tat erscheinen diese beiden Polaritäten in der Gabe als konstitutive und unabdingbare Bestandteile eines *gemeinschaftlichen Individuums*.

I. Von der Ethik der Ehre zur Selbsterhaltung

1. »Ja, hohl und leer sind wir alle«[1]

Die Geburt des modernen Ichs erweist sich als durch eine konstitutive Ambivalenz gekennzeichnet: der Ambivalenz zwischen Souveränität und Mangelhaftigkeit, zwischen dem Wunsch nach Selbstbestätigung und dem Gefühl der Entwurzelung, zwischen Eroberung und Verlust. Das Verschwinden der theologisch-metaphysischen Fundamente führte zu jenem »Verlust der Ordnung«, in dem Hans Blumenberg die Voraussetzungen der Genese des modernen Zeitalters selbst ausmacht. Das Individuum sieht sich dadurch in eine doppelte Orientierungslosigkeit geworfen: in die äußere einer »entzauberten« und säkularisierten Welt, die nicht mehr von kosmischen Gesetzen und hierarchischen Regeln zusammengehalten wird, und in die innere des eigenen Gefühlslebens, das eine unbekannte Dichte und Legitimität annimmt, sich aber zugleich auch in seiner ganzen verstörenden Wirklichkeit enthüllt. Das Individuum entdeckt, daß es frei ist, daß es sein eigenes Lebensprojekt selbst entwerfen und eine unbegrenzte Realität erkunden darf, auf die es seinen »neugierigen« erwartungsvollen Blick richten kann;[2] aber gleichzeitig wird es sich seiner eigenen Ohnmacht und Schwäche angesichts der Krise jeglicher Gewißheit *a priori* bewußt, die ihm nicht nur neue Lasten aufbürdet, sondern es dem beunruhigenden Chaos neuer Wünsche, Neigungen und Leidenschaften aussetzt.

---

1   Michel de Montaigne, *Essais*, Frankfurt a. M. 1998, 2.16, *Über den Ruhm*, S. 306.
2   Vgl. H. Blumenberg, *Die Legitimität der Neuzeit*, Frankfurt a. M. 1966.

Ihre exemplarische Darstellung findet diese ambivalente Verknüpfung zwischen Souveränität und Mangelhaftigkeit, zwischen Selbstbehauptung und Verletzlichkeit bei Montaigne. Er skizziert das kontrastreiche Bild eines Ichs, das stolz auf die eigene Autonomie, sich zugleich aber der eigenen Armut und Unzulänglichkeit bewußt ist. In dem Hinweis »An den Leser«, den er seinen *Essais* voranstellt, bezieht er von vornherein die Position eines radikalen Subjektivismus, indem er sich auf das Recht auf Offenheit und ungekünstelte Selbstdarstellung beruft: »Ich will jedoch, daß man mich hier in meiner einfachen, natürlichen und alltäglichen Daseinsweise sehe, ohne Beschönigung und Künstelei, denn ich stelle mich als den dar, der ich bin. [...] Ich selber, Leser, bin also der Inhalt meines Buches« (*Essais*, S. 5). Das Schreiben ist also ein Akt der Selbstbehauptung, durch den das *Moi* sein Recht verwirklicht, allein in sich selbst die Achse bzw. den archimedischen Punkt zu finden, um den sich eine Existenz drehen kann, die nicht länger an transzendente Autoritäten, hierarchische Kodizes oder kollektive Strukturen gebunden ist. Auf den Niedergang der kosmischen Ordnung, in der das Individuum der Renaissance noch die festgefügten Grundlagen für die Behauptung seiner Würde fand, antwortet das Ich mit der absoluten und provokativen Zurschaustellung seiner eigenen Einsamkeit, entschlossen, sich selbst zur eigenen Metaphysik zu machen (vgl. *E*, 3.13, *Über die Erfahrung*). Ohne jeden Anspruch auf Objektivität oder Universalität zeigt Montaigne sich in der Einmaligkeit seiner Natur, allerdings gleichwohl im Vertrauen auf die Möglichkeit der Verständigung, auf die Überbringung einer Botschaft, in der die anderen, die Zeitgenossen, sich wiedererkennen und der sie hilfreiche Anweisungen über das Leben entnehmen können.[3] Die Hervorhebung der eigenen Individualität und die Ablehnung universeller und normativer Maßstäbe bedeuten nämlich keinen Verzicht auf die Beschreibung der *conditio humana*. Im Gegenteil, gerade indem man bei sich selbst, bei der unbarmherzigen und minutiösen Enthüllung der je eigenen besonderen Natur ansetzt, wird es möglich, die Menschen zu beschreiben und einige ihrer tief verankerten Wahrheiten zu erfassen: »Ich führe ein Leben ohne Glanz und Gloria vor Augen – warum auch nicht? Man kann alle Moralphilosophie ebensogut auf ein niedriges und namenloses wie auf ein reicher ausgestattetes Leben gründen: Jeder Mensch trägt die ganze Gestalt des Menschseins in sich.« (*E*, 3.2, *Über das Bereuen*, S. 399).

---

3 »So ist das, was ich hier vortrage, keine Theorie, sondern meine Erfahrung: nicht für Dritte gemacht, sondern für mich. Wenn ich sie trotzdem mitteile, möge man mir das nicht verübeln. Was mir nützt, kann womöglich auch einem andren nützen [...]. Etliche Jahre sind es her, daß ich meinem Denken nur mich selbst als Ziel gesetzt habe, daß ich nichts anderes anvisiere und erforsche als mich [...]. Dabei scheint es mir aber keineswegs verfehlt, wenn ich die Leute, wie man es ja auch in unvergleichlich nutzloseren Wissenschaften tut, an dem teilhaben lasse, was ich in dieser lernen konnte [...].« (*E*, 2.6, *Über das Üben*, S. 187)

Es geht also darum, sich zu zeigen, wie man ist. Dies ist das erste, was man tun muß, die Voraussetzung selbst, um die moralische Entscheidung auf eine neue Basis zu stellen und dem eigenen Leben eine Regel zu geben, welche die Authentizität des Ich nicht verleugnet. Die Ablehnung der Maske und der Verstellung enthüllt ein Verlangen nach Wahrheit, durch welches das Ich die eigene Autonomie, die Treue gegenüber sich selbst stolz behauptet. Dies ist allerdings auch der erste Schritt zur Offenbarung der eigenen Unvollkommenheit, Schwäche und Instabilität.[4] Die Maske abzulegen bedeutet, dem Elend der eigenen Situation gegenüberzutreten; es bedeutet, durch einen Akt der Selbstenthüllung das schlimmste aller menschlichen Laster ins Herz zu treffen, nämlich die Einbildung: die Einbildung, im Mittelpunkt des Universums zu stehen, die Einbildung, all das zu kennen und zu beherrschen, was sich dem eigenen Verständnis und der Kontrolle doch unweigerlich entzieht. Dies ist das große Thema der ganzen *Apologie für Raymond Sebond*, in der Montaignes Kritik an der humanistischen Anthropologie der Renaissance wieder aufgenommen wird.

»Läßt sich etwas Lächerlicheres vorstellen als diese armselige und erbärmliche Kreatur, die, nicht einmal Herrin ihrer selbst und von allen Seiten größten Gefahren ausgesetzt, sich zur Herrin und Beherrscherin des Weltalls aufwirft, von dem auch nur den kleinsten Teil zu durchschauen, geschweige darüber zu gebieten sich ihrer Macht entzieht?« (*E*, 2.12, S. 222)

Für sich allein genommen und ohne den Beistand und das Wohlwollen Gottes, ist der Mensch eine derart schwache und elende Kreatur, daß selbst Belanglosigkeiten ihn jederzeit erschüttern und lähmen können.[5] Durch Eitelkeit blind und irregeleitet und getrieben durch das noch größere Unheil, nämlich die Neugier (vgl. ebd.; 1.4 u. 1.27), beansprucht er dennoch das Recht auf die Überlegenheit über die anderen Lebewesen und auf die Erkenntnis der Wahrheit. Aber das menschliche Urteilsvermögen ist instabil, wechselhaft und schwankend und unterliegt ständigen Mutationen und Änderungen durch entgegengesetzte Leidenschaften, Stimmungsschwankungen und unzähligen ungeordneten und zufälligen Impulse (vgl. *E*, 2.12), die den Zugang zu definitiven Erkenntnissen und Sicherheiten verschließen. Weder ist es sinnvoll, solide Grundlagen weiterhin in den Naturgesetzen zu suchen, deren relativen und keinesfalls universalen Charakter man bald erkannte, noch kann man sie in den Sinnen finden, die zwar zweifellos die erste Quelle unserer Erkenntnis sind, sich aber ihrerseits als voll von Unsicherheiten herausstellen. Aus alldem folgt laut Montaigne:

---

[4] In Bezug auf Montaigne und die folgenden Themen vgl.: H. Friedrich, *Montaigne*, Tübingen/Basel 1967; u. J. Starobinski, *Montaigne: Denken und Existenz*, Frankfurt a. M. 1989.
[5] »Ein widriger Windstoß aber, das Krächzen eines Rabenschwarms, der Fehltritt eines Pferds, der zufällige Aufflug eines Adlers, ein Traum, ein Wort, eine Geste, ein Morgennebel – all diese Omen genügen, das Monster zu Boden zu werfen.« (*E*, 2.12, S. 234)

»Es gibt überhaupt kein Dasein, das beständig wäre – weder das unsre ist es, noch das der Dinge. Samt Verstand rollen und fließen wir wie alle sterblichen Wesen ohne Unterlaß dahin. So läßt sich nichts Sicheres von einem aufs andre schließen, befinden sich Urteilender wie Beurteiltes doch in fortwährendem Wechsel und Wandel.« (*E*, 2.12, S. 299)

Die Illusion, Wissen und Erkenntnis zu besitzen, ist nicht nur eitel, sondern darüber hinaus auch eine Vorbotin von Unruhe, Krankheit und Unglück. Sie verdirbt die Seele, denn sie macht sie zur Beute eines nicht endenden Stroms von Leidenschaften, welche die innere Ruhe und die Gesundheit beständig untergraben; zugleich enthüllt sie im Angesicht der menschlichen Trauer und des Leidens die eigene bestürzende Ohnmacht.

Man muß also gegen die Eitelkeit der Menschen ankämpfen, ihre falschen Illusionen abbauen, den Betrug entlarven. Dies ist nur möglich durch eine Umkehr und radikale Rückbesinnung der Menschen auf sich selbst, um sich zu beobachten, zu erforschen und zu analysieren, um zu erkennen und kenntlich zu machen, was hinter der Maske verborgen ist. Die einzige wahre Wissenschaft, zu welcher der Mensch fähig ist und die ihm nützlich sein kann, ist die Selbsterkenntnis, weil sie ihn in seiner Ganzheit zeigt, sein schwaches und widersprüchliches, sein verletzliches und unbeständiges Wesen entblößt.

Selbstbehauptung, Suche nach Authentizität und Erkenntnis der eigenen Unzulänglichkeit gründen daher in ein und demselben Akt. Das sokratische »Erkenne dich selbst«, das Montaigne in der ersten Person wieder aufnimmt (vgl. *E*, 2.6, *Über das Üben*), ist ein Symptom der legitimen Eigenliebe. Es besitzt jedoch zugleich eine neue Funktion des Verrats und der Enthüllung, welche darauf gerichtet sind, die menschliche Eitelkeit zu verletzen: »Kein besondrer Vorzug wird den überheblich machen, der zugleich seine vielen inneren Schwächen und Unvollkommenheiten dagegen aufrechnet – und am Ende dann des Menschen Nichtigkeit.« (ebd., S. 188)

Sich selbst zu entdecken, bedeutet daher, die eigene *Leere* zu erkennen. Die Fülle, die Vollkommenheit, das Sein gehören allein dem göttlichen Sein, der Mensch hingegen ist eine verlorene Kreatur, »eitel und schwankend« (vgl. *E*, 1.1, *Durch verschiedene Mittel erreicht man das gleiche Ziel*). Die Ungewißheit der menschlichen Existenz bekräftigt Montaigne noch einmal in der *Apologie* (*E*, 2.12, S. 299): »Wir haben keinerlei Anteil am wahren Sein, denn die ganze Natur des Menschen bleibt immerdar an Geburt und Sterben gebunden und tritt dazwischen nur dunkel in Erscheinung: ein Schatten und ein ungewisses, vages Wähnen.« Auf diese Art bildet sich eine negative Anthropologie heraus, die freilich weder die Tendenz besitzt, die Schlechtigkeit der Menschen zu betonen, wie Machiavelli es getan hatte, noch ihre Verderbtheit, wie später bei Pascal; und auch nicht ihre Aggressivität wird behauptet, wie später von Hobbes, sondern die den Menschen substantiell eigene *Hohlheit*. Daher zieht Montaigne das verächtliche Lächeln Demokrits dem Mitleid und der

Traurigkeit Heraklits vor (vgl. *E*, 1.50): die *conditio humana* ist eher lächerlich als elend, eher eitel als schlecht oder verkommen, und daher ist es richtig, daß man sie eher aus einer ironischen Distanz betrachtet als mit mitleidsvoller Anteilnahme. »Meiner Meinung nach findet sich in uns weniger Elend als Eitelkeit, und weniger Infamie als Ignoranz. *Nicht so sehr von Bösem sind wir erfüllt wie von Leere. Wir sind nicht so erbarmungs- wie nichtswürdig.*« (ebd., S. 154, kursiv E. P.)

Aus diesem Grund unterstreicht Montaigne auch den paradoxen Charakter des sokratischen »Erkenne dich selbst«; es lädt dazu ein, in sich hineinzuschauen, sich nicht zu zerstreuen, der eigenen inneren Natur treu zu bleiben, aber zugleich offenbart es den Menschen ihre eigene Leere, ihren konstitutiven Status einer nicht zu behebenden Mangelhaftigkeit:

»Von dir abgesehen, o Mensch, erforscht jedes Wesen zunächst sich selbst und bestimmt dann nach Maßgabe seiner Bedürfnisse die Grenzen seines Wünschens und Werkens. *Kein einziges unter ihnen ist so leer und armselig wie du*, der du das Weltall zu umfassen glaubst: Du bist der Forscher ohne Funde, der Richter ohne Gerichtsbarkeit und in diesem Possenspiel am Ende der dumme August.« (*E*, 3.9, *Über die Eitelkeit*, S. 505, kursiv E. P.)

Die Anthropologie von Montaigne könnte also eher als eine *Anthropologie des Mangels* denn als negative Anthropologie bezeichnet werden, da eher der Gedanke der Unvollkommenheit betont wird, der Unzulänglichkeit oder, wenn man so will, strukturalen *Mangelhaftigkeit* des Menschen,[6] der in seiner von Gesetzen und kosmisch-transzendenten Imperativen befreiten Existenz betrachtet wird. Daher muß der Mensch auf jegliches höher stehende und privilegierte Bild von sich selbst verzichten und die Illusion eines edlen Schicksals, das ihn dazu bringt, falsche Ziele zu verfolgen, aufgeben.

Auf der emotionalen Ebene bedeutet das, daß er sich von der gefährlichsten und verführerischsten aller Leidenschaften, nämlich der des *Ruhmes*, nicht verführen lassen darf, die ihn zu der eitlen, oberflächlichen und entfremdenden Suche nach dem Beifall der anderen und öffentlicher Anerkennung treibt, und zwar auf Kosten innerlicher und wesentlicherer Eigenschaften, welche seiner unvollkommenen Natur besser entsprechen würden.

---

6 Trotz der offensichtlichen sprachlichen Analogie verwende ich den Begriff des »Mangels« in einem anderen Sinn als die philosophische Anthropologie des 20. Jahrhunderts. Vgl. besonders A. Gehlen, *Der Mensch. Seine Natur und seine Stellung in der Welt*, Frankfurt a. M. 1966. Während der Begriff des Mangels bei Gehlen eine universal-biologische Konnotation hat und eine Theorie der Institutionen als Mittel, um die Erfahrung zu beherrschen, begründet, bildet er bei Montaigne die Basis für eine historische Anthropologie, welche die Entstehung des modernen Ichs *(Moi)* sowie seine soziale Entwurzelung beschreibt.

»So sehen wir, wie Ruhm und Ehre allein Gott gehören, und es gibt folglich nichts Unvernünftigeres, als wenn wir sie für uns zu gewinnen suchen: Da wir im Innern arm und bedürftig sind und unser Wesen wegen seiner Unvollkommenheit ständiger Vervollkommnung bedarf, gilt es, zuvörderst hierauf unser Bestreben zu richten.
Ja, hohl und leer sind wir alle. Doch nicht mit Schall und Rauch sollten wir uns zu füllen trachten; [...] Uns fehlt es an seelischer Schönheit und Gesundheit, an Weisheit, Tugend und dergleichen wesentlichen Eigenschaften; die äußeren Zierden mögen wir dann anstreben, wenn wir für diese uns notwendigen Dinge gesorgt haben.« (*E*, 2.16, *Über den Ruhm*, S. 306, kursiv E. P.)

Die *Kritik des Ruhmes*, die Montaigne mit dem neostoischen Denken des 17. Jahrhunderts gemeinsam hat und die wir im Zentrum der Hobbes'schen und jansenistischen Reflexionen finden,[7] ist das unverkennbare Zeichen der Krise eines anthropologischen Modells, das in den traditionellen und feudalen Gesellschaften vorherrschte und offensichtlich auch noch in den Entwürfen der Renaissance erhalten geblieben war. Es handelt sich um das heroisch-aristokratische Modell des Individuums, das darauf gerichtet ist, durch mutige und vorbildliche Handlungen die Ehre und den Beifall der anderen zu suchen, wobei es sich nach der verdienten öffentlichen Anerkennung der ihm eigenen Eigenschaften und seines Eigenwertes sehnt.[8]

Die Leidenschaft für den Ruhm, die mit der hartnäckigen Kraft einer »unterirdischen Veranlagung« (vgl. *E*, 1.41, *Über das Widerstreben, seinen Ruhm mit anderen zu teilen*) agiert, ist das beunruhigendste und offensichtlichste Symptom des falschen Bildes der *grandeur*, an dem die Menschen beharrlich hängen, um dahinter ihre wahre, »hohle und leere« Natur zu verbergen. Der Ruhm macht den Menschen blind und treibt ihn zu einer selbstverliebten Suche nach Überfluß und nutzloser Zier, während er ihn vom gesünderen Streben nach zwar weniger hohen, aber absolut vitalen und für die eigene Selbsterhaltung notwendigen Zielen abbringt: dem Streben nach Leben, nach Gesundheit, nach Seelenfrieden (vgl. ebd., 1. 39 *Über die Einsamkeit* u. 1.41), Güter, die in ihrer Essentialität real und kostbar, vor allem aber authentischer sind.[9] Der Ruhm hingegen ist *unauthentisch*, ist nichts als der

---

7 Vgl hierzu A. Levi, *French Moralists, the Theory of Passions 1585 to 1649*, Oxford 1964 und P. Bénichou, *Morales du Grand Siècle*, Paris 1948.
8 Über die Ehre als Zusammenspiel von Selbstwertgefühl und Anerkennung, d. h. von öffentlicher Anerkennung, welche sich auf Tugend und Verdienst gründet, vgl. F. Rigotti, *L'onore degli onesti*, Mailand 1998.
9 »Unter allen Narrheiten der Welt ist die herkömmlichste und verbreitetste das Streben nach Ansehen und Ruhm, dem wir uns derart verschreiben, daß wir oft sogar Reichtum und Ruhe, Gesundheit und Leben dafür hingeben, also wirkliche und wesentlich Güter, um statt dessen dem Trugbild dieser zwei Wörter nachzujagen, die nur Schall und Rauch sind und nichts haben, das man greifen und an das man sich halten könnte.« (*E*, 1.41, S. 132)

Wunsch nach der Zustimmung und dem Beifall der anderen, der die Menschen vom Urteil der Masse abhängig macht und sie veranlaßt, allein für die Sichtbarkeit und die äußere Anerkennung zu handeln (*E*, 2.16, *Über den Ruhm*). Der Ruhm ist, anders ausgedrückt, *Eitelkeit*, das bemühte Streben danach, durch die anderen die gute Meinung über sich selbst bestätigen zu lassen, auf die die Menschen um keinen Preis verzichten möchten und die dennoch auf sehr wackeligen Fundamenten steht, falls es stimmt, daß sie schwache und unvollkommene Lebewesen sind.[10] Was Montaigne kritisiert, ist nicht die Leidenschaft für den Ruhm als solche. Er ist sogar bereit, ihr Loblied zu singen, wenn sie sich in ihrer reinen und authentischen Form zeigt.[11] In dieser Form jedoch ist sie unwiederbringlich verlorengegangen. Heute, so wiederholt Montaigne mehrmals mit genauer Kenntnis des Zeitgeistes, leben wir in einem dunklen und verdorbenen Jahrhundert (vgl. *E*, 1.37, *Über Cato den Jüngeren*), in dem die erhabenen Eigenschaften der Vergangenheit nur noch die leere Hülle der Maske konservieren, und in dem man für Ehre und Adel ausgibt, was nichts anderes als Selbstgefälligkeit und krampfhaftes Verlangen nach Anerkennung aus einem ordinären persönlichen Interesse heraus ist. Heute gibt es nur noch gemeine und nichtsnutzige Menschen, »kümmerliche Zwergenseelen«, zu denen weder das Streben nach *grandeur* noch das heroische Bild einer außergewöhnlichen Gestalt paßt:

»Unsere Freuden sind unserem Rang angemessen – greifen wir nicht nach denen der Großen! Die unseren sind natürlicher und um so handfester und sicherer, je näher sie am Boden bleiben. Wenn wir dem Ehrgeiz schon nicht aus Gewissensgründen entsagen, dann laßt es uns aus Ehrgeiz tun! Verschmähn wir diesen unwürdigen bettlerhaften Hunger nach Ansehen und Ruhm, [...]. Sich Ehre so zu erwerben ist ehrlos. / Lernen wir endlich, nicht nach mehr Ruhm zu gieren, als wir verdienen.« (*E*, 3.10, *Über den rechten Umgang mit dem Willen*, S. 515)

Man muß den Ruhm also entlarven, muß eingestehen, daß er einen Prozeß der Entleerung und der Entwertung erfahren und sich so für die Zeitgenossen auf die reine Eitelkeit reduziert hat,[12] auf die leere *Ich-Leidenschaft*. Die Anthropologie Montaignes bettet sich in die Geschichte ein und wird zu einer entzaubernden Diagnose der eigenen Zeit. Die Menschen *sind nicht mehr* dazu fähig, große Werke zu vollbringen

---

10 Der »Dünkel hat – laut Montaigne – zwei Seiten, nämlich: sich selber zu hoch einzuschätzen, und die andern nicht hoch genug.« (*E*, 2.17, S. 315)
11 Z. B. bei primitiven Völkern, die lediglich versuchen, durch edle und großmütige kriegerische Handlungen ihren eigenen Wert und Mut zu beweisen (vgl. *E*, 1.31, *Über die Menschenfresser*); oder wenn sie sich auf den Adel eines souveränen Volkes bezieht, wie dasjenige des antiken Rom, in dem es herausragende Persönlichkeiten gab, die dazu fähig waren, Ruhm und Tugend, Ehre und Weisheit zu vereinen (vgl. *E*, 3.9 u. 10).
12 Der Eitelkeit hat Montaigne das ganze 9. Kapitel des 3. Buches der *Essais* gewidmet.

und große Leidenschaften zu entwickeln. Schwach, unvollkommen, bedürftig, entgleiten sie in die anonyme und mittelmäßige Ununterscheidbarkeit von »gewöhnlichen Seelen« (vgl. *E,* 3.10 u. 1.39), denen es nicht mehr verstattet ist, sich in heroischem Schwung in die Höhe zu recken, sondern nur noch, niedrigeren und gewöhnlicheren Vergnügen und erreichbareren Zielen nachzugehen wie der Lebenserhaltung, der Pflege des Körpers, dem Seelenfrieden (vgl. *E,* 1.8, *Über den Müßiggang*). Infolgedessen besteht, wie wir sehen werden, die einzig wahre *grandeur* für die Zeitgenossen wesentlich darin, leben zu lernen.

2. Die Leidenschaft für den Ruhm und ihr Untergang

Wir haben uns also eine tiefe *Veränderung der emotionalen Struktur* der Menschen vergegenwärtigt, die man als einen *Übergang von der Zentralität zentralen Position des Ruhmes* (den Hirschman nicht zufällig als die prämoderne Leidenschaft schlechthin bezeichnet [13] und den Stephen Holmes als »desinteressiert« definiert hat[14]) *zu einer Zentralität der Selbsterhaltung* beschreiben könnte. In den antiken und primitiven Gesellschaften, auf die Montaigne mit gelassener Sehnsucht anspielt, ist die *Leidenschaft für den Ruhm* offensichtlich der emotionale Ausdruck eines sozialen Kodex, der die Beziehungen der Menschen untereinander regelt, und zwar durch für das Leben und die Reproduktion der Gesellschaft essentielle Werte und Imperative, die wir mit Louis Dumont als holistisch und gemeinschaftlich definieren können.[15] Das Streben nach Ansehen und das Zeigen von Mut, die Bereitschaft zum Risiko und zum »Einsatz seiner selbst«, die kriegerische Gewalt und die Todesverachtung sind sämtlich Imperative, die auf den *Ehrenkodex* zurückgeführt werden können. Dieser verlangt in erster Linie die starre Bewahrung der Kette von Allianzen, Generationen und Abstammungen, um eine unveränderliche soziale Ordnung zu reproduzieren, in der das kollektive Interesse Vorrang vor dem individuellen hat.[16] Gerade der Edelmut, welcher der ruhmreichen Handlung innewohnt, entspricht einer präzisen sozialen Logik, die wir nach Marcel Mauss als eine Logik der Reziprozität und der *Gabe* bezeichnen können,[17] gemäß

---

13 Hirschman, *Leidenschaften und Interessen,* a.a.O.; Holmes, *Passions and Constraint,* a.a.O.
14 Als archetypisches Modell für diesen Übergang kann man die Konfrontation zwischen Achilles und Odysseus verstehen. Vgl. hierzu: M. Horkheimer und Th. W. Adorno, *Dialektik der Aufklärung,* Frankfurt a. M. 1969.
15 L. Dumont, *Homo aequalis. Genèse et épanouissement de l'idéologie économique,* Paris 1977.
16 Vgl. hierzu den interessanten Aufsatz von G. Lipovetsky, »Violences sauvages, violences modernes«, in: *L'Ère du vide,* Paris 1983 (dt. vgl.: *Narziß oder die Leere. Sechs Kapitel über die unaufhörliche Gegenwart,* Hamburg 1995.)
17 Zu Mauss und dem Begriff der Gabe vgl. Kap 5.

derer die Menschen in Bezug aufeinander leben und definieren und sich gar nicht als unabhängig von einem vorgegebenen sozialen Band denken können.[18] Die Leidenschaft für den Ruhm ist charakteristisch für Gesellschaften, in denen sich das Individuum noch nicht als autonome Einheit und als von einer Zugehörigkeitsgruppe unabhängig herausgebildet hat. Sie bringt die Menschen dazu, sich ohne Berechnung selbst aufzuopfern, ihr Eigentum und ihr eigenes Leben im Namen des Standes, des Ansehens und der geltenden Hierarchien einzusetzen, die ihrerseits die Fundamente des sozialen Zusammenhaltes selbst darstellen. Sie bringt eine unvermittelte Manifestation von Gewalt mit sich, die rituell organisiert ist und das Geflecht von symbolischen Mitteilungen und Wechselseitigkeiten ausmacht, auf das sich die zyklische und unveränderliche Ordnung der archaischen Welt stützt.[19] In den ursprünglichen Riten des Opfers der Gabe, des Krieges und der Feste behauptet sich also ein Impuls zum maß- und grenzenlosen Einsatz seiner selbst, eine Bereitschaft zur Selbstaufgabe, durch den die Menschen den Ehrenkodex respektieren, der die Grundbedingung ihres Überlebens, ihrer Identität und des sozialen Bandes selbst ist.

Wir können in diesem Zusammenhang den Begriff der *dépense* anführen, in dem Georges Bataille die Tendenz zum impulsiven Überschwang, zur Selbstverausgabung und zum vollkommen uneigennützigen Energieaufwand zusammengefaßt hat, welche die prämoderne, primitive und feudale Welt charakterisiert.[20] Sowohl im *Potlatsch* der ursprünglichen Gesellschaften, die Bataille, den Spuren von Mauss folgend, als Urereignis der *dépense* ansieht, als auch im unproduktiven Gebrauch des Reichtums, den die Feudalgesellschaft für den Unterhalt von bloßem Prunk ausgibt, zeigt sich diese Tendenz zu Vergeudung und Verschwendung, die den Menschen Ehre, Rang und Adel verleiht. Die Ehre, die Eroberung einer Vormachtstellung in der sozialen Hierarchie, erfordern eine als Opfer des *proprium*, des Reichtums und, wenn es nötig ist, auch des eigenen Lebens verstandene Selbsthingabe; sie erfordern die Bereitschaft zum Verlust durch eine »Entfesselung der Leidenschaften« die den Menschen eine souveräne Position beschert; eine Position, um es mit den Begriffen Batailles zu sagen, die nicht der Logik des Nützlichen und der Selbsterhaltung untersteht.

---

18 Vgl. Lipovetsky, »Violences sauvages, violences modernes«, a.a.O. u. M. Gauchet u. G. Swain, *La Pratique de l'esprit humain*, Paris 1980.
19 Vgl. hierzu die Aufsatzsammlung v. P. Clastres, *Archéologie de la violence*, La Tour d'Aigues 1999.
20 Vgl. G. Bataille, *La Notion de Dépense* (1933), in: ders., *Œuvres complètes*, Paris 1973, Bd. 1., dt.: *Der Begriff der Verausgabung*, in: ders., *Die Aufhebung der Ökonomie*, München 1967, S. 7–31. Zum Begriff der *dépense* und für die folgenden Themen, auf die das 5. Kapitel wieder zurückkommen wird, vgl. das Vorwort zur italienischen Übersetzung des Textes von Bataille (*Il dispendio*, hrsg. v. E. Pulcini, Rom 1997).

Mit Bataille formiert sich also eine *Anthropologie der dépense*, die ihr Fundament in einem Triebuniversum hat, das nicht durch Bedürftigkeit und Mangel charakterisiert ist, sondern durch *Fülle* und Exzeß; und welche die Menschen zyklisch zur »gloriosen Tat« ruft,[21] zur Gewaltbekundung, die unmittelbar und frei vom Kalkül der Leidenschaften ist. Die Leidenschaft für den Ruhm »beruht vielmehr auf einer sinnlosen Raserei, einer maßlosen Verausgabung von Energie, die dem Kampf seine leidenschaftliche Form gibt. Der Kampf ist insofern ruhmvoll, als er immer in einem bestimmten Moment jedes Kalkül überschreitet.«[22] Der Ruhm bildet sich derart als emotionales Symptom eines Spiels zur wechselseitigen Steigerung heraus, in dem die Menschen gleichzeitig die Quelle der sozialen Bindung und den unverletzlichen Parameter des Existenzsinnes finden, das Fundament des sozialen Zusammenhalts und das Instrument zur Behauptung der eigenen Souveränität.[23]
Weil er eng mit der *dépense* verbunden ist, erleidet der Ruhm ein analoges Schicksal. Die Heraufkunft der modernen Gesellschaft, die für Bataille das Verschwinden der Formen des Prunks bedeutet, bringt auch das Ende der »ruhmreichen Handlung« mit sich, welche deren direktes Korollar war. In seiner spezifischen Lesart der Thesen Webers aus der *Protestantischen Ethik* sieht Bataille den Ursprung dieses Prozesses in der »Entzauberung« der Welt, welche für die Entsakralisierung des menschlichen Lebens und für seine totale Reduktion auf die prosaische Dimension der Arbeit und der Produktion verantwortlich ist. Der Triumph des Arbeitsprinzips und die weltweite Verbreitung des Prinzips der Akkumulation als Folge der kapitalistischen Rationalisierung[24] verursachten zusammen mit der Zerstörung des »Heiligen« den Verfall der sozialen Formen der *dépense*; und infolgedessen auch die Verdrängung des emotionalen Universums, das in diesen seine Wurzeln und seinen Sinn hatte. »Alles Generöse, Orgiastische, Maßlose ist verschwunden«;[25] es wurde dem Imperativ des Festhaltens und des Erwerbs geopfert, in dem der eigentliche Existenzsinn der modernen bürgerlichen Gesellschaft angesiedelt ist und der ihr ein absolutes Verbot der freien »Entfesselung der Leidenschaften« aufzwingt, durch welche die traditionellen Gesellschaften zyklisch ihr Bedürfnis nach *dépense* befriedigen konnten, indem sie den Menschen Zugang zu ihrer eigentlichen souveränen Dimension ermöglichte.

---

21 G. Bataille, *La Part maudite*, Paris 1967, dt.: »Der verfemte Teil«, in: ders., *Die Aufhebung der Ökonomie*, München 1967, S. 33–234, S. 47.
22 Vgl. ebd, S. 103.
23 Interessant ist die, wenn auch nur flüchtige Verbindung zwischen dem Ruhm und dem »Miteinandersein«, welches der öffentlichen Sphäre eigen ist, in: Hannah Arendt, *The Human Condition*, Chicago, 1958, dt.: *Vita activa oder Vom tätigen Leben*, München/Zürich 1981.
24 Vgl. Bataille, *Der verfemte Teil*, a.a.O., S. 148.
25 Vgl. ders., *Der Begriff der Verausgabung*, a.a.O., S. 22.

»Früher – schreibt Bataille – wurde dem unproduktiven Ruhm Wert beigemessen, während man ihn heute auf das Ausmaß der Produktion bezieht: die Aneignung von Energie wird ihrer Verausgabung vorgezogen. Selbst der Ruhm wird mit den Folgen einer Ruhmestat in der Sphäre des Nutzens gerechtfertigt.«[26]

All das, was man unter der Leidenschaft für den Ruhm zusammenfassen kann – den Exzeß, die Gewalt, den Edelmut, das Risiko – wird also, nach einer sich an die klassische Freudsche Analyse anlehnende Lesart, von der Moderne verdrängt und ins Reich des Unbewußten verbannt, um der ökonomischen Logik der Selbsterhaltung und der Nützlichkeit zum Triumph zu verhelfen.

In einer teilweise konvergierenden Sichtweise, weil auch sie der Freudschen Vorstellung eines Nexus zwischen der Entwicklung der Zivilisation und der Unterdrückung der Leidenschaften verpflichtet ist, hat auch Norbert Elias den »Prozeß der Zivilisation« als einen Übergang von der Freiheit und der gewaltsamen Trieb-Manifestationen zu ihrer zunehmenden Kontrolle und Disziplinierung beschrieben.[27] In Bezug auf einen besonderen Aspekt ergänzt die Analyse von Elias darüber hinaus auch diejenige Batailles, dort nämlich, wo er die entscheidende Rolle aufzeigt, welche der Geburt des modernen Staates zukommt, und zwar mehr noch als der bürgerlichen Ökonomie. Indem die Bildung des modernen Staates eng mit einer zunehmenden »Differenzierung der sozialen Funktionen« verbunden ist, ist sie auch unabtrennbar von jener tiefen Veränderung des psychischen Lebens der Menschen, die sich in eine progressive »Zivilisation des Verhaltens« übersetzen läßt. Durch sein Gewaltmonopol sichert der Staat das Unternehmen der Befriedung, was die Menschen von der Notwendigkeit der privaten Gewalt und der ruhmreichen Taten, wie sie für die kriegerischen und feudalen Gesellschaften typisch waren, befreit, oder – mit den Worten Gehlens – »entlastet«. Derart beschützt vor der konstanten Bedrohung durch eine freie und unbeschränkte Triebmanifestation und vor der Notwendigkeit, sich ohne Vermittlung dem Aufeinanderprallen der Leidenschaften zu stellen, setzen die Menschen spontan und unwillkürlich Formen der Triebunterdrückung und -kontrolle ein, um ein der wachsenden wechselseitigen Abhängigkeit angemessenes Verhalten zu erreichen. Die Verbreitung der Arbeitsteilung, die Zunahme der Produktivität und des Reichtums und die Verflechtung der Handlungen aufgrund der Rollentrennung und der sozialen Integration erfordern, daß man sich eine vorausschauende Sicht aneignet, die eine ganz neue Bewertung der Handlungsfolgen bedeutet, und die Notwendigkeit, stabilere und regelmäßigere Verhaltensformen zu entwickeln. An die Stelle der freien, unmittelbaren und direkten Äußerung der Leidenschaften, wie sie den

---

26 Vgl. ders., *Der verfemte Teil*, a.a.O., S. 54.
27 N. Elias, *Über den Prozeß der Zivilisation*, Frankfurt a. M. 1976.

kriegerischen Gesellschaften eigen war, treten indirektere Formen der emotionalen Lebensführung auf der Basis von Selbstbeschränkung und psychologischer Kontrolle der Gewalt auf, die dadurch verinnerlicht und gleichsam domestiziert wird. Bataille und Elias haben also beide den Nexus zwischen dem Heraufkommen der Moderne und einer tiefgreifenden Veränderung des Trieblebens gesehen – eine Veränderung, die dem Untergang jener Konstellation von Leidenschaften entspricht, die wir unter dem Begriff des *Ruhmes* zusammengefaßt haben. Während Elias jedoch von Unterdrückung und Zähmung der Triebe spricht, zögert Bataille in gewohnter Radikalität nicht, eine drastische Verdrängung der Leidenschaften und der Gewalt zu diagnostizieren, welche, wie gesehen, dem sich entwickelnden Prinzip der Selbsterhaltung und der Nützlichkeit dient. Elias verharrt also in einer beschreibenden Perspektive, die eine im wesentlichen *quantitative* Sicht der Triebe voraussetzt, und geht, ganz im Geiste Freuds, höchstens so weit, die Kosten und das »Unbehagen« zu benennen, die im Namen des Fortschritts der Zivilisation verursacht werden. Im Gegensatz dazu besteht Bataille auf der Idee der *Verdrängung* und analysiert mit radikal kritischen Worten die emotionale Veränderung, die durch den Fortschritt der Zivilisation und insbesondere durch das Heraufkommen der Moderne hervorgebracht wurde; und er verweist auf die Auswirkungen auf der *qualitativen* Ebene, wobei er im Verschwinden der Verausgabung und im Übergang vom Ruhm zur Nützlichkeit einen Paradigmenwechsel im eigentlichen Sinn sieht, nämlich die Herausbildung einer neuen Anthropologie.

Diese Veränderung setzt jedoch ein epochales Ereignis voraus, welches, zusammen mit dem Ende eines jeden Holismus, den definitiven Untergang der vormodernen Welt anzeigt. Sie setzt eine Umkehrung der Beziehung zwischen Individuum und Gemeinschaft voraus, die sich in einer bis dahin unbekannten Aufwertung des ersten in seinen Rechten, Bedürfnissen und Wünschen vollzieht.[28] Außerdem macht sie die Gebote des Ehrenkodex überflüssig, die zuvor die unabdingbare Voraussetzung jeder Handlung oder Leidenschaft waren. Die Funktion der »Entlastung«, die anfänglich der Staat übernimmt, von dem Elias spricht, sowie die darauffolgende Durchsetzung der Logik des Marktes und des Erwerbs, auf die Bataille anspielt, haben zur Folge, daß die Individuen von gemeinsamen Verpflichtungen und gesellschaftlich vorgegebenen Bindungen befreit werden und sich von jeglicher Rolle oder ethisch vorgegebenem Kodex emanzipieren können. Mit anderen Worten: Die vereinte Aktion des *Politischen,* in seiner modernen Konfiguration des absoluten Staates, mit dem *Ökonomischen,* das jegliches Band persönlicher Abhängigkeit sprengt und den Menschen erstmals gestattet, die jeweils eigenen Ziele autonom zu

---

28 Elias scheint sich über den Nexus zwischen dem Prozeß der Zivilisation und der Genese des Individuums im klaren gewesen zu sein; vgl. ders., *Die Gesellschaft der Individuen*, Frankfurt a. M. 1987, v. a. das Vorwort.

verfolgen, bringt die *Geburt des modernen Individuums* mit sich, das frei ist von sozialen Geboten, autonom hinsichtlich der eigenen Entscheidungen, und dazu auserkoren, neue Leidenschaften zu entwickeln.[29]

Es handelt sich augenscheinlich um einen langsamen, sich schrittweise vollziehenden Prozeß, dessen entscheidende Abschnitte wir noch einmal durchgehen wollen. Die hervorstechendste Auswirkung ist allerdings der Zerfall des Ehrenkodex, der durch den Bruch der Gemeinschaftslogik obsolet geworden ist, und das daraus folgende Verblassen der Leidenschaft für den Ruhm, die dessen sichtbarster Ausdruck auf der emotionalen Ebene war.

Kürzlich war in dieser Hinsicht von einem Übergang von der *Ehre* zur *Würde* die Rede.[30] Das moderne Gewissen, behauptet Peter Berger, entstehe aus dem Verfall des aristokratischen Ehrenkodex, der die Identifikation des Ichs mit den eigenen institutionellen Rollen und die Befolgung der ideellen Gemeinschaftsnormen verlangte; es gründe auf einer bislang unbekannten Verteidigung der eigenen Würde und der eigenen Rechte jenseits der, oder auch gegen die sozial vorgesehenen Rollen. Indem es die Fundamente seiner Identität außerhalb der institutionellen Rollen sucht, verliere das Ich seine eigene »Heimat« und erwerbe das Recht, unabhängig von sozial vorgegebenen Normen und Werten die eigene Singularität und die eigene unveräußerliche Humanität zu behaupten.

Berger ist weit davon entfernt, diesen Übergang lediglich als Fortschritt zu sehen; ganz im Gegenteil unterstreicht er, erklärtermaßen im Geiste Gehlens und besorgt über jedes »subjektivistische« Abdriften,[31] dessen instabile und krisenhafte Auswirkungen. Der Begriff der *Würde* scheint dennoch nicht geeignet, die problematischen Aspekte dieses Übergangs zu enthüllen. Als Bewußtsein einer neu-

---

29 Vgl. Dumont, *Homo æqualis*, a.a.O.; u. ders.: *Essais sur l'individualisme: une perspective anthropologique sur l'idéologie moderne*, Paris 1983. Über den Nexus zwischen Staat, Markt und Individuum vgl.: Gauchet u. Swain, *La Pratique de l'esprit humain*, a.a.O. Elias spricht in *Gesellschaft der Individuen* von einem Übergang von einer Wir-Identität zu einer Ich-Identität: »Erlebten und fühlten Menschen auf der vorangehenden Stufe des Selbstbewußtseins entsprechend ihrer Erziehung und ihren Lebensformen, sich selbst unmittelbarer als Mitglieder von Verbänden, von Familiengruppen etwa oder von Ständen, eingebettet in ein von Gott regiertes Geisterreich, so sahen und fühlten sie sich nun, ohne die andere Vorstellung ganz zu verlieren, in steigendem Maße als Einzelne« (ders., *Die Gesellschaft der Individuen*. Frankfurt a. M. 2001, S. 174 f.).
30 Vgl. P. Berger, »Über den Begriff der Ehre und seinen Niedergang«, in: *Das Unbehagen in der Modernität*, Frankfurt a. M. 1987, S. 75–85. Vgl. auch Ch. Taylor, *Sources of the Self*, Cambridge, Mass. 1989, dt.: *Quellen des Selbst. Die Entstehung der neuzeitlichen Identität*, Frankfurt a. M. 1996, u. ders., *The Malaise of Modernity*, 1991, dt.: *Das Unbehagen an der Moderne*, Frankfurt a. M. 1995.
31 Vgl. Arnold Gehlen, *Urmensch und Spätkultur*, Wiesbaden 1986, z. B. S. 9, wo er die »enorme Entfernung« betont, welche die archaischen Kulturen und Gesellschaften »zu den neuzeitlichen Erlebnis- und Verhaltensformen« haben, die »unter das allgemeine Merkmal der *Subjektivität* [traten], die man ihrerseits wieder als das Stigma des Menschen in einer Zeit des Institutionen-Abbaus verstehen muß.«

gewonnenen Autonomie und neuer Rechte scheint die Würde lediglich auf die positiven und emanzipatorischen Aspekte desjenigen Prozesses anzuspielen, der die Geburt des modernen Individuums begründet, wohingegen die anfangs geschilderte negative Kehrseite verborgen wird, die im Verlust, in der Entwurzelung und in der Entdeckung der eigenen Schwäche besteht.

Der Begriff der *Selbsterhaltung*, in dem mit guten Gründen das Fundament der Moderne selbst erkannt wurde,[32] ist dagegen besser geeignet, der konstitutiven *Ambivalenz* Rechnung zu tragen, die das Entstehen des modernen Individuums charakterisiert: es wird angetrieben von einem nie gekannten Willen zur Selbst-behauptung, ist sich aber auch des eigenen Zustands der Unzulänglichkeit und des Mangels bewußt, ist autonom und schwach zugleich. Tatsächlich ist es diese sozusagen dunkle Polarität der aufkommenden Individualität, die zur Matrix der *neuen Leidenschaften* werden soll. Diese sind nicht länger *ruhmreich und frei von Eigeninteresse*, hervorquellend aus der energetischen und triebhaften Fülle von Individuen, die allzeit bereit sind, sich im Namen vorgegebener Kodizes und Ideale hinzugeben, die gleichzeitig bindend und beschützend wirkten, sondern sie sind *selbsterhaltend und interessiert*, gesteuert von der Bedürftigkeit, der konfusen und verworrenen Wahrnehmung der eigenen Isolation, Verletzlichkeit und Mangelhaftigkeit.

Es ist wichtig, diesen Aspekt zu betonen. Das Verschwinden des Ruhmes und die Herausbildung einer Anthropologie der Selbsterhaltung bedeuten keineswegs, wie Elias annimmt, nur eine einfache Abschwächung der Leidenschaften, die der strengen Selbstkontrolle durch interne Instanzen unterworfen werden; es bedeutet ebensowenig, wie Bataille unterstellt, ein Verschwinden des emotionalen Lebens *tout court*, das zugunsten des rationalen Prinzips der Nützlichkeit in den Tiefen des Unbewußten vergraben wird. Vielmehr zeigt sich im Gegenteil ein komplexerer Prozeß, den wir als eine *Metamorphose der Leidenschaften* bezeichnen können, was bedeutet, daß zugleich mit dem Verschwinden einiger von ihnen andere auftauchen und sich herauskristallisieren, die der neuen Verfassung des Individuums besser entsprechen.[33] Der erste Effekt dieser Metamorphose ist, daß die prämodernen Leidenschaften wie der Ruhm sich ihres früheren Sinnes und ihrer einstigen Funktion entleeren und dann selbst mit neuen Inhalten füllen, wodurch sie zu reinen Masken selbsterhaltender Triebe werden.

---

32 Zur »Selbsterhaltung« als Grundbegriff der Moderne vgl. über Blumenberg, *Die Legitimität der Neuzeit*, a.a.O., hinaus: H. Ebeling (Hrsg.), *Subjektivität und Selbsterhaltung. Beiträge zur Diagnose der Moderne*, Frankfurt a. M. 1976.

33 Vgl. hierzu den Aufsatz von R. Bodei, »Politica come scienza e come prassi«, in: V. Dini (Hrsg.), *Soggetti e potere*, Neapel 1983.

3. Ein gewöhnliches Leben

Es ist diese nicht-authentische Form des Ruhmes, die Montaigne kritisiert, indem er seinen Verfall aufzeigt, seinen nunmehr äußerlichen Charakter einer Suche nach dem Beifall anderer, unabhängig vom tatsächlichen eigenen Wert. Wie wir gesehen haben, bedeutet für Montaigne Ruhm vor allem Eitelkeit, oberflächliche *Ich-Leidenschaft*; qualvolle Suche nach Bestätigung und Anerkennung durch Individuen, die unfähig sind zu authentischen heroischen Taten und zum aristokratischen Edelmut, mit Blindheit geschlagen durch ihren eigenen, unbegründeten Dünkel, fieberhaft auf der Suche nicht nach Ehre, sondern nur nach deren sichtbaren und rein äußerlichen Zeichen (vgl. *E*, 2.16/17). Andererseits ist es ihre eigene Schwäche, ist es die dunkle Ahnung ihrer unsicheren und instabilen *conditio humana*, welche die Menschen dazu treibt, den Blick auf die Äußerlichkeiten zu richten (vgl. *E*, 3.9, *Über die Eitelkeit*), das eigene Elend hinter der edlen Maske der ruhmreichen Identität zu verbergen und sich im illusionären Glauben an anachronistische Ehren zu wiegen. Anders gesagt, die Menschen sind darauf reduziert, zu *simulieren*, wozu sie nicht mehr fähig sind. Der Ruhm setzt Adel, Außerordentlichkeit und die vorbehaltlose Zustimmung zu einem hegemonialen und absoluten Ideal voraus (vgl. ebd., 3.10) – Eigenschaften, die mittlerweile unwiederbringlich verloren gegangen sind, ebenso wie das kompakte Wert-Universum, das deren Geist inspirierte und ihr Weiterbestehen garantierte.

Dem von Montaigne beschriebenen Individuum kommt nach dem Verlust der früheren Ordnung ein Platz »außerhalb der Achse« zu,[34] es ist durch das Chaos und durch die Konflikte einer sich auflösenden Welt desorientiert und steht allein und unsicher vor der unbarmherzigen Wahrheit seines eigenen Zustands. Es ist schwach, »eitel und schwankend«, unstet, hin- und hergerissen und nicht in der Lage, irgendein Ziel gänzlich und mit fester Entschlossenheit zu verfolgen:

> »Wir gehen nicht, wir werden geschoben wie Treibholz, bald sanft, bald heftig, je nachdem ob das Wasser aufgewühlt oder ruhig dahinfließt [...]. So wanken wir von einer Vorstellung zur andern. Nichts vermögen wir aus freier Willensentscheidung, nichts wollen wir ganz und nichts beständig.« (*E*, 2.1, *Über die Wechselhaftigkeit unseres Handelns*, S. 166)

In demselben Augenblick, in dem es sich mit einer neuen Autonomie auf der Bühne der Welt wiederfindet, verliert das Ich jegliche kompakte Identität, jegliche Chance auf absolute Selbstidentifikation, jede Sicherheit des Begehrens und des Willens. Es verliert jenes Gravitationszentrum, um welches herum sich sein emotionales Leben früher ohne einzuhalten gedreht hatte. Es bildet sich eine in ihrer

---

[34] Bezüglich des *Moi desaxé*, des achsenlosen Selbst, vgl.: A. J. Krailsheimer, *Studies in Self-Interest. From Descartes to La Bruyère*, Oxford 1962.

Isolation reinere Identität heraus, die im stolzen Bewußtsein der eigenen Unabhängigkeit lebt, gleichzeitig jedoch instabil, fragmentiert und keinen abgeschlossenen Entwurf besitzt:

>»Unsere Handlungen sind nichts als zusammengestückte Widersprüche [...]. Dem, der sein Leben nicht im Ganzen auf ein bestimmtes Ziel auszurichten weiß, ist es unmöglich, im einzelnen sinnvoll zu handeln. Es ist unmöglich, die Teilstücke richtig zu ordnen. Was nützt es, sich Farben zu besorgen, wenn man nicht weiß, was man malen soll? Und dennoch stellt keiner einen festen Lebensplan für uns auf: Wir überlegen uns den Weg nur stückchenweise. [...] Wir bestehen alle nur aus buntscheckigen Fetzen, die so locker und lose aneinanderhängen, daß jeder von ihnen jeden Augenblick flattert, wie er will.« (ebd., S. 167 f.)

Nicht nur unser Urteilsvermögen ist also instabil und unsicher, wie Montaigne nicht müde wird, mit skeptischer Nüchternheit zu wiederholen, wodurch er uns zum Zweifeln und zur *epoché* einlädt, sondern *unsere eigenen Leidenschaften erscheinen als schwach und unbeständig und entgleiten uns aufgrund unserer konstitutiven Ambivalenz*.[35] Wir sind so schwankend, gespalten und instabil in unseren Gefühlen, daß keines von ihnen sich je definitiv und deutlich gegenüber den anderen durchsetzen kann (vgl. *E*, 1.38, *Wie wir über ein und denselben Gegenstand weinen und lachen*). Jede Leidenschaft, jede Lust und jeder Schmerz verbirgt den je eigenen Schatten und scheint von seinem Gegenteil unabtrennbar zu sein: der Genuß von der Klage, die Freude vom Ernst, das Glück von der Qual. »Die Unzulänglichkeit unserer menschlichen Natur bewirkt, daß wir die Dinge nie in ihrer natürlichen Einfachheit und Reinheit genießen und nutzen können« (*E*, 1.20, *Nichts genießen wir in seiner Reinheit*, S. 335). Unser Ungenügen und unsere Unvollkommenheit machen unser Verlangen unersättlich, verrücken unablässig seine Ziele und verhindern jede endgültige Befriedigung: »Unsere Begierden wanken und schwanken; nichts vermögen sie festzuhalten, nichts auf die rechte Art zu genießen.« (*E*, 1.53, *Über ein Wort Cäsars*, S. 156)

---

35 Diesen Aspekt erörtert A. M. Battista, *Nascita della psicologia politica*, Genua 1982, S. 12: »Montaigne richtet im Sinne einer bis dahin noch nie angewandten introspektiven Analyse seinen Blick auf sich selber; dies erlaubt ihm, Gefühle, Schwächen, Manien und uneingestandene Neigungen zu Tage zu fördern, ein wahres, unbekanntes Universum, in dem sich nicht so sehr die großen Leidenschaften manifestieren, welche ich die ›offiziellen‹ nennen würde, und die durch eine lange philosophische Tradition kodifiziert worden sind, sondern die vielmehr anderen geheimen Reizen, und kleinen Eitelkeiten entsprechen, oder auch engherzigen Ambitionen, Beweggründen, die im Unbewußten verborgen liegen, und bei denen der Mensch Mühe hatte, sich selbst zu erkennen, da er daran gewöhnt war, ein anderes Bild von sich selbst zu haben, das womöglich schuldbeladener, aber auch grandioser war.«

Es ist also ratsam, auf das gloriose Selbstbild zu verzichten, hinter dem die Menschen sich gerne verstecken, als wollten sie die Scham über ihre unvollkommene Natur verheimlichen. Vielmehr ist es zunächst angebracht, die eigene Unvollkommenheit anzuerkennen, um das eigene In-der-Welt-Sein an sie anpassen zu können. Montaigne wendet dieses Kriterium, wie wir gesehen haben, zuallererst auf sich selbst an, indem er sich dem Blick des anderen enthüllt, ohne Angst, seine Grenzen und Mängel, sein Nachgeben und seine Unsicherheit zu zeigen, sondern im Gegenteil dazu entschlossen, jeden noch so entlegenen Winkel der eigenen Person zu beleuchten: »Ich hingegen zeige mich ganz, als *skeletos*: An dieser anatomischen Schaufigur erkennt man mit einem Blick die Adern, die Muskeln und die Sehnen, alles an seinem Platz. [...] Nicht einzelne Akte beschreibe ich daher, sondern mich, mein ganzes Wesen.« (*E*, 2.6, S. 188) Sich in seiner eigenen Ganzheit zu zeigen, bedeutet, jede Gefahr von Anmaßung und Eitelkeit abzuwehren, den Mut aufzubringen, das aufzudecken, was gewöhnlich sorgsam geschützt bleibt, es bedeutet, sich der Welt in der eigenen Wahrheit anzubieten: »Kein besondrer Vorzug wird den überheblich machen, der zugleich seine vielen inneren Schwächen und Unvollkommenheiten dagegen aufrechnet – und am Ende dann des Menschen Nichtigkeit« (ebd.). Im übrigen handelt es sich dabei gar nicht um eine so schreckliche Wahrheit. Die Menschen müssen lediglich die eigene Schwäche eingestehen, die eigene Mittelmäßigkeit, und sie müssen die Tatsache akzeptieren, daß sie nicht mit noblen und herausragenden Eigenschaften ausgestattet sind, sondern mit einer *gewöhnlichen Seele*, die nicht nach *grandeur* und Ruhm strebt.

Die Täuschung des Ruhmes zurückzuweisen, das Eingeständnis, nichts anderes als *gewöhnliche Menschen* zu sein, die zu lediglich mittelmäßigen Handlungen und Leidenschaften fähig sind, ist der erste Schritt zur Gestaltung einer neuen Identität, die einen ihr eigenen, autonomen Wert annehmen soll. Wenn nämlich die Verkennung der eigenen Mittelmäßigkeit unser größtes Vergehen ist, dann bedeutet das Wissen um sie unseren größten Vorzug. »Ich zähle mich zur gewöhnlichen Art – sagt Montaigne über sich selbst – außer darin, daß ich mich hierzu zähle – schuldig der niedrigsten und nichtswürdigsten Charakterfehler, doch ohne sie zu leugnen oder zu bemänteln; und allein darin eben sehe ich meinen Wert: daß ich weiß, wie wenig ich wert bin.« (*E*, 2.17, S. 316)

In der Anerkennung ihrer eigenen Grenzen können die Menschen sogar eine Art von *grandeur* wiederfinden,[36] und das ist das einzige, was für sie erreichbar bleibt: die Größe des Bewußtseins, die an sich schon ausreicht, um die Mittelmäßigkeit zu adeln und die Wiederentdeckung von »ruhigeren und dunkleren« (vgl. *E*, 3.10), der *conditio humana* angemesseneren Eigenschaften zu ermöglichen. Der ungestümen

---

36 »Der Mensch ist groß«, wird Pascal sagen, wenn er in den *Pensées* das ambivalente und doppelgesichtige Bild des modernen Ichs wiederaufgreift, sofern er sein Elend erkennt.

Prahlerei des Ehrgeizes und des Ruhmes, die uns außerhalb unserer selbst entwirft, indem sie uns zu Sklaven der öffentlichen Meinung macht, muß man die stille Suche nach einer intimen und versteckten Tugend entgegensetzen, die nicht den Beifall anderer sucht, sondern sich zurückhaltend mit sich selbst begnügt und allein die Stimme des Gewissens fürchtet, die innere Stimme des Ichs (vgl. *E*, 2.16).[37] Es geht also um eine Rückbesinnung vom nicht-authentischen und trügerischen *öffentlichen Bild* des Ichs auf sein *intimes und privates Leben*; um einen Verzicht auf die »äußerliche Zier« und um die Beschäftigung mit den »notwendigen Dingen« (vgl. ebd.). Die Wertschätzung des Körpers und die Aufforderung zur Pflege der Seele, die Nachsicht gegenüber der natürlichen Dimension des Vergnügens und die Aufforderung, Tod und Schmerzen zu akzeptieren, das Lob der Freundschaft und der Einsamkeit sind nur einige Aspekte dieser Befreiung des Ichs von den öffentlichen Imperativen der Ethik der Ehre zugunsten jener Werte, die wir als *gewöhnliche Werte* definieren können. Diese faßt Montaigne in der bedeutsamen Triade von »Gesundheit, Ruhe und Leben« zusammen (*E*, 1.39 *Über die Einsamkeit*, S. 126).

Wir können somit in den Reflexionen Montaignes ein bedeutsames Moment jener »Bejahung des gewöhnlichen Lebens« sehen, wie Charles Taylor es definierte:[38] durch diese wurden zu Beginn der Moderne und im besonderen ab der protestantischen Reformation diejenigen Aspekte des Lebens, die zuvor im Namen übergeordneter Ideale des »guten Lebens« oder der Ethik der Ehre abgewertet worden waren, zum Fundament einer neuen Identität aufgewertet.[39] Taylor zufolge handelt es sich dabei um Aspekte, die sozusagen an die Privatsphäre des Notwendigen gebunden sind, wie z. B. an die Arbeit und das Gefühlsleben. Sie erhalten vom protestantischen Ideal der »innerweltlichen Askese« eine neue Würde und neue Dichte und bilden im Sinne Max Webers den grundlegenden Kern der bürgerlichen und kapitalistischen Ethik .

Natürlich ist der von Taylor vorgeschlagene Begriff des »gewöhnlichen Lebens« weiter und komplexer als derjenige, welcher sich aus Montaignes Reflexionen ableiten läßt, allein schon wegen der Bedeutung der Dimension der Arbeit und des

---

37 Vgl. auch *E*, 3.2, S. 400: »Vor allem wir, die wir ein zurückgezogenes, nur unsren eigenen Blicken zugängliches Leben führen, sollten in unserm Inneren ein Leitbild errichten, an dem wir unsre Handlungen prüfen und uns dementsprechend streicheln oder strafen. Ich jedenfalls habe meine eigenen Gesetze und mein eigenes Tribunal, über mich zu urteilen, und an sie wende ich mich öfter als sonstwohin.«

38 Vgl. Taylor, *Quellen des Selbst*, a.a.O., Kap. 13. Für Taylor ist die »Bejahung des gewöhnlichen Lebens« zusammen mit der Wahrnehmung der »Loslösung« (bzw. der »desengagierten Vernunft«, vgl. Kap. 8) und der »Selbsterkundung« (vgl. Kap. 10) einer der fundamentalen Aspekte bei der Herausbildung der modernen Identität.

39 Zum Untergang des Heroischen und zum Auftauchen der Werte des »gewöhnlichen« oder des »alltäglichen Lebens« vgl. auch L. Trilling, *Sincerity and Authenticity*, London 1974, Kap. 4. (vgl. dt. *Das Ende der Aufrichtigkeit*, Frankfurt a. M. 1985).

produktiven Lebens, die jenen vollkommen fehlt. Andererseits verschafft Montaigne uns da einen Einblick in andere und interessantere Implikationen, wo er den Akzent explizit auf die *defensive und selbsterhaltende Matrix* der Wahl des gewöhnlichen Lebens setzt. Der Verzicht auf den Ruhm und die Lorbeeren des öffentlichen Lebens, der Rückzug in die Einsamkeit einer *arrière-boutique*, in der man seine Gesundheit und seine Seele pflegt, in der man sich vom Zwang der eigenen Wünsche befreien kann, ohne auf die Freude verzichten zu müssen, und in der man sich von der Kraft der Bindungen losmacht, ohne der Welt zu entsagen (vgl. *E*, 1.39): dies nämlich ist in erster Linie eine Antwort auf die eigene Schwäche.[40] Die Fragilität der Menschen ist so beschaffen, daß nicht einmal die Weisheit, der Montaigne gleichwohl entschieden anhängt, sie besiegen kann.[41] Daher müssen sie sich all dem entziehen, was von ihnen mehr verlangen würde, als sie zu geben in der Lage sind, den Bindungen, den Leidenschaften und vor allem der sozialen Welt: »Sobald wir der Gesellschaft nicht mehr nützlich sein können, ist es Zeit, und aus ihr zu lösen. Wer nichts mehr zu verleihen hat, verbiete sich zu leihen! Die Kräfte schwinden uns. Ziehen wir, was davon geblieben ist, in unserm Inneren zusammen« (ebd., S. 126).

Sich aus der Welt zurückzuziehen bedeutet, das zu wählen, wozu man wirklich imstande ist, wie mittelmäßig und begrenzt es auch sei; es heißt aber auch, um das Elend herum eine neue Welt von Werten zu errichten, in denen das Ich sich widerspiegeln und seinen Sinn wiederfinden kann.

Die Selbsterhaltung, die Wahl des gewöhnlichen Lebens, die Möglichkeit, ein Lebensideal nach Maßgabe der eigenen Fähigkeiten zu verwirklichen, erfordern außerdem, auf der politischen Ebene, die *Erhaltung des Bestehenden*. Die Ruhe und die Sorge um sich selbst im geschützten Raum selbstgewählter Einsamkeit wäre nicht mehr möglich, sollte sich die soziale und politische Struktur der Welt verändern. Auch die korrupteste Institution und die verdorbensten Sitten sind der Innovation vorzuziehen, die mit Sicherheit Vorbotin von Verschlechterungen, Ungerechtigkeit und Instabilität wäre (vgl. *E*, 2.17, *Über den Dünkel*). Daher muß man, ohne dabei auf die eigene Unterscheidungs- und Urteilsfähigkeit zu verzichten, dem Staat gehorchen, die Gesetze einhalten, sich den Gewohnheiten anpassen;

---

40 »Zu welchem Dünkel verleitet uns doch die gute Meinung, die wir von uns haben! Dabei hat die ausgeglichenste Seele der Welt mehr als genug zu tun, sich auf den Füßen zu haten und achtzugeben, daß sie nicht durch ihre eigene Schwäche zu Boden stürzt. Unter tausend gibt es keine einzige, die auch nur einen Augenblick ihres Lebens in ruhiger Selbstsicherheit dastünde, und es ließe sich bezweifeln, ob es angesichts unsrer natürlichen Beschaffenheit überhaupt eine könnte.« (*E* 2.2, *Über die Trunksucht*, S. 171).

41 »Einer mag so weise sein wie er will, letztlich bleibt er ein Mensch – was aber gibt es Hinfälligeres, Erbärmlicheres und Nichtigeres? Keine Weisheit reißt uns aus unserem naturgegebenen Ausgesetztsein zurück.« (Ebd.)

man muß wissen, daß das Existierende seine Kraft nicht aus mutmaßlicher Güte oder Gerechtigkeit bezieht, sondern aus der bloßen Tatsache seines Existierens, seines eigenen Fortbestehens in der Zeit. Die große Angst Montaignes vor der Veränderung entspricht dem entzauberten Vertrauen in die Fähigkeit noch der korruptesten Institutionen und Gesellschaften, bestehen zu bleiben und sich zu erhalten. Tatsächlich steht kaum zu befürchten, daß die Gesellschaften und Staaten sich aufgrund ihrer Mängel und Defekte auflösen könnten. Die Menschen vergesellschaften sich notwendigerweise; und aufgrund einer Art unfreiwilliger Alchemie entspringt ihrer zufälligen Vereinigung immer und in jedem Fall eine Ordnung:

»Ich sehe [...], daß die Gesellschaft letztlich stets verschweißt bleibt und zusammenhält, koste es, was es wolle. In welche Lage man die Menschen auch versetzt – auf der Stelle ordnen sie sich unter Schieben und Drängen zu vielerlei Schichten übereinander: so wie lose Dinge, die man aufs Geratewohl in einen Sack wirft, von selber sich verbinden und auf vielfältige Weise zusammenfügen – und besser oft, als Kunstfertigkeit sie zu ordnen vermöchte.«
(*E*, 3.9, *Über die Eitelkeit*, S. 480 f.)

Es wäre umsonst und wahnsinnig, wollte man diese Ordnung umstürzen, und sei sie noch so schlecht, denn die neue könnte sogar noch schlechter sein; besser ist es, ihre kranken Teile zu kurieren und die Lücken zu stopfen, ohne sich in das Abenteuer riskanter Erneuerungen zu stürzen (vgl. ebd., 3.13); besser man handelt im Stillen und erfüllt die eigene Aufgabe redlich und im Schatten.[42]

Der beste Staat ist also der existierende, und die Autorität der Gesetze hängt nicht von der Tatsache ab, daß sie gerecht sind, sondern davon, daß sie Gesetze sind; dies ist ihr »mystisches Fundament« (vgl. ebd. 3.10). Und die radikale Akzeptanz dieser Tatsache ermöglicht es den Menschen, das einzig wirklich Notwendige zu tun, das einzige, wozu sie überhaupt in der Lage sind, nämlich sich um sich selbst zu kümmern und jene Rückbesinnung auf sich selbst zu vollziehen, die zuallererst einem dringenden Bedürfnis nach Selbsterhaltung entspricht.

Der politische Konservatismus Montaignes[43] erlaubt es dem Individuum allerdings nicht so sehr, sich von der Welt zu entfremden, an der er im Gegenteil durch seine Pflichten und Aufgaben teilnimmt, sondern vielmehr, sich jeglicher

---

42 So hatte es Montaigne noch ein weiteres Mal gehalten, als er zugestimmt hatte, ein öffentliches Amt zu bekleiden: »Als Bürgermeister hatte ich nur alles zu bewahren und so in Gang zu halten, wie ich es vorfand, und das ist ein unscheinbares Tut, das kaum auffällt. Neuerungen können glanzvoll sein; sie verbieten sich jedoch in einer Zeit, da gerade sie es sind, die uns derart bedrängen, daß wir nicht wissen, wie wir uns ihrer erwehren sollen.« (*E*, 3.10, S. 515)
43 Vgl. hierzu A. M. Battista, *Alle origini del pensiero libertino: Montaigne e Charron*, Mailand 1966. Sie stellt bei Montaigne eine Konzeption des Absolutismus fest, welche in der Unterscheidung von Politik und Moral gründet.

leidenschaftlichen Verstrickung zu enthalten, um sich einen inneren und privaten Raum zu sichern, der abgetrennt und unzugänglich ist, um darin die Freiheit der Beobachtung, des Studierens und der Bekanntschaft mit sich selbst zu genießen. »Soweit ich kann, befasse ich mich ganz mit mir« bekräftigt Montaigne, indem er zugleich erklärt, daß »[d]as Schicksal mehr Macht « über den Besitz seiner selbst habe als er. Um dies tun zu können, muß er außerdem auf die Autorität der Institutionen und der Gesetze vertrauen und sich von der Sorge um die Regierung entlasten (ebd., S. 505).

Der Staat, besser gesagt der absolutistische Staat, übt also jene Funktion der »Entlastung« aus, von der bereits die Rede war, die es dem schwachen, unsicheren und schwankenden Ich erlaubt, sein eigenes Refugium vor den welterschütternden Konflikte geschützt zu errichten, welches ihm gestattet, außerhalb des Orkans zu bleiben und seine Kräfte zu sparen, um sie allein auf sich selbst zu konzentrieren. Der Absolutismus wird auf diese Weise zum Garanten der *Selbsterhaltung des Individuums*, das – im Wissen, sich in einer unsicheren und sich verändernden Welt nur auf sich selbst verlassen zu können – über eine Sphäre der Freiheit verfügt, in der es sich selbstbestimmt der Entdeckung seiner selbst widmen kann – ohne Angst, seine Zweifel und Selbstwidersprüche, seine Unsicherheit und unguten Leidenschaften zu enthüllen, sondern im Gegenteil dazu entschlossen, aus all dem das Fundament einer neuen Identität zu bilden.

Die skeptische Perspektive Montaignes ist also, wie Max Horkheimer zutreffend erkannte, gleichbedeutend mit einem Akt der Legitimation des modernen Individuums in seiner irreduziblen *Ambivalenz*.[44]

4. Der Weise und Beobachter

Es hat also keinen Sinn, an einem anthropologischen Modell festzuhalten, das die Korruption und die Unsicherheit der Zeiten unweigerlich zum Untergang verurteilt haben. Das heroische Individuum, das sich, gestützt durch einen kollektiven Ehrenkodex, im legitimen Streben nach Ansehen und Ruhm großzügig in die öffentlichen Angelegenheiten stürzte, ging in Stücke unter dem Druck einer epochalen Veränderung, die lediglich sein blasses und lächerliches Trugbild überleben ließ. Diesem trügerischen Fetisch stellt Montaigne die Figur des *Weisen* gegenüber, der die Chance einer unerwarteten Freiheit zur Selbsterkenntnis zu ergreifen und

---

44 »Der positive Gehalt der Skepsis – sagt Horkheimer – ist das Individuum. Trotz aller Reden über seine Unbeständigkeit und Kleinheit, seine Unfähigkeit zum wahren Wissen bleibt das Ich mit seinen Kräften das einzige Prinzip, auf das wir uns in Theorie und Praxis verlassen können. Von uns selbst hängt unser Glück ab.« (»Montaigne und die Funktion der Skepsis«, 1938, in: *Kritische Theorie*, Frankfurt a. M. 1968, Bd. 2, S. 220.

aus seiner Schwäche die eigene, neue Stärke zu machen versteht; dem es im Verzicht auf die Aktion gelingt, auf Distanz gegenüber einer von Zerstörung und Chaos durchzogenen Welt zu gehen, ohne sich allerdings ganz aus ihr zu verabschieden; der, um schließlich die eingängige Metapher von Hans Blumenberg anzuführen, beim »Schiffbruch« der Welt zugegen ist und sich selbst rettet, indem er sich in die unbewegte und sichere Position des »Zuschauers« versetzt:

> »Montaigne rechtfertigt den Zuschauer des Schiffbruchs nicht mit seinem Recht auf Genuß, sondern seine durchaus als boshaft qualifizierte Befriedigung *(volupté maligne)* mit dem Erfolg seiner Selbsterhaltung. Er steht kraft der Befähigung zu dieser Distanz ungefährdet auf dem festen Ufer, er überlebt durch eine seiner unnützen Eigenschaften: Zuschauer sein zu können.«[45]

Weit entfernt sowohl vom Heroen, der sich ins Gewühl stürzt und ruhmreich das eigene Leben hingibt, als auch vom stoischen Weisen, der durch seine Willenskraft der entfesselten Unordnung der gewaltigen und zerstörerischen Leidenschaften widersteht,[46] ist der Weise von Montaigne jemand, dem seine eigenen Grenzen ebenso bewußt sind wie seine Untauglichkeit dafür, große Unternehmen zu vollbringen, der über die Mittelmäßigkeit seiner trügerischen, ambivalenten und schwankenden Leidenschaften Bescheid weiß. Seine Größe besteht darin, eine Reaktion zu zeigen, die mit seiner Verfassung, welche inzwischen jeder heroischen Größe entbehrt, übereinstimmt. Die Rückkehr zu sich selbst, die Einsamkeit, die Loslösung und die Selbsterforschung sind die Instrumente, durch die der Imperativ der Selbsterhaltung sich in ein neues, aktiv und bewußt gewonnenes Lebensideal verwandelt. Durch sie hat die Verteidigung des Ichs keinesfalls nur den Beigeschmack eines stetigen Unterbietens, sondern mündet in der Aufwertung neuer und unterschiedlicher Eigenschaften, auf denen die Parameter *einer neuen Identität* und einer neuen Ethik gründen können. Unsere Aufgabe besteht darin, gut zu leben; und gut leben heißt, mit Mäßigung unsere Natur zu unterstützen und Nachsicht gegenüber unseren Unvollkommenheiten und Schwächen walten lassen zu können, indem wir »ruhige und dunkle Eigenschaften« suchen und mittelmäßige und gewöhnliche Ziele verfolgen:

> »Einen sittlichen Wandel, nicht Bücher zuwege zu bringen ist uns aufgegeben; und nicht Schlachten und Provinzen zu gewinnen, sondern Ruhe und Ordnung in unserm täglichen Verhalten: Recht zu leben – das sollte unser großes leuchtendes Meisterwerk sein! Alle andern Dinge wie Herrschen, Horten und Häuserbaun sind höchstenfalls Anhängsel und Beiwerk.« (*E*, 3.13, S. 560)

---

45 H. Blumenberg, *Schiffbruch mit Zuschauer. Paradigma einer Daseinsmetapher*, Frankfurt a. M. 1979, S. 19.
46 Vgl. z. B. den Verweis auf Cato in *E*, 3.10).

Beschränkung, Mäßigung, Mittelmäßigkeit, In-sich-Ruhen: dies sind die Ideale des Weisen. Die Weisheit besteht im Verzicht auf all dasjenige, was außergewöhnlich, herrlich und herausragend ist, da dieses inzwischen hoffnungslos von einer Aura des Nicht-Authentischen umgeben ist, sowie in der Anerkennung der eigenen Natur als *gewöhnliche Menschen*:

»Nicht so sehr, daß sie nach oben und nach vorne strebt, macht die Größe einer Seele aus, wie daß sie sich ins Gegebene fügen und darin einzurichten weiß. Alles Hinlängliche erachtet sie für groß, und als herausragend erweist sie sich dann, wenn sie das Mittlere mehr als das Herausragende liebt.

Nichts ist so schön und unsrer Bestimmung gemäß wie ein rechter Mensch zu sein, und keine Kunst so schwer wie unser Leben recht und natürlich zu leben wissen.« (Ebd., S. 561)

Dem heroischen Modell stellt Montaigne nicht nur ein nüchternes Ideal der Selbsterhaltung entgegen; im geschützten Raum seiner Innerlichkeit nämlich kann das Ich, das auf den Ruhm verzichtet hat, immer noch nach Tugend streben und seine moralische Vervollkommnung erreichen. In der sicheren Position des *Zuschauers* des Schiffbruchs, in welcher der Skeptizismus trotz allem durch ein aristokratisches Vertrauen in die Selbstbeherrschung genährt wird, konstruiert sich das Individuum seinen eigenen Weg der Weisheit, vor der Welt geschützt, von der es sich noch Abstand halten kann.

Erst bei Hobbes wird, wie wir sehen werden, niemandem mehr die Möglichkeit einer sicheren Position gegenüber dem Chaos und den Konflikten zugestanden: alle Menschen sind gezwungen, im Theater der Welt mitzuspielen und eine Lösung für ihre Leidenschaften zu suchen, die nicht länger individuell und moralisch, sondern allgemein und politisch ist. Der anthropologische Pessimismus Montaignes, seine Sicht auf die Individuen als schwache und mangelhafte Wesen, die sich allein und verloren einer zersplitternden Welt gegenüber befinden, radikalisiert sich in Hobbes' Universum dahingehend, daß alle verbliebenen Illusionen verlorengehen, die hinsichtlich einer aristokratischen Unbeteiligtheit und beruhigenden Rückkehr in die intime, für die bedrohlichen Ereignisse der öffentlichen Sphäre unerreichbaren Privatsphäre noch bestanden. Im Angesicht der Unwägbarkeiten des Lebens und der Todesgefahr, denen sich niemand *allein* entziehen kann, setzt die Selbsterhaltung sich als nackter und unerbittlicher Zwang durch.

Das Ideal der Tugend und der Weisheit jedoch, das Montaigne vorschlägt, zeigt bereits – wie wir gesehen haben – einen radikalen Bruch mit dem heroisch-aristokratischen Individualismus an, der dennoch der verschüttete Gegenstand einer resignierenden Sehnsucht bleibt. Oft wird hervorgehoben, wie dieses Ideal sich von der Strenge des Stoizismus entfernt hat.[47] Montaigne schlägt ein humaneres und

---

47 Vgl. R. Bodei, *Geometria delle passioni*, Mailand 1991, S. 110 ff.

nachsichtigeres Modell vor, das den Kräften eines Individuums, welches sich seiner unaufhebbaren Fragilität, Unvollkommenheit und seiner Widersprüche bewußt geworden ist, besser entspricht. Die Tugend, so lautet seine Beobachtung, »[thront] nicht, wie die Schulmeister behaupten, auf der Spitze eines steilen, zerklüfteten und unzugänglichen Berges [...]; jene, die in ihre Nähe gelangten, sagen im Gegenteil, sie wohne auf einer blühenden und fruchtbaren Hochebene, von der aus sie alle Dinge unter sich sehe, die aber jeder, der die Richtung kenne, auf schattigen, von süßem Duft umwehten Rasenpfaden über einen sanft ansteigenden [...] glatten Hang leicht erreichen könne.« (*E*, 1.26, *Über die Knabenerziehung*, S. 88)

Es handelt sich, könnte man sagen, um eine »barocke« Tugend, die sich an die unzähligen Verzweigungen der Welt und an die mehrdeutige Komplexität der Menschen anpaßt[48] und die vom schroffen und starren Bild einer strengen Philosophie recht weit entfernt ist. Es genügt allerdings nicht, hierin lediglich das Zeichen einer nachgiebigeren und gelasseneren Moral zu sehen, welche die Strenge des Stoizismus durch eine epikureische Sensibilität gegenüber der Freude und dem Glück korrigiert. Die Tatsache, daß sie ihre tiefste Inspiration aus dem Entstehen neuer Herausforderungen und neuer Werte bezieht, bedeutet einen irreversiblen Bruch mit dem heroisch-aristokratischen Kodex und spannt einen Bogen zur Herausbildung des modernen Individuums. Dieses stellt der Suche nach der Selbsterhaltung die *dépense* entgegen, dem Ruhm die Konstruktion eines Ideals des *gewöhnlichen Lebens*, und der Ehre sowie der Projektion nach außen ein Refugium im privaten Raum des Ichs, in dem dieses mit seiner eigenen Leere vertraut werden und auf ihr das Fundament einer Identität gründen kann, die sich selbst autonom aufrecht erhält: »Meiner Ansicht nach sind jene Leben am schönsten,« sagt Montaigne als Schlußwort seiner *Essais*, »die sich ins allgemeine Menschenmaß fügen, auf wohlgeordnete Weise, ohne Sonderwünsche, ohne Wundersucht« (*E*, 3.13, S. 566).

Das Ich Montaignes ist das Spiegelbild einer Zeit der Krise und der Veränderung und läßt sich nicht auf eine eindeutige und kompakte Form zurückführen. Es stellt sich als ein komplexes und facettenreiches Prisma dar, in dem sich innovative Aspekte mit solchen kreuzen, welche noch in der alten Tradition verankert sind. Einige Seiten erscheinen in vollem Licht, während andere mehr im Schatten bleiben und, wie wir sehen werden, nur im Denken seiner Nachfolger genauere und schärfere Umrisse erhalten. Das Ich Montaignes reflektiert den entschlossenen

---

48 »Die dem öffentlichen Leben zugewiesne Tugend hat viele Windungen, Vorsprünge und Einbuchtungen, damit sie sich den menschlichen Schwächen anpassen und einfügen kann: Sie ist mischförmig und ausgeklügelt – nicht gradlinig, eindeutig und beständig, sondern voller Wenn und Aber.« (*E*, 3.9, S. 500).

Übergang von einer *Anthropologie der Fülle*, der *dépense* und der Übertreibung zu einer *Anthropologie des Mangels und der Selbsterhaltung*, welche die gemeinsame und unumgängliche Voraussetzung des Paradigmas der Moderne konstituiert.

Aber dieses Ich hat noch immer die Möglichkeit, sich vom Schiffbruch der Welt fernzuhalten und sich, um an die Begrifflichkeit Horkheimers anzuschließen, von der »historischen Unruhe« frei zu halten.[49] Es kann sich in sich selbst zurückziehen und die Lösung von Konflikten und das Erhaltenbleiben sozialer Bindungen an die unveränderliche Struktur des Staates delegieren. Die stolze Wahrnehmung einer ganz neuen souveränen Position geht einher mit dem neuen Bewußtsein der eigenen Schwäche, aber auch mit dem aristokratischen Vertrauen in die eigene Unabhängigkeit und moralische Autarkie, was dazu führt, daß in ein und derselben Bewegung die Bewahrung der eigenen Person und ihre moralische Vervollkommnung gründen, die Selbsterhaltung und die Sorge um sich selbst.

5. Das großzügige Ich

Bei Montaigne lebt das Paradigma der Selbsterhaltung noch von Aspekten, die auf eine größere Vision des Ichs verweisen, das zwar jeden heroischen Ruhmes entledigt, aber dennoch potentiell *weise* ist; eines Ichs, das die Fähigkeit besitzt, in sich selbst die notwendigen Ressourcen zu finden, um einen Lebensweg aufzubauen, der nicht frei von Freude und Glück ist, der ihm die Gelegenheit bietet, sich auf dem Höhepunkt des Orkans seiner selbst zu widmen, so daß es den Ereignissen der Welt gegenüber immun bleiben kann, ohne diese jedoch zu verlassen.[50]

Als Figur des Übergangs vom Bild des Heroen zum modernen, selbsterhaltenden Individuum steht der *Weise* auch im Zentrum des cartesianischen Denkens, wo sie allerdings anders als bei Montaigne jene Züge der Kraft, Fülle und Integrität zurückerhält, die sie durch das Konzept der *Großzügigkeit [generosità]* wieder in die Anthropologie der *dépense* eingliedert.

---

49 Vgl. Horkheimer, »Montaigne und die Funktion der Skepsis«, a.a.O..
50 Über die Bedeutung der Figur des »Weisen« in dieser Phase im Inneren des Neostoizismus vgl. das Werk von P. Charron, *De la sagesse* (1601). Und hierzu, über Battista, *Alle origini del pensiero politico libertino,* a.a.O. hinaus: G. Stabile, »La saggezza: fondazione antropologica e codice di disciplinamento in P. Charron«, in: V. Dini u. G. Stabile (Hrsg.), *Saggezza e prudenza. Studi per la ricostruzione di un'antropologia in prima età moderna*, Neapel 1983. Der Autor hebt den neostoischen Versuch, die Behauptung der Individualität und die Anerkennung der Notwendigkeit einer politischen Ordnung hervor, indem er in diesem Punkt Charron, Montaigne und Hobbes vereint. Hier besteht das Ziel allerdings darin, zu zeigen, wie die Behauptung der Individualität – welche sich in den ersten beiden der moralischen Aspekte konzentriert – bei Hobbes eine rein selbsterhaltende Konnotation erhält (vgl. § 6).

Auf den Zweifel und die Unsicherheit, die ständigen Symptome eines inzwischen irreversiblen »Verlusts der Ordnung«, antwortet das cartesianische Ich mit der Evidenz des *cogito* und dem Wissen um die absolute Macht des *Willens*, kraft derer es – auf erkenntnistheoretischer wie moralischer Ebene – zum souveränen Herrn über sich selbst, zum *maître de soi* wird. Der freie Wille, den das Ich vom ersten Denkakt an entdeckt, mit dem es seine eigene Existenz behauptet,[51] ist unter allen menschlichen Fähigkeiten diejenige, die am höchsten und weitesten reicht. Sie ist so vollkommen, daß sie die göttliche Vollkommenheit nachahmt, uns »Gott ähnlich« macht.[52] Der Wille, der uns von Gott gegeben wird, von dem wir abhängen wie alles andere auch,[53] versichert uns unserer Unabhängigkeit, indem er uns eine unzweifelhafte Kontrolle über all das ermöglicht, was eine Quelle des Irrtums und der Beunruhigung sein und unsere Freiheit auf diese Weise einschränken könnte – z.B. die Einbildungskraft, der Körper, die Leidenschaften.[54] Auch die schwächsten Seelen, beobachtet Descartes in *Die Leidenschaften der Seele*, können sich auf die absolute Macht des Willens verlassen, auf ihre Fähigkeit, die Kraft der Leidenschaften, der verstörenden Ansprüche des Körpers unter Kontrolle halten zu können. Vervollkommnet durch das regulierende Eingreifen der Vernunft, die stets das Gute erkennen und wählen kann (vgl. ebd., § 138), verleiht der freie Gebrauch des Willens dem Ich die *maîtrise de soi*, in welcher das Fundament seiner Souveränität und der Ursprung der höchsten intellektuellen Freude liegen.[55] Das Vertrauen in den Willen und in die Vernunft befreit das Ich von jener dunklen Polarität, die bei Montaigne unauflöslich mit seiner Selbstbehauptung verbunden war; es befreit es von der Unruhe und vom Zweifel sowie vom Gefühl der eigenen Schwäche und versetzt es in die Lage, über sich selbst verfügen zu können, aus dem dunklen Magma des natürlichen und körperlichen Lebens das auszuwählen, was seine Würde und seine Fähigkeit zur Selbstvervollkommnung stärken kann.

Aber ausgerechnet diese Verflechtung zwischen Selbstkontrolle und Vervollkommnungswillen, zwischen der Herrschaft über sich selbst und dem Streben nach einem Gut, das zur Glückseligkeit verhilft, erlaubt es nicht, in Descartes lediglich den Theoretiker der Selbstgenügsamkeit des modernen Subjekts zu sehen, eines *self disengaged*, dessen prometheische Selbstbehauptung durch die rationale wie vergegen-

---

51 Vgl. G. Rodis-Lewis, *La Morale de Descartes*, Paris ³1970, Kap. 4.
52 R. Descartes, *Meditationen* (1641): »Der Wille allein oder die Freiheit der Willkür ist es, die ich in mir als so groß erfahre, daß ich sie mir gar nicht größer vorstellen kann. Daher ist sie es auch vorzüglich, aufgrund deren ich in mir ein Ebenbild Gottes erkenne.« (*Meditationes de Prima Philosophia*, übers. v. G. Schmidt, Stuttgart 1986, S. 147 f. [Vierte Meditation, Abs. 8]).
53 R. Descartes, *Briefe* (an Elisabeth vom 3. November 1645, und an dies. vom Januar 1646).
54 Über die Rolle des Willens bei Descartes vgl. R. Bodei, *Geometria delle passioni*, a.a.O., Teil II, 2. Abschnitt.
55 Über die Wichtigkeit der *joie intellectuelle* vgl. ebd., S. 263 ff.

ständlichende Loslösung vom Körper und die rein instrumentelle Kontrolle über das emotionale Leben geschieht.[56] Denn auf der Ebene der moralischen Wahl hat die Vernunft die Funktion, den Willen auf das Gute hin auszurichten und gemäß des großen stoischen Prinzips die Dinge, die von uns abhängen, von denen unterscheiden zu können, die nicht in unserer Macht stehen (vgl. *LS,* Art. 144), wodurch sie uns zu jener Tugend leitet, die die Quelle unserer geistigen Freude ist.[57] Und der Wille ist keineswegs eine repressive Instanz, die sich den Instanzen des Körpers und den Forderungen des Begehrens frontal entgegenstellt. Gegen jede Verurteilung oder jeden Rigorismus nach stoischem Muster, wie sie allenfalls dem Rationalismus Kants zugrundeliegt, behauptet Descartes, daß die Leidenschaften im wesentlichen gut und nützlich seien, insofern sie nämlich sie in der Seele Gedanken unterstützen, die es wert sind, bewahrt zu werden (vgl. *LS,* § 74) und die sie dazu bringen, diejenigen Handlungen zu verrichten, welche den Körper erhalten und perfektionieren können (vgl. *LS,* Art. 137). Ihr Problem besteht lediglich im Exzeß, in der Übertreibung der Güter, die sie uns ersehnen lassen (vgl. *LS,* Art. 138).[58] Der Exzeß der Leidenschaften ist es also, der eines Gegenmittels bedarf, indem man das rechte Gleichgewicht findet, eine Harmonie zwischen Trieb und Tugend, zwischen dem Begehren und dem Guten.[59] Es handelt sich also nicht darum, die Leidenschaften durch Enthaltsamkeit und Verzicht zu beherrschen, sondern sie zu lenken, zu korrigieren und ihnen eine Zielrichtung zu geben, die des Ichs und seiner Freiheit würdig ist; deshalb ist es erforderlich, daß das Ich der Macht seines eigenen Willens die Fähigkeit hinzuzufügen weiß, den rechten Gebrauch von ihm zu machen.

Wer diese beiden Eigenschaften in sich vereint, ist das, was Descartes als das *großzügige Ich* bezeichnet: im Bewußtsein, über den freien Gebrauch des eigenen Willens zu verfügen, aber auch dazu entschlossen, ihn auf die richtige Weise zu nutzen, erfreut es sich eines tiefgreifenden Selbstwertgefühls,[60] das in der Sicherheit gründet, vor allem seiner selbst würdig zu sein. Das großzügige Ich hat ein so unzweifel-

---

56 Vgl. Ch. Taylor, *Quellen des Selbst,* a.a.O., Teil II, Kap. 8.
57 »Und damit unsere Seele so mit sich zufrieden ist, hat sie eigentlich nur nötig, genau der Tugend zu folgen. Denn wer auch immer in der Art gelebt hat, daß sein Gewissen ihm nicht vorwerfen kann, jemals die Dinge unterlassen zu haben, die er als die besten beurteilt hat (das nenne ich hier der Tugend folgen), der erhält dadurch eine Zufriedenheit, die so mächtig ist, um ihn glücklich zu machen, daß die heftigsten Anstrengungen der Leidenschaften nie genug Macht haben, die Ruhe der Seele stören zu können.« (*LS,* Art. 148, S. 233).
58 Vgl. auch Descartes, Brief an Elisabeth vom 15. September 1645.
59 Hinsichtlich dieser Aussöhnung vgl. Bénichou, *Morales du Grand Siècle,* a.a.O., Kap.1.
60 »Dementsprechend glaube ich, daß der wahre Edelmut, der bewirkt, daß ein Mensch sich in dem höchsten Maße achtet, indem er sich legitimer Weise schätzen darf, allein darin besteht, daß er einesteils erkennt, daß er nichts hat, das ihm wahrhaftig angehört außer allein der freien Verfügung über sein Wollen und er nur gelobt oder getadelt werden darf, je nachdem, ob er sie gut oder schlecht benutzt, – andernteils darin, daß er in sich einen festen und beständigen Beschluß fühlt, davon einen guten Gebrauch zu machen, das heißt, es niemals am Willen fehlen zu lassen, alle Din-

haftes und absolutes Gefühl für seine eigene Würde und seinen Selbstwert, daß es kein Bedürfnis danach hat, seine Überlegenheit gegenüber dem Anderen zu demonstrieren. Es ist im Gegenteil bescheiden und tolerant, mehr um das Wohl anderer als um sein eigenes Interesse bemüht und besitzt eine natürliche *grandeur*, wobei es sich allerdings auch über die eigenen Grenzen im klaren ist. (vgl. *LS*, Art. 154-56). Dies bedeutet nicht, daß es die Bestätigung durch andere, das heißt die äußere Anerkennung seines Wertes verschmähte. Im Vergleich zu Montaigne rehabilitiert Descartes die Leidenschaft für den Ruhm, jene »Art der Freude, [welche] auf die Liebe [gründet], die man zu sich selbst hat und die aus der Meinung oder der Erwartung von anderen, gelobt zu werden, sich ergibt.« (*LS*, Art. 204). Wenn sie gut begründet ist, wenn sie also einem authentischen Wert und Verdienst entspricht, ist diese Leidenschaft nichts anderes als ein Aspekt der Selbstachtung, und damit unterscheidet sie sich deutlich vom Stolz, der aus dem Gefühl der eigenen Schwäche und Unentschlossenheit (vgl. *LS*, Art 159) herrührt sowie – unabhängig vom Verdienst – von dem unvernünftigen Wunsch, um jeden Preis von den anderen geschätzt zu werden (vgl. *LS*, Art. 160).

Die Idee des Edelmuts *[generosità]* und der Rehabilitierung des Ruhmes zeigen die offensichtliche Bindung von Descartes an die heroisch-aristokratische Moral, die sozusagen eine letzte triumphale Saison in den Theaterstücken von Corneille erlebt.[61] Sie setzt also eine anthropologische Vision voraus, die nicht auf dem Mangel, dem Elend und der Leere begründet ist, wie Montaigne sie eingeführt hatte und wie sie bei Hobbes in radikal pessimistischer Form wiederkehren sollte, sondern vielmehr auf der Fülle und der Kraft des Ichs. Der Edelmut, das Allheilmittel aller Leidenschaften, ist eine Tugend, ja sogar »der Schlüssel zu allen anderen Tugenden« (*LS* Art. 161); aber auch er ist eine *Leidenschaft*,[62] d. h. eine natürliche Ressource, eine *anthropologische Tatsache*, die dem Ich dank seiner Zugehörigkeit zum aristokratischen Ehrenkodex angehört: in ihm wirken die Kräfte der Integrität und der moralischen Größe, der Kraft und der Würde, der Großmut und des Ruhms.

Sehr viel deutlicher wird dies in den Theaterstücken Corneilles, wo der Held seine Leidenschaften mit einer Willenskraft beherrscht, die sie der richtigen Hierarchie

---

ge zu unternehmen und auszuführen, über die er als das Beste urteilen wird. Das bedeutet, vollkommen der Tugend zu folgen« (*LS*, Art. 153).

61 Vgl. hierzu neben Bénichou, *Morales du Grand Siècle*: E. Cassirer, *Descartes, Lehre, Persönlichkeit, Wirkung*, Hamburg 1995.

62 Auch wenn es sich dabei nicht, wie Remo Bodei betont, um eine primitive Leidenschaft handelt, sondern »um ›eine reifere Frucht‹ um das Ergebnis einer langen Kultivierung des Willens« (*Geometria delle passioni*, a.a.O., S. 291). Zum Thema des Edelmuts vgl. auch: G. Rodis-Lewis, »Le dernier fruit de la métaphysique cartésienne: la générosité«, in: *Les études philosophiques*, Januar-März 1987; und Ch. Ramond, »La générosité«, in *Cahiers philosophiques*, XXXV, 1988.

unterstellt, und zwar im Namen eines Ideals, das über die Befriedigung eigener Wünsche, die Bestätigung der eigenen Kraft und die Verherrlichung des Eigenwertes hinausgeht. Das heroisch-ritterliche Ideal und die neostoische Aufwertung des Ruhmes, verstanden als persönliche, innerliche Energie,[63] verschmelzen bei Corneille zur Behauptung der Souveränität des Ichs, welches sich selbst beweisen kann, ohne die Leidenschaften zu unterdrücken, doch indem es ihr Spiel aus klarem Abstand heraus und durch intensive Teilnahme kontrolliert. Eine Leidenschaft wird nicht im Namen einer abstrakten und zwingenden Pflicht geopfert, sondern aufgrund eines mächtigeren und unverzichtbaren Impulses, in dem die Fundamente der eigenen Identität liegen.[64] Der Ruhm ist die Leidenschaft schlechthin, der alle anderen untergeordnet werden müssen. Gleichzeitig ist er der ethische Parameter, der moralische und soziale Kodex, den das aristokratische Ich als sichere Führung seiner eigenen Handlungen und Entscheidungen anerkennt. Er ist das sichtbare Zeichen des *großzügigen* Helden, der vor allem dafür sorgt, seiner selbst würdig zu sein, dafür Liebe, Glück und Leben aufzuopfern bereit ist. Die Souveränität des Ichs zeigt sich in jener Fähigkeit, die eigenen Energien herzugeben, in der *Selbsthingabe*, die das Bewußtsein der eigenen Kraft und des eigenen Willens ermöglicht. Diese ist, wie wir bereits bei Descartes gesehen haben, nie eine unverhältnismäßige Behauptung von Kraft, welche die eigenen Grenzen vergißt.[65] Das großzügige Ich weiß auf die Herausforderungen der Welt, auf emotionale Störungen und Konflikte zu antworten, doch nicht durch kalte rationale Distanzierung und auch nicht im selbsterhaltenden Rückbezug auf sich selbst, sondern durch die Fähigkeit der *dépense*, der Hingabe seiner selbst, die es dazu führen kann, sich für etwas zu opfern, was wertvoller ist als das eigene Leben.

---

63 Vgl. hierzu Levi, *French Moralists*, a.a.O.
64 Dies ist der Sinn der Entscheidung, welche Rodrigo, der Protagonist des *Cid* trifft (P. Corneille, *Le Cid*, in: ders. *Théatre*, Paris 1980, Bd. 2, dt.: *Der Cid*, Stuttgart 1978). Rodrigo weiß, daß er, dadurch, daß er den Vater tötet, Chimène verlieren würde, die ihn leidenschaftlich liebt; doch er kann nicht anders handeln, weil er nur so die eigene Ehre retten und sich selbst und den Imperativen seiner sozialen Stellung treu bleiben kann. Und auf der anderen Seite kann er die sich Liebe Chimènes auch nur dadurch erhalten, daß er sich für den Ruhm und die Ehre entscheidet, weil er sich ihrer so als würdig erweist. Wenn der Ruhm im Gegensatz zur amourösen Leidenschaft steht, wird diese ihrerseits zu seiner Quelle, zu seiner unverzichtbaren Nahrung: Chimène kann nur denjenigen lieben, der dazu bereit ist, sich hinzugeben und das eigene Leben zu opfern, auch wenn es dabei um den Vollzug einer Rache geht, die vor allem sie selbst trifft.
65 Wenn August am Ende des *Cinna* die feierlichen Worte ausspricht: »Je suis maître de moi comme de l'univers; je suis, je veux l'être« (P. Corneille, *Cinna*, in ders.: *Théatre*, a.a.O. 5. Akt, 3. Szene), dann ist er nicht das Opfer einer Allmachtsphantasie, sondern befindet sich im weisen Bewußtsein davon, daß lediglich ein Akt des Edelmuts, die Milde gegenüber den eigenen Mördern, es ihm erlaubt hat, den rechten Sinn für die eigene Macht, die Legitimität des eigenen Ruhmes wieder zu finden. Zu diesen Themen vgl.: A. Stegmann, *L'Héroisme cornélien*, Paris 1968, und S. Doubrovski, *La Dialectique du héros*, Paris 1963.

Es ist also dieser Aspekt, der Descartes an die Welt von Corneille annähert, auch wenn bei ersterem die Figur des Helden sich den weniger klar umrissenen und introvertierteren Charakterzügen des *Weisen* annähert. Sein Edelmut nährt sich auch von einem Bezug auf die christliche *caritas*, auf die Solidarität mit anderen (vgl. *LS*, Art. 154-55 u. 159),[66] und sein Wille findet in der Nachahmung der göttlichen Vollkommenheit eine Grenze. Der Weise von Descartes ist derjenige, der die Erkenntnis der eigenen Abhängigkeit mit dem aktiven Vertrauen in die eigene Souveränität zu verbinden vermag. Die weise Ausübung des Willens mündet in den Edelmut; und der Edelmut ermöglicht ihm jene *maîtrise de soi*, in welcher die moralische Vervollkommnung und die Gewinnung der Tugend unabdingbar sind für das Erlangen von Glück und Freude. Denn die Freude entsteht aus der höchsten Selbsterfüllung, aus dem Bewußtsein heraus, daß es gelungen ist, den eigenen Willen zum Besseren hin zu lenken (vgl. ebd., Art. 212, 148).[67]

Anders als noch das schwache, skeptische und selbsterhaltende Individuum von Montaigne erweist sich also das Ich bei Descartes mit einem Ensemble von Attributen ausgestattet, wie dem Willen, dem Selbstwertgefühl, dem Ruhm und dem Edelmut, die es noch immer in den heroisch-aristokratischen Kodex der *dépense* einschreiben. Bei beiden steht die Figur des *Weisen* jedoch emblematisch für eine Trennung zwischen der individuellen Sphäre, in welcher das Ich selbstbestimmt seine eigene moralische Vervollkommnung und sein eigenes Glück verfolgt, und der sozialen und politischen Ordnung, die in ihrer Unveränderlichkeit allein die Funktion hat, dem Individuum einen vom Chaos und von externen Konflikten freien Raum zu garantieren.[68] Der Konservatismus Descartes', der gleichwohl neutraler und milder als bei Montaignes auftritt, findet eine Stütze in der »provisorischen Moral«, in deren Namen er sich dafür entscheidet, sich dem Treiben der Welt zu entziehen: »Mein dritter Grundsatz war, stets bemüht zu sein, eher mich zu besiegen als das Schicksal, eher meine Wünsche als die Ordnung der Welt zu verändern [...]«.[69] Indem es das Existierende durch eine Art neutraler und losgelöster Teilnahme an gesellschaftlichen wie politischen Aufgaben und Pflichten akzeptiert,

---

66 Vgl. auch: Descartes, Brief an Elisabeth vom 6. Oktober 1645.
67 Vgl. auch Descartes, Briefe an Christina von Schweden vom 20. November 1647, an Elisabeth vom 18. August und vom 1. September 1645.« [...] Um aber genau zu wissen, wie viel jede Sache zu unserer Zufriedenheit beitragen kann, muß man die Ursachen erwägen, die sie hervorrufen, und das ist ebenfalls eine der hauptsächlichsten Kenntnisse, die dazu dienen können, den Gebrauch der Tugend zu erleichtern; denn alle Handlungen unserer Seele, die uns irgendeine Vollkommenheit erwerben, sind tugendhaft, und unsere ganze Zufriedenheit besteht nur in dem uns innewohnenden Zeugnis, daß wir irgendeine Vollkommenheit haben.« (*Briefe*, S. 308 f.).
68 Vgl. P. Guenancia, *Descartes et l'ordre politique*, Paris 1986, der jedoch den »individualistischen« Aspekt zu sehr betont.
69 R. Descartes, *Discours de la Méthode/ Bericht über die Methode* (1637), Stuttgart 2001, 3. Teil Abs. 4, S. 50/51.

steht es dem großzügigen Individuum frei, sich mit umso größerer Sicherheit und Autonomie der Bildung der eigenen Identität und von neuen Gewißheiten zu widmen, da es auf die Kraft des eigenen Willens zählen kann. Dies geschieht in einem von der Welt abgetrennten Bereich, wo es seinen Leidenschaften, Unsicherheiten und Verwirrungen in einem einsamen *tête-à-tête* entgegentreten kann, doch immer noch vor allem *Zuschauer* der öffentlichen und mondänen Ereignisse ist.

6. Das selbsterhaltende Individuum und die Leidenschaft für das Nützliche

Das Paradigma des *Weisen*, das Montaigne und Descartes vereint, auch wenn es auf zwei unterschiedlichen anthropologischen Sichtweisen beruht, erfährt endgültigen Niedergang bei Hobbes und seiner Metapher vom »Naturzustand«.[70] Bei Hobbes fällt jede Illusion eines subjektiven und abgetrennten Weges des Ichs, das sich selbst erzieht, kontrolliert und vervollkommnet und dabei der distanzierte Beobachter der Ereignisse der Welt bleibt, in sich zusammen. Umgeben von einer allgemeinen Unordnung, in der man sich weder auf gesellschaftlich und moralisch bindende Kodizes berufen noch länger auf das Überleben der bestehenden Institutionen vertrauen kann, empfindet das Individuum die ganze Dramatik eines Zustands, der in erster Linie Gefahren für sein eigenes Leben ankündigt. Schwach, entwurzelt und endgültig jeder Sicherheit beraubt, ist das Individuum bei Hobbes von einer vorherrschenden Sorge getrieben, die unaufhaltsam Dringlichkeitscharakter annimmt: *sich selbst zu erhalten*, indem man sich gegen Todesgefahr verteidigt und sich mit den überlebensnotwendigen Gütern versorgt.

Die Selbsterhaltung verliert die moralische (und sogar ästhetische) Valenz, die sie bei Montaigne hatte, bei dem die Rückkehr zu sich selbst, das Sich-Zurückziehen des Ichs in eine von den chaotischen Ereignissen der Welt geschützte Freizone in die Konstruktion einer Identität einmündete, die sich durch das Bewußtsein der eigenen Grenzen und Schwächen vervollkommnen konnte. Sie zeigt sich nun in ihrem ganzen schlichten Zwangscharakter als die unausweichliche Notwendigkeit einer *Frage auf Leben und Tod*, die weder Zaudern noch die angenehme Trägheit selbsterforschender Wege zuläßt. Daher ist sie das höchste Gut, das natürliche Recht schlechthin, für dessen Verteidigung jedem Individuum die uneingeschränkte und legitime Freiheit zusteht, alles zu tun, was in seiner Macht steht. Doch gerade weil es von allen geteilt wird, führt dieses Recht die Individuen zum

---

70 Ein gegenüber dem, was er versuchte zu rekonstruieren, exzentrischer und origineller Weg ist zweifellos derjenige Spinozas, in dessen Reflexion die moralische Figur des Weisen (wie sie in der *Ethik* präsent ist) mit derjenigen des isolierten und mangelhaften Individuums im Naturzustand koexistiert (auf dem die Anthropologie des *Politischen Traktates* gründet). Über die Komplexität und Originalität von Spinoza vgl. Bodei, *Geometria delle passioni*, a.a.O.

Zusammenstoß und wird zur Quelle des Konflikts (*Naturrecht*, Kap. 14). Die Welt wird zum Theater der menschlichen Leidenschaften, die legitimiert sind durch die universale Freiheit und Gleichheit der Menschen in der Behauptung ihrer natürlichen Rechte und zugleich die Ursache für Zerstörung, Krieg und Tod sind:

> »Und wenn daher zwei Menschen dasselbe verlangen, in dessen Genuß sie jedoch nicht beide kommen können, werden sie Feinde; und auf dem Weg zu ihrem Ziel (das hauptsächlich in ihrer Selbsterhaltung und zuweilen nur in ihrem Vergnügen besteht) bemühen sie sich, einander zu vernichten oder zu unterwerfen.« (*Leviathan*, S. 103)

Hier vollzieht sich der radikale Übergang, den der Hobbes'sche Ansatz – wie bereits angedeutet – gegenüber dem Paradigma des Weisen als Zuschauer darstellt. Neu ist, daß sich niemand diesem Szenario entziehen kann, *niemand hat mehr die Chance, sich aus dem Getümmel herauszuhalten*. Aufgrund ihrer Rechte und Leidenschaften sind alle Menschen, um den von Blumenberg benutzten Begriff von Pascal wieder aufzugreifen, gleichermaßen *embarqués*,[71] in einen Prozeß verwickelt, der ihnen sozusagen den Luxus eines individuellen Weges verwehrt und sie zur Suche nach einer kollektiven Lösung zwingt. Die Leidenschaften sind das ambivalente Vehikel einer Sozialität, die, wenngleich »unsozial«, keinerlei singuläre Ausnahme zuläßt. Die Menschen sind *durch ihre Leidenschaften selbst gebunden*, obgleich das Band gerade deshalb den unheilvollen Beiklang des Konflikts, der Überwältigung und der Herrschaft annimmt.

Tatsächlich liegt der Ursprung des Konflikts nicht nur im Kampf um die *self-preservation*, sondern in dieser natürlichen Tendenz zur wechselseitigen Angriffshaltung, die Hobbes als *Ruhm* bezeichnet, eine alles erfüllende und dominante Leidenschaft, welche die Menschen dazu treibt, sich nur deshalb in einer Gesellschaft zu vereinigen, um von den anderen in der eigenen Macht und Überlegenheit anerkannt zu werden.[72] Der Ruhm, sagt Hobbes im *Naturrecht*, ist entweder als inneres Gefühl der Genugtuung oder als Triumph des Geistes diejenige Leidenschaft, die sich von der Einbildung oder vom Begriff unserer Macht herleitet, und der Macht desjenigen überlegen sei, der sich uns entgegenstellt. In seine Beurteilung des Ruhmes hat sich also ein Element der *Macht* eingeschlichen (der Macht über den Anderen), die nicht nur hinsichtlich der cartesianischen Rehabilitierung der aristokratischen Lei-

---

71 Vgl. Blumenberg, *Schiffbruch mit Zuschauer*, a.a.O.
72 Die Menschen tun sich nicht aufgrund von gegenseitiger Liebe oder Wohlwollen zusammen – behauptet Hobbes, indem er auf die Formen spontaner Zusammenschlüsse anspielt, in *De Cive* –, sondern allein insofern sie vom »Nützlichen« und vom »Ruhm« bewegt werden: Daher sei all denen, die aufmerksam die menschlichen Verhältnisse untersucht hätten, aus Erfahrung klar, daß jede spontane Vereinigung von einem gegenseitigen Bedürfnis oder vom Verlangen nach Ruhm geleitet würde. Somit bilde sich jede Gesellschaft zum Zweck des Nützlichen oder des Ruhmes heraus, das heißt aus Liebe zu sich selbst und nicht für die anderen Mitglieder der Gesellschaft.

denschaften ein neues Bild entwirft, sondern auch in Bezug auf die entzaubernde Diagnose von Montaigne, dessen anthropologischen Pessimismus Hobbes radikalisiert. Mit Montaigne teilt Hobbes die Sicht des Ruhmes als *Eitelkeit*, und zwar als Verlangen danach, bei jeder Gelegenheit die gute Meinung über sich selbst bestätigt zu sehen, und als scharfes Gespür für jegliches Zeichen der Nichtbeachtung durch den Anderen und die Enttäuschung darüber. Hierbei handelt es sich um die offensichtlichen Symptome eines schwachen und entwurzelten Individuums, das der Bestätigung und der Anerkennung bedarf.[73] Aber während Montaigne den Akzent im wesentlichen auf die Verfallsmomente *des Ichs* setzt, das sich zum Träger dieser Leidenschaft macht, wodurch gerade seine Nicht-Authentizität und Hohlheit zum Vorschein kommt, zeigt Hobbes vor allem ihre aggressiven und destruktiven Auswirkungen auf *den Anderen*. Aufgrund von Belanglosigkeiten, sagt er im *Leviathan*, wie ein Wort, ein Lächeln, eine unterschiedliche Meinung oder irgendein anderes Zeichen mangelnder Wertschätzung«, sind die Menschen immer bereit zum Streit. Die Leidenschaft für den Ruhm, reduziert auf einer Art leerer und stolzer Selbstzufriedenheit, bildet sich vollständig als eine *Ich-Leidenschaft* heraus, welche die Menschen zu einem kontinuierlichen und zermürbenden Vergleich treibt, in dem sie um jeden Preis die eigene Überlegenheit behaupten und so versuchen, eine höhere Wertschätzung zu erzwingen. Diese ist also wie schon gesagt eine Bestätigung der eigenen *Macht* als eine, die größer ist und den Anderen, der im Wesentlichen als Konkurrent oder Feind gesehen wird, »überbietet«.[74] Und die *Ehre* ist nichts anderes als die Anerkennung dieser Macht, die Gesamtheit der Zeichen, welche die Überlegenheit eines Individuums über ein anderes bestätigen, unabhängig von seinem Wert und Verdienst.[75]

Trotz des augenscheinlichen Fortlebens des heroisch-aristokratischen Ehrenkodex und der dazugehörigen Tradition im Hobbes'schen Universum[76] bildet sich eine Form des Individualismus heraus, die den endgültigen Niedergang dieses Kodex anzeigt. Erstens erfährt gerade die aristokratische Leidenschaft – der Ruhm – bereits bei Montaigne eine Kontaminierung, die ihren Sinn und Funktion verzerrt.

---

73 Die Wichtigkeit der Leidenschaft der Eitelkeit erlaubt es nicht, bei Hobbes von der Präsenz eines narzißtisch veranlagten Individuums zu sprechen, wie beispielsweise Battista, *Nascita della psicologia politica*, a.a.O. und J. M. Glass, »Hobbes and the Narcism. Pathology in the State of Nature«, in: *Political Theory*, VIII, 1980, Nr. 3. Die Eitelkeit impliziert nämlich eine emotionale Beziehung zum Anderen, die ganz im Gegenteil, wie wir sehen werden, in der narzißtischen Subjektivität gerade verloren geht.
74 Vgl. ebenso das *Naturrecht*, wo Macht auch als »Überbieten der Macht des einem durch die Macht des anderen«, d. h. als Quelle des Konflikts verstanden wird.
75 Mir scheint, daß man eine Ablösung der Ehre vom individuellen Wert und Verdienst bei Hobbes in: C. A. Viano, »Analisi della vita emotionale e tecnica politica nella filosofia politica di Hobbes«, in: *Rivista critica di storia della filosofia*, XVII, 1962, Nr. 4 finden kann.
76 Vgl. hierzu: L. Strauss, *What is Political Philosophy?*, Glencoe 1959.

Das heißt, sie verliert ihren absoluten und an nichts gebundenen Charakter, der sie noch bei Descartes und im Neostoizismus vornehmlich an den Sinn für den eigenen Wert und die eigene Würde geknüpft hatte, an das Selbstwertgefühl und an den Edelmut; sie hat sich stattdessen in eine rein *relative* Leidenschaft verwandelt, die das Individuum dazu treibt, sich selbst *allein durch die Konfrontation und den Zusammenstoß mit dem Anderen* zu behaupten, und sie zwingt es zu einem unaufhörlichen Kampf um die Macht und um die Befriedigung der eigenen Eitelkeit.

Neben dieser *Ich-Leidenschaft* entsteht ferner, in all ihrem autonomen Zwangscharakter, die *Leidenschaft für das Nützliche*, die ausersehen ist, bei der Herausbildung des modernen Individualismus eine bedeutende Rolle zu spielen. Mehr als vom »Ruhm« spricht Hobbes im *Leviathan* nämlich vom »Machtstreben«:[77] eine Art universaler Kern, in dem sich alle menschlichen Leidenschaften zu sammeln und auszudrücken scheinen: »So setze ich als allgemeine Neigung der ganzen Menschheit an die erste Stelle ein ständiges und rastloses Verlangen nach einer Macht nach der anderen *[desire of power after power]*, das erst mit dem Tod aufhört« (*L*, Kap. 11, S. 81).[78] Auf dieser Weise verfestigt sich das Bild eines *begehrlichen und auf Erwerb ausgerichteten* Individuums, das in seinem fieberhaften und unbegrenzten Streben nach Macht schließlich unweigerlich mit dem Anderen zusammenprallt, der ein entgegengesetztes Ziel verfolgt. Die Konkurrenz um Reichtum, Ehre, Befehlsgewalt oder andere Macht, heißt es im *Leviathan*, führe zu Hader, Feindseligkeit und Krieg; denn der Weg des einen Konkurrenten zur Erfüllung seines Verlangens bestehe darin, den anderen zu töten, zu unterwerfen, zu verdrängen oder abzuwehren.[79]

So wird die zugleich bindende und zersetzende Rolle der Leidenschaften einmal mehr bestätigt. Neu in bezug auf das Individuum, das den Ruhm liebt, ist die Tatsache, daß das Machtstreben seine wesentlich *utilitaristische* Matrix enthüllt: Das Streben nach Macht, liege nicht immer darin, daß ein Mensch sich tiefere Freude erhoffe, als er bereits erreicht habe, oder daß er mit bescheidener Macht zufrieden sein könne, sondern daß er sich Macht und Mittel zu einem guten Leben, die er gegenwärtig hat, nicht sichern könne, ohne immer mehr zu erwerben.

---

77 Die Wichtigkeit dieses Übergangs betont zurecht D. D'Andrea, *Prometeo e Ulisse. Natura umana e ordine politico in Thomas Hobbes*, Florenz 1997.

78 Vgl. auch *L*, Kap. 8: »Die Leidenschaften, welche vor allen anderen die Differenzen des Geistes verursachen, sind vor allem das größere oder schwächere Verlangen nach Macht, nach Reichtum, nach Wissen und nach Ehre; sie lassen sich auf das erste zurückführen, das heißt auf das Verlangen nach Macht, da Reichtum, Wissen und Ehre nur andere Unterarten der Macht darstellen.« In Bezug auf den zunehmenden Bedeutungsverlust des Ruhmes vgl. über Strauss, *What is Political Philosophy?*, a.a.O. hinaus: A. Pacchi, »Hobbes and the Passions«, in: *Topoi*, VI, 1987, Nr. 2.

79 Bemerkenswert in bezug auf die Tatsache, wie die Macht, welche zunächst unbestimmt definiert wird, sich hier rein als *Macht über die anderen* herausbildet, ist das Buch von C. B. Macpherson, *The Political Theory of Possessive Individualism: Hobbes to Locke*, Oxford 1962.

Der Mensch sieht sich sozusagen gezwungen, immer mehr Macht anzustreben und zu erobern, nicht nur, um sich um das Gegenwärtige zu kümmern, sondern auch, um sich *für die Zukunft* den Zugang zu den Gütern, die er braucht, zu sichern. Die Macht eines Menschen besteht für Hobbes in der Tat in den Mitteln, über die er verfügt, um »etwas anscheinend Gutes für die Zukunft zu erlangen« (*L*, Kap. 10, S. 69). Das Bild des ruhmreichen Individuums, das von der eigenen Eitelkeit und vom Wunsch nach Anerkennung durch den Anderen angetrieben wird, verliert seine Gültigkeit, um einem Individuum Platz zu machen, das sich im wesentlichen um das kümmert, was ihm selbst nützlich ist und seiner Selbsterhaltung dient, und das außerdem mit Weitsicht begabt ist, die es dazu bringt, sich sorgend und vorsorgend in die Zeit hinein zu entwerfen.[80]

Hobbes vereint auf diese Weise die beiden emotionalen Gestalten, aus deren Konstellation heraus sich das modernen Individuum entwickeln wird: die *Ich-Leidenschaft* und die *Leidenschaft für das Nützliche*. Beide sind Ausdruck eines mangelhaften und sich selbst erhaltenden Individuums, das die eigene Unzulänglichkeit zu überspielen sucht, entweder indem es *um jeden Preis die Anerkennung des eigenen Wertes und der eigenen Überlegenheit* zu erwerben versucht, oder indem es *endlos nach materiellen Gütern strebt*.

Aber die Dringlichkeit der Selbsterhaltung und der Einbruch der zeitlichen Dimension verleihen der Leidenschaft für das Nützliche einen entschieden prioritären Charakter. Hobbes erwähnt in diesem Zusammenhang die mythische Figur des Prometheus, auf dem die schreckliche Verantwortung lastet, daß er die Götter herausgefordert hat, der begabt ist mit der Vorausschau auf die die Menschen bedrohenden Gefahren und Fallen, die ihn unablässig an die kommende Zeit mahnen:

»Denn wie *Prometheus* (was übersetzt *der kluge Mann* heißt) an den Berg des Kaukasus gebunden war, einem Ort mit weitem Ausblick, wo ein Adler an seiner Leber fraß und bei Tag so viel verschlang, wie bei Nacht wiederhergestellt wurde, so wird dem Menschen, der aus Sorge um die Zukunft zu weit vorausschaut, den ganzen Tag das Herz von der Furcht vor dem Tod, Armut oder anderem Unheil zerfressen, und es gibt keine Ruhe oder Unterbrechung für seine Sorge außer im Schlaf.« (*L*, Kap. 12, S. 89)

---

80 Obwohl er den Übergang vom Ruhm zum *desire of power* bei Hobbes nachvollzieht und die *power* als einen Ruhm definiert, der in sich die Vorteile des *Nützlichen* verkörpert hat, besteht M. Reale (*La difficile uguaianza. Hobbes e gli animali politici: passioni, morale, socialità*, Rom 1991, besonders die Kap. 1 u. 2) dagegen, wie mir scheint, darauf, das Machtstreben als Verlangen nach *eminence* zu verstehen, nach Unterscheidung, danach, »vorn zu stehen«, und zwar als Selbstzweck. Dem Machtstreben jedoch entspringt das Nützliche deutlich als Ziel, auch wenn seine eigentliche Qualität, sich in die Zukunft hinein entwerfen zu können, das Erreichen des Zieles ad infinitum in die Zukunft verschiebt, wodurch eine Spirale der Grenzenlosigkeit entsteht.

Das prometheische Individuum wird sich, nachdem es die göttlichen Gesetze gebrochen hat, des eigenen bedürftigen, mangelhaften und unsicheren Status auf dramatische Weise bewußt, der ihn zum Akt der Selbsterhaltung zwingt; es ist aber auch mit einem »neugierigen« und weitsichtigen Blick ausgestattet[81] und besitzt die Fähigkeit, weit voraus zu schauen, weshalb es unter einer unendlichen Anspannung steht, sich »gegenüber dem Schlimmen, das es befürchtet, abzusichern und [...] sich der Güter, die es anstrebt, zu versichern« (*L*, Kap. 13).

Der Perspektive der Selbsterhaltung, die bei Montaigne rigoros im *Gegenwärtigen*, im Kreislauf der Zeit verankert war,[82] eröffnet sich hier eine schwindelerregende *Zukunft*, wobei aufgrund der konstitutiven, den Ursprung der Moderne begründenden Ambivalenz neue Abgründe und Potentialitäten aufreißen.[83] Die Zukunftssorgen als Ergebnis der Entwurzelung und der neuen souveränen Stellung des Individuums dringen mit der grausamen Unerbittlichkeit eines verschlingenden Raubtiers in das Hobbes'sche Individuum ein. Sie sind es, die das Machtstreben verursachen, und es sind vor allem sie, die es zu einem *unbegrenzten* machen, indem sie seine Ziele ständig hinausschieben und *ad infinitum* erneuern.[84] Getrieben von der Notwendigkeit, sich in der unendlichen Spirale des Machterwerbs selbst zu erhalten, prallt jeder Mensch mit dem Streben des Anderen zusammen, mit dem er infolgedessen eine Verbindung aufbaut, die *unumgänglich* und *konfliktreich* zugleich ist. Die Menschen, die von ihren Leidenschaften zugleich vereint und getrennt werden, können nicht anders als eine kollektive *gemeinsame Antwort* auf den Konflikt und auf die »traurige Bedingung« des Elends und des Todes zu finden, die sie mit sich bringen. Mit anderen Worten, eine jede Lösung kann nicht anders als von der Unhintergehbarkeit der Existenz des Anderen ausgehen, die gewaltsam durch die Dynamik der Leidenschaften enthüllt wird.

Der in diesem Sinne entscheidende Impuls kommt ebenfalls von einer Leidenschaft, nämlich von der *Angst*, die stärker ist als das Machtstreben und zugleich eine ihr innewohnende Vernünftigkeit besitzt,[85] denn sie zeigt den Menschen die

---

81 Zur Leidenschaft der Neugier vgl.: *L*, Kap. 6, u. *N*, Kap. 9. Zu ihrer Relevanz für den Ursprung der Modernität vgl.: Blumenberg, *Die Legitimität der Neuzeit*, a.a.O.
82 Vgl. hierzu: Starobinski, *Montaigne: Denken und Existenz*, a.a.O.
83 Hinsichtlich des Stellenwerts der Sorge um die Zukunft für die Herausbildung des modernen Individuums vgl.: Gehlen, *Der Mensch. Seine Natur und seine Stellung in der Welt*, a.a.O.
84 Die Unbegrenztheit des Verlangens ist bei Hobbes unauflöslich an die Zurückweisung der aristotelischen Theorie vom letzten Zweck gebunden. Vgl. hierzu: Viano, *Analisi della vita emotionale*, a.a.O. Zum »unbegrenzten Verlangen«: D'Andrea, *Prometeo e Ulisse*, a.a.O., der allerdings dazu tendiert, es von den selbsterhaltenden Zielen loszulösen. Vgl. darüber hinaus: R. Polin, *Politique et philosophie chez Thomas Hobbes*, Paris 1977 (1. Aufl. 1953). Von einem »unbegrenzten Individualismus« bei Hobbes spricht L. Jaume, *Hobbes et l'État représentatif moderne*, Paris 1986.
85 Als »vernünftige« Leidenschaft definiert Polin die Angst in: *Politique et philosophie chez Thomas Hobbes*, a.a.O.

Gefahren und den Abgrund an, auf den ein uneingeschränktes Begehren sie zutreibt, und erweckt in ihnen wieder den Sinn für das richtige Maß zum Leben. Die Angst stellt die Menschen vor ihre Verletzlichkeit, vor die Tatsache, daß sich niemand in einer Welt endgültig sicher fühlen kann, in der das einzig Sichere darin besteht, daß die Menschen alle gleich sind in ihrer Schwäche. Sie durchbricht die perverse Spirale des Begehrens und des Machtkampfes und erweckt damit in den Menschen wieder die Erinnerung an das eigentliche Ziel der Selbsterhaltung.

Hobbes betraut also eine negative Leidenschaft, eine Art physiologisches und instinktives Alarmsignal, mit der Funktion eines Gegenmittels gegen die von Descartes dem Willen und dem Edelmut zugeordneten Leidenschaften.[86] Der Wille, der im cartesianischen Universum das perfekte Instrument der Freiheit und der Selbstkontrolle des Ichs war, ist nämlich für Hobbes selbst ein Begehren, das letzte Begehren: »die letzte Lust des Entschließens«.[87] Und der Edelmut, die emotionale sowie moralische Dimension eines erfüllten und integren Ichs, ruhmgesättigt und fähig zur *dépense*, ist gerade die Ressource, die dem mit Mängeln behafteten, unsicheren, ängstlichen und sich selbst erhaltenden Hobbes'schen Individuum fehlt.[88] Das Ich findet in sich selbst nicht mehr die Kraft, sich den destruktiven Aspekten seiner eigenen Natur entgegenzustellen. Tatsächlich ist die Angst lediglich auf ihre emotionale Schockwirkung beschränkt, was das Individuum dazu bringt, *außerhalb seiner selbst und zusammen mit anderen* die Lösung für den Konflikt zu suchen, der durch die Leidenschaften hervorgerufen wird. Die Menschen entscheiden sich dafür, sich zusammenzuschließen und einen gegenseitigen Pakt einzugehen, der auf dem Verzicht auf die eigenen Rechte und Leidenschaften beruht. Sie übertragen einer künstlichen, außerhalb des emotionalen Chaos stehenden Struktur die Funktion, das uneingeschränkte Verlangen zu bremsen und somit, zusammen mit der Einhaltung der Verträge durch jeden einzelnen, zwangsweise für den Schutz, das Wohlergehen und die Sicherheit aller zu sorgen.

Der Staat als »gedachte oder juristische Person« (vgl. *L*, Kap. 16, S. 135) verkörpert die Wünsche und den Willen der Individuen, doch zugleich befreit er sie von der Gewalt, indem er ihnen das Hauptziel der *self-preservation* zu verwirklichen ermöglicht. Der Hobbes'sche Absolutismus bestätigt aufs Neue jene Funktion der »Entlastung«, welche die Institutionen für das Individuum mit sich bringen, die wir

---

86 Allerdings erscheint an der Seite der Angst auch eine »positive« Leidenschaft, die im Verlangen nach einem *contented life* besteht: Die Leidenschaften, welche die Menschen für den Frieden geneigt machten, seien die Angst vor dem Tod, das Verlangen nach den Dingen, die man braucht, um ein bequemes Leben zu führen, und die Hoffnung, diese durch den eigenen Fleiß zu bekommen, behauptet Hobbes im *Leviathan*.
87 *N*, I, § 12.
88 Zum schwachen Status des »Großmutes« bei Hobbes vgl. Strauss, *What is Political Philosophy?*, a.a.O.

bereits in der konservativen Sichtweise von Montaigne und Descartes am Werk sahen. Bei Hobbes nun ist sie weitaus effizienter und auch legitimer geworden, insofern der Staat aus der emotionalen Dynamik und der freien Entscheidung von Individuen hervorgeht, die sich nicht darauf beschränken, das Existierende zu bestätigen, sondern im Konsens über seine Zeiten, Formen und Modalitäten entscheiden. Dies bedeutet jedoch auch, daß die Polarisierung Individuen/Staat totalitär geworden ist und keinerlei Raum mehr läßt – weder für die außergewöhnliche und beispielhafte Handlung des *Helden*, noch für den abgeschiedenen und einsamen Weg des *Weisen*. Der Imperativ der Selbsterhaltung erfordert es, daß alle Individuen sich wie ein einziger Körper der Sphäre des *Politischen* überantworten, die von ihnen selbst als einziger Träger allen Willens und aller Entscheidung gebildet wird. Auf diese Weise erhalten sie Schutz und Garantie im Tausch gegen absoluten Gehorsam. Die Geburt des modernen Politischen erlaubt weder Ausnahmen noch Einzelentscheidungen. Vor die nackte Alternative zwischen dem Elend und der Unordnung des Naturzustands einerseits und dem Frieden und der Ordnung der politischen Gesellschaft andererseits gestellt, haben die Menschen nur die Möglichkeit, entweder vom Tod bedrohte Individuen zu sein oder vom Staat geschützte Bürger.

Eben jenes Nützlichkeitsstreben, das die perverse und tödliche Spirale des Machtstrebens in Gang gesetzt hatte, mündet durch einen Verzicht auf die Leidenschaften schließlich in der rationalen Fähigkeit zur Errichtung einer künstlichen Struktur, die einen positiven Ausgang ermöglicht. Hier sind wir beim eigentlichen modernen Paradigma angelangt, nicht nur weil die Leidenschaften – unter der Voraussetzung der Schwäche, des Mangels und der Unsicherheit der Individuen – *selbst eine selbsterhaltende Matrix* erhalten und den »ruhmreichen« und hingebungsbereiten Charakter endgültig verlieren, der für die heroische Phase kennzeichnend war; sondern auch, weil es den Individuen gelingt, *das für sie Nützliche nicht aus den Augen zu verlieren*, obwohl sie in die destruktive Abart der Leidenschaften verstrickt sind. Derselbe prometheische Weitblick, der sie in einer ersten Phase dazu treibt, auf die Sorge vor dem Morgen mit Formen gewaltsamen Wettstreits und schrankenlosem Erwerbsstreben zu reagieren, führt sie mithilfe und vermittels der Angst dazu, die eigenen Leidenschaften im Namen eines Interesses zu opfern, das die Grenzen der reinen Unmittelbarkeit überwindet und sich verantwortungsvoll in die Zukunft projiziert. Die Begründung des modernen Politischen fällt – um die Sprache Gehlens, die nicht weit von der Systemtheorie Luhmanns entfernt ist, zu gebrauchen – mit jenem Prozeß der Verfremdung und Institutionalisierung zusammen, der dem Individuum die Last der komplizierten Verflechtung von Mangelhaftigkeit und Unbeschränktheit nimmt[89] und es einer künstlichen Ordnung überantwortet, die zum Garanten für seine Selbsterhaltung wird.

Gewiß: Die Leitfunktion als für die Lösung des emotionalen Konflikts zuständige Instanz, die Hobbes dem Politischen anvertraute, wird in der Folge, wie wir noch sehen werden, von einer spontaneren sozialen Dynamik übernommen, die wie im Modell Adam Smiths zu neuen moralischen Instanzen führen wird.[90] Dennoch erfaßt Hobbes gerade im Moment seiner Entstehung einen Aspekt des modernen Individualismus, in dem sich vielleicht dessen eigentliches Unterscheidungsmerkmal zusammenfassen läßt: die Menschen *sind auf konfliktreiche Weise an ihre Leidenschaften gebunden*, aber sie sind auch in der Lage, *das von der emotionalen Dynamik geschaffene negative Band, wenn nicht in ein soziales Band,*[91] *so doch in eine soziale und politische Ordnung zu verwandeln,* die es ihnen erlaubt, das Hauptziel des Nützlichen zu erreichen.

---

89 Vgl. P. Barcellona, *L'individualismo proprietario*, Turin 1976.
90 Vgl. Kap. 2.
91 Zum künstlichen Konstruktivismus bei Hobbes und zur Abwesenheit des sozialen Bandes gibt es einige Interpretationen, u. a.: A. Biral, »Hobbes: la società senza governo«, in: G. Duso (Hrsg.), *Il contratto sociale nella filosofia politica moderna*, Bologna 1987; R. Esposito, *Communitas*, Turin 1998, Kap. 1; C. Galli, »Ordine e contingenza. Linee di lettura del *Leviatano*«, in: *Percorsi della libertà*, Bologna 1996, welcher den Konstruktivismus von Hobbes radikalisiert, indem er die Undeduzierbarkeit der künstlichen politischen Ordnung aus der Natur und dem Vertrag zwischen Individuen aufzeigt.

II. *Homo oeconomicus:*
zwischen Erwerbs-Leidenschaft und Ich-Leidenschaft

1. Das Individuum als Eigentümer und »der Wunsch,
mehr als das Notwendige zu besitzen«

Die Leidenschaft für das Nützliche ist, wir nun sehen werden, der emotionale Kern des *homo oeconomicus,* der sich seit Locke und der Aufwertung des als Eigentümer verstandenen Individuums als das allgemein anerkannte Paradigma des modernen Individualismus herausgebildet hat. Diese Leidenschaft nimmt außerdem, gerade aufgrund einer immer deutlicheren *ökonomischen* Konnotation, einen *expansiven und uneingeschränkten* Charakter an, der es erlaubt, von einer regelrechten Hochphase des erwerbsorientierten und prometheischen Individuums zu sprechen.
In Lockes Modell kann man also den Ursprung eines expansiven Individualismus aufspüren, der auf der Transformation der Leidenschaft für das Nützliche in dasjenige beruht, was von ihm als »das Verlangen, mehr als das Notwendige zu besitzen« (*Zwei Abhandlungen über die Regierung,* § 37) bezeichnet wird.
In augenscheinlicher Übereinstimmung mit dem bis hierher umrissenen anthropologischen Bild geht auch Locke von der Prämisse der Selbsterhaltung aus: Die Selbsterhaltung ist das Naturgesetz schlechthin, und um es einzuhalten, hat jeder Mensch das Recht, die eigene Macht gegenüber anderen Menschen zum Einsatz zu bringen (vgl. ebd., §§ 6-8). Sie hat allerdings die dramatische und defensive Konnotation verloren, die ihr im Hobbes'schen Entwurf eignete. Erstens deshalb, weil die Selbsterhaltung bereits im Naturzustand nicht von der Erhaltung der Anderen

abgetrennt werden kann, sondern Gleichheit als deontologisches Prinzip[1] voraussetzt, das dem Willen eines weisen und fürsorglichen Gottes eingeschrieben ist, der uns den Weg zu einem rationalen Leben zeigt,[2] als Prinzip, kraft dessen alle Menschen dazu verpflichtet sind, das Leben, die Freiheit und die Güter der Anderen zu achten:

> »Wie ein jeder verpflichtet ist, sich selbst zu erhalten und seinen Platz nicht vorsätzlich zu verlassen, so sollte er aus dem gleichen Grunde, und wenn seine eigene Selbsterhaltung nicht dabei auf dem Spiel steht, nach Möglichkeit auch die übrige Menschheit erhalten. Er sollte nicht das Leben eines anderen, oder was diesem zur Erhaltung dient: Freiheit, Gesundheit, Glieder oder Güter, wegnehmen oder verringern.« (AR, § 6)

Das bedeutet, daß die Selbsterhaltung nicht unmittelbar Konflikt oder Tod bedeutet, sondern schon in sich selbst einen normativen Aspekt enthält, der Formen des gemeinschaftlichen Lebens zuläßt. Zweitens nimmt die Selbsterhaltung eine weitreichendere Bedeutung als das Lebensrecht bei Hobbes an, denn sie ist auch die Erhaltung der Freiheit und vor allem des *Eigentums*, das als Privateigentum der eigenen Person, der Güter und Arbeit verstanden wird:

> »Obwohl die Erde und alle niederen Lebewesen allen Menschen gemeinsam gehören, so hat doch jeder Mensch ein Eigentum an seiner eigenen Person. Auf diese hat niemand ein Recht als nur er allein. Die Arbeit seines Körpers und das Werk seiner Hände sind, so können wir sagen, im eigentlichen Sinne sein Eigentum. Was immer er also dem Zustand entrückt, den die Natur vorgesehen und in dem sie es belassen hat, hat er mit seiner Arbeit gemischt und ihm etwas eigenes hinzugefügt. Er hat es somit zu seinem Eigentum gemacht.« (ebd., § 27)[3]

Hier befinden wir uns auf dem Höhepunkt des »Besitz-Individualismus«,[4] dem gemäß jeder Mensch dadurch, daß er Eigentümer seiner selbst ist, auch der Haupteigentümer der eigenen Arbeit und all dessen ist, worin er die eigene Arbeit steckt. Das Recht auf Aneignung erhält die Kraft und die Legitimität eines Naturgesetzes

---

1 Sie unterscheidet sich daher von der faktischen Gleichheit bei Hobbes: »Im Naturzustand herrscht ein natürliches Gesetz, das jeden verpflichtet. Und die Vernunft, der dieses Gesetz entspricht, lehrt die Menschheit, wenn sie sie nur befragen will, daß niemand einem anderen, da alle gleich und unabhängig sind, an seinem Leben und Besitz, seiner Gesundheit und Freiheit Schaden zufügen soll« (AR, § 6).
2 Über die Wichtigkeit des theologischen Aspektes für das Verständnis der Anthropologie von Locke vgl.: J. Dumm, *The Political Thought of John Locke*, Cambridge 1990.
3 Vgl. auch AR, § 35: »Gott gab also durch das Gebot, sich die Erde zu unterwerfen, die Vollmacht, sie sich anzueignen. Und die Bedingung des menschlichen Lebens, das Arbeit und Stoff, der bearbeitet werden kann, erfordert, führt notwendigerweise zum Privatbesitz.«
4 Vgl. Macpherson, *The Political Theory of Possessive Individualism: Hobbes to Locke*, a.a.O.

(vgl. ebd., § 30).⁵ Dieses Recht bringt jedoch, wie Locke präzisiert, unmittelbar weder die Gefahr einer unbegrenzten Aneignung oder Akkumulation mit sich noch die Verletzung der Rechte anderer. Dasselbe Naturgesetz, das das Recht auf individuellen Besitz rechtfertigt, setzt diesem nämlich andererseits Grenzen, die sowohl von der *Nützlichkeit* vorgegeben werden – das heißt davon, was jeder für die eigene Subsistenz verbrauchen kann –, als auch von der *Arbeit* selbst, die lediglich bescheidene und beschränkte Aneignung von Grund und Boden ermöglicht:

»Dasselbe Gesetz der Natur, das uns auf diese Weise Eigentum gibt, begrenzt dieses Eigentum auch. [...] Soviel, wie jemand zu irgendeinem Vorteil seines Lebens gebrauchen kann, bevor es verdirbt, darf er sich durch seine Arbeit zum Eigentum machen. Was darüber hinausgeht, ist mehr als sein Anteil und gehört anderen.« (AR, § 31)⁶

Während der Verbrauch und die Nützlichkeit die Grenzen der Akkumulation festlegen, setzt die Arbeit selbstverständlich dem Besitz Grenzen. Auf diese Weise galt für den ursprünglichen Naturzustand, daß »Recht und Nützlichkeit zusammen wirkten« (ebd., § 51) und so nicht nur die Gleichheit hinsichtlich des Besitzes garantierten, sondern durch die Arbeit auch die Zunahme des gemeinschaftlichen Wohlstands (vgl. ebd., § 37).⁷

Gerade im Inneren des Naturzustands löst sich jedoch diese Grenze wieder auf, da die Einführung des *Geldes* das Kriterium der Nützlichkeit verändert und das durch die Arbeit garantierte Gleichgewicht zerstört (vgl. ebd.).⁸ Das Geld erlaubt es, einen Überschuß an Produkten gegen ein dauerhaftes und nicht verfallendes Gut einzutauschen, und es eröffnet so erstmals die Möglichkeit, Wohlstand zu akkumulieren und zu steigern, so daß es das Interesse anregt, mehr als das Notwendige zu arbeiten und den Besitz über die vom Naturgesetz vorgesehen Grenzen hinaus zu erweitern (vgl. ebd., §§ 47-50). Die Einführung des Geldes legitimiert dank eines

---

5 Bei Locke kann also die Auflösung des mittelalterlichen Universums beobachten, welches das Recht auf Aneignung aufgrund der Untrennbarkeit von Ökonomie und Ethik verneint hatte. Vgl. R. H. Tawney, *Religion and the Rise of Capitalism*, London 1926.
6 Vgl. auch *AR*, § 36: »Das Maß des Eigentums hat die Natur durch die Ausdehnung der menschlichen Arbeit und durch die Annehmlichkeiten des Lebens festgesetzt. Keines Menschen Arbeit konnte sich alles unterwerfen und aneignen, und sein Genuß konnte nicht mehr als nur einen kleinen Teil verbrauchen.«
7 »Es ist sicher, daß anfangs [...] doch jeder Mensch ein Recht hatte, sich durch seine Arbeit so viel von den Dingen der Natur anzuzeigen, wie er verwenden konnte. Dies konnte jedoch nicht viel sein und auch nicht einen anderen schädigen, solange denjenigen, die genauso viel Fleiß aufwenden wollten, derselbe Überfluß blieb. Ich möchte dem noch hinzufügen, daß jemand, der sich durch seine Arbeit ein Stück Land aneignet, das gemeinsame Vermögen der Menschheit nicht vermindert, sondern vermehrt. (*AR*, § 37).
8 Erhellende Stellen zu diesem Problem, das oft die Aufmerksamkeit der Locke-Interpreten weckte, finden sich in: A. Caverero, »La teoria contrattualistica nei *Trattati sul governo* di Locke«, in: Duso (Hrsg.), *Il contratto sociale nella filosofia politica moderna*, a.a.O.

»stillschweigenden und freiwilligen Konsenses« der Menschen, der völlig informell und vorvertraglich ist, den Besitz sowie die Akkumulation eines großen Überschusses und infolgedessen das ungleiche Eigentum an Grund und Boden (vgl. ebd., § 50).
Es ist allerdings wichtig, an etwas zu erinnern, was den Interpreten gewöhnlich entgeht, nämlich daß Locke an den Ursprung dieses Prozesses genau *die Erwerbsleidenschaft* setzt; wir können sie tatsächlich in dem erkennen, was er das »Verlangen, mehr als das Notwendige zu besitzen« nennt, das sich in »den inneren Wert der Dinge« verwandelt, der an ihre Nützlichkeit für das Leben des Menschen gebunden ist, und daher die ursprünglichen Grenzen sprengt (vgl. ebd. § 37).
Mit anderen Worten kann man sagen, daß das Geld *die Erwerbsleidenschaft legitimiert und ihr einen Sinn verleiht*,[9] daß es sogar das Entstehen der ökonomischen Ungleichheit rechtfertigt, da, wie Locke wiederholt, die Akkumulation nicht in jedem Falle die Rechte anderer verletzt (vgl. ebd., §§ 46, 50). Der Begriff der Selbsterhaltung impliziert also bereits das nicht näher definierte Recht auf Aneignung, da er von der Dimension des Eigentums abgetrennt werden kann.[10]
Das Erwerbsstreben, das aus Hobbes' Sicht der Ursprung eines Zusammenstoßes von individuellen Mächten war, zu Konflikt und Tod führt und somit eine Bedrohung des natürlichen Rechts auf Lebenserhaltung darstellt, wird hier *vollkommen legitimiert*; es wird zum Instrument der Stärkung der Person, des Individuums – insofern dieses wesentlich »Eigentümer« ist – und zur Quelle von Wert und Wohlstand. Während es bei Hobbes durch die Institution der politischen Gesellschaft radikal begrenzt wird, wird es bei Locke hingegen durch diese noch zusätzlich gefestigt.
Die politische Gesellschaft entsteht freilich auch bei Locke, um der Konfliktträchtigkeit des Naturzustands entgegenzuwirken, doch es handelt sich hierbei um eine Konfliktträchtigkeit, die bereits durch rationale Instanzen vermittelt ist. Der Pakt, den die Individuen eingehen, um aus dem Naturzustand herauszutreten, entsteht nicht aus der Notwendigkeit, gegen einen Kriegszustand Front zu machen, der lediglich als latente Möglichkeit existiert,[11] sondern um den »Unannehmlichkeiten«

---

9 Die Erwerbsleidenschaft, die Akkumulation und selbst die Betriebsamkeit des Menschen haben nämlich vor der Einführung des Geldes keinen Sinn: »Welche Veranlassung könnte [...] dann irgendein Mensch haben, seinen Besitz an dem, was der eigene Fleiß erzeugt oder was er für ebenfalls verderbliche, nützliche Dinge mit anderen eintauschen könnte, über das hinaus zu vergrößern, was für den Bedarf seiner Familie und zu ihrer reichlichen Versorgung notwendig ist? Wo es nichts gibt, das gleichzeitig dauerhaft, selten und wertvoll genug ist, um es aufzubewahren, werden die Menschen keine Neigung verspüren, ihren Besitz an Land zu vergrößern, wäre es auch noch so reich und noch so leicht in Besitz zu nehmen.« (*AR*, § 48; vgl. auch § 46)
10 Vgl. L. Formigari, Einführung in die italienische Übersetzung von *AR: Trattato sul governo*, Pordenone 1991, S. XXIII ff.
11 Zur Komplexität der Verbindung zwischen dem Naturzustand und dem Kriegszustand bei Locke vgl.: R. Polin, *La politique morale de John Locke*, Paris 1960.

entgegenzuwirken, die aus der Abwesenheit eines unparteiischen Richters, eines *tertium super partes* (ebd., § 13) entstanden sind. Dessen Funktion besteht in erster Instanz darin, mit legitimer und unanfechtbarer Autorität eine Lösung für die Streitigkeiten zu finden und die Unantastbarkeit des Eigentums zu überwachen (vgl. ebd., §§ 87-88). Die Bedingung und das eigentliche Ziel der politischen Gesellschaft ist, daß sie die Garantie der Naturrechte positiv verstärkt, womit sie insbesondere *jenes uneingeschränkte Eigentumsrecht*, das die Menschen im Naturzustand genießen, endgültig legitimiert und unantastbar macht.[12] Die politische Gesellschaft selbst, oder besser die Staatsmacht, findet ihre eigene natürliche *Grenze* im Privateigentum (vgl. ebd, §§ 135-39).[13]

Der *homo oeconomicus*, der sich im Lockeschen Universum durch die Kraft seiner Rechte und Leidenschaften behauptet, wird zur Grenze, gegen die die politische Macht stößt, die ihrerseits als Schutzmacht gerade jener Rechte und Leidenschaften eingerichtet wurde; eine Grenze, die nicht überschritten werden kann, ohne daß die politische Macht selbst ihre Legitimität verliert. Das »Verlangen, mehr als das Notwendige zu besitzen«, beinhaltet gegenüber dem Hobbes'schen »unbeschränkten Machtwillen« zwei grundlegende Implikationen, die eine grundsätzliche Veränderung in die Form des Individualismus einführen: Erstens zielt es nicht nur auf den Erwerb des Nützlichen ab, sondern, wie wir bei Mandeville besser sehen werden, auf das *Anwachsen des Wohlstands* und auf den Erwerb des *Überflüssigen;* und zweitens erfährt es in der Institution des Politischen keine Beschränkung, sondern vielmehr eine *zusätzliche Aufwertung.*

Als Symbol und Zeugnis dieser ersten Emanzipation des Ökonomischen, die der Herausbildung einer gegenüber der politischen Staatsgesellschaft autonomen *civil society* entspricht,[14] ist das Individuum als Eigentümer der unbestreitbare Ausdruck eines *expansiven Individualismus*, der auf der natürlichen und politischen Legitimität der Erwerbsleidenschaft und ihrer Unbegrenztheit gründet.

---

12 Vorausgesetzt, der »Mensch wird [...] mit einem Rechtsanspruch *auf vollkommene Freiheit und uneingeschränkten Genuß aller Rechte und Privilegien des natürlichen Gesetzes* [...] geboren« und »hat [...]von Natur aus nicht nur die Macht, sein Eigentum, das heißt sein Leben, seine Freiheit und seinen Besitz gegen die Schädigungen und Angriffe anderer Menschen zu schützen, sondern auch jede Verletzung dieses Gesetzes seitens anderer zu verurteilen und sie zu bestrafen [...]« (*AR*, § 87, kursiv E. P.), entsteht die politische Gesellschaft dort, wo der einzelne auf seine natürliche Macht verzichtet und sie der Gemeinschaft überantwortet (vgl. ebd.).
13 Das Eigentum im engeren Sinne ist unverletzlicher als das Leben und die Freiheit, die hingegen Beschränkungen unterworfen werden können. Vgl. *AR*, §§ 139 u. 182.
14 In Bezug auf Lockes Modell als dem ersten Ausdruck für die Emanzipation des Ökonomischen vom Politischen vgl.: Dumont, *Homo aequalis*, a.a.O.

2. Der Wunsch, die eigenen Verhältnisse zu verbessern

Dieser expansive Charakter des Individualismus, der die von der Selbsterhaltung und vom Nützlichen vorgegebenen Grenzen übersteigt, ist dazu bestimmt, sich progressiv zu entwickeln und parallel dazu das Paradigma des *homo oeconomicus* zu festigen, begriffen als das Paradigma eines Individuums, das vom unbestimmten Erwerb von Reichtum und von der Gier nach Exzeß und Überfluß bewegt wird, von jener Eskalation des Erwerbs, die – gemäß des treffenden Ausdrucks der *Political Economy* aus dem 18. Jahrhundert von Mandeville bis zu Smith – der »Wunsch, die eigenen Verhältnisse zu verbessern« heißt.

Diese fundamentale Leidenschaft gestaltet sich tatsächlich immer stärker als die unabdingbare Voraussetzung des menschlichen Handelns heraus, sie wird geradezu zu einem anthropologischen Faktum, das die menschliche Gattung auf besondere Weise charakterisiert und das Fundament ihrer Sozialität darstellt: Die Liebe zum Wohlergehen und zur eigenen Sicherheit sowie das ständige Verlangen danach, die eigenen Verhältnisse zu verbessern, müssen – wie Cleomene-Mandeville im zweiten Teil der *Bienenfabel* behauptet – ausreichende Motive dafür sein, die Gesellschaft zu lieben, sofern man betrachtet, wie bedürftig und verletzlich die menschliche Natur ist (vgl. *Bienenfabel II, IV*).

Der Mangel und die Bedürftigkeit, welche die *conditio humana* charakterisieren, sind jedoch nicht allein an einen Status der Notwendigkeit und des Elends gebunden, wie es laut Mandeville im Hobbes'schen Universum der Fall war; sie sind im Gegenteil um so stärker und mächtiger, je mehr man über Reichtümer und Waffen verfügt. Auf die Frage des Gesprächspartners Horaz »Verfällst du nicht dem Irrtum von Hobbes, wenn du von der bedürftigen und verletzlichen menschlichen Verfassung sprichst?« antwortet Cleomene:

> »Nicht einmal im Traum. Ich spreche von Erwachsenen, die umso bedürftiger und schutzloser werden, je weiter ihre Kenntnisse reichen, je höher ihr Rang und je größer ihr Reichtum ist. Ein Adliger, der ein Einkommen von fünfundzwanzigtausend oder dreißigtausend Pfund Sterling pro Jahr hat, der drei oder vier Kutschen besitzt und sechzig oder zumindest mehr als fünfzig Hausangestellte, hat größere Bedürfnisse, wenn man von dem absieht, was er besitzt und ihn individuell betrachtet, im Verhältnis zu einem beliebigen anderen, der nicht mehr als fünfzig Pfund Sterling pro Jahr einnimmt und daran gewöhnt ist, zu Fuß zu gehen.« (vgl. *BF II, IV*)

Der Mangel und die Bedürftigkeit sind also unaufhebbare Bedingungen, die noch im Überfluß weiterbestehen und sich sogar noch stärker bemerkbar machen. Sie treiben die Menschen zu einer *konstanten und unbegrenzten Vervielfältigung und Verfeinerung ihrer Wünsche*. Deren Ziel ist nicht nur die Selbsterhaltung und das Nützliche, auf die es letzten Endes das »uneingeschränkte Machtstreben« von Hobbes abgesehen hatte, sondern es ist das Streben, immer *mehr* und *Besseres* zu erreichen, in einer Erwerbs-Spirale, die kein Wohlstand je befriedigen kann. Mandeville scheint deshalb jene eigentümliche Charakteristik der modernen Gesellschaft zu bestätigen, die – wie man mit Elias Canetti sagen kann – im »Streben nach mehr« besteht.[15] Das Streben nach einer Verbesserung der eigenen Situation ist daher die »allgemeine und konstante« Leidenschaft aller Menschen, sie ist

»das typischste Charakteristikum unserer Art, weshalb niemand, der in einer Gesellschaft erzogen wurde, etwas zu seiner Person, seinen Gütern, den Umständen, in denen er sich befindet oder der Gesellschaft, deren Mitglied er ist, hinzufügen, abschaffen oder verändern würde, wenn er diese Dinge dadurch erreichen könnte, daß er sie einfach begehrt. Diese Veranlagung kann in keiner anderen Kreatur außer dem Menschen wahrgenommen werden, dessen bewundernswerten Fleiß hinsichtlich der Vorsorge für das, was er seine Bedürfnisse nennt, man ohne die außergewöhnlichen und vielfältigen Wünsche, von denen er beherrscht wird, nie erkannt hätte.« (*BF* II, IV)

Aber dieses Verlangen, das die Menschen zur Gesellschaftsbildung führt und das selbst durch das Leben in Gesellschaft stimuliert wird – wie Mandeville mit desillusioniertem Realismus bestätigt – hat seinen Preis, nämlich den, daß man diejenigen Leidenschaften und Untugenden (zu denen, wie wir sehen werden, vor allem der Stolz gehört), die sein nicht wegzudenkender Ansporn sind, akzeptiert und fördert.[16] Dies ist die implizite Mitteilung im polemischen Vorspann zum ersten Teil der *Bienenfabel*, die sich gegen die diffusen moralischen Kritiken der Zeitgenossen an der Entwicklung der merkantilen Gesellschaft wendet;[17] wenn die Menschen nach einem bequemen Leben streben, das üppig und reich an allem ist, was sie weltlich glücklich machen kann, – so stellt Mandeville, um jede Art von Heuchelei aus dem Weg zu räumen, eher setzend denn hypothetisch, voran –, dann müssen sie alle möglichen Implikationen akzeptieren, auch die unangenehmsten. Wenn, mit anderen Worten, die Menschen eine reiche und mächtige Gesellschaft wollen,

---

15 Vgl. E. Canetti, *Masse und Macht*, Hamburg 1960, wonach die moderne Gesellschaft als eine entfesselte Masse charakterisiert wird, die dem Wachstum hinterherjagt, und durch das »stetige Streben nach mehr«.

16 Cleomenes sagt: »Genau so zeigt mein Freund [der Autor der *BF*] erstens, daß die Prosperität der Nationen, das Hauptziel der Wünsche und Erwartungen der Menschen, im Reichtum, in der Macht, im Ruhm und in der mondänen Größe besteht, darin, im Überfluß und im Glanz des Vaterlandes zu leben, und darin, vom Ausland gefürchtet, umworben und geschätzt zu werden. Zweitens zeigt er, daß dieses Glück nicht ohne Geiz, Verschwendung, Eigenliebe, Neid, Ehrgeiz und die anderen Untugenden zu erreichen ist. Weil das zweifelsfrei bewiesen wurde, besteht das Problem nicht darin, ob es wahr ist, sondern nur darin, ob es sich lohnt, dieses Glück um den einzig möglichen Preis zu suchen, und ob man Dinge verlangen sollte, der eine Nation sich nicht erfreuen kann, wenn nicht ein Großteil ihrer Mitglieder untugendhaft sind« (*BF II*, III).

17 Vgl. T. A. Horne, »Envy and Commercial Society: Mandeville and Smith on ›Private Vices, Public Benefits‹«, in: *Political Theory*, IX, 1981, Nr. 4.

in der es möglich ist, ihr Verlangen nach Verbesserung und Fortschritt und ihre Gier nach Lust, nach Luxus und Größe zu befriedigen, müssen sie das unvermeidliche Gewirr an Leidenschaften anerkennen und aushalten, das den nicht zu ersetzenden Antrieb hierfür darstellt und seine dunkle und notwendige Kehrseite ist, so wie der Reichtum von London – wie Mandeville durch eine beredte Metapher darstellt – nicht von der Verschmutzung der Stadt zu trennen ist (vgl. das Vorwort der *Bienenfabel*).

Die offensichtliche Übereinstimmung mit dem Hobbes'schen Pessimismus in der entzauberten Kenntnisnahme einer Menschheit, die von Leidenschaften und Egoismen angetrieben und motiviert wird, über die man sich realistischerweise im klaren sein muß, übersetzt sich bei Mandeville unmittelbar in eine neue und unvoreingenommene *Aufwertung* genau derjenigen Leidenschaften und Egoismen, die er als notwendiges Übel und vitalen Impuls für das soziale Zusammenleben und den Fortschritt betrachtet.

Die Leidenschaften, behauptet Mandeville gegen Shaftesbury und die Theoretiker des *moral sense* – Verfechter einer natürlichen Tendenz zur Sozialität und zum Wohlwollen sowie der naturgegebenen »tugendhaften« Neigungen der Menschen –, die Leidenschaften stehen am Beginn der Gesellschaft;[18] sie entstehen aus der Vielfalt der menschlichen Wünsche (einem moralischen Übel), welche die ursprüngliche Unschuld und Statik zerstören, und aus den Hindernissen, denen die Menschen bei ihrer Befriedigung begegnen (einem natürlichen Übel).[19] Vor allem aber sind die Leidenschaften »die große Stütze einer blühenden Gesellschaft«;[20] sie sind also die *Quelle des Wohlergehens der Gesellschaft selbst, ihres ökonomischen Wohlstands*, und infolgedessen auch ihrer Expansion, ihres Wachstums, ihrer wissenschaftlichen und kulturellen Entwicklung sowie ihrer politischen Macht.

Nun besitzen also auch bei Mandeville alle Leidenschaften eine *selbsterhaltende* Matrix, sie lassen sich mit anderen Worten alle auf den Gefühlskern der Eigenliebe, einer allgemeinen *self-love* zurückführen: »Dieses ist das Naturgesetz, aufgrund dessen kein Lebewesen mit einer Leidenschaft oder einem Verlangen ausgestattet ist, die nicht direkt oder indirekt auf die Erhaltung seiner selbst oder der eigenen Spezies ausgerichtet sind« (*BF*, R).[21] Das, was jedoch die gesellschaftliche Dynamik

---

18 Vgl. den Abschnitt *Untersuchung über die Natur der Gesellschaft*, in der *Bienenfabel*.
19 Vgl. *BF II*, V u. VI.
20 *Einführung* in die *BF*, doch dies ist das Leitmotiv, das den gesamten Text durchzieht.
21 Über das Fortbestehen des Paradigmas der Selbsterhaltung im 18. Jahrhundert vgl. A. Zanini, *Genesi imperfetta. Il governo delle passioni in Adam Smith*, Turin 1995, S. 51 ff. In Bezug auf die *self-love* vgl. auch: Mandeville, *Untersuchuungen*, a.a.O.: »[...] wir leiten unsere Vernunft nämlich dorthin, wo wir spüren, daß die Leidenschaft sie hinzieht, und die Selbstliebe *[self-love]* rechtfertigt alle Menschen, was auch immer ihre Ziele seien, indem sie jedem Individuum Argumente

auslöst und vor allem den mächtigen Anreiz für die Verbesserung der eigenen Situation sowie für die Produktion von Reichtum liefert, ist nicht die *self-love*, sondern vielmehr eine ihrer besonderen Erscheinungsformen, nämlich der Stolz *(pride)*, der allenfalls Ähnlichkeiten mit der Leidenschaft aufweist, die Mandeville später als *self-liking* oder auch als Bevorzugung von sich selbst bezeichnen wird.[22] Diese besteht in der einem jeden eigenen Tendenz zum exzessiven Selbstwertgefühl bis hin zur Selbstüberschätzung und transformiert sich in ein dringendes Bedürfnis nach Schätzung und Zustimmung durch die anderen.[23] »Wir besitzen keine andere Eigenschaft«, sagt Mandeville, »die für die Gesellschaft ebenso vorteilhaft wie dafür nützlich wäre, sie reich und mächtig zu machen« (*BF*, M). Dieses Verlangen nach Schätzung und Bewunderung, der Stolz, erzeugt das *Wetteifern*, jenes »kontinuierliche Bemühen, sich gegenseitig zu überbieten« (ebd.), das die Menschen aus dem Müßiggang und der Trägheit herausreißt und sie zu einem unaufhörlichen Wettlauf um den Erwerb von materiellen Gütern treibt, das Unterscheidungsmerkmal der eigenen Überlegenheit. Der Wunsch, schöne Kleider und feinen Schmuck zu besitzen, erhöht beispielsweise den Konsum, schafft infolgedessen Arbeit und kurbelt Fleiß und Produktivität an, wodurch der Faktor gestärkt wird, der für die Schaffung von Wohlstand und Macht unerläßlich ist, nämlich der Handel. Alle Leidenschaften arbeiten, wie wir bereits gesehen haben, in diesem Sinn: »Der Mensch strengt sich nur dann an, wenn er von seinen Wünschen dazu angeregt wird« (ebd. Q); daher ist alles das, was diese Wünsche stimulieren und vervielfältigen kann, willkommen:

»Wenn ihr eine Gesellschaft von Menschen stark und mächtig machen wollt, müßt ihr sie bei ihren Leidenschaften packen. Teilt den Boden, auch wenn davon nicht viel verfügbar ist, und der Besitz wird sie gewinnsüchtig machen,

---

zur Rechtfertigung der eigenen Neigungen liefert.«
22 Zum *self-liking* vgl. *BF* II, III. Mandeville geht sogar so weit, unter offensichtlichem Umsturz der Hobbes'schen Anthropologie zu behaupten, daß es das *self-liking* sei, die Bevorzugung von sich selbst, die die *self-love* begründe, da niemand Interesse daran hätte, das eigene Leben zu erhalten, wenn er sich selbst nicht mehr als jeden anderen lieben würde. Diesen Aspekt erläutert M. E. Scribano, *Natura umana e società competitiva: studio su Mandeville*, Mailand 1980.
23 Vgl. die Verbindung der beiden Aspekte in der *BF*, M: »Der Stolz ist die natürliche Fähigkeit, aufgrund derer sich jeder Sterbliche, der über einige Intelligenz verfügt, überschätzt und weshalb er sich hinsichtlich seiner selbst etwas besseres vorstellt als ein unparteiischer Richter, der genau über seine Eigenschaften und Bedingungen Bescheid wüßte, ihm zugestehen würde.« Darüber hinaus ist der Stolz gegenüber der Scham (das heißt demjenigen Gefühl, das aus der Verachtung der anderen erwächst) die ursprünglichere Leidenschaft: »Das Gegenteil der Scham ist der Stolz; niemand kann jedoch von der ersten berührt werden, ohne nie die zweite empfunden zu haben: die außerordentliche Beflissenheit, die wir nämlich demgegenüber an den Tag leben, was die anderen über uns denken, kann nur aus der großen Achtung herrühren, die wir vor uns selbst haben […]« (ebd., C). Zur Geschichte des »Stolzes« im 17. und 18. Jahrhundert vgl.: A. O. Lovejoy, *Reflections on Human Nature*, Baltimore 1961.

weckt sie, wenn auch nur zum Spaß, mit Auszeichnungen aus ihrer Faulheit auf, und der Stolz wird dazu führen, daß sie ernsthaft arbeiten; bringt ihnen Berufe und Künste bei und streut Neid und Wettbewerb unter sie.« (ebd.)
Neid, Ehrgeiz, Habsucht und vor allem Stolz führen zu jener Kette von Konsum-Arbeit-Handel, die das Lebenselixier einer aufstrebenden Marktgesellschaft ist; man kann also sagen, daß in einer reichen und blühenden Gesellschaft der materielle Fortschritt die notwendige Prämisse und die sichere Garantie für die kulturelle und wissenschaftliche Entwicklung darstellen. Der Grund für das Wohlergehen einer Nation sind also nicht die *Tugenden*, die liebenswerten Eigenschaften der Menschen wie z. B. Anständigkeit, Fürsorge, Nächstenliebe und Genügsamkeit, sondern die Leidenschaften und die *Laster*. Dies bedeutet nicht, daß Mandeville gegen die Tugenden wäre und sich als Fürsprecher des Lasters hervortäte. Er beschränkt sich vielmehr im Sinne eines harten Realismus – und noch einmal gegen den Optimismus von Shaftesbury – darauf, nicht nur den relativen Charakter der Tugend zu entlarven, sondern vor allem ihre *scheinhafte und simulierte Natur* (vgl. *BF*, O). Denn um wahrhaft zu sein, erforderte sie ein unrealistisches Bemühen, auf die sich vordrängenden Forderungen *der Eigenliebe zu verzichten und sich selbst zu verleugnen (self-denial)*.[24] Vor allem aber erwidert Mandeville – und dies ist der ihm wichtigste Aspekt –, daß selbst wenn die Menschen vielleicht tatsächlich tugendhaft wären, sie gerade deshalb nie den Wohlstand einer Nation erhöhen und somit den *Wunsch, die eigenen Verhältnisse zu verbessern* befriedigen könnten:

»Die liebenswerten Eigenschaften des Menschen bringen niemanden dazu, die eigenen Verhältnisse zu verbessern: seine Anständigkeit, seine Vorliebe für Gesellschaft, seine Güte, seine Zufriedenheit und seine Einfachheit sind alle ein Segen für eine träge Gesellschaft, und je realer und ehrlicher diese Eigenschaften sind, desto mehr halten sie alles ruhig und friedlich, und desto mehr beugen sie überall nicht nur den Störungen vor, sondern auch der Aktivität selbst.« (ebd.)[25]

Im Zentrum der polemischen Attacke von Mandeville stehen vor allem die Genügsamkeit und die Zufriedenheit *(content)*:[26] Müßige und »mittelmäßige Tugenden« sind das Symptom jenes Zustands statischer und ruhiger Zufriedenheit, die sich

---

24 Zur »rigoristischen« Konzeption der Tugend bei Mandeville und zur Komplexität seiner Moraltheorie vgl. neben Scribano, *Natura umana e società competitiva*, a.a.O., T. Magri, Einführung in die italienische Ausgabe der *BF* sowie H. Monro, *The Ambivalence of B. Mandeville*, Oxford 1975.
25 Vgl. auch *BF*, T: »Ich habe weder jemals gesagt, noch mir vorgestellt, daß der Mensch nicht tugendhaft sein könne, und zwar ebenso in einem reichen und mächtigen Reich als auch in einer bescheideneren Republik; aber ich gestehe, daß ich denke, daß keine Gesellschaft ohne die Laster des Menschen ein reiches und mächtiges Reich werden kann oder ein solches geworden ist und ihren Reichtum und ihre Macht für eine nennenswerte Zeit behalten konnte«.
26 Vgl. *BF*, v. a. die Anmerkungen K, Q und V.

aus dem einfachen Besitz notwendiger Dinge ergibt. Sie passen daher zu einer kleinen Gesellschaft, die anständig und friedlich, aber geschlossen, arm und genügsam ist, unfähig dazu, die Spirale von Konsum-Arbeit-Handel in Gang zu setzen, auf der eine große, bevölkerungsreiche, wohlhabende und expandierende Gesellschaft gründet. Daher sind also nicht die Tugenden, sondern die Laster der Menschen der große Antrieb für Wohlstand, und unter ihnen ragen, wie schon gesagt, vor allem diejenigen heraus, die einen *Wettstreit* anregen können, z. B. der Neid und die Liebe zum Luxus,[27] oder der Stolz.[28] Schließlich sind dies die typischen Leidenschaften einer merkantilen Gesellschaft, die auf Konfrontation, Konkurrenz und Wettbewerb gründet.

In einer solchen Gesellschaft verliert auch die *Ehre* endgültig die Eigenschaften, die sie zum Zentrum der heroisch-aristokratischen Ethik gemacht hatten, und wird zu einer bloßen Erscheinungsform des *Stolzes*. Denn die Ehre beschränkt sich inzwischen auf die »gute Meinung der anderen«, indem sie zur einzigen Sorge der Menschen geworden ist, unabhängig davon, ob sie verdient wird oder nicht (vgl. *BF*, C).[29] Dies ist das, was von einem moralischen Ideal übrig bleibt, das von alters her im Mut und in der Großzügigkeit begründet war, in der Unterordnung unter das Allgemeininteresse und die Redlichkeit, deren letzten pathetischen Ausdruck die Figur Don Quichottes darstellt (vgl. ebd., R). Einmal ihrer Tugenden entledigt,[30] ist die Ehre nichts weiteres als befriedigter Stolz, den man sich, wie jede beliebige Ware, sogar erkaufen kann, ja der immer weniger vom Besitz moralisch bestimm-

---

27 Zur Verteidigung des Luxus vgl. *BF*, L. Zu diesem Thema vgl. C. Borghero, *La polemica sul lusso nel Settecento francese*, Turin 1974.
28 »Der Höfling, der sich den Sinnenfreuden hingibt, und dem eigenen Luxus keine Grenzen setzt; die launenhafte Dirne, die jede Woche eine neue Mode erfindet; die stolze Herzogin, die es hinsichtlich der Anzahl ihrer Bediensteten, des Glanzes ihrer Feste und der Art und Weise ihres Verhaltens einer Prinzessin gleichtun will [...] all diese sind die Beute und die bevorzugte Nahrung des großen Leviathan. Die erbärmlichen Verhältnisse der menschlichen Angelegenheiten sind anders gesagt so beschaffen, daß wir der Plagen und der Monster, die ich genannt habe, bedürfen, damit all die verschiedenen Arbeiten, welche die menschliche Geschicklichkeit zu erfinden vermag, ausgeführt werden kann [...].« (Mandeville, *Untersuchung über die Natur der Gesellschaft*, a.a.O.)
29 Zum Thema der Ehre vgl. auch B. Mandeville, *An Enquiry into the Origin of Honour and the Usefulness of Christianity in War* (1732), London 1971.
30 »[...] ihre vielen Tugenden machten sie anstrengend – beobachtet Mandeville, indem er sich auf das ritterliche Modell der Ehre bezieht; und dadurch, daß mit der Zeit die Weisheit zunahm, wurde am Anfang des letzten Jahrhunderts das Prinzip der Ehre umgewandelt, und ihr wurde eine neue Gestalt verliehen. Man mischte in ihr dasselbe Maß an Mut, aber nur die Hälfte der Anständigkeit zusammen, sehr wenig Gerechtigkeit und nicht einmal ein kleines bisschen der anderen Tugenden, also von dem, was es zuvor einfach gemacht hatte, ihr Respekt entgegen zu bringen.« (*BF*, R).Und noch einmal bemerkt Mandeville, um den Unterschied zwischen der (wahren) *Tugend* und der (modernen) *Ehre* zu bekräftigen, daß die Belohnung der Ehre im befriedigten Stolz bestehe, während die Belohnung für eine tugendhafte Handlung lediglich in der Freude, sie zu tun, bestehe. (*BF*, R).

ter Eigenschaften und Kodizes abhängt, sondern vom Besitz von Reichtum, der als Symbol des Ranges und der Unterscheidung fungiert (vgl. *BF II*, VI).[31]
Wenn der Stolz eine derart universale Leidenschaft ist, daß er sich sogar hinter der Ehre verbirgt, kann man sich ebenso gut jeder Heuchelei entledigen und anerkennen, daß er den Antrieb für jede Handlung und jede Tugend bildet. Ohne ihn gäbe es jene Prosperität, jenen Reichtum und jene mondäne Größe nicht, die die Menschen glücklich machen (vgl. *ebd.*, III).

Die *Ich-Leidenschaft*, die Bevorzugung von sich selbst und die Sorge darum, die eigene Überlegenheit über die anderen zu behaupten, lösen also die Wettbewerbs-Dynamik aus, indem sie die *Erwerbsleidenschaft* nähren, den Wunsch nach Verbesserung der eigenen Verhältnisse, wodurch schließlich auch das Wohlergehen der Nation gefördert wird. Die Ich-Leidenschaft, die Montaigne und vor allem Hobbes lediglich als negativ angesehen hatten, erhält in diesem Falle eine befruchtende Funktion als unersetzbares Stimulans für den Fortschritt. Das bedeutet nicht, daß Mandeville ihre destruktiven und das gesellschaftliche Gefüge potentiell zersetzenden Aspekte nicht wahrnähme. Das eigentlich Interessante ist, daß er in der Leidenschaft selbst ihr eigenes Heilmittel sieht: Dasselbe Verlangen nach Hochschätzung und Bewunderung, das aus der Eigenliebe kommt und uns dazu treibt, uns vor den anderen auszuzeichnen, führt uns dazu, die abstoßendsten und übertriebenen Seiten des Stolzes zu *verheimlichen* und so die Bildung der Gesellschaft möglich zu machen.[32] Keine Gesellschaft wäre jedoch denkbar, wenn sie die Leidenschaften, auch wenn diese ihr Fundament bilden, frei ausleben ließe: »[...] jeder zivile Handel ginge verloren, wenn wir nicht gelernt hätten, sie durch eine geschickte und kluge Täuschung zu verstecken und zu unterdrücken« (*Untersuchung*). Und unter »Gesellschaft« versteht Mandeville nicht eine informelle Ansammlung von Individuen, sondern einen politischen Körper, in dem diese auf disziplinierte Weise handeln und – unter der Leitung einer Regierung – zum kol-

---

31 Auf den *symbolischen* Wert des Reichtums komme ich später, in § 3 über Adam Smith, zurück.
32 »Die Regeln, von denen ich spreche, bestehen in einer geschickten Beherrschung unserer selbst, darin, das Verlangen zu unterdrücken und die wahren Gefühle unseres Herzens vor den anderen zu verbergen [...]. Unsere Begierde, von den anderen geschätzt zu werden, und die Begeisterung, die wir beim Gedanken an die Freude darüber empfinden, daß wir vielleicht bewundert werden, sind ein mehr als angemessener Ausgleich für den Sieg über stärkere Leidenschaften, und daher halten sie uns fern von allen Wörtern und Handlungen, für die wir uns schämen könnten. Die Leidenschaften, die wir für ein gutes Vorankommen und das Ansehen der Gesellschaft vor allem meiden müssen, sind der Hang zum Luxus, der Stolz und der Egoismus [...] (*BF*, C). Das Thema der Verheimlichung und der »scheinbaren Tugend« jansenistischen Ursprungs, der bei La Rochefoucauld und P. Nicole Gegenstand einer radikalen Kritik ist, erhält bei Mandeville stattdessen einen normativen Wert. Hinsichtlich dieser besonderen Form der Disziplinierung der Leidenschaften für die soziale Bindung und Ordnung vgl.: M. M. Goldsmith, *Private Vices, Public Benefits: Bernard Mandeville's Social and Political Thought*, Cambridge 1985, u. E. G. Hundert, *The Enlightenment's Fable: Bernard Mandeville and the Discovery of Society*, Cambridge 1994.

lektiven Nutzen und Wohlergehen beitragen (vgl. *BF*, C). Die Menschen lernen, daß sie, wenn sie zusammen in einer zivilen Gesellschaft leben wollen, von ihrem Gefühlsleben verbergen müssen, was die anderen stören oder beleidigen könnte; und andererseits entwickeln sie erst durch das Zusammenleben ihre Fähigkeit zur Geselligkeit: »Wir werden sozial, indem wir zusammen in einer Gesellschaft leben« (ebd., Q), bestätigt Mandeville, wodurch er sich jeder rationalistischen Sicht über den Ursprung des sozialen Lebens entledigt.[33] Schrittweise und empirisch lernen die Menschen, die äußeren Symptome des Stolzes zu verstecken und zu *bemänteln*, indem sie sich des Stolzes selbst bedienen, oder anders gesagt: sie lernen, »eine Leidenschaft gegen sich selbst anzuwenden«, indem sie diese nur in den gesellschaftlich akzeptierten Modi zeigen. Auf diese Weise formuliert Mandeville *das nur scheinbare Paradox einer merkantilen und kompetitiven Gesellschaft*, dank derer eben jene Leidenschaft, die die Menschen dazu bringt, den Anderen als Gegenspieler und Rivalen zu betrachten, am Ursprung der Notwendigkeit zum Vergleich mit dem Anderen steht und so die Klammer des sozialen Bandes sowie die Motivation eines jeden zur Sozialität darstellt.[34] Aus dem Stolz und dem *self-liking*[35] entsteht die »Komödie« der guten Manieren und der Höflichkeit, der »elegante Betrug« (*BF*, C),[36] wodurch die Menschen ohne irgendeinen Verzicht auf die Leidenschaften, ohne irgendein *self-denial*,[37] das soziale Zusammenleben in einer großen und reichen Gesellschaft möglich machen, die dazu in der Lage ist, ihre unersättliche

---

33 Die Tatsache, daß Mandeville die Idee eines Ursprungs der Gesellschaft im rational-vertragstheoretischen Sinn zurückweist, bedeutet keineswegs, daß er sich das Problem überhaupt nicht stellen würde. Er äußert sich darüber in der *Bienenfabel* sogar ausführlich, wo er es durch die Theorie einer spontanen und empirischen Dynamik progressiver Sozialisation löst, wie sie auf komplexere Weise im Modell Smiths wieder aufgegriffen wird.
34 Vgl. hinsichtlich der Eigenliebe und des Verlangens, bewundert zu werden als Impuls für die Suche nach der Gesellschaft anderer auch: Mandeville, *Untersuchung über die Natur des Gesellschaft*, a.a.O.
35 In der Dynamik des *self-liking* wird vor allem deutlich, daß die Bevorzugung von sich selbst, die als Wunsch nach Anerkennung der eigenen Überlegenheit über den Anderen auf negative Weise wirkt, stattdessen zu einer sozialen Leidenschaft wird, wenn sie die Menschen, die sich ihrer eigenen Unvollkommenheit und Fragilität dunkel bewußt sind, dazu veranlaßt, sich mit dem Ziel, Beifall und Bestätigung zu erhalten, mit dem Anderen zu messen: »Dieser Instinkt in uns, das heißt in den Menschen, scheint von einem gewissen Mangel an Selbstvertrauen begleitet zu sein, der aus dem Wissen darum oder wenigstens aus dem Zweifel daran entspringt, daß wir uns überschätzen. Daher sind wir so sehr an der Zustimmung durch die anderen, an der Schätzung durch sie und am Konsens mit ihnen interessiert, weil sie die gute Meinung über uns selbst in uns verstärken oder bestätigen.« (*BF II*, III)
36 Über den Ursprung der »guten Manieren« aus dem *self-liking* verbreitet Mandeville sich besonders in der *BF II*, III.
37 Hier liegt der Unterschied zwischen der *wahren Tugend*, die eben *self-denial* verlangt, und der *simulierten Tugend*, die lediglich auf dem Sieg einer Leidenschaft über die anderen gründet (vgl. oben und *BF*, T).

Sucht nach Verbesserung zu befriedigen. Es handelt sich um einen langsamen und schrittweise sich vollziehenden Prozeß, in dem die Individuen unbeabsichtigt und spontan eine Auswahl und Kombination von Leidenschaften einsetzen, indem sie eine gegen die andere ausspielen und sie an die Bedürfnisse der Gemeinschaftlichkeit anpassen.[38]

Daher ist weder ein Akt rationaler Entscheidung der Individuen vonnöten noch eine künstliche politische Struktur, die von außen ein Heilmittel gegen die Gefühlsdynamik brächte, wie es bei Hobbes sowie im Vertragsmodell vorgesehen war. Es stimmt, daß bei Mandeville die Dimension des Politischen nicht verschwindet und daß dieser ihr, vor allem im ersten Teil der *Bienenfabel*, eine wichtige Rolle für den Sozialisationsprozeß zuschreibt. Wer regiert, muß tatsächlich dazu fähig sein, die menschlichen Leidenschaften zu nutzen und ihnen eine Richtung zu geben, indem er dem Stolz schmeichelt und dem Zorn die Angst gegenüberstellt, in den Menschen Scham und Abscheu vor der Niedertracht weckt oder sie dazu treibt, Mut zu entwickeln (vgl. *BF*, R). Er muß mit anderen Worten die Leidenschaften gekonnt instrumentalisieren, indem er sie zum Zweck der Zivilisation und der Ordnung einsetzt und die einen gegen die anderen ausspielt.[39] Dies aber kommt einer Verstärkung der Auslese- und Anpassungsdynamik gleich, die ohnehin *spontan* und ganz im Innern des Spiels der Leidenschaften geschieht. Die Leidenschaften werden überdies gar nicht unterdrückt, wie bei Hobbes, sondern werden auf eine für die Gesellschaft fruchtbare und produktive Weise funktionalisiert. Dies bestätigt die Tatsache, daß die Bedeutung des Politikers sich immer weiter verengt (vgl. *BF II*, VI),[40] bis er die beschriebene Funktion eines Kontrolleurs und Beschützers annimmt, wie sie der liberalistischen Perspektive eignet.[41]

Sobald sie einmal durch Verstellung gesellschaftsfähig gemacht und – auch mit Hilfe des Politikers – den notwendigen Korrekturen unterzogen wurden, wirken die Leidenschaften mithin nicht nur als Faktoren der Sozialität, sondern auch als mächtiger und unersetzlicher Antrieb für die ökonomische und soziale Entwick-

---

38 »Dieser Prozeß ist allerdings unbewußt geschehen, und man kann diese Verfassung sozusagen nur stufenweise und über einen größeren Zeitraum hin erreichen [...].« (*BF II*, III)
39 Mandeville übersetzt auf diese Weise das, was er zu Beginn der *Bienenfabel* als den tatsächlichen Prozeß der Gesellschaftsbildung beschrieben hatte, in ein normatives Gebot – das Werk »fähiger Politiker«, die dazu in der Lage sind, die menschlichen Leidenschaften zu manipulieren und sogar moralische Werte zu erfinden, um über die Menschen zu regieren und eine soziale Ordnung zu erhalten.
40 Scrivano, der in *Natura urbana e società competitiva*, a.a.O. großes Gewicht auf die Rolle des Politikers in der *Bienenfabel* legt, insoweit er bei Mandeville eine »Theorie des Betrugs« sieht, dank derer die Regierenden selbst die Moral für die Gesellschaft kreieren, bemerkt, wie die Rolle des Politikers dann doch wieder zunehmend eingeschränkt wird.
41 Mandeville ist also zwischen einer merkantilistischen Position angesiedelt, ohne jedoch direkte Eingriffe des Staates in die sozio-ökonomischen Prozesse zu wünschen, und einer liberalistischen Position, ohne allerdings ein Theoretiker der Interessensharmonie zu sein.

lung. Man kann also behaupten, daß die Menschen, wenn sie ihren eigenen Leidenschaften und Interessen folgen, unabsichtlich und ohne jegliches rationale Kalkül für das Gemeinwohl arbeiten.[42] Aus den *privaten Untugenden* entsteht *öffentliche Wohlfahrt*: Das Mandevillesche Paradoxon ist nur der letzte, verkürzte Ausdruck einer einwandfreien Logik, die ein eiserner Realismus beflügelt. Wenn sich die Menschen den Wohlstand der Nation und die Verbesserung der eigenen Verhältnisse wünschen, wenn sie hierin *das eigene Glück* sehen, dann müssen sie als unausweichliche Begleiterscheinung die Untugenden akzeptieren, die seine Grundlage sind, und den Preis für deren unvermeidliche Auswirkungen zahlen. Das einzige Problem besteht darin, sich ohne falsche Moralismen zu fragen, »ob es sich lohnt, dieses Glück zum einzig möglichen Preis zu suchen, und das heißt, ob man Dinge begehren sollte, die eine Nation nicht genießen kann, wenn der größte Teil ihrer Mitglieder nicht untugendhaft ist« (*BF II*, III). Die Antwort Mandevilles ist offensichtlich typisch für eine triumphierende und heroische Phase des Kapitalismus: das Ungleichgewicht, die Verschwendung und sogar die Ungleichheit zwischen den wohlhabenden Klassen und den »armen Arbeitenden«, welche die produktive Ressource der Nation sind,[43] stellen die unweigerlichen Kosten des Wohlstands und den unvermeidlichen »Unrat« dar, den Wohlstand und Fortschritt produzieren.

3. Die Wohlstandsleidenschaft und der Wunsch nach Anerkennung

Die fruchtbare Verflechtung zwischen Erwerbs- und Ich-Leidenschaft, auf der Mandeville realistisch die Entwicklung der entstehenden bürgerlichen Gesellschaft gründet, wird – dabei mit bedeutend weniger pessimistischem Unterton – zum Fundament der Reflexionen von Adam Smith.
Der »Wunsch nach Verbesserung der eigenen Verhältnisse«, den Smith für die basale und allgemeine Neigung der menschlichen Gattung hält, empfängt nämlich seinen hauptsächlichen Impuls weniger aus der Notwendigkeit, die eigenen Be-

---

42 Es wurde bemerkt, wie dieser Aspekt in der von einem radikalen Liberalismus inspirierten Interpretation von F. A. Hayek eine besondere Betonung erhalten hat, in: »Dr. B. Mandeville«, in: ders., *New Studies in Philosophy, Politics and the History of Ideas*, London 1976; wenn es jedoch stimmt, daß die Idee des Gemeinwohls als unbeabsichtigte Folge des individuellen Handelns die Rolle der rationalen Entscheidung stark eingeschränkt, trifft es, wie wir gesehen haben, auch zu, daß sie bei Mandeville zwei grundsätzliche Korrektive erfährt, nämlich durch die Disziplinierung der Leidenschaften, auch wenn diese rein spontan erfolgt, sowie durch die Rolle des Politikers, auch wenn diese eingeschränkt bleibt.
43 Auf der Präsenz der ökonomischen und sozialen Ungleichheit im Modell der *political economy* (vgl. *BF*, Y) besteht L. Colletti, »Mandeville, Rousseau e Smith«, in: ders., *Ideologia e società*, Bari 1969.

dürfnisse zu befriedigen, oder aus einer reinen Gier nach dem Besitz materieller Gütern, als vielmehr aus dem *Wunsch nach Bewunderung, Anerkennung,* nach Beachtung durch andere.

»Woher entsteht dann also jener Wetteifer – fragt er sich in der *Theorie der ethischen Gefühle* – der sich durch alle die verschiedenen Stände der Menschen hindurchzieht, und welche sind die Vorteile, die wir bei jenem großen Endziel menschlichen Lebens, das wir ›Verbesserung unserer Verhältnisse‹ nennen, im Sinne haben? Daß man uns bemerkt, daß man auf uns Acht hat, daß man mit Sympathie, Wohlgefallen und Billigung von uns Kenntnis nimmt, das sind alles Vorteile, die wir daraus zu gewinnen hoffen dürfen.« (*TeG*, S. 71)

Mit anderen Worten, was die Individuen zur Vermehrung der eigenen Vorteile und des eigenen Glücks, zum Streben nach Wohlstand und Macht treibt, ist die *Eigenliebe (self-love)*: die natürliche und universelle Tendenz zur Sorge um und zur Bevorzugung von sich selbst. Smith betont hier jedoch weniger den Aspekt der Selbsterhaltung als vielmehr den unmittelbar relationalen und sozialen Aspekt, der im Wunsch zum Ausdruck kommt, sich gegenüber anderen auszuzeichnen, sich von ihnen *zu unterscheiden* und ihre Bewunderung zu erlangen.[44] Die Selbsterhaltung, das Sorgen für den eigenen Körper und die materiellen Bedürfnisse ist sicherlich das Hauptziel des Menschen (vgl. ebd., S. 111 Fußnote), aber sie ist auch ein leicht zu erreichendes Ziel, behauptet Smith, der von Hobbes und seinen Sorgen um Leben und Tod mittlerweile weit entfernt ist. Die Sorge um die Verbesserung der Verhältnisse entsteht also nicht aus dem Wunsch, die eigene Situation zu verbessern, sondern aus dem Wunsch, in der Gesellschaft Glaubwürdigkeit und Rang zu erhalten, von den anderen respektiert und bewundert zu werden, einem Wunsch, der »vielleicht der stärkste unserer Wünsche ist«.[45] Reichtum schafft Bewunderung, weckt Zustimmung, produziert Unterscheidung: dies ist es, was die Menschen höheren Ranges von Geburt an wissen und was die Ärmeren durch das

---

44 Die Unterscheidung der zwei Aspekte der Eigenliebe (selbsterhaltend und relational), die bereits bei Mandeville untersucht wurde (*self-love* und *self-liking*), findet sich auch in der kantischen Unterscheidung zwischen einer selbsterhaltenden Eigenliebe und einer »vergleichenden« Eigenliebe wieder, die auf dem Vergleich zwischen sich und den anderen beruht (vgl. I. Kant, *Die Religion innerhalb der Grenzen der bloßen Vernunft* (1793), Hamburg 1978). Ebenso taucht sie in der Unterscheidung zwischen *amour de soi* und *amour propre* bei Rousseau wieder auf (vgl. Kap. 3). Über den *Wunsch nach Unterscheidung* bei Smith vgl. in *TeG* das ganze Kapitel, aus dem der oben zitierte Absatz stammt.

45 »Der Wunsch danach, Gegenstand eines solchen Respekts zu werden und Glaubwürdigkeit sowie einen Rang unter seinesgleichen zu erhalten, ist vielleicht der stärkste aller unserer Wünsche, und die Sorge darum, die Vorteile des Glücks zu erhalten wird infolgedessen vielmehr von diesem Verlangen hervorgebracht und angeregt als von dem, sich das zu verschaffen, was dazu dient, den Bedürfnissen und Bequemlichkeiten des Körpers Rechnung zu tragen, denen man viel einfacher entsprechen kann.« (*TeG*, S. 362)

gesellschaftliche Leben nur zu bald lernen. Er hat die Macht, unsere brennendste Leidenschaft zu befriedigen, die Leidenschaft nach Unterscheidung nämlich, und über den universalen Mechanismus der »Sympathie« treibt er die Armen dazu, sich mit den Leidenschaften der Reichen zu identifizieren (vgl. ebd., S. 68 ff.) und jenes *Wetteifern* an den Tag zu legen, das es ihnen erlaubt, ihre eigenen Vorteile zu erhalten und ihre eigenen Ziele zu erreichen. »Kein Mensch«, sagt Smith, »verachtet den Rang, das Herausragen, sich von den anderen abzuheben, bis auf den Fall, daß er aus den Ordnungsmodellen der menschlichen Natur viel höher hinaus gekommen – oder viel tiefer gefallen – sein sollte« (ebd.). Während der Reiche Angst davor hat, zu verlieren, was ihm Ehre und Ansehen verschafft, erträgt es der Arme nicht, im Elend zu verharren, das ihn zur anonymen Dunkelheit verurteilt, und strengt sich daher an, das zu erhalten, was ihn aus diese Situation herausreißen kann (vgl. ebd., S. 71). Was beide dazu veranlaßt, den Wohlstand bewahren oder erreichen zu wollen, ist nicht das alleinige und banale Ziel der *Nützlichkeit*, es ist auch nicht der Besitz von Dingen, die dazu geeignet sind, das Leben bequemer und komfortabler oder sogar glücklicher zu machen, sondern vielmehr das Erlangen jener »sozialen Stellung« (ebd.), jenes herausragenden Status vor den Augen eines äußeren »Zuschauers«, den der Besitz der Dinge unfehlbar verleiht.[46]

Die *Ich-Leidenschaft*, die bei Hobbes an Dichte verloren zu haben schien und auf jeden Fall von der Leidenschaft für das Nützliche getrennt war bzw. parallel zu ihr existierte, wird hier zur Quelle der Erwerbsleidenschaft selbst. Mandeville war sich über diesen Übergang bereits im klaren, denn er hatte in der Ich-Leidenschaft (dem Stolz) den Hauptimpuls für die Verbesserung der eigenen Verhältnisse gesehen; im Entwurf Smiths erhält sie jedoch eine derartige Selbständigkeit und Kraft, daß sie die Individuen dazu treibt, dem *symbolischen Wert des Wohlstands* den Vorzug vor seinen materiellen Vorteilen zu geben.

Die Menschen haben das Verlangen danach, etwas zu besitzen, was andere besitzen und was sich alle wünschen, weniger wegen des Wertes oder der ihm eigenen Nützlichkeit, sondern weil dieser Gegenstand das Mittel dafür ist, die eigene *self-love* zu befriedigen und so allgemeine Hochschätzung und Bewunderung zu erreichen.

Das Individuum Smiths bildet sich, mit anderen Worten, als ein wesentlich *mimetisches* Wesen heraus, dessen Interessen und Ziele sowie dessen eigene Wünsche kraft jenes natürlichen Impulses der »Sympathie«, die Identifikation hervorruft,

---

46 »[…] wenn wir untersuchen, weshalb der Zuschauer mit einer derartigen Bewunderung die Bedingungen der Reichen und Großen wahrnimmt, finden wir heraus, daß dies nicht so sehr aufgrund der größeren Bequemlichkeit und Freude geschieht, die er annimmt, daß dieser genießt, sondern aufgrund der unzähligen eleganten und kunstvollen Handlungen, mit der diese Bequemlichkeit und Freuden erreicht werden. Der Zuschauer stellt sich nicht einmal vor, daß die Reichen und Großen wirklich glücklicher als die anderen seien, sondern er denkt, daß sie über mehr Mittel verfügen, sich das Glück zu verschaffen.« (*TeG*, S. 323)

von den Wünschen des Anderen abhängt. Es scheint, daß Smith auf diese Art einen fundamentalen Aspekt der emotionalen Struktur des modernen Individuums verstanden hat, den man mit René Girard als »mimetisches Verlangen« definieren kann,[47] aufgrund dessen die Menschen sich dasjenige wünschen, was die anderen sich wünschen, oder besser, wovon sie sich vorstellen, daß die anderen es sich wünschten.[48] Der Wohlstand, jenes allgemein angestrebte Ziel, wird zum »Zeichen« für den eigenen Rang und Wert, zum symbolischen Mittel, um Ehre und Anerkennung zu erlangen. Der »Wettlauf nach Wohlstand« (*race for wealth*, TeG, S. 124) schreibt sich vollkommen einer »Logik des Zeichens« ein, nach der das Objekt, der materielle Gegenstand, im wesentlichen zum Mittel der sozialen Unterscheidung wird.[49] Es handelt sich daher, um mit Veblen zu sprechen, um den Übergang »von der Geste zu den Dingen«:[50] Der Wohlstand ermöglicht es den unteren Ständen, sich zu unterscheiden und durch den Erwerb materieller Dinge soziale Anerkennung zu erreichen.

Das Individuum Smiths ist also kein egoistisches Individuum, das isoliert und selbstgenügsam existieren und von einem kalten *self-interest* am Erwerb und an der Schaffung von Wohlstand angetrieben würde.[51] Es wird vielmehr im Gegenteil von der *self-love* zum Handeln getrieben und motiviert, das heißt von einer eminent *relationalen* Leidenschaft,[52] genährt durch die Anerkennung des Anderen und das Ihm-Nacheifern, welche das Individuum zum Streben nach dinglichem Besitz

---

47 R. Girard, *Figuren des Begehrens: Das Selbst und der Andere in der fiktionalen Realität,* Wien (u.a.) 1999. Es handelt sich allerdings um einen Grundbegriff des ganzen Werks von Girard, auf das ich später zurückkommen werde.
48 Das mimetische Verlangen entspringt selbst auch der fundamentalen »Mangelhaftigkeit« des Menschen; man kann ohne weiteres den folgenden Behauptungen von S. Tomelleri in seiner Einführung in die italienische Übersetzung von R. Girard, *Il risentimento. Lo scacco del desiderio nell'uomo contemporaneo,* Mailand 1999, S. 24 zustimmen: »Die Idee, dem andern gemäß sein zu wollen, bringt die Endlichkeit des menschlichen Akteurs ans Licht, den unvermeidlichen Mangel des menschlichen Wesens, das sich aufgrund einer intimen anthropologischen Konstitution noch vor jedem moralischen Bewußtsein gegenüber dem Anderen öffnet«.
49 Vgl. hierzu: J. Baudrillard, *Der symbolische Tausch und der Tod,* München 1982, Paris 1976, u. J.-P. Dupuy u. P. Dumouchel, *L'Enfer des choses. René Girard et la logique de l'économie,* Paris 1979. Ein interessanter Versuch, die Wirksamkeit der »mimetischen Theorie« Girards auf der Ebene der Analyse des Bereichs der modernen Ökonomie auszuloten.
50 T. Veblen, *The Theory of the Leisure Class* (1899), dt.: *Theorie der feinen Leute: Eine ökonomische Untersuchung der Institutionen,* Frankfurt a. M. 1986.
51 David Hume spricht stattdessen wirklich von *self-interest,* das, obwohl ihm die Intensität und Gefahr einer Leidenschaft eigen ist, nicht die anderen, unmittelbar relationalen Aspekte der *self-love* Smiths aufweist. Diese Tatsache führt zu zwei unterschiedlichen normativen Lösungen: Während Smith, wie wir sehen werden, eine *qualitativ* verschiedene Wendung der *self-love* vorschlägt, die dem Bedürfnis nach Zustimmung und Selbstwertgefühl entspringt, sieht Hume lediglich eine mögliche *quantitative* Reduktion des *self-interest,* die durch ein autoreflexives Moment vermittelt wird. Vgl. den *Traktat über die menschliche Natur* (1739-40), Hamburg 1973, 2. Teil.
52 Auf die »relationalen Bedürfnisse« spielt Dupuy in: *L'Enfer des choses,* a.a.O., S. 24 an.

treibt, um seinerseits vom Anderen die für die Konstruktion seiner eigenen Identität notwendige Anerkennung zu erhalten. Das bedeutet, daß die Interessen des *homo oeconomicus* – im Gegensatz zur Ansicht Hirschmans – durch Leidenschaften »kontaminiert« sind und daß die Behauptung dieses Paradigmas nicht, wie Dumont meint, damit zusammenfällt, daß sich die Beziehung »zwischen den Menschen und den Dingen« gegenüber der Beziehung »zwischen den Menschen« durchsetzt, da die soziale Relation das Fundament der Gefühlsdynamik selbst ist.[53]
Im Unterschied zu Mandeville zeigt Smith, daß er sich der Verblendung, die dem Wunsch nach Reichtum innewohnt, vollkommen bewußt ist. Erstens – so hebt er mit deutlich stoischem Unterton hervor – reichen die Vorteile, die er uns verschafft, nicht aus, um uns vor Krankheit, Schmerz und Tod zu bewahren. Zweitens verdirbt die Tendenz zur Bewunderung der Reichen und Mächtigen, die diesen Wunsch stimuliert, unsere moralischen Gefühle, wenn sie auch für die Erhaltung der Rangfolge sowie der sozialen Ordnung nützlich ist,[54] denn sie macht uns neidisch und ehrgeizig und läßt uns den Blick von Weisheit und Tugend abwenden. Dennoch ist diese Verblendung fruchtbar, da sie die Menschen zum *Fleiß (industry)* treibt und sie zu aktiven Gestaltern des Fortschritts und des Wohlstands macht, der sich ohne Unterscheidung der Klassen auf die ganze Gesellschaft ausweitet.[55]
Der durch die *self-love* stimulierte »Wettlauf um den Reichtum« erhält also eine offensichtliche Legitimation als Faktor der Verbesserung und des Fortschritts, die Smith als natürliche und segensreiche Tendenzen der menschlichen Gattung betrachtet. Er hat darüber hinaus nicht nur die dramatische Färbung verloren, die er bei Hobbes hatte, bei dem die Erwerbsleidenschaft die Antwort auf überlebenswichtige Bedürfnisse war, sondern auch die ungehemmte Gier und Aggressivität des Entwurfs von Mandeville, dessen rein egoistische und instrumentelle Betrachtung Smith auch auf der normativen Ebene zurückweist.
Mit Mandeville teilt er, wie man nun sieht, die Vorstellung einer spontanen sozialen Regelung der Leidenschaften, die sich der Fähigkeit zur Selbstbeschränkung verdankt, welche der *self-love* gänzlich immanent ist; doch er entfernt sich von ihm aufgrund seines festen Vertrauens in eine *ethische* Transformation der Leidenschaften.

---

53 Beide Aspekte – die Kontamination der Interessen durch die Leidenschaften sowie die Priorität des sozialen Beziehung – enthüllt J.-P. Dupuy, »De l'Émancipation de l'économie. Retour sur le problème Adam Smith«, in: *L'Année sociologique*, XXXVII, 1987.
54 Man darf die Tatsache nicht vernachlässigen, daß, wenn auch im Inneren einer egalitären und liberalen Vision, bei Smith Spuren einer hierarchischen Sicht der sozialen Ordnung erhalten bleiben.
55 »Es ist gut, daß die Natur uns auf diese Weise täuscht. Diese Täuschung erweckt den menschlichen Fleiß und erhält ihn am Leben. Am Anfang hatte sie die Menschen dazu gebracht, das Land zu kultivieren, Häuser zu bauen, Städte und Gemeinden zu gründen sowie alle Wissenschaften und Künste zu erfinden und zu perfektionieren, welche das Leben adeln und verschönern und die das Gesicht der Welt vollkommen verändert haben […]« (*TeG*, S. 324).

Aus dem Leben in Gesellschaft lernen die Menschen, daß die Bevorzugung von sich selbst in der Ablehnung durch die anderen auf ein unüberwindbares Hindernis stößt. Sie machen die Erfahrung, daß arrogante und unbeschränkte Eigenliebe dazu führt, daß ihnen gerade das entzogen wird, was sie sich doch »am meisten wünschen«, nämlich die Sympathie des unvoreingenommenen Zuschauers (ebd., S. 124).

»In dem Wettlauf nach Reichtum, Ehre und Avancement, da mag er rennen, so schnell er kann und jeden Nerv und jeden Muskel anspannen, um all seine Mitbewerber zu überholen. Sollte er aber einen von ihnen niederrennen oder zu Boden werfen, dann wäre es mit der Nachsicht der Zuschauer ganz und gar zu Ende. Das wäre eine Verletzung der ehrlichen Spielregeln *(fair play)*, die sie nicht zulassen könnten (TeG, S. 124).«

In Gesellschaft zu leben weckt in den Individuen das Bewußtsein ihrer Leidenschaften und hält ihnen den »Spiegel« vor, der sie die eigenen Vorzüge und Deformationen sehen und über ihr eigenes Verhalten nachdenken läßt. Dem Spiegel-Spiel der sozialen Interaktion kommt ein doppelter Effekt auf die Eigenliebe zu: Auf der einen Seite enthüllt es den abnormalen und illusorischen Charakter dieser Leidenschaft, auf der anderen Seite aktiviert es, indem es den Wunsch nach Zuneigung und nach Beifall wieder erweckt, deren »angemessene« Seite, die eine immanent soziale ist.[56] Die Eigenliebe, verstanden als uneingeschränkter Wettlauf um Reichtum und Macht mit dem Ziel, die Bewunderung anderer zu erlangen, wird also mit anderen Worten durch die als *Wunsch nach Zustimmung und Anerkennung* verstandene Eigenliebe kontrastiert und korrigiert.[57] Der beurteilende und unparteiische Blick des Zuschauers, der das Ich dazu bringt, über sich selbst nachzudenken und die eigenen emotionalen Impulse zu verändern, wird umso entscheidender und mächtiger, je mehr er vom Ich unmittelbar verinnerlicht wird. Die Verinnerlichung des Blickes des Anderen führt sozusagen zu einer Verdoppelung in ein leidenschaftliches und handelndes Ich und ein Zuschauer-Ich, das beobachtet und beurteilt, indem es genau den unparteiischen Standpunkt eines Dritten einnimmt. Nicht aus dem »Wohlwollen«, sondern aus dem Wunsch nach Zustimmung durch diesen inneren Richter, den Smith nicht zögert, »Gewissen« zu

---

56 Zur Bedeutung des Begriffes der »Angemessenheit« bei Smith vgl. Zanini, *Genesi imperfetta*, a.a.O.

57 »Jeder spürt, daß die anderen ihm in dieser Vorliebe nie folgen können und auch wenn sie ihm ganz natürlich erscheinen mag, erscheint sie ihnen immer als abnorm und übertrieben. [...] Um so zu handeln, daß der unparteiische Zuschauer sich mit den Prinzipien seiner Lebensführung identifizieren kann, – das, was er sich am meisten wünscht –, muß er bei dieser Gelegenheit, wie bei vielen anderen auch, die Überheblichkeit der eigenen Selbstliebe so weit verletzen, bis sie auf ein Niveau zurückgeführt wird, welches die anderen teilen können. [...]« (*TeG*, S. 124). Diese besondere Valenz der *self-love* bei Smith betont E. Lecaldano, »L'amore di sé in Adam Smith: verso una teoria pluralistica della motivazione«, in: *Iride*, 1994, Nr. 11.

nennen, entsteht die Möglichkeit, die destruktiven Aspekte der Eigenliebe zu bremsen[58] und die »passiven« und egoistischen Gefühle in »aktive« zu verwandeln, die des Anderen eingedenk sind. Der Tadel des inneren Menschen, des *man within* läßt sich jedesmal vernehmen, wenn uns die Dünkelhaftigkeit einer uneingeschränkten Bevorzugung unserer selbst blind macht, indem er die Angst vor Mißbilligung und sicherer Verachtung in uns weckt, die uns in diesem Falle unvermeidlich entgegengebracht wird, und uns zu einer angemessenen Verhaltensweise führt. Nur von ihm, sagt Smith, lernen wir, wie gering wir selbst und alles, was uns betrifft, in Wirklichkeit sind. Allein das Auge des unparteiischen Beobachters könne die natürlichen Illusionen der Selbstliebe korrigieren, uns die Angemessenheit des Großmuts zeigen und die Häßlichkeit der Ungerechtigkeit erweisen. In den meisten Fällen sei es weder die Nächstenliebe noch die Liebe zur menschlichen Gattung, die uns göttliche Tugenden walten lasse, es sei vielmehr in diesen Fällen eine stärkere Liebe, ein mächtigeres Gefühl am Werk: die Liebe zu dem, was edel und ehrenwert ist, zur Größe, zur Würde, zur Überwindung unserer Natur.

Der Wunsch nach Zustimmung übernimmt hier die Funktion, die bei Hobbes die Angst vor dem Tod hatte. Das soziale Band, das dieser Wunsch erzeugt, steht freilich nicht allein im Zeichen der Selbsterhaltung, sondern in dem der *gegenseitigen Anerkennung*. Der Andere ist nicht mehr nur der Feind, dem man zufällig begegnet und mit dem man beim Streben nach *self-preservation* zusammenstößt, sondern er ist zugleich der Rivale beim Wettlauf um den Reichtum und derjenige, von dem man sich, kraft sympathetischer Übereinkunft, die Bestätigung der eigenen Würde und des eigenen Wertes erwartet. Der Individualismus Smiths begnügt sich darüber hinaus weder mit einer rein äußerlichen Aufwertung und Ehrung, noch beschränkt er sich wie der Egoist Mandevilles darauf, die eigenen Leidenschaften hinter Tugenden zu verbergen mit dem Ziel, um jeden Preis und unabhängig vom jeweiligen Verdienst Zustimmung zu erreichen. Bei Smith erhält das Thema der *Anerkennung*, dem die zeitgenössischen Reflexionen zurecht ihre Aufmerksamkeit widmen, weil sie in ihr ein unabdingbares Fundament für die Herausbildung der modernen Identität sehen,[59] mit anderen Worten eine moralische Wertigkeit im eigentlichen Sinne, die an die Fähigkeit zur Kontrolle und zur Transformation der

---

58 Smith meint, es sei nicht die sanfte Macht des Gefühls der Menschlichkeit und auch nicht der schwache Funken des Wohlwollens, den die Natur in den Herzen der Menschen entfacht hat, was dem mächtigen Trieb der Eigenliebe zu widerstehen vermag. In diesem Fall wirke vielmehr eine stärkere Macht, ein strengeres Motiv: die Vernunft, das Prinzip, das Gewissen, der ganze Mensch, der höchste Richter und Gebieter unseres Verhaltens.
59 Zum Begriff der *Anerkennung*, auf den er in Bezug auf Rousseau zurückkommt, vgl. Taylor, *Das Unbehagen an der Moderne*, a.a.O.; ders., *Multikulturalismus und die Politik der Anerkennung*, Frankfurt a. M. 1993; A. Honneth, *Kampf um Anerkennung. Zur moralischen Grammatik sozialer Konflikte*, Frankfurt a. M. 1992; S. Veca, *Dell'incertezza*, Mailand 1997.

Leidenschaften gebunden ist. Die Menschen – meint Smith in offenem Gegensatz zu Mandeville – wollen nicht nur gelobt werden, sondern auch lobenswert sein, sie wollen nicht nur geschätzt und geliebt werden, sondern der Hochschätzung und Liebe würdig sein. Ihre eigene Natur veranlaßt sie, in der externen Zustimmung die Bestätigung der Selbstgewißheit zu suchen und die Anerkennung des *man within* der Billigung des *man without* vorzuziehen. Hierin unterscheidet sich der mit »Selbstwertgefühl« begabte Mensch zutiefst von dem Stolzen und dem Eitlen, die beide, übrigens immer unbefriedigt und unruhig, allein vom Anspruch auf Zustimmung anderer getrieben werden, selbst wenn diese unbegründet ist.[60] Er ist also nicht nur zu einer scheinbaren Tugendhaftigkeit fähig, sondern zu einer echten, denn »die Liebe zu ihr [zur Zustimmung zu sich selbst] ist Liebe zur Tugend« (ebd., S. 159). Er ist mit anderen Worten dazu in der Lage, jene *moralische Transformation* der Leidenschaften zu vollziehen, die von den Entwürfen von Hobbes und Mandeville nicht vorgesehen war und die unweigerlich zur Stärkung des sozialen Bandes führt, wenn auch in einer durch Kompetition und Konkurrenz geprägten Perspektive.

Die Tugend *par excellence*, der Smith die Aufgabe anvertraut, die Auswüchse der Eigenliebe einzuschränken, ist die *Besonnenheit* bzw. *Klugheit [prudence]*, die einer durch die Sympathie korrigierten Eigenliebe gleichkommt und als die Synthese jenes Gefüges von Eigenschaften erscheint, die nicht nur die eigene Selbsterhaltung ermöglichen, sondern auch den Aufbau einer angemessenen gesellschaftlichen Identität:[61]

»Die Sorge für die Gesundheit, für das Vermögen, für den Rang und den Ruf des Individuums, d. h. also für die Dinge, von den der allgemeinen Ansicht nach sein Wohlbefinden und seine Glückseligkeit in diesem Leben in erster Linie abhängen, wird als die eigentliche Obliegenheit derjenigen Tugend betrachtet, die man gemeinhin Klugheit nennt (ebd., S. 362).«

Obwohl ihr Tugenden zur Seite stehen, die ebenfalls wichtig sind, etwa die Gerechtigkeit, die Selbstkontrolle oder die Nachsicht, ist die Klugheit die basale moralische Qualität, die mehr als alle anderen das Aufkommen einer neuen Anthropologie verkörpert, weil sie mit der Herausbildung des modernen bürgerlichen Individuums verbunden ist, mit der Entstehung des *homo oeconomicus*, der später zum wahren und eigentlichen Träger des *Wohlstands der Nationen* wird. In der Tat ist es bezeichnend, daß Smith sie zur Tugend der »unteren Stände« macht, die ein-

---

60 Das Selbstwertgefühl wird in der *Theorie der ethischen Gefühle* dem Stolz und der Eitelkeit entgegengesetzt. Indem er zwischen der Eitelkeit und dem Stolz unterscheidet, bindet Smith einerseits vor allem die erste an die Forderung nach einem unbegründeten Lob, andererseits zeigt er jedoch gegenüber der Eitelkeit eine größere Nachsicht als gegenüber dem Stolz.

61 Zur Erwähnung der »Besonnenheit« bei Smith vgl. A. Sen, »Adam Smith's Prudence«, in: S. Lall u. P. Stewart (Hrsg.), *Theory and Reality in Development*, London 1986.

zig in der Klugkeit jene *Chance zur Unterscheidung* vorfinden, die den oberen Ständen der aristokratischen Welt von Geburt an gegeben war. Fleiß, Beständigkeit, Redlichkeit und berufliches Geschick sind die wichtigsten und unverzichtbaren Attribute desjenigen, der nicht auf durch Geburt erworbene Ehre und Beachtung zählen kann, sondern der im Gegenteil die eigene gesellschaftliche Stellung *erobern* muß, um überhaupt auf der Bildfläche der Welt zur erscheinen. Während der Aristokrat sich im untätigen, mittlerweile unverdienten Luxus aalen kann und weiß, daß er sogar noch mit der Generalabsolution für seine üble Eitelkeit rechnen kann, so gilt für den Menschen niederen Ranges, daß er, wenn er je darauf hoffen will, sich zu unterscheiden, dies durch wichtigere Tugenden geschehen muß. Er weiß, daß er sich nur auf seine eigenen Fähigkeiten verlassen kann und lernt schon früh, daß der Weg zur »Tugend« derselbe ist, der zum »Glück« führt und daß die Verfolgung eigener Interessen untrennbar von einer tugendhaften Lebensführung ist, die ihn zum Objekt des Ansehens und der Achtung der Allgemeinheit macht.[62]

Als Vorläufer des *self-made-man* bringt der besonnene Mensch Smiths eine weise Synthese zwischen Interessen, Leidenschaften und Tugenden zustande und vereint das Bewußtsein der unreduzierbaren individuellen Souveränität mit der Wahrnehmung der eigenen Schwäche und der Abhängigkeit von einer Gesellschaft, die von ihm selbst Rechenschaft fordert. Weil er vor allem nach Sicherheit strebt, geht er nie das Risiko ein, das zu verlieren, was er mühsam erobert hat und bevorzugt im Gegenteil wesentlich solidere Methoden, um »die eigenen Verhältnisse zu verbessern«. Das berufliche Geschick, die Kompetenz und die Beständigkeit der eigenen Arbeit, in denen Weber die Grundlage der Figur des kapitalistischen Unternehmers sehen wird, der in der asketisch-protestantischen Typologie verankert ist,[63] formen zusammen mit einer unbestrittenen Aufrichtigkeit das beste Instrument zum Erwerb eines guten Rufes. Vorsicht, Diskretion und Anstand sind die Bestandteile eines besonnenen Verhaltens, entgegen dem untätigen Prunk, dem unbegründeten Ehrgeiz und der nichtigen Prahlerei der oberen Stände, im Zeichen einer nunmehr herabgewürdigten Ehre.[64] Vor allem aber erweist sich der kluge und be-

---

62 In diesem Sinn ist der *prudent man* nicht nur dem degradierten Aristokraten überlegen, sondern auch dem Aristokraten, der zum wahren Ruhm fähig ist. Vgl. hierzu die Abschnitte, in denen Smith über die »Selbstkontrolle« spricht: aus der milden Anstrengung der Selbstkontrolle entsteht der »bescheidene Ruhm« von Tugenden wie der Sittenreinheit, des Fleißes und der Einfachheit, die mit einer Schönheit und Anmut ausgestattet sind, die auch wenn sie weniger blenden, nicht immer weniger wichtig sind als diejenigen, welche die großartigeren Taten des Helden, des Staatsmannes oder des Gesetzgebers leiten. Die volle Rechtfertigung jenes Ideals der *Mittigkeit* (Smith spricht von *middle conformation*) hatte in der Idee der *vita comune* von Montaigne eine erste Aufwertung erfahren.
63 Weber, *Protestantische Ethik*, a.a.O.
64 Über das Verschwinden der aristokratischen Ehre wurde bereits in Bezug auf Montaigne, Hobbes und Mandeville gesprochen.

sonnene Mensch als einer, der sich *perspektivisch in die Zeit entwerfen* kann und die Fähigkeit aufbringt, gegenwärtige Bequemlichkeiten und Freuden zugunsten von größeren und solideren Errungenschaften in der Zukunft zu opfern (vgl. ebd.). In diesem Sinne hält Smith nicht nur eine Lobrede auf den beständigen und intensiven Fleiß, sondern auch auf die Genügsamkeit und die Sparsamkeit, die Mandeville noch als ein Merkmal des Widerstands gegen die Entwicklung einer Gesellschaft des freien Handels gesehen hatte. Geleitet von einer Haltung, die wir im Sinne Webers als »methodische Lebensführung« definieren können, verfolgt das Individuum bei Smith geduldig und gleichmäßig das Anwachsen seines Reichtums und ist sich dabei vollkommen der Tatsache bewußt, daß er durch kontinuierliche Akkumulation, so bescheiden sie auch sein mag, ohne Risiken und übertriebene Beunruhigung eine graduelle und fortschreitende Verbesserung der eigenen Situation erreichen kann.

Der besonnene Mensch, der denselben weitsichtigen Blick, dieselbe *foresight* besitzt, die Hobbes als Unterscheidungsmerkmal der modernen Subjektivität ausgemacht hatte, erscheint so als eine reifere Inkarnation des modernen Prometheus. Von der Erwerbsleidenschaft angetrieben, weist er eben die »Hobbes'schen« Charakteristika auf, in denen man mit Herbert Marcuse das Paradigma des modernen Individuums zusammenfassen kann:[65] Im »Wettlauf um den Reichtum« ist er bereit zur *Anstrengung* und zum *Verzicht*, im Spannungsverhältnis einer endemischen *Rivalität* mit dem Anderen. Gleichwohl hat er die Dramatik des Hobbes'schen Prometheus verloren, erstens, weil sich die »Sorge um die Zukunft« in ein gelassenes, geduldiges und stufenweises Streben nach Sicherheit und Verbesserung verwandelt hat; denn der Konflikt ist zum Wettbewerb und zur Konkurrenz geworden, und der Feind hat die weniger bedrohliche und gezähmtere Gestalt des Rivalen angenommen. Zweitens bewegt ihn nicht die vitale Dringlichkeit und die zwingende Notwendigkeit der Selbsterhaltung, sondern eben der »Wunsch danach, die eigenen Verhältnisse zu verbessern«, der ihn zum Schöpfer von Wohlstand und zum Förderer des Fortschritts macht. Und schließlich gewinnt die Fähigkeit zu Opfer und Verzicht, die mit der Projektion in die Zukunft verbunden ist, eine offen moralische Konnotation, dort nämlich, wo sie – wie Smith sagt – dasjenige ist, was die vollständige Zustimmung des unparteiischen Zuschauers hervorruft. Sie ist, mit anderen Worten, einer der Effekte der Selbstregulierung der *self-love* und der Kontrolle über die Leidenschaften, aus der das besonnene Verhalten entspringt.

Ein *prudent man* ist derjenige, der seinen egoistischen Leidenschaften nachgeht und seine eigenen Interessen verfolgt, indem er allerdings immer des Blickes des Anderen eingedenk bleibt, auf dessen Zustimmung er nicht verzichten kann, da der Mensch – wie Smith in der *Theorie der ethischen Gefühle* sagt – nur in Gesell-

---

65 Vgl. H. Marcuse, *Triebstruktur und Gesellschaft*, Frankfurt a. M. 1979.

schaft überleben kann; und auch deshalb, weil der Mensch, wie er in *Wohlstand der Nationen* bekräftigt, in der zivilen Gesellschaft ständig der Kooperation und der Unterstützung vieler Personen bedarf. Als paradigmatische Figur einer faktischen Integration zwischen Egoismus und Sozialität macht er es möglich, den innerlich relationalen und sozialen Charakter des *homo oeconomicus* zu erfassen. Gegen jede atomistische und rein egoistische Sicht des Smith'schen *homo oeconomicus*, die durch Sichtweisen wie von Dumont und von einer Deutungstradition verfestigt wurde, die dem moralistischen Smith den ökonomischen gegenüberstellt, bewahrt die Figur des *prudent man* ihre zentrale Bedeutung auch im Inneren der Sphäre des ökonomischen Tausches und erscheint in perfekter Entsprechung zur Logik des Marktes.

Denn die Subjekte des Tausches beschränken sich nicht darauf, in atomistischer Vereinzelung ihr *self-interest* zu verfolgen, sondern handeln gemäß eines Verhaltensmusters, das auch die Erwartungen des Anderen mitberücksichtigt. Wenn es zutrifft, daß die Suche nach Verdienst und materiellem Vorteil das Ziel des *tradesman* ist, dann trifft auch zu, daß dieses Ziel nur erfolgreich verfolgt werden kann, wenn dabei jenes kluge und besonnene Verhalten zum Einsatz kommt, das ihn des Vertrauens und der Zustimmung anderer würdig macht.[66] Wenn eine Person in ihrem Beruf lediglich ihr eigenes Kapital einbringt, stellt sich nach Smith das Problem des Vertrauens nicht; und der Kredit, den sie von anderen erhalten kann, hängt nicht von der Art ihres Berufes ab, sondern von der Einschätzung, die die anderen von ihrem Glück, ihrem Anstand und ihrer Klugheit haben.[67]

Dies bedeutet, daß die Erwerbsleidenschaft, der »Wunsch danach, die eigenen Verhältnisse zu verbessern«, ihre Grenze und Selbstregulierung in jenem *Wunsch nach Anerkennung* finden können, der den *prudent man* zu einem sozial akzeptierten Verhalten führt.[68] Der Handelsverkehr funktioniert dann als Vehikel für den gegenseitigen materiellen Vorteil, wenn einer der Partner dazu in der Lage ist, die so-

---

66 Die Wichtigkeit des »sozialen Ansehens« für den Handeltreibenden ist an die Tatsache gebunden, daß die »Handel« sich, im Gegenteil zu dem, was Louis Dumont sagt, noch niemals als eine ökonomische Sphäre herausgebildet hatte, die von dem größeren Netz sozialer Beziehungen abgekoppelt gewesen wäre. Vgl. hierzu: P. Rosanvallon, *Le Libéralisme économique. Histoire de l'idée du marché*, Paris 1969. Zur Besonderheit der interpersonalen Relationen in der Handelswelt vgl.: A. Silver, »Friendship in Commercial Society; Eighteenth Century Social Theory«, in: *American Journal of Sociology*, XLV, 1990, Nr. 4.
67 Vgl. Auch: A. Smith, *Lectures on Jurisprudence* (1762-66), in *The Glasgow Edition of the Works an Correspondence of Adam Smith*, Oxford 1978, Bd. 5.
68 »Wenn es häufige Verhandlungen gibt, erwartet ein Mensch nicht so sehr viel davon, daß er sich mit einem einzigen Vertrag einen Vorteil verschaffen muß, als von der Anständigkeit und Pünktlichkeit seiner allgemeinen Lebensführung, und ein kluger Geschäftsmann *[a prudent dealer]*, der seinem realen Interesse gegenüber sensibel ist, würde es eher vorziehen, auf etwas, worauf er ein Anrecht hat, zu verzichten, als einen Anlaß für Verdächtigungen zu bieten.« (*Vorlesungen von Glasgow*, a.a.O).

ziale Seite der *self-love* zu aktivieren, und zwar im doppelten Sinne als Suche nach der Zustimmung *durch* den Anderen und als Anregung desselben Wunsches *im* Anderen. Dies ist der Schlüssel, um die feierliche Behauptung des *Wohlstands der Nationen* richtig zu verstehen, daß wir nicht aufgrund der Zuneigung des Metzgers, Bierbrauers oder Bäckers unser Essen erwarten, sondern aufgrund der Berücksichtigung ihres Eigeninteresses *[their own interest]*. Wir appellieren daher nicht an ihre Menschlichkeit, sondern an ihren Egoismus *[self-love]*, und wir sprechen von ihren Vorteilen und nie von unseren Bedürfnissen.

Die Ablehnung des »Wohlwollens« als Prinzip des Handelsverkehrs besagt überhaupt nicht, daß Smith die Gründe dafür auf eine ausschließlich egoistische Matrix reduzieren würde. Es verhält sich vielmehr im Gegenteil so, daß der Warentausch, weil er die Bedürfnisse beider befriedigen kann, eine *sympathetische Übereinkunft* impliziert, die aus der Regulierung der *self-love* entspringt.[69] Der ökonomische Vorteil ist auf dem Gebiet des Marktes nicht von der Existenz eines *sozialen Bandes* zu trennen, das die Kontrolle der Leidenschaften durch eine auf gegenseitiger Anerkennung gründende Ethik der Klugheit vorsieht.[70]

Daß dieser Prozeß, wie Smith durch das Konzept der »unsichtbaren Hand« bekräftigt, spontan und unbewußt abläuft, heißt weder, daß er sich automatisch einstellen, noch daß er auf dem reinen Spiel der unverbundenen *self-interests* gründen würde. Die unsichtbare Hand, dank derer die Individuen, indem sie ihre eigenen Interessen verfolgen, unabsichtlich das Gemeinwohl fördern,[71] ist das Ergebnis eines Netzes von Abhängigkeiten, welche die Subjekte des ökonomischen Tausches zu einer sympathetischen Anstrengung führen, die den wechselseitigen Bedürfnissen und Erwartungen Rechnung trägt.[72] Ein jeder wird also durch Mechanismen

---

69 Vgl. auch *WN*: »Aber der Mensch hat ein beinahe konstantes Bedürfnis nach Hilfe von seinesgleichen, und er würde diese vergeblich allein aufgrund ihres Wohlwollens erwarten können. Vielmehr kann er sie erhalten, wenn er ihren Egoismus zu seinen Gunsten wenden kann *[if he can interest their self-love in his favour]*, und zu zeigen vermag, daß es für sie günstig ist, das zu tun, worum er sie bittet«.
70 Zur Verflechtung von Ökonomie und Ethik bei Smith vgl. neben dem Klassiker von Karl Polanyi, *The Great Transformation. Politische und ökonomische Ursprünge von Gesellschaften und Wirtschaftssystemen*, Frankfurt a. M. 1995, S. C. Kolm, *Le Libéralisme moderne*, Paris 1984, u. A. Sen, *On Ethics and Economics*, Oxford 1987.
71 »In Wirklichkeit beabsichtigt es [das Individuum] weder, das öffentliche Interesse zu fördern, noch weiß es, wie es dieses fördert [...]. Es hat allein den eigenen Verdienst im Sinn und wird in diesem Fall, wie in vielen andern Fällen auch, von einer unsichtbaren Hand dazu geleitet, ein Ziel zu fördern, das eigentlich nicht in seiner Absicht lag.« (*WN*)
72 Man kann daher nicht wie A. L. Macfie in *The Individual in Society. Papers on Adam Smith*, London 1967 behaupten, daß die unsichtbare Hand im *Wohlstand der Nationen* an den Platz des unparteiischen Zuschauers der *Theorie der ethischen Gefühle* träte. Vgl. hierzu: P. Wherane, »The Role of Self Interest in the Wealth of Nations«, in: *Journal of Philosophy*, LXXXVI, 1989.

der Überredung⁷³ auf das Eigeninteresse, die *self-love* des Anderen einwirken, wie auch die eigene *self-love* gemäß der Kriterien des unparteiischen Zuschauers regulieren, und zwar hinsichtlich der Wünsche und der Erwartungen des Anderen.⁷⁴ Dadurch, daß jene Verflechtung wechselseitiger Interdependenzen ein spontanes Ergebnis ist, scheint die Gesellschaft Smiths also weniger einem Zusammenwirken separater Atome zu entsprechen als eher der interaktiven und dichten Vernetzung, die später in den Reflexionen Simmels über den Tausch und in der Sicht Durkheims auf die Arbeitsteilung ihren Niederschlag finden sollte.⁷⁵

Die Legitimation der Erwerbsleidenschaften, die all dem zugrunde liegt, wird durch jenes Vertrauen in ihre ethische und soziale Transformation noch weiter verstärkt. Die Leidenschaften verlieren den rein egoistischen, aggressiven und tödlichen Einschlag, den sie bei Hobbes hatten, und finden Formen der internen Regulierung, die das Zwang ausübende künstliche Eingreifen einer politischen Sphäre, die sie kontrollieren und bremsen muß, überflüssig macht.⁷⁶ Der *homo oeconomicus* Smiths ist derjenige, der dadurch, daß er den Konflikt in Konkurrenz und die Feindschaft in Wettbewerb verwandelt, die eigentlichen Leidenschaften auf ein sozial akzeptables »mittleres Maß« zurückzuführen vermag, ohne dabei auf einen rationalen Pakt oder eine repressive politische Instanz zurückgreifen zu müssen. Das soziale Band, das bei Hobbes, gerade weil es künstlich aufrecht erhalten wurde, die Gewalt und die Zerstörungskraft der Individuen unverändert ließ und deshalb immer prekär und kontingent geblieben war, erhält hier durch die unauflösliche Verflechtung von Ökonomie und Ethik, Leidenschaften und Interessen, Individualismus und sozialem Verhalten eine neue Solidität und Dichte. In der Gestalt des *prudent man* verliert das Individuum Smiths darüber hinaus auch die Gefährlichkeit und die Instrumentalität des Egoisten Mandevilles, wenngleich dieser die Möglichkeit einer spontanen sozialen Verwandlung der menschlichen Leidenschaften und ihre befruchtende Wirkung auf den gesellschaftlichen Fortschritt bereits gesehen hatte.

Das *Bedürfnis nach Anerkennung* führt dazu, daß der *homo oeconomicus*, der Schöpfer von Wohlstand und Werten durch die ethische Transformation der Leidenschaften ein eng verwobenes und dichtes soziales Netz knüpft, in dem das indi-

---

73 Zur Überredung vgl. *TeG* und *Vorlesungen von Glasgow*, a.a.O. Vgl. ferner den bereits zitierten *WN*: »Wir appellieren nicht an ihre Menschlichkeit, sondern an ihren Egoismus *[self-love]*, und wir sprechen von ihren Vorteilen und nie von unseren Bedürfnissen«.
74 Zum Bereich der Ökonomie als Netz sozialer (und affektiver) Beziehungen vgl. über Kolm, *Le Libéralisme économique*, a.a.O. hinaus: J.-P. Dupuy, *Ordres et desordres*, Paris 1982.
75 Vgl. S. Moscovici, *La Machine à faire des dieux. Sociologie et psychologie*, Paris 1988. Zur Trennung der Arbeit als spontanem Ergebnis vom Handelsverkehr bei Smith vgl. *WN*.
76 Über die Theorie Smiths hinsichtlich des *Untergangs des Politischen*, der im Zentrum der Reflexionen des 20. Jahrhunderts von C. Schmitt bis H. Arendt stehen wird, vgl. Zanini, *Genesi imperfetta*, a.a.O., Kap. 3.

viduelle Interesse unauflöslich mit der Verwirklichung des Gemeinwohls verbunden wird.
Die Korrosion der Sphäre der Öffentlichkeit, in der Hannah Arendt das entscheidende Merkmal der Moderne und ihrer Pathologien sah,[77] hatte also nicht bereits bei Smith begonnen. Die Subjekte, die sich auf dem Markt des Handelsverkehrs begegnen, sind nämlich nicht isolierte Atome, die lediglich durch das Interesse der Produzenten bzw. der Besitzer von Dingen verbunden sind,[78] sondern sie sind in einem Bedürfnis nach Anerkennung und durch eine Verflechtung reziproker Erwartungen, durch die sich ihre Identität selbst formt, vereinte Personen. Diese nehmen an einer emotional fundierten interaktiven Dynamik teil, in der das entsteht, was Arendt den »Raum des Erscheinens« oder des Zusammen-Seins nennt, der sich in der Welt Smiths noch durch eine offene Vitalität auszeichnet, die den hauptsächlich instrumentellen Zielen des sozialen Bandes zuwiderläuft. Von einem Atomismus im eigentlichen Sinne kann man allerdings, wie wir sehen werden, nur dann sprechen, wenn sich jedes emotionale Band zwischen den Individuen abschwächt, wie in dem von Tocqueville beschriebenen Szenario der demokratischen Gesellschaft.[79]
Die Wohlstandsleidenschaft findet also in der Konkurrenzgesellschaft Formen der Selbstregulierung, die Sozialität und Fortschritt zugleich ermöglichen: Die natürliche Anstrengung jedes Individuums, seine eigenen Verhältnisse zu verbessern, wenn es in Freiheit und Sicherheit tätig sein kann, ist – sagt Smith in *Wohlstand der Nationen* – ein derart mächtiges Prinzip, daß es allein und ohne jede Hilfe nicht nur dazu in der Lage ist, die Gesellschaft zum Wohlstand und zum Reichtum zu führen, sondern auch dazu, die unzähligen Hindernisse zu überwinden, durch die der menschliche Gesetzeswahn viel zu oft das Handeln behindert.
Der unauslöschliche Trieb zur Verbesserung der eigenen Verhältnisse, der es erlaubt, in der Smith'schen *Political Economy* das Fundament des Fortschrittsmythos und des Vertrauens in die unbegrenzten Möglichkeiten des Menschen selbst zu erkennen,[80] erhält so zusammen mit der auf Erwerb orientierten bürgerlichen Gesellschaft eine vorbehaltlose Rechtfertigung.

---

77 Vgl. Arendt, *Vita activa*, a.a.O., 4. Kap.
78 »Diese Neigung, was man gemacht hat, vorzuzeigen, und was man kann, auch direkt vorzumachen, ist vermutlich dem Menschen nicht weniger ursprünglich zu eigen als der Trieb, ein Ding gegen ein anderes einzutauschen und einzuhandeln, der nach Adam Smith den Menschen vom Tier unterscheidet. Entscheidend ist, daß Homo faber, der Errichter der Welt und der Hersteller von Dingen, die ihm entsprechende Beziehung zu anderen Menschen nur finden kann, indem er seine Produkte mit ihnen austauscht, und zwar gerade, weil diese Gegenstände selbst immer in der Isolierung vom anderen produziert werden.« (ebd., S. 191).
79 Vgl. Kap. 4.
80 Vgl. Ch. Lasch, *True and Only Heaven: Progress and its Critics*, New York 1991.

III. Die Kritik des Erwerbs-Individualismus und die Suche nach Authentizität

1. Das mimetische Ich und das Verlangen nach Schein

Die Konkurrenz- und Wettbewerbs-Leidenschaften, die im Modell der *Political Economy*, vor allem wenn sie sich selbst regulieren, auf individueller wie auch auf gesellschaftlicher Ebene eine Verbesserungs- und Fortschrittsfunktion erfüllen, werden bei Rousseau zum Gegenstand radikaler Kritik.
Die Leidenschaften, die mit dem sozialen Leben entstanden sind – und deren Kern der *amour propre* (die Selbstsucht) bildet – sind selbst wiederum der Ursprung des »Bösen«, Ursprung von Korruption, Ungleichheit zwischen den Menschen und Unruhe. Die Konkurrenzgesellschaft, der Smiths Lobpreisung gilt, wird unwiderruflich verurteilt,[1] da die Leidenschaften, aus denen sie sich speist, keine Möglichkeit zu innerer Selbstregulierung bieten. Im Unterschied zur *self-love* Smiths und zum *self-liking* Mandevilles ist der *amour propre* eine ausschließlich negative Leidenschaft, deren einziges Gegenmittel, wie wir sehen werden, in einem völligen Ausstieg aus der perversen Wettbewerbsdynamik besteht.
Den Ursprung des *amour propre* siedelt Rousseau in jener ersten *Konfrontation* an, die eintritt, wenn in der frühen Entwicklung der zwischenmenschlichen Beziehungen, die auf familiären Affekten gegründet sind, die Ursprungsisolation durchbrochen wird und ein Riß im Naturzustand entsteht. Die Entstehung sozialer Bindungen geht unweigerlich einher mit einer *relativen* Bewertung des eigenen Selbst und mit dem Wunsch, andere zu übertreffen. Der bloße Kontakt zum Ande-

---

1 Vgl. L. Colletti, »Rousseau critico della ›società civile‹ e Mandeville, Rousseau e Smith«, in: ders., *Ideologia e società*, a.a.O.

ren reißt die Menschen aus ihrer ursprünglichen Trägheit und Passivität und führt, zusammen mit dem Wunsch, »bevorzugt« zu werden, unmittelbar zum Anspruch auf Wertschätzung und Anerkennung:

»Jeder achtete die anderen und wollte seinerseits geachtet werden. Die öffentliche Achtung bekam Wert. [...] Sobald die Menschen sich gegenseitig zu schätzen begonnen hatten und sobald die Idee der Achtung in ihrem Geist entwickelt war, erhob jeder Anspruch darauf. Es war niemandem mehr ungestraft möglich, darauf zu verzichten.« (*UM*, S. 205).

Bereits in ihren rudimentären Formen zerstört die soziale Beziehung die selbsterhaltende Absolutheit der natürlichen Menschen, die einzelgängerisch lebten und voneinander nichts wußten; sie erweckt in ihnen jene *Ich-Leidenschaft*, die mit dem Beginn der Entfremdung des Menschen von der Natur zusammenfällt und den »ersten Schritt zur Ungleichheit« darstellt (ebd.). Genau hier geschieht es, daß die künstliche Leidenschaft des *amour propre* sich über den natürlichen *amour de soi* (Eigenliebe) erhebt, daß das stolze Streben nach Beifall und der Wunsch nach Unterscheidung stärker zu wiegen beginnt als das reine Selbsterhaltungsbedürfnis. Bereits in den ersten Formen der Sozialität, die der ursprünglichen Unabhängigkeit ein Ende setzen, nistet der Keim der Ungleichheit, da nun die unterschiedlichen natürlichen Eigenschaften zum Gegenstand moralischer Bewertung und öffentlicher Anerkennung werden.[2] Zeitgleich mit diesem ersten Auftreten der Ungleichheit wird der Boden für eine schrankenlose Eskalation der kompetitiven Leidenschaften bereitet, je weiter nämlich mit der Erweiterung der sozialen Beziehungen auch die Abhängigkeit der Menschen untereinander zunimmt. Die Entstehung des Eigentums und der Arbeitsteilung führen einzig zur Weiterentwicklung jenes Triebes, »besser und mehr« als die anderen zu sein, der immer weiter genährt und verschärft wird, je vielfältiger die Formen der Ungleichheit sind. Sobald der Wert eines jeden sich an der Wertschätzung und der Anerkennung durch andere bemißt, sobald er, anders gesagt, von der »Meinung« abhängig wird,[3] sehen die Menschen sich zu einem endlosen Wettlauf um eine absolute Vorrangstellung in den sozialen Rängen und Hierarchien getrieben. Dieser Antagonismus mündet unvermeidlich in *Konflikt* und Unordnung:

---

2 »Wer am besten sang oder tanzte, der Schönste, der Stärkste, der Gewandteste, der Beredsamste wurde am meisten geschätzt. Das aber war der erste Schritt zur Ungleichheit und gleichzeitig zum Laster. Aus diesen ersten Bevorzugungen gehen einerseits Eitelkeit und Verachtung, andererseits Scham und Neid hervor, und die durch diesen neuen Sauerteig verursachte Gärung erzeugte schließlich Mischungen, die dem Glück und der Unschuld verhängnisvoll waren.« (*UM*, S. 205)

3 Es handelt sich hierbei um einen in den gesamten moralischen und sozialen Reflexionen Rousseaus immer wiederkehrenden und fundamentalen Begriff.

>»Schließlich geben der verzehrende Ehrgeiz, der Eifer ihr Vermögen zu vermehren – weniger aus echtem Bedürfnis als um sich über die anderen zu setzen – allen Menschen die dunkle Neigung ein, sich gegenseitig Schaden zuzufügen. [...] Kurzum: Konkurrenz und Rivalität von der einen Seite, von der anderen Gegensatz der Interessen und immer der versteckte Wunsch, seinen Gewinn auf Kosten des anderen zu erlangen. Alle diese Übel sind die erste Wirkung des Eigentums und das unzertrennliche Gefolge der entstehenden Ungleichheit.« (*UM*, S. 221 f.)

Doch das ist noch nicht alles. Um ihren Ehrgeiz zu befriedigen, sind die Menschen dazu gezwungen, anders zu *erscheinen* als sie sind, sie sind daher dazu bereit, Eigenschaften zu simulieren, die sie nicht besitzen, wodurch sie in jenen Prozeß der Verstellung und Irreführung hineingezogen werden, der einen tiefen Bruch in der Ich-Identität selbst verursacht:

>»Da diese Eigenschaften allein Achtung verschaffen konnten, mußte man sie entweder besitzen oder vortäuschen. Man mußte sich um seines Vorteils willen anders zeigen, als man wirklich war. Sein und Scheinen wurden zwei völlig verschiedene Dinge. Von dieser Unterscheidung stammen der aufsehenerregende Prunk, die täuschende List und alle Laster her, die deren Gefolge ausmachen.« (*UM*, S. 221)

Dies bedeutet, daß zu der bei Hobbes und Smith vorgefundenen Diagnose der Leidenschaften als Quelle des Konflikts und der Rivalität zwischen den Menschen bei Rousseau eine wesentlich subjektivistische Perspektive hinzukommt, die sich mit den Auswirkungen der Leidenschaften auf die Gestaltung des Ichs und die Herausbildung der *individuellen Identität* befaßt. Diese Verschiebung der Aufmerksamkeit ist, wie zu sehen sein wird, ein Symptom für das Auftauchen neuer Fragen und neuer Ziele und markiert (auch wenn sie in Teilen an die Reflexionen von Montaigne anknüpft) eine regelrechte Wende in der Entwicklung des modernen Individualismus.

Was freilich auf den ersten Blick deutlich wird und eine substantielle Konvergenz mit dem Smithschen Modell aufweist, ist die Priorität, die Rousseau der *Ich-Leidenschaft* gegenüber der *Leidenschaft für das Nützliche* einräumt. In perfekter Übereinstimmung mit der *self-love* ist *amour propre* diejenige Leidenschaft, die jedes Individuum dazu treibt, sich selbst mehr Bedeutung beizumessen als den anderen. Der Stolz, der Ehrgeiz und der Wunsch nach Unterscheidung führen zum Streben nach Reichtum, und zwar eher, um sich über die anderen zu stellen, als aus tatsächlicher Notwendigkeit oder aufgrund einer simplen Gier nach materiellen Gütern. Sie ist schließlich der wahre Ursprung der Ehre, was deren Charakter einer reinen Fassade von weitaus weniger edlen Trieben nur bestätigt.

Das *Streben nach Reichtum* nun wird de facto durch die *Leidenschaft zur Unterscheidung* angeregt, verleiht doch Reichtum mehr als alles andere Ansehen und Autorität; nicht von ungefähr ist er der mächtigste Vektor von Ungleichheit. Der Erwerb von materiellen Gütern und die Anhäufung von Reichtum liefern vor allem die Mittel dafür, eine bewunderungswürdige soziale Stellung einzunehmen, durch die man sich von den anderen unterscheiden kann. Nicht das Interesse ist die vorherrschende Leidenschaft,[4] sondern

»eine andere, stärkere, allgemeinere und schwieriger zu korrigierende, die sich des Interesses als eines Mittels bedient, um Befriedigung zu erlangen: es handelt sich um die Liebe zu jeglicher Art der Unterscheidung. Man tut alles, um sich zu bereichern, aber man wünscht sich, reich zu sein, um die Beachtung der anderen zu erhalten.«[5]

Durch die Bekräftigung der Hierarchie zwischen Erwerbsleidenschaft und Ich-Leidenschaft wiederholt Rousseau die Diagnose Smiths, leitet daraus jedoch eine vollkommen negative Einschätzung ab, die jede Möglichkeit eines der Dynamik des *amour propre* innewohnenden Korrektivs ausschließt. Diese ist nämlich die Hauptursache für die wechselseitige Feindseligkeit und Feindschaft und für einen Zustand scharfer gesellschaftlicher Konfliktträchtigkeit:

»Ich könnte darauf verweisen, wie sehr dieser allgewaltige Drang nach Ruf, Ehre und Auszeichnungen, der uns verzehrt, Talente und Kräfte einübt und sich messen läßt, wie sehr er die Leidenschaften aufreizt und vervielfältigt, wie sehr er alle Menschen zu Konkurrenten, Rivalen oder vielmehr Feinden macht. Er verursacht täglich Schicksalsschläge, Erfolge und Katastrophen jeder Art, da er so viele Anwärter auf derselben Rennbahn laufen läßt.« (*UM*, S. 257)

Der letztendliche Ausgang des Zusammenpralls der Leidenschaften ist jener (von Hobbes fälschlich der präsozialen Dimension zugeordnete) Kriegszustand, der sich allein durch einen ungleichen Vertrag und die Errichtung einer schlechten sozialen Ordnung lösen läßt, die auf Unfreiheit und Ungleichheit gründet. Alles, was man erreicht, solange man *innerhalb* der Wettbewerbsdynamik der Leidenschaften bleibt, ist ein soziales Band, das den Konflikt in Ungleichheit verwandelt und die anfängliche Feindseligkeit und Destruktivität nur dadurch ruhig hält, daß der Vor-

---

4 Das »Interesse« steht hingegen bei den Zeitgenossen Rousseaus im Zentrum der moralischen und politischen Reflexion; es genügt, sich die Bedeutung zu vergegenwärtigen, die ihm bei C. A. Helvétius in *De l'esprit* (1758) zukommt.

5 J.-J Rousseaus Schrift über *Ehre und Tugend*, in ders, *Kulturkritische und politische Schriften*, Berlin 1989. Zum Wunsch nach Unterscheidung vgl. auch *Préface* zu Narcisse (1752), in: *Œuvres complètes*, Bd. 2, Paris 1964, S. 965 ff., dt.: *Vorrede zu Narcisse*, in: J.-J. Rousseau, Schriften, München/Wien 1978, Bd. 1, S. 145-164, wo der Verfall der Sitten, der Konflikt zwischen den Menschen und die skrupellose Verfolgung persönlicher Interessen auf das »désir de se distinguer« zurückgeführt werden. Vgl. hierzu M. Viroli, *J.-J. Rousseau e la teoria della società ben ordinata*, Bologna 1993, Kap.2.

teil weniger Ehrgeiziger um den Preis der Versklavung der menschlichen Gattung verstärkt wird.
Zweitens führt der *amour propre* mit seinem Zwang zum Schein und zur Simulation im Inneren des Individuums zu jener Entfremdung und Veräußerlichung, welche die ursprüngliche Einheit des Ichs zerstören,[6] es der Tyrannei der »Meinung« unterwerfen und es so, wie wir sehen werden, zur *Nachahmung* treiben. Diese »Wut, sich zu unterscheiden und sich hervorzutun, die uns fast beständig außer uns sein läßt« (*UM*, S. 260) ist es, die den zivilisierten Menschen vom Naturmenschen trennt; es ist das unvermeidliche Korollar des gesellschaftlichen Konstrukts, das die emotionale Struktur der Individuen verändert und diese zur Beute einer »von außen kommenden Leidenschaft« macht,[7] die sie der Abhängigkeit des Urteils und dem »Blick« des Anderen ausliefert.[8] Im Unterschied zum Wilden, der »für sich selbst lebt«, ist »der zivilisierte Mensch [...] immer sich selbst fern und kann nur im Spiegel der Meinung der anderen leben. Er entnimmt das Gefühl seiner eigenen Existenz sozusagen aus deren Urteil allein« (*UM*, S. 267 f.).
Ein soziales Band, das auf den kompetitiven Leidenschaften basiert, ruft also nicht nur Rivalität und Konflikte zwischen den Menschen hervor, sondern hat auch auf das Individuum *tout court* negative Auswirkungen, auf die *Identität des Ichs selbst*, das in der beständigen Anpassung an die Erwartung und Werte anderer lebt und dabei jeden autonomen Selbst-Sinn verliert. Anders gesagt, der *amour propre*, die Leidenschaft zur Unterscheidung, treibt die Individuen zur Konstruktion eines *falschen Bildes von sich selbst*:

> »Der Nachweis gehört nicht zu meinem Thema, wie aus einer solchen Haltung soviel Gleichgültigkeit gegen Gut und Böse bei so schönen Reden über Moral hervorgebracht, wie alles gespielt und künstlich wird, wenn es sich auf den Schein beschränkt: Ehre, Freundschaft, Tugend [...]. Kurzum: da wir immer die anderen darüber befragen, was wir sind, und niemals wagen, uns selbst darüber auszuhören, haben wir [...] nur eine trügerische und leichtfertige Außenseite: Ehre ohne Tugend, Verstand ohne Weisheit und Vergnügen ohne Glück.« (*UM*, S. 267)

Die Abweichung zwischen Wahrheit und Simulation, zwischen dem, »was man ist«, und dem, als was man »erscheint«, wird zu einem unüberwindbaren Bruch.

---

6 A. Honneth unterstreicht in seiner Einleitung zu *Pathologien des Sozialen über die Tradition und Aktualität der Sozialphilosophie*, Frankfurt a. M. 1994, die Wichtigkeit des Begriffs der Entfremdung bzw. der Veräußerlichung für Rousseau – der später im Zentrum der kritischen Reflexion von Marx stehen wird.
7 Vgl. J. Starobinski, *Introduction* zum *Discours sur l'origine et les fondements de l'inegalité parmi les hommes*, in Rousseau, *Œuvres complètes*, a.a.O., Bd. 3.
8 Zum Thema des »Blicks« vgl. J. Starobinski, *Jean-Jacques Rousseau*, in ders.: *L'œil vivant*, Paris 1961.

Der Zwang zum *Schein*, der bei Mandeville eine positive Funktion behielt, auch wenn er zur bloßen Simulation und zum Trug der »guten Manieren« geriet, und der bei Smith, insofern er vom Wunsch nach Zustimmung genährt wurde, ein inneres Gegenmittel zur Unbeschränktheit der *self-love* enthielt, verliert hier alle Ambivalenz. Er wird zur Ursache einer *Spaltung des Ichs*, das sich schließlich mit der eigenen Maske identifiziert.

Das Thema der Maske weist deutlich auf die Kritik Montaignes zurück, der in der Neigung zum Schein das arrogante und trügerische Überspielen einer abgrundtiefen Leere des Ichs erkannt hatte: eines Ichs, das unfähig zur Anerkennung der eigenen Schwäche ist und ängstlich versucht, den Selbstverlust angesichts der undeutlichen Wahrnehmung einer irreversiblen Entwurzelung zu verbergen. Vor allem aber knüpft dieses Thema an die Pascalschen und jansenistischen Reflexionen an, die noch vor Rousseau in einer unstillbaren Leidenschaft des Ichs – jenes *amour propre*, der den gleichlautenden Begriff Rousseaus stark inspiriert hatte – die Matrix einer falschen und verlogenen Selbstkonstruktion sehen. Bei Pascal, Nicole und La Rochefoucauld findet sich in der Tat die erste fundamentale Erkenntnis des inneren Nexus zwischen der Ich-Leidenschaft und der Herausbildung einer Sphäre des Scheins; der perversen Spirale zwischen der *amour propre* als dem emotionalen Ausdruck eines schwachen und mit Mängeln behafteten Ichs, der fieberhaften Suche nach Bestätigung und Anerkennung und dem Einsetzen eines Mechanismus des Betruges, der zugleich Selbstbetrug ist und in die Konstruktion eines unauthentischen Selbstbildes mündet.[9]

Die Anprangerung der Unauthentizität des Ichs enthüllt also ein dünnes Bindeglied zwischen Rousseau und jenen Momenten des neuzeitlichen Denkens, welche die durch das Bedürfnis nach Schein erzeugte Spaltung bereits vollauf erfaßt hatten. Mit Rousseau kristallisiert sich dennoch eine völlig neue Perspektive heraus, nämlich dort, wo er im Unterschied zu dieser Tradition eine ursprüngliche *Einheit und Integrität des Ichs* vermutet, die nie völlig verlorengeht; die hingegen vielmehr, wie wir sehen werden, das Fundament einer möglichen Wiedergewinnung der *Authentizität* darstellt. In der Tat mündete bei Montaigne die Herausbildung eines instabilen und fragmentierten, multiplen und schwankenden *Moi*, das sich unmöglich auf einen einheitlichen Kern zurückführen läßt, in die Aufforderung, sich wieder eine Maske zuzulegen, und sei dies als bewußter Akt infolge einer erbarmungslosen introspektiven Arbeit und der Akzeptanz der eigenen Unvollkommenheit.[10]

Bei Pascal und den Jansenisten herrscht das Bild eines doppelten, durch Sündenfall

---

9 Zu diesen Themen vgl.: E. Pulcini, »L'Io contro se stesso. Il soggetto moderno e l'amore di sé«, in: *Iride*, 1994, Nr. 11 und dies., »La passione del moderno: l'amore di sé«, in: Vegetti Finzi (Hrsg.), *Storia delle passioni*, a.a.O.
10 Vgl. Starobinski, *Montaigne: Denken und Existenz*, a.a.O.

und untilgbare Schuld zerrissenen Ichs vor, das von unbewußten und undurchschaubaren Leidenschaften entmachtet ist, und für dieses Ich konnte es keine andere Lösung geben als in einer transzendenten Ordnung oder einer schwachen »substitutiven Moral«,[11] welche die Idee einer bewußten Täuschung wieder aufgreift. Im Gegensatz dazu legt Rousseau mit der anthropologischen Prämisse eines einheitlichen Wesens oder einer einheitlichen Natur des Ichs den Grundstein für jene *Ethik der Authentizität*, die eine radikale Wende für den Weg des modernen Individualismus bedeutete.

Die Spaltung zwischen »Sein« und »Schein« wird, wie wir gesehen haben, gesellschaftlich von der Dynamik des *amour propre* produziert; und sie ist ihrerseits die Ursache einer verfälschenden Homogenisierung, eines sozialen Konformismus, der vom *mimetischen* Verhalten des Ichs hervorgebracht wird:

»In unseren Sitten [herrscht] – schreibt Rousseau im *Diskurs über Kunst und Wissenschaft* – eine verächtliche und täuschende Uniformität. Alle Geister scheinen aus derselben Form gegossen zu sein. Unaufhörlich zwingt die Höflichkeit, gebietet die Wohlerzogenheit, unaufhörlich folgt man dem Brauch, nie seiner Eingebung. Man wagt es nicht mehr als der zu erscheinen, der man ist. Unter diesem fortgesetzten Zwang werden die in die gleiche Lage versetzten Menschen, die jene Herde bilden, die man Gesellschaft nennt, alle dieselben Dinge tun, wenn nicht mächtigere Motive sie davon abhalten.« (*KW*, S. 11)

Diese Art der künstlichen Nivellierung der Sitten und der Verhaltensweisen, geschaffen vom Zwang zum Schein, schafft einen Zustand von Unsicherheit und wechselseitigem Mißtrauen, der jede Transparenz und Unmittelbarkeit zerstört und jede Möglichkeit authentischer Anerkennung ausschließt:

»Man wird nie wissen, mit wem man es zu tun hat [...]. Welches Gefolge von Lastern begleitet nicht diese Unsicherheit! Keine aufrichtigen Freundschaften mehr, kein wirkliches Ansehen, kein gegründetes Vertrauen. Verdächte, Argwohn, Furcht, Kälte, Reserve, Haß, Verrat verbergen sich ständig unter dem gleichaussehenden und scheinheiligen Schleier der Höflichkeit – hinter jener so gepriesenen Urbanität, die wir der Aufklärung unseres Jahrhunderts verdanken.« (*KW*, 11 f.)

Was René Girard als den *mimetischen* Charakter des modernen Individuums definierte,[12] nämlich dessen Neigung zu einem imitierendem und wetteifernden Verhalten, um von anderen geschätzt und bewundert zu werden, hat nicht länger die

---

11 Vgl. ders., »La Rochefoucauld et les morales substitutives«, in: *Nouvelle revue française*, Juli-August 1966.
12 Laut Girard (*Mensonge romantique et vérité romanesque*, a.a.O.), verkörpert Rousseau das Modell des »mimetischen Begehrens« schlechthin.

vorurteilslos progressive Funktion wie bei Mandeville; er enthält auch nicht – wie bei Smith – das Gegenmittel zu den Auswüchsen des *amour propre* und des Wunsches nach Distinktion in sich. Vielmehr erzeugt er einen doppelten negativen Effekt: Auf der gesellschaftlichen Ebene führt er zu etwas, was wir eine *Verdachtskultur* nennen könnten, die jede Bindung deformiert und den für die Sozialität vorrangigen und unabdingbaren Faktor des Vertrauens vernichtet; auf der individuellen Ebene führt er das Ich dazu, *sich selbst zu verraten* und die eigene Wahrheit gemäß den Erwartungen anderer zu verbergen oder zurechtzubiegen.

Von den anderen anerkannt zu werden, ist daher paradoxerweise gleichbedeutend mit einem Verzicht auf sich selbst, weil die *Anerkennung* Verstellung, Verdoppelung und die *Konstruktion einer falschen Identität* voraussetzt.[13] Die Anerkennung behält daher wie bei Smith eine sozialisierende Funktion, allerdings im rein negativen Sinne. Um geschätzt und bewundert zu werden, müssen die Menschen so sein *wie die anderen* oder nötigenfalls so tun, als seien sie es. Sie müssen sich an ein virtuelles Modell anpassen, das sich jedermann in platter Homogenisierung einverleibt und den Verzicht auf die eigene Singularität, Einzigartigkeit und Differenz verlangt.

2. Authentizität, Glück, *philía*

Das Problem besteht in der Wiedererlangung der eigenen *Differenz*, in der Rückgewinnung der Fähigkeit, sich von den anderen zu unterscheiden, indem man unter der deformierenden, vom *amour propre* errichteten Maske die eigene, einzigartige Wahrheit wiederentdeckt. Den entfremdenden und korrumpierenden Auswirkungen der Affekte entzieht man sich nur dadurch, daß man sich *außerhalb* der Wettbewerbsdynamik stellt, daß man *anderswo* ein anderes Fundament für die Schaffung der eigenen Identität und die Bildung eines sozialen Bandes sucht.

Dies bedeutet in erster Linie, gegenüber der bestehenden Gesellschaft eine radikal *kritische* Position zu beziehen, da es die Gesellschaft ist, die durch die künstliche Produktion von Leidenschaften die Wettbewerbsdynamik anheizt. Dieser Aspekt eröffnet in der Tat einen Hiatus zwischen Rousseau und den Denkern vor ihm, obzwar er mit ihnen in mehreren Punkten auch übereinstimmt.[14] Hier jedoch geht er offensichtlich sowohl zu Montaigne auf Distanz, bei dem die Anprangerung der Unauthentizität des Ichs mit der Legitimation des Bestehenden und einem ent-

---

13 Vgl. hierzu E. Pulcini, »Il sé mimetico e il falso riconoscimento«, in: A. Ferrara u.a. (Hrsg.), *Pensare la società*, Rom 2001.
14 In diesem Sinne erkennt Honneth (Einleitung zu *Pathologien des Sozialen*, a.a.O.), der eine Lektüre der Sozialphilosophie als kritische Philosophie vorschlägt, in Rousseau den ersten »Sozialphilosophen«.

zauberten Konservatismus einhergeht, als auch zu Hobbes, der sich – ausgehend von einem völligen Fehlen des Vertrauens in die individuellen Möglichkeiten – darauf beschränkt, auf die Notwendigkeit hinzuweisen, das, was die soziale Ordnung stört, durch eine rein künstliche Operation zu bremsen und zu unterdrücken. Und schließlich unterscheidet er sich von Smith, bei dem die Aufwertung der Leidenschaften und das Vertrauen in eine ihnen eigene Selbstregulierung gestützt sind von der ausdrücklichen Zustimmung zur aufblühenden merkantilen Gesellschaft. Kritik an der Gesellschaft bedeutet für das Individuum bei Rousseau daher zuerst, sich den emotionalen Dynamiken zu verweigern, die von dieser fälschlich und schädlicherweise eingeführt werden. Sie bedeutet, sich der »Leidenschaft des Außen«, der entfremdenden Kraft des *amour propre*, die zur bloßen *Äußerlichkeit* verurteilt, entgegenzustellen und zu sich selbst, zur eigenen *Innerlichkeit* zurückzukehren, mithin zur Quelle natürlicher Gefühle und einer unbestechlichen Wahrheit. Auf die zentrifugale Bewegung der Leidenschaften, die das Ich seiner selbst entzieht und zur Abhängigkeit vom Anderen bestimmt, muß man mit der zentripetalen Bewegung der *Introversion der Energie* antworten, die das Ich in seine eigenen Grenzen zurückführt und ihm die Erinnerung an die Begrenzung und die ursprüngliche Unabhängigkeit wiedergibt. Die »hehren Anstrengungen«, sich von der Natur zu emanzipieren, haben die Menschen auf einen zivilisatorischen Fortschritt ausgerichtet, der jedoch nur illusorisch ist, weil er Korruption und Versklavung mit sich bringt. Der prometheische Stolz hat die Individuen, indem er sie der Natürlichkeit der realen Bedürfnisse entriß, in jene *Spirale des Überflusses* katapultiert, die sie zu Gefangenen eines unendlichen Wettlaufs um die Befriedigung falscher Bedürfnisse macht.

Prometheus, den Rousseau wieder zur Symbolfigur der *conditio humana* macht, verliert jenen Charakter tragischer Notwendigkeit, den er im Hobbes'schen Kontext hatte, und wird zur anmaßenden Verkörperung von Exzeß und Luxus – oder, wie Blumenberg sagt, zum Symbol des »immer mehr«, das die Individuen gefangen nimmt und verführt,[15] indem es ihre Bedürfnisse in Wünsche transformiert. Der Schrankenlosigkeit der prometheischen Leidenschaften, die hier anders als bei Hobbes eine klare moralische Verurteilung erfährt und die auch nicht, wie bei Smith, ihr Gegenmittel in der Tugend der »Besonnenheit« besitzt, stellt Rousseau also eine Rückkehr zu sich selbst, zum »Gewissen« bzw. dem »inneren Gefühl« entgegen. Das Gewissen widersteht in der Innerlichkeit der auf Abwege führenden Dynamik der Leidenschaften; und insofern es der Hüter der wahren Natur des

---

15 »Nicht weil sie hilflos waren, bedurften sie des Feuers; sondern weil sie es zum Überfluß bekamen, gewöhnten sie sich an die künstliche Hilflosigkeit der Kultur. Prometheus war ihr Verderber, als den ihn Rousseau wiederentdecken wird.« (H. Blumenberg, *Arbeit am Mythos*, Frankfurt a. M, 1979, S. 368.

Menschen ist, ist es das einzige sichere Prinzip, das es, im Verein mit dem Sinn für die Grenze, die eigene Unabhängigkeit und Wahrheit wiederzufinden gestattet.¹⁶ Gegen eine schlichte »Moral der Gefühle« à la Shaftesbury besteht Rousseau jedoch auf dem *Konflikt* und auf dem Kampf, den das Ich auf sich nehmen muß, um wieder Zugang zur Evidenz des inneren Gefühls zu erlangen.¹⁷ Die Leidenschaften ersticken die Innerlichkeit, weil sie die ursprüngliche Einheit zerschlagen und den Menschen »in Widerspruch zu sich selbst« setzen (É, IV, S. 491), wodurch sie einen dramatischen Widerstreit zwischen den unversöhnlichen Teilen des Selbst verursachen. Und allein im Durchgang durch das Übel und in Überwindung der Spaltung findet das Ich im »Schweigen der Leidenschaften« wieder zu seinem eigentlichen inneren Kern zurück, auf den es die authentische Wiederherstellung des eigenen Selbst gründen kann.

> »Beginnen wir damit, wieder wir selbst zu werden – schreibt Rousseau an Sophie d'Houdetot –, uns auf uns selber zu konzentrieren und beschränken wir unsere Seele mit denselben Grenzen, welche die Natur unserem Dasein gesetzt hat, fangen wir endlich damit an, uns um das herum zu sammeln, was wir sind, so daß all das, woraus wir uns zusammensetzten, wenn man uns kennen lernen möchte, sich auf einmal darstellt.«¹⁸

Das Vorhaben besteht also darin, *(wieder) wir selbst zu werden*; und dabei muß aus den Grenzen des Ichs das ausgeschlossen werden, was zu Entfremdung und Selbstverlust führt: die Meinung und die Leidenschaften, die unsere eigentliche Natur verändern und eine falsche Identität errichten.

Man kann Rousseau als den ersten Verfechter einer kürzlich so definierten »Kultur« oder »Ethik der Authentizität«¹⁹ betrachten, doch nicht nur: darüber hinaus ist er es auch, der, wie Charles Taylor richtig erkannt hat, die Idee der *Authentizität* selbst auf den Begriff der *Innerlichkeit* gründet.²⁰ Im eigenen Gewissen findet das Individuum sein wahres Selbst, gelingt es ihm, die Kluft zwischen dem Sein und dem Schein schließen, befreit es sich aus all der Unruhe und Sorge, die den zivilisierten Menschen bedrücken, um wieder zu dem ruhigen und friedlichen Zustand

---

16 Zu diesem zentralen Thema des Rousseauschen Denkens vgl. vor allem *Glaubensbekenntnis des savoyischen Landpfarrers*, in: É.
17 Dieser Aspekt wird betont in: E. Pulcini, *Amour-passion e amore coniugale. Rousseau e l'origine di un conflitto moderno*, Venedig 1990, s. v. a. Teil II, Kap. 1.
18 J.-J. Rousseau, *Lettres morales*, in: *Œuvres complètes*, a.a.O., Bd. 4.
19 Zu Rousseau als dem Theoretiker der Authentizität vgl.: M. Bergman, *The Politics of Authenticity: Radical Individualism and the Emergence of Modern Society*, New York 1972; Trilling, *Sincerity and Authenticity*, dt. *Das Ende der Aufrichtigkeit*, a.a.O.; Taylor, *Das Unbehagen an der Moderne*, a.a.O. u. A. Ferrara, *Modernità e autenticità. Saggio sul pensiero sociale ed etico di J.-J. Rousseau*, Rom 1989.
20 Taylor, ebd., und allgemeiner zum begrifflichen Nexus von Modernität und Innerlichkeit vgl. besonders: ders., *Quellen des Selbst*, a.a.O.

des »reinen Gefühls der Existenz« (vgl. *UM*, S. 267 f.) zu gelangen, entdeckt es die Quelle der eigenen Integrität und Einzigartigkeit.[21]

Allerdings darf man nicht die Tatsache vernachlässigen, daß die Innerlichkeit – worauf schon hingewiesen wurde – nicht eine unmittelbare Evidenz darstellt, sondern das letzte Ziel eines schwierigen Weges der Selbsterkenntnis ist. Sie ist etwas, was das Ich mühsam durch eine lückenlose Konfrontation mit seinen eigenen widersprüchlichen Instanzen wiederentdeckt. Anders ausgedrückt, es handelt sich dabei um das, was man mit Freud als eine intensive »Gefühlsarbeit«[22] bezeichnen kann, die sich mit den eigenen Leidenschaften beschäftigt, sie transformiert, ihre Heftigkeit mindert und jedem gefährlichen Abdriften Einhalt gebietet. Ein beispielhaftes Zeugnis wird man in den Werdegängen von Émile und Julie finden, die beide darum bemüht sind, die Konflikte und Verletzungen zu überwinden, welche die Stärke der Liebesleidenschaft in ihnen erzeugte.

Die Gefühlsarbeit besteht in der Transformation des *amour propre*, wovon nicht einmal die Liebe frei ist (vgl. *É,* IV, S. 393 f.), in *amour de soi,* sie besteht darin, aus den künstlichen und falschen Leidenschaften ihren natürlichen und ursprünglichen Kern herauszuschälen.[23] Es geht also darum, einen gegenläufigen Weg einzuschlagen, der es dem Ich erlaubt, jene emotionale Dimension wiederzufinden, die es ihm selbst zurückgeben kann, und die durch den gesellschaftlichen Fortschritt zwar verändert worden, aber in den verstecktesten Bereichen seines Inneren immer lebendig geblieben ist. Der *amour de soi,* ein ursprüngliches und *absolutes* Gefühl, befreit die Menschen vom Fluch der Konfrontation und des Vergleichs, von einer *relativen* und entfremdenden Existenz, die ihnen den Verlust ihrer Integrität und ihrer singulären Wahrheit zumutet. Als Quelle des inneren Zusammenhalts und der inneren Einheit heilt er den Zwiespalt und Widerspruch, den die den kompetitven Leidenschaften hervorgerufen hatten, und gestattet es dem Ich, jenes

---

21 Zum Nexus von Innerlichkeit und Wahrheit bei Rousseau vgl.: J. Starobinski, *Rousseau. Eine Welt von Widerständen,* Frankfurt a. M. 2003. Zum »Gefühl der Existenz« vgl. P. Burgelin, *La Philosophie de l'existence de J.-J. Rousseau,* Paris 1952. Zur inneren Beziehung zwischen dem »Gefühl der Existenz« und der Authentizität vgl. auch: Trilling, *Sincerity and Authenticity,* a.a.O., S. 73, 92 u. 99.

22 An diesen Begriff knüpft Ferrara in *Modernità e Autenticità,* a.a.O., S. 98 zurecht wieder an, ohne sich allerdings in eine Hermeneutik der Leidenschaften zu vertiefen.

23 »Die Quelle unserer Leidenschaften, der Ursprung und das Prinzip aller anderen, die einzige, die mit dem Menschen auf die Welt kommt und ihn, solange er lebt, nicht mehr verläßt, ist die *amour de soi,* die erst- und angeborene Leidenschaft, die allen anderen vorausgeht, die im Grunde nichts anderes als ihre Modifikationen sind. In diesem Sinne können wir sagen, daß sie alle natürlich sind. Aber diese Modifikationen haben zum größten Teil äußere Ursachen, ohne die sie nie entstanden wären, und darüber hinaus schaden sie uns statt uns zu dienen; sie entfernen sich von ihrem ursprünglichen Ziel und richten sich gegen ihr eigenes Prinzip: und so kommt es dazu, daß der Mensch sich außerhalb seiner Natur wiederfindet und sich in Widerspruch zu sich selbst setzt.« (*É,* IV, S. 491).

»Gefühl für die Existenz«, das dem Erwerb des Selbst-Sinns und einer authentischen Identität gleichkommt, *allein aus sich selbst hervorzubringen* und nicht mehr aus der Meinung anderer zu beziehen.

Man selbst zu werden heißt also, einen *emotionalen Werdegang* zu durchlaufen, der eine kritische Distanz zum Bestehenden und zum eigenen Ich einfordert, insofern dieses ein mehr oder weniger unbewußter Komplize des Bestehenden ist. Das bedeutet, daß es darum geht, dem Schmerz des Konflikts und der Anstrengung der Introspektion zu begegnen, um Zugang zu einer Einheit zu erlangen, die nicht mehr jene einfach gegebene Einheit des Ursprungs ist, sondern eine *reflexive und bewußte* und daher mit moralischen Qualitäten ausgestattete Einheit; es geht darum, die verlorenen Wurzeln wieder zu entdecken und sie zum Fundament einer neuen Identität zu machen, die wiederum andere Formen der Sozialität zum Leben erwecken kann.

Das authentische Ich, das nur aus der Gesellschaft hervorgehen kann, ist nämlich auch dasjenige, das eine andere Konfiguration der Gesellschaft schaffen kann, indem es sich in Differenz zu deren Kodizes, Normen und Leidenschaften setzt. Der *amour de soi* ist frei von der feindseligen und kompetitiven Angst des *amour propre*, »die Vorlieben erfordert, deren Genuß ein rein negativer ist; und die nicht mehr nach dem strebt, was gut für uns ist, sondern nach dem, was den anderen schadet«.[24] So kann der *amour de soi* sich in *Liebe zum Anderen* verwandeln und besitzt dadurch eine immanent ethische und solidarische Wirkung. Sie führt die Menschen in ihre natürliche, von der Selbsterhaltung gesetzte »Begrenzung« zurück und befreit sie von der doppelten Abhängigkeit von den eigenen unbegrenzten Bedürfnissen einerseits und von der Meinung der anderen andererseits. Daher ist sie die Quelle der »sanften und gefühlvollen Leidenschaften« selbst, welche menschliche Beziehungen nähren, die nicht von Feindseligkeit und Rivalität, sondern von Reziprozität, Freundschaft und Gerechtigkeit inspiriert sind.[25] »Die Liebe der Menschen, die aus der Selbstliebe entspringt, ist das Prinzip der menschlichen Gerechtigkeit«, sagt Rousseau im *Émile*.

---

24 J.-J. Rousseau, *Rousseau juge de Jean Jacques. Dialogue*, in: *Œuvres complètes*, a.a.O., Bd. 1, S. 669, dt.: *Rousseau richtet über Jean-Jacques*, in: *Schriften*, a.a.O., Bd. 2, S. 253–636.

25 »Die *amour de soi*, die nur uns selbst beachtet, ist zufrieden, wenn unsere wahren Bedürfnisse befriedigt sind; die *amour propre* hingegen, die Konfrontation impliziert, ist weder jemals zufrieden, noch könnte sie es sein, weil dieses Gefühl dadurch, daß es uns dazu bringt, uns selbst den anderen zu bevorzugen, erfordert, daß auch die anderen uns vor ihnen selbst den Vorzug geben, und das ist unmöglich. Genau deshalb entstehen die sanften und gefühlvollen Leidenschaften aus der *amour de soi* und die des Hasses und des Zorns aus der *amour propre*. Das, was den Menschen also wesentlich gut macht, ist wenige Bedürfnisse zu haben und sich wenig mit den anderen zu vergleichen; das, was ihn wesentlich schlecht macht ist, viele Bedürfnisse zu haben und großen Wert auf die Meinung anderer zu legen.« (*É*, IV, S. 493)

Die innere Entwicklung, die Gefühlsarbeit, die das Ich an sich selbst leistet, geht also der Möglichkeit voraus, ein soziales Band zu knüpfen, das nicht mehr auf Ungerechtigkeit und Ungleichheit gründet. *Die Transformation der Gesellschaft setzt die Transformation des Individuums voraus,*[26] seine Fähigkeit zur Konstruktion einer Identität, in der Moralität, Autonomie und Authentizität eine unauflösliche Einheit bilden. Nur ein tief in sich selbst ruhendes Individuum, fähig, es selbst zu sein und sich der Tyrannei des Scheins und den entfremdenden Auswirkungen der Erwerbsgier zu entziehen, kann dazu in der Lage sein, sich um das Wohl des Anderen zu kümmern.

Die Treue zu sich selbst, die den tiefen Zwiespalt des Ichs wieder glättet, ist die Quelle authentischen *Glücks*, und nur ein glückliches Ich kann – wie Rousseau mit Anklängen an Spinoza lehrt[27] – tugendhaft sein und zum Förderer des öffentlichen Glückes werden:

> »Gesetzt den Fall, daß die Menschen sich nicht im Widerspruch zu sich selbst befänden: daß sie das seien, als was sie erscheinen möchten und als das erscheinen, was sie sind. Auf diese Weise habt ihr das soziale Gesetz in der Tiefe der Herzen verwurzelt, und diese Menschen, die von Natur aus zivil und aus Neigung Bürger sind, werden anständig, gut und glücklich sein, und aus ihrem Glück wird sich auch das der Republik entwickeln.«[28]

Rousseau zeichnet also einen unauflöslichen Nexus zwischen der Suche nach *Authentizität*, dem Verfolgen des *Glücks* und dem Zugang zur *moralischen* Dimension.

Man kann nicht glücklich sein, wenn man nicht authentisch ist, wenn man nicht dazu fähig ist, »in sich selbst zu leben«. Ein Glück, das man ängstlich in der Spiegelung im Blick des Anderen bestätigt sucht, kann kein echtes Glück sein. Gerade hier mündet der mimetische Charakter des modernen Individuums in ein extremes Paradoxon: daß nämlich den anderen sogar die Entscheidungsgewalt darüber übertragen wird, ob man glücklich ist. Und auch die Suche nach dem *bonheur* wird von den kompetitiven Leidenschaften und vom Verlangen nach Schein verdorben:

---

26 Hier, bei der Aufwertung der Singularität aus einer emanzipatorischen Perspektive heraus, geht Rousseau trotz der oft bemerkten Konvergenzen über die marxistische Gesellschaftskritik hinaus.

27 Zur ungewöhnlichen Sicht Spinozas auf die Liebe zu sich selbst als Bedingung für die Liebe zu den Anderen sowie zur moralischen Dimension des Subjekts vgl. Bodei, *Geometria delle passioni*, a.a.O.

28 J.-J. Rousseau, *Du bonheur public*, in: Œuvres complètes, a.a.O., Bd. 3. Es ist in der Tat absurd, zu denken, das öffentliche Glück könne vom Glück der einzelnen absehen: »[…] und glaubt nicht, daß der Staat glücklich sein könne, wenn alle seine Mitglieder leiden. Dieses Moralisch-Sein, das ihr öffentliches Glück nennt, ist in sich selbst eine Chimäre: Wenn das Gefühl des Wohlergehens nicht in jeder Person zu Hause ist, ist es so, als ob es gar nicht vorhanden wäre; die Familie kann nämlich nicht blühen, wenn die Kinder nicht gesund und kräftig wachsen.« (Ebd.)

»Mir scheint es also sicher zu sein, daß wir unser Glück mehr in der Meinung der anderen suchen als in uns selbst. Alle unsere Anstrengungen richten sich lediglich darauf, uns als glücklich erscheinen zu lassen. Wir tun beinahe nichts, um es wirklich zu sein [...]«.[29] Rastlos jagen die Menschen einem falschen und entfremdenden Bild des Glückes nach, das sie zu einem endlosen Wettrennen nach einer unmöglichen Befriedigung verurteilt.[30] Gefangen in der Illusion, es zu verfolgen, verzichten sie auf das, was ihr primäres und natürliches Ziel sein sollte und was in letzter Instanz ihrer Existenz Sinn verleiht.

Rousseau erkennt in der Suche nach dem *bonheur* eine Art anthropologischen Imperativ:[31] »Glücklich zu sein, lieber Émile!«, sagt der Hauslehrer zu seinem Schüler, »ist das Ziel jeden empfindsamen Wesens, das erste Verlangen, das uns von der Natur eingeprägt wurde, das einzige, was uns nie verläßt« (*É*, V, S. 814). Wenn »Existieren heißt, zu fühlen«,[32] dann ist Leben gleichbedeutend mit Glücklichsein. Wenn man das Fundament der Existenz in der Empfindsamkeit sieht, dann folgt daraus, daß das Glück ihr Ziel ist. Er erkennt jedoch auch ihren problematischen Charakter: »Wo befindet sich aber das Glück? [...] Wenn [der Mensch] das Glück sucht, ohne zu wissen, wo es sich befindet, läuft er Gefahr, sich von ihm zu entfernen und ein entgegengesetztes Ziel zu erreichen: es gibt ebenso viele Risiken wie Straßen, auf denen er sich verirren kann« (ebd.) Das Glück findet sich nicht in den gleißenden und verführerischen Zielen der Leidenschaften und des *amour propre*, in Ehre, Reichtum oder Rang, sondern in der eigenen Innerlichkeit, in der Fähigkeit bei sich selbst sein zu können, in der Fähigkeit, Bedürfnissen, Wünschen und Impulsen zu folgen, die nicht von entfremdenden Auswirkungen des Gesellschafts-

---

29 J.-J. Rousseau, *Über Ehre und Tugend*, in ders, *Kulturkritische und politische Schriften*, Berlin 1989. Vgl. auch *UM*, S. 265: »[Es gibt] eine Art Menschen [...], denen die Achtung der übrigen Welt etwas bedeutet und die eher auf das Zeugnis anderer hin glücklich und selbstzufrieden zu sein verstehen, als auf das eigene hin«.
30 »[...] der wilde Mensch und der gebildete Mensch unterscheiden sich derart von Grund des Herzens und der Neigungen auf, daß dem einen das höchste Glück bedeutet, was den anderen zur Hoffnungslosigkeit verdammt. Der erste erstrebt nichts als Ruhe und Freiheit, er will nichts als leben uns müßig sein [...] Der immer rege Bürger dagegen schwitzt, hastet und quält sich auf der Suche nach immer mühsameren Beschäftigungen unaufhörlich. Bis zum Tode arbeitet er, ja er rennt ihm sogar entgegen, nur um sein Leben bestreiten zu können, oder verzichtet auf das Leben, um die Unsterblichkeit zu erlangen.« (*DI*, S. 265).
31 Rousseau verschreibt sich vollkommen der im 18. Jahrhundert verbreiteten Verherrlichung des Glücks, der diesem die legitime Unantastbarkeit eines Naturrechts verleiht, eines der Selbstbehauptung innewohnenden individuellen Ziels, und führt so einen grundlegenden Begriff der Moderne ein. Über die Zentralität der Idee des Glücks im 18. Jahrhundert vgl. R. Mauzi, *L'idée de bonheur dans la littérature et la pensée française au XVIIIe siècle*, Paris 1960.
32 Diese Maxime inspiriert *La profession de foi du vicaire savoyard*, a.a.O. (vgl. *É*, IV, S. 600).

lebens kontaminiert sind.³³ Warum sollten wir also, fragt Rousseau im *Diskurs über Kunst und Wissenschaft*, das Glück in der Meinung der anderen suchen, wenn wir es in uns selbst finden können? Glücklich zu sein bedeutet, eben jene Bewegung einer Umkehrung der Gefühlsenergie zu vollziehen, durch die man wieder Zugang zur Innerlichkeit, dem Sitz ursprünglicher und authentischer Leidenschaften, erlangen kann. Glück erfordert daher Kampf, Anstrengung und die Kraft, dem eigenen, gespaltenen und konfliktgeladenen Ich gegenüberzutreten, um es zu einem inneren Zusammenhalt zurückzuführen, der es immun macht gegen Korruption und Ansteckung durch die kollektive Entfremdung.

Nur ein authentisches Ich kann glücklich sein, und nur ein glückliches Ich kann tugendhaft, das heißt sensibel gegenüber dem Allgemeinwohl sein und wieder Zugang zu gemeinschaftlichen Gefühlen erlangen, die von den Leidenschaften und einer ungerechten gesellschaftlichen Ordnung gefährdet worden waren.

Sowohl Émile als auch Julie in der *Nouvelle Héloïse* sind exemplarische Modelle für diesen Weg, der auf die Wiederaneignung seiner selbst als die unabdingbare Voraussetzung eines gerechten sozialen Bandes hinzielt.³⁴ Beide vollziehen eine *kritische Distanzierung* von sich selbst und der Welt, dank derer es ihnen – durch eine Gefühlsarbeit an den eigenen Leidenschaften (in diesem Falle der Liebesleidenschaft) – wieder mit dem eigenen authentischen Ich in Kontakt zu treten gestattet. Wie alle anderen Leidenschaften ist auch die Liebe ein Produkt der sozialen Verzerrungen und ist durch erwerbsorientierte und egoistische Gefühlsdynamiken kontaminiert. Sie entspringt aus der Konfrontation und der Bevorzugung und unterliegt mithin der Meinung und dem Urteil anderer;³⁵ sie bringt Illusionen hervor, treibt das Ich in die Isolation, erzeugt Unruhe und entfesselt kompetitive Dynamiken. Wie alle Leidenschaften bringt sie das Ich »in Widerspruch zu sich selbst«

---

33 Das Glück gehört, beobachtet Franco Crespi in völliger Übereinstimmung mit den Reflexionen Rousseaus, zur Welt des »Seins« und nicht zu der des »Habens«. Vgl. ders., *Imparare ad esistere. Nuovi fondamenti della solidarietà sociale*, Rom 1994, S. 80.
34 Zu den Themen, die diesem Abschnitt folgen vgl.: E. Pulcini, *Amour-passion e amore coniugale*, a.a.O. u. Einführung in die italienische Übersetzung der *Nouvelle Héloïse*, in: dies., *Jean-Jacques Rousseau: l'immaginario e la morale: Giulia o la Nuova Eloisa*, Mailand 1992.
35 »[…] Damit wir liebesfähig werden, bedarf es der Zeit und Kenntnis; der Mensch liebt, nachdem er beurteilt hat und bevorzugt, nachdem er verglichen hat. […] Mit der Liebe und der Freundschaft entsteht der Dissens, die Feindschaft und der Haß. Unter vielen und derart unterschiedlichen Leidenschaften sehe ich, wie die Meinung sich einen unumstößlichen Thron errichtet, und wie die dummen Sterblichen, die durch ihre Macht versklavt sind, ihre eigene Existenz allein auf das Urteil anderer gründen.« (*É*, IV, S. 493 f.). Man darf allerdings nicht vergessen, daß Rousseau hinsichtlich der Liebe eine offensichtliche und stärkere Ambivalenz aufweist, die ihn dazu führt, ihre für die individuelle Identität positiven und vitalen Eigenschaften zu zeigen (vgl. *É*, IV, S. 493 f.).

und setzt es Konflikten und Zerreißproben aus, die ihm seine natürliche Wahrheit verstellen, indem sie es von sich selbst und der Möglichkeit des Glücks fernhalten. Doch im Namen des Glücks und des *amour de soi*, der das Streben nach Glück beflügelt, lassen sowohl Émile als auch Julie sich auf einen schwierigen Weg ein, um aus der Liebe das Destillat ihrer wahrhaftigen Essenz zu gewinnen und sie in eine Zuneigung zu transformieren, die alle Anzeichen der *philía* aufweist: einer teilnehmenden und solidarischen Freundschaft, die gereinigt ist von den Auswüchsen und den verzerrenden und zersetzenden Aspekten der Leidenschaften und daher dazu geeignet wäre, Individuen, die authentisch von der unauflöslichen Verbindung zwischen individuellem und kollektiven Glück überzeugt sind, in einem größeren gemeinsamen Ganzen zu verbinden. Die gemeinschaftliche Erfahrung von Clarens und die kleine Gesellschaft, die Émile und Sophie gebildet haben, sind überaus beredte Verkörperungen hierfür.

Die Suche nach der *Authentizität* ist also die Prämisse für die Entstehung von Gefühlen des Bündnisses und der *Solidarität*; sie ist die Voraussetzung für die Bildung einer *Gemeinschaft*, die eine absolute Alternative darstellt gegenüber der ungerechten und korrupten Gesellschaft, die auf dem *paraître* und dem Wettbewerb, den Erwerbsleidenschaften und der Tyrannei der Meinung gründet. Eine solche Gemeinschaft wäre demgegenüber von den Werten der Gerechtigkeit und der Gleichheit inspiriert, von der Treue sich selbst gegenüber und dem allgemeinen Wohlergehen. Das authentische Ich bezieht eine kritische Haltung gegenüber den Pathologien des Bestehenden und anerkennt in der Sensibilität gegenüber dem Gemeinwohl ein konstitutives Element der eigenen Identität selbst und des eigenen Glücks. Julie kann ihr eigenes Glück nicht auf dem Unglück anderer verwirklichen; sie kann nicht glücklich sein, wenn »die Anderen«, also alle, die um sie herum sind, nicht auch glücklich sind. Man wird sehen, auf welch spezifische Weise eben hier der Kern der modernen *weiblichen Identität* selbst sitzt, deren erster und entscheidender Schöpfer Rousseau war. Auf diesem Prinzip baut Julie die Gemeinschaft von Clarens auf: eine *Gemeinschaft*, die symbolisch für *andere* Werte als die der ungerechten Gesellschaft einsteht – für ein soziales Band, das nicht mehr auf dem Konflikt und der Maske gründet, sondern auf der diffusen Affektivität der *philía*, die Beziehungen der Transparenz und der Zusammenarbeit entstehen läßt.

Rousseau entwirft so ein Modell von Individuum und Gesellschaft, das sich in radikaler Dissonanz zum vorherrschenden Modell der Moderne verhält: und zwar behauptet er nicht nur, daß es möglich sei, Formen eines nicht rein instrumentellen sozialen Bandes zum Leben zu erwecken, sondern darüber hinaus, daß dies auch die Fähigkeit des Ich voraussetze, den eigenen authentischen Kern wiederzufinden, indem es sich von der Maskerade, den Rollen und dem Konformismus einer tyrannischen und verfälschenden Meinung distanziert; die Fähigkeit, die Treue zu sich selbst wiederzufinden, gegen den Imperativ, der einen dazu treibt, »dem Andern gemäß« sein zu wollen, mit anderen Worten, die Dynamik des Mimetischen zu durchbrechen.

Der Affirmation dieses Prinzips – *die Suche nach Authentizität mündet in eine gerechtere und solidarischere, auf der philía gegründete Gemeinschaftsform* – besitzt auf ihrer Schattenseite jedoch drei unlösbare Aporien, die ihr brisantes normatives Potential zumindest teilweise infizieren.

Erstens sind die Freundschaftsbande offensichtlich auf eine kleine Gemeinschaft auf Grundlage einer bäuerlichen und traditionellen Ökonomie beschränkt, welche die Produktion von Gebrauchsgütern zum Ziel hatte, paternalistisch regiert war und durch die Personalisierung der Beziehungen garantiert wurde. Das Modell von Clarens stellt sich so als eine Art von *Gemeinschaft nach Tönnies dar, die autark und selbstgenügsam ist – ein Modell, das sich, wie es scheint, kaum ins Große ausweiten läßt, in die größere und komplexere *Gesellschaft, die nach den Gesetzen des Marktes funktioniert und entpersönlichte Beziehungen voraussetzt. Dies bedeutet, daß die *philía* im Modell Rousseaus nur zwischen Individuen möglich zu sein scheint, die durch eine Beziehung der Nähe und der geschwisterlichen Familiarität verbunden sind – gleichsam eine Art affektive Enklave, ein intimes Refugium vor den Pathologien des größeren sozialen Gewebes, das seinen Zusammenhalt nur erhält, indem es sich in einer endogenen Isolation verschließt.

Zweitens liegen die *philía* und die *Brüderlichkeit* auf eminent subjektiver Ebene *im Verzicht und dem Opfer* begründet, wie aus den letzten, überraschenden Erklärungen Julies hervorgeht, in denen sie die Rechte der Leidenschaft wieder vehement betont (vgl. *NH*, VI, 8). Im Verzicht auf die Leidenschaft hat Julie einen Preis gezahlt, der sie auf fatale Weise vor die *Leere* des Seins gestellt hat, vor den *Verlust des Sinnes, des Zusammenhalts* und sogar des *Selbstwertgefühls* des Ichs. Sie hat Verzicht geleistet auf einen authentischen und vitalen Teil ihrer selbst, der jedoch mit der Kraft des Verdrängten in den letzten Erklärungen vor ihrem Tod wieder aufblüht. Dem Glück der Freundschaft, des Friedens und des harmonischen sozialen Zusammenlebens stellt Julie das *Glück des Verlangens* gegenüber, in dem die äußerste Chance einer vollkommenen Treue zu sich selbst liegt.

In der unbedingten Hingabe an ihre Leidenschaft, die sie sich jedoch erst kurz vor ihrem Tod gestattet, bringt sie einen *radikaleren Individualismus* zum Ausdruck, aus dem jedoch die problematischen Aspekte der Idee der Authentizität hervorgehen.[36] Diese bleibt nämlich nicht mehr auf die Kritik des *paraître* und der Mimesis beschränkt, sondern impliziert die Anerkennung der dunkleren und exzessiv emo-

---

36 Vgl. Berman, *The Politics of Authenticity*, a.a.O., der jedoch Julies Entscheidung für die Ehe und ihren Verzicht auf die Leidenschaft als »Politik der Unauthentizität« liest und darin keine kritische Valenz erkennt, wie auch Ferrara, *Modernità e autenticità*, a.a.O., wo er die Entscheidung Julies als ausschließlich von der Autonomie (vom Pflichtbewußtsein) diktiert sieht und ihr die Authentizität der nicht getroffenen Entscheidung entgegenstellt.

tionalen Seiten des Selbst, die auch eine Quelle von Leid und Illusion sein können, ohne die jedoch der innerste Zusammenhalt der eigenen Identität verloren ginge. Man könnte also eine interne Differenzierung des Begriffs der Authentizität vorschlagen, indem man bei Rousseau den Übergang nachverfolgt, der von einer *kritischen Authentizität* (welche die Formierung eines sozialen Bandes gestattet, das eine Alternative zur Wettbewerbsgesellschaft darstellt)[37] zu einer *selbstbehauptenden Authentizität* verläuft, die hingegen die Möglichkeit des sozialen Bandes *tout court* gefährdet. Nicht allein, daß die Authentizität aus der Kritik am Schein und am Wettbewerb der existierenden Gesellschaft heraus entsteht: sie erweist sich auch als Treue sich selbst gegenüber *um jedem Preis*. In diesem Sinne ist das authentische Ich dasjenige, das den Mut hat, die unbequemsten, riskantesten und selbst destruktiven Aspekte des Selbst zu bejahen und zu bekunden – wie etwa das Recht, sich der Illusion des Imaginären oder der *Lust am Leiden* hinzugeben –, da eben diesen Aspekten eine unverzichtbare Quelle des Sinnes und des Lebens innewohnt.

Doch bei Julie behauptet sich dieses Authentizitätsideal nur im Tod; es wird erst dann anerkannt, als es nicht mehr mit der ebenso notwendigen Forderung nach Freundschaft und Zusammenhalt kollidieren kann.[38]

Auf der einen Seite also stellt Clarens sich als die Gemeinschaft authentischer Individuen dar, welche die Entfremdung, den Wettbewerb und die Korruption der großen Gesellschaft ablehnen und dadurch ein geschwisterliches und solidarisches Band knüpfen. Auf der anderen Seite fordert diese Gemeinschaft aber vom Ich den Verzicht und das Opfer hinsichtlich derjenigen seiner Aspekte, die am »radikalsten« authentisch sind, was Rousseau, mit einer überraschenden und bezeichnenden Wendung, wiederum im Recht auf Leidenschaft verortet. Als mythischer Ort der *philía* gründet Clarens auf der Verstümmelung des Ich und fordert die *Opferung* dessen ein, was am Grund seiner Schaffung stand.

Indem er *Authentizität* und *Freundschaft* als die beiden Ideale darstellt, die eine Alternative zu der korrumpierten Wettbewerbsgesellschaft bilden könnten, enthüllt Rousseau uns das innere normative Potential der emotionalen Struktur der Individuen und errichtet die Basis für ein anthropologisch fundiertes Normativitäts-Modell, auf das ich später im Rahmen der Theorie der Gabe zurückkommen werde.

---

37 Auf dem kritischen Potential des Begriffs der »Authentizität« besteht Trilling: »Die Authentizität ist implizit ein polemischer Begriff, der seine Eigenart realisiert, indem er sich auf aggressive Weise mit der überkommenen und verbreiteten Meinung konfrontiert, im ersten Fall mit der ästhetischen, im zweiten mit der sozialen und politischen.« (*Sincerity and Authenticity*, a.a.O., S. 94)

38 In ihrem letzten Brief an Saint-Preux schreibt Julie: »Ja, ich hatte den großen Wunsch, das erste Gefühl, daß er mich erleben ließ, zu ersticken: es ist in meinem Herzen aufbewahrt. Und siehe, es wacht in dem Moment wieder auf, in dem es nicht mehr gefährlich ist; nun, wo die Kräfte mich verlassen, stützt es mich; es belebt mich wieder, während ich sterbe« (*NH*, VI, 12).

Bei Rousseau erscheinen diese zwei Wege jedoch als deutliche Aporien, dort nämlich, wo die zweite das partielle Opferung der ersten fordert. In der Tat scheint die *philía* lediglich aus dem Verzicht auf das *páthos* und seine »unsozialen« Wahrheiten entspringen zu können, denen gleichwohl die Chance auf eine unverzichtbare Treue sich selbst gegenüber und auf ein unaussprechliches individuelles Glück einwohnt. Die geschwisterliche Gesellschaft hält nur zusammen, solange die Individuen, die sie bilden, sich im Wesentlichen als Teile des Ganzen verstehen; sie ist jedoch zur Auflösung verurteilt, wenn ein jeder die radikale Selbstbehauptung einfordert.

Daß der Kommunitarismus Rousseaus das Risiko einer Unterschiedslosigkeit und einer Auflösung des Ichs im sozialen Ganzen birgt, findet andererseits Bestätigung in einigen Momenten seines politischen Denkens: etwa in den organizistischen und alles vereinnahmenden Aspekten der »Volonté générale« (*GV*), ebenso aber auch in der überredenden und manipulatorischen Funktion gegenüber dem Gewissen, welche der Figur des Gesetzgebers zugeschrieben wird, der im Namen des kollektiven Interesses den Leidenschaften eine Richtung gibt und die Meinungen der einzelnen dirigiert, wodurch er ein einstimmiges und gemeinsames Empfinden eines kompakten sozialen Korpus erreicht (vgl. ebd., S. 752-56).[39] Die Gemeinschaft im Sinne Rousseaus nimmt also eine Valenz des »Opfers« an,[40] die sie de facto unfähig dazu macht, die Herausforderung der individuellen Differenz auszuhalten und die Risiken einer starken Dissonanz gegenüber den Normen und Kodizes zu verkraften, die sich sich selbst auferlegt, um das Gemeinwohl zu verwirklichen.[41] Indirekt enthüllt Rousseau damit die Gefahren, die jeder Form von Kommunitarismus innewohnen, daß er sich nämlich als nicht dazu in der Lage erweisen könnte, die Differenzen zu respektieren und zu schätzen.

Schließlich betrifft die Opferung der Authentizität des Ichs zugunsten der gemeinschaftlichen Freundschaft – und das ist die dritte Aporie, die dem Ideal der Authentizität inliegt – in einem besonderen Sinn das *weibliche Subjekt*, von dem Rousseau ein ambivalentes Bild entwirft, das dazu berufen ist, zum Symbol des gesamten Weges der Moderne zu werden: auf der einen Seite erscheint das weibliche Subjekt als der schlechthinnige Träger von Gefühlen des Zusammenhalts und

---

39 Man kann jedoch in Bezug auf Rousseau nicht den Begriff des »Totalitarismus« oder den der totalitären Demokratie anwenden, wie die mit Benjamin Constant beginnende Interpretationslinie es getan hat, deren spätere Vertreter Y. L. Talmôn, *Die Ursprünge der totalitären Demokratie*, Köln 1961 und L. G. Crocker, *Rousseau's Social Contract: An Interpretative Essay*, Cleveland 1968 sind.
40 Dieser Begriff ist Esposito, *Communitas*, a.a.O., besonders wichtig und eigente sich sehr gut zur Beschreibung der holistischen und alles vereinnahmenden Implikationen des Kommunitarismus von Rousseau.
41 Über das Risiko des Verschwindens der Multiplizität und der Differenz bei Rousseau vgl.: H. Arendt, *On Revolution*, New York 1963.

von gemeinschaftlichen Perspektiven, die dem Modell des mimetischen Erwerbs-Individualismus in jeder Hinsicht alternativ gegenüberstehen; auf der anderen Seite gründet diese besondere Fähigkeit, wie wir nun sehen werden, auf einer teilweisen Aufopferung der Identität.

3. Das weibliche Individuum und die Leidenschaft für den Anderen

Die weibliche Subjektivität, wie Rousseau sie in der Figur der Julie zeichnet, ist zweifellos ein Hort jener relationalen und solidarischen Werte, die im größeren sozialen Gefüge fehlen.
In der Tat kann Julie, wie wir gesehen haben, sich nicht getrennt von den anderen vorstellen, sie kann das eigene Glück nicht außerhalb des kollektiven Glücks entwerfen und schon gar nicht gegen es. Der *Andere* ist für Julie nie eine äußerliche und fremde Präsenz, auch dann nicht, wenn er in Form der Zwang ausübenden väterlichen Autorität oder der Schuldgefühle weckenden schweigenden Forderung der Mutter auftritt; er ist vielmehr stets die inspirierende Instanz jeder ihrer Handlungen und Entscheidungen. Den Bedürfnissen und Forderungen des Anderen kann man sich nicht ungestraft entziehen, auch dann nicht, wenn sie mit den radikalsten eigenen Wünschen in Konflikt treten, denn der Andere ist, gleichviel, ob als unbequeme und ruhelose oder als besänftigende und solidarische Präsenz, in jedem Fall *im Innern des Ichs*, er ist dessen konstitutive Dimension.
Während Saint-Preux, der entwurzelte Mensch ohne Familie, von Anfang an die Rechte der Leidenschaft verteidigt, erkennt Julie sofort die zersetzende Gefahr für die sie umgebende Welt, die in der Entscheidung liegt, sich von der bedingungslosen Treue zu den eigenen Gefühlen leiten zu lassen. Die Angst davor, die elterlichen Erwartungen zu enttäuschen, entsteht nicht einfach aus einem *Pflicht*gefühl,[42] das die Unterdrückung der eigenen Gefühle verlangt, sondern aus der Weigerung, die eigenen Wurzeln herauszureißen, *die eigene Herkunft zu verleugnen*. Der Verrat an den »Blutsbanden« (*NH*, IV, 4, 6 etc.), an denen, die sie zur Welt gebracht haben und vor allem an der Mutter (der für ihre Eheentscheidung passiv entscheidenden Figur) wäre für Julie nicht hinnehmbar; denn in der *Bindung*, in der *Anerkennung der Abhängigkeit* sieht sie die wahren Fundamente ihrer Identität. Die Konstruktion der eigenen Autonomie und des eigenen Glücks darf nicht auf der Trennung und auf dem Vergessen des eigenen Ursprungs gründen.[43]

---

42 Hierauf bestehen allerdings einige Interpreten, von Ferrara, *Modernità e autenticità*, a.a.O. bis S. M. Okin, *Women in Western Political Thought*, Princeton 1979.
43 Über die Bedeutung des Themas des »Ursprungs« in der Konstitution der weiblichen Subjektivität vgl. L. Irigaray, *Speculum. Spiegel des anderen Geschlechts*, Frankfurt a. M. 1980; dies.: *Ethik*

In der Tat verdankt Julie dem Gedenken des Ursprungs, dem instinktiven Bewußtsein von der Unhintergehbarkeit dieser Bindung jene Eigenschaften des *Zusammenhalts, der Verantwortlichkeit und der Fürsorge für den Anderen*, die sie zur Seele der Gemeinschaft von Clarens machen.

In Clarens tragen ausnahmslos alle zur Bildung einer gerechten und transparenten Gesellschaft bei, in der im Unterschied zum korrupten Paris »keinerlei Zugeständnisse an die Meinung« gemacht werden und wo es für die Exzesse von Reichtum und Luxus keinen Platz gibt (vgl. *NH*, V, 2). Doch das Eigentümliche an Julie ist, daß sie die Mitglieder dieser Gesellschaft *zusammenhält* und durch die tägliche aufmerksame Betreuung ihrer Bedürfnisse, Freuden und Wünsche für ihr Glück sorgt.[44] Rousseau bekräftigt in der Tat nachdrücklich die Besonderheit der Frau, ihrer Rollen, Eigenschaften und Haltungen, wobei er gegen die bei den *philosophes* der Zeit vorherrschende Gleichheitsunterstellung das Prinzip der *Geschlechterdifferenz* theoretisiert – unzweifelhaft ein Prinzip aristotelischen Ursprungs,[45] das bei Rousseau jedoch impliziert, daß der Frau eine gänzliche neue Würde zukommt.

Neben dem leidenschaftlichen Saint-Preux und dem rationalen Wolmar verkörpert Julie das »Herz«, die »Sensibilität«; sie besitzt die natürlichen Gaben, zu vereinen und zu verbinden, wodurch sie die Gefühle, die sie an ihre engsten Familienmitglieder binden, auf die gesamte Gemeinschaft ausweitet. Sie handelt aufgrund einer Art Affektivität, in der die *pietas*, die Unfähigkeit, seinesgleichen leiden zu sehen, mit der *philía* verschmilzt, der Freundschaft, die nicht abstrakt auf die Menschheit im allgemeinen gerichtet ist, sondern denen gilt, die ihr nahestehen und ihr, jeder für sich, bekannt sind.[46] Es sind in der Tat die Familie, die Freunde und die Nachbarn, denen die mitfühlende Zuneigung der modernen Antigone[47] Julie gilt, die sie pflegt und umsorgt, um alles erdenkliche Leid von ihnen fern zu halten. Den Schmerz zu vermeiden, ist »der erste Schritt zum Glück« (ebd.); dies ist der erste Ausdruck jener Tendenz zu Empathie und Fürsorge, in welcher der emotionale Kern der weiblichen Identität zu liegen cheint. Es handelt sich um eine konkrete, kontextuelle und personale Empathie, die keinen Anspruch auf Universalität erhebt. Die Frau strebt nicht das Wohlergehen der Menschheit im allgemeinen an,

---

der sexuellen Differenz, Frankfurt a. M. 1995; A. Cavarero, *Nonostante Platone*, Rom 1990; S. Vegetti Finzi, *Il bambino della notte*, Mailand 1990.
44 »Der Genuß, mit dem die Frau Wolmar ihre ehrenhaften Pflichten erfüllt und sich darum kümmert, daß diejenigen, die ihr nahe stehen glücklich und tugendhaft sind – schreibt Saint-Preux an Bomston – teil sich all dem mit, was ihr Objekt ist, dem Ehemann sowie den Kindern, Gästen und Angestellten.« (*NH*, V, 2).
45 Zum Aristotelismus bei Rousseau vgl. D. Coole, *Women in Political Theory*, London 1993, S. 84ff.
46 Zur *philía* vgl. auch weiter unten, Kap. 5.
47 Zur Antigone als Symbol für die weibliche Subjektivität gibt es eine große Fülle an Literatur, vgl. insbesondere den sehr schönen Text von M. Zambrano, *La tumba de Antígona*, Madrid 1967.

noch das eines abstrakt verstandenen unbekannten »Nächsten«, sondern derjenigen, die sie kennt und liebt, deren alltägliches Leben sie betrifft, die ihre aus kleinen Ereignissen und begrenzten Handlungen bestehende private Welt bevölkern. Entsprechend einem im abendländischen Denken verbreiteten Topos finden auch bei Rousseau diese zwei Formen des Gefühls, die *pietas* und die *philía*, eine gemeinsame Quelle in der *mütterlichen Liebe*.[48] In ihr erkennt er nicht nur den höchsten Ausdruck der Weiblichkeit und des Frauseins, sondern ihre *grundsätzliche affektive Beschaffenheit*, die sich, weit über die Beziehung zu den Kindern hinausreichend, auf die gesamte Gemeinschaft erstreckt und sogar die Hierarchie ihrer Mitglieder überwindet (vgl. *NH*, IV, 10). Es ist in der Tat ihre *mütterliche Qualität*, die Julie zurückgewinnt, indem sie Verzicht auf die Leidenschaft leistet und »Madame de Wolmar« wird; nicht nur in dem Sinne, daß sie tatsächlich Mutter wird, sondern vor allem, indem sie die Mutterrolle symbolisch als universale Modalität ihrer Beziehungen auffaßt. Sie begreift sich als jemand, dem das Wohlergehen und das Glück derer, die sie umgeben, am Herzen liegen, und zwar als Bedingung für ihr eigenes Wohlbefinden, und so scheint es, als habe Julie nicht nur den eigenen Konflikt überwunden, sondern auch eine »Gesellschaft der Herzen« aufzubauen (vgl. *NH*, I, 2), in der die affektive Reziprozität mehr zählt als jedes potentiell antagonistische Gefühl (Eifersucht, klassenbezogener Neid, Wettbewerb), das, wie wir gesehen haben, für die öffentliche (und männliche) Welt kennzeichnend war.

Für die Frau macht der Andere – Geliebter, Ehemann, Kind oder Freund – die Welt des Ichs schlechthin aus. Das weibliche Individuum gestaltet sich somit als ein wesentlich *relationales* Individuum, das die ganz natürliche Fähigkeit besitzt, diejenigen, die es umgeben, durch eine konstante und umfassende Pflege ihrer Bedürfnisse sowie durch Aufmerksamkeit ihren Erwartungen gegenüber zu *vereinen*. Dies verlangt jedoch keineswegs Selbstvergessenheit. Julie regiert vielmehr souverän über Clarens. Sie überwacht, organisiert und trifft Entscheidungen, ohne dabei auf die eigene, persönliche Sphäre an körperlichen und geistigen Freuden zu verzichten; wie es scheint, besitzt sie eine offene Autonomie in ihren Entscheidungen und Handlungen und eine in gewisser Hinsicht größere Autorität als Wolmar, insofern diese bei ihr im Gefühl und in der Fähigkeit zur affektiven Überzeugung gründet. Sie verleiht einer Liebe zu sich selbst Ausdruck, die sich letzten Endes in der Liebe zu den anderen verwirklicht. Die *philía*, das affektive Band, das die Gemeinschaft von Clarens zusammenhält, wäre ohne Julie undenkbar, der es gelingt, daran auch die Leidenschaften anderer auszurichten, indem sie, wie man sagen könnte, als *Subjekt der Fürsorge und Gabe* handelt.

---

[48] Über die mütterliche Liebe als Archetyp für die Selbsthingabe an die Pflege des Anderen vgl.: Aristoteles, *Nikomachische Ethik*, 1159a; J.J. Bachofen, *Das Mutterrecht* (1861).

In der Theoretisierung der *Geschlechterdifferenz* schreibt Rousseau dem weiblichen Individuum zum ersten Mal nicht nur die Würde des Subjekts zu, sondern er macht es zu einem konstitutiv *relationalen* Subjekt, das stets des Anderen und der Abhängigkeit von ihm eingedenk ist. Er gibt mithin Einsicht in die Herausbildung einer Form von Individualität, die durch ihre unterschiedliche emotionale Struktur als etwas völlig anderes erscheint als das erwerbs- und wettbewerbsorientierte Ich. Die Frau besitzt tatsächlich von Natur aus eine konstitutive Ausrichtung auf die Alterität, die sie *zur Fürsorge befähigt* und sie dazu veranlaßt, der *Bindung* und der *Relation* den Vorzug gegenüber jeder möglichen selbstbehaupteten Instanz zu geben.

Julie scheint, anders gesagt, jenes symbolische Potential des Mütterlichen zu verkörpern, wie ein Großteil der zeitgenössischen feministischen Literatur hervorgehoben hat. Es besteht in der Herausbildung einer dualen und relationalen Subjektivität, die stets des Ursprungs eingedenk bleibt und dem Anderen innerlich offen gegenübersteht:[49] eine »differente« Identität gegenüber dem vorherrschenden Modell des erwerbenden und egoistischen Individuums, das im Mythos der eigenen Autonomie gefangen ist und dem ausschließlich an der Verfolgung der eigenen Interessen und der eifersüchtigen Wahrung seines Stolzes gelegen ist; eine »differente« Identität, auf der sich, wie Carol Gilligan vorschlägt, nachgerade ein anderes ethisches Paradigma aufbauen läßt.[50]

Bei Rousseau und im modernen Bild des weiblichen Individuums, das jener entscheidend geprägt hat, birgt dieser Aspekt trotz allem eine Ambiguität in sich, die eine deutliche kritische Distanzierung erfordert. Der relationalen, beziehungsorientierten Qualität der Frau, in der ihre Würde als Subjekt liegt, entspricht nämlich eine Abhängigkeit, die in Ungleichheit mündet; *die Selbsthingabe nimmt die Färbung von Verzicht und Aufopferung an.*

Tatsächlich erlebt Julie die Leidenschaft, in der sich ihre radikalste und authentischste Identität ausdrückt, als Schuld und als Verrat am Naturgesetz. Sie opfert daher ihre eigenen Wünsche und entscheidet sich für das, was die Welt von ihr erwartet, weil sie die Wünsche anderer und die Werte der »Meinung« sozusagen verinnerlicht und zu ihren eigenen gemacht hat, auch wenn es sich um die durchaus nicht korrumpierte Meinung der Welt von Clarens handelt. Die Meinung, die Rousseau als Quell der Entfremdung und einer falschen Identität verurteilt, wird paradoxerweise als legitimer und notwendiger Parameter der weiblichen Erziehung anerkannt, wie auf explizitere und radikalere Weise aus dem *Émile* hervor-

---

49 Über die bereits zitierten Texte von Irigaray u. S. Vegetti Finzi hinaus vgl. diesbezüglich auch: J. Benjamin, *Die Fesseln der Liebe. Psychoanalyse, Feminismus und das Problem der Macht*, Basel 1990, u. N. Chodorow, *Das Erbe der Mütter: Psychoanalyse und Soziologie der Geschlechter*, München 1985.
50 Vgl. C. Gilligan, *Die andere Stimme. Lebenskonflikte und Moral der Frau*, München/Zürich 1982.

geht (vgl. É, I, S. 702). Im Unterschied zu Émile lernt Sophie bereits sehr früh, sich den Erwartungen und dem Urteil anderer anzupassen. Sie lebt ständig unter dem wachsamen Blick des Kollektivs, dessen ungeschriebene Gesetze sie nicht ungestraft übertreten kann, ohne die eigene innerste Natur zu verraten und das eigene Glück und das der anderen zu gefährden. Obwohl auch sie das Recht auf autonome Partnerwahl hat (vgl. ebd., S. 754-58), muß Sophie dazu erzogen werden, »im Dienst« der Anderen zu handeln; vor allem im Dienst der Männer, sei es des Ehemannes, sei es der Söhne, um deren körperliches und seelisches Wohlergehen sie sich ebenso kümmern muß wie um ihre moralische Bildung (vgl. ebd., S. 702). Sie muß schließlich auch darauf vorbereitet werden, die Autorität des Mannes innerhalb der Familie zu akzeptieren (vgl. ebd., S. 697 f. u. S. 808); eine Autorität, die nicht despotisch ist, wie Rousseau, die Kritik Lockes am traditionellen Patriarchat aufgreifend, behauptet,[51] die aber durch die heilige Macht des Naturgesetzes, das den beiden Geschlechtern unterschiedliche Aufgaben und Rollen zuordnet, umso zwingender wird.

Die Frau unterstellt sich diesem Gesetz, wenn sie ihre fundamentale Rolle *im Sein für den Anderen* erkennt; wenn sie in ihrem eigenen Gewissen verinnerlicht hat, was die Welt und die Meinung von ihr erwarten;[52] wenn sie sich darüber bewußt wird, daß sie durch die Befriedigung der Forderungen anderer nichts anderes tut, als ihre eigene Natur zu verwirklichen und nach dem eigenen Glück zu streben. Julie und Sophie verinnerlichen beide die Werte und die Imperative der Meinung und identifizieren sich mit ihrer Rolle als Ehefrau und Mutter, einer Rolle, die gemäß Rousseau »komplementär« zur männlichen Rolle des Vaters und Bürgers steht,[53] und dieser an Würde ebenbürtig ist, worin sogar die Quelle der eigentümlichen *Macht* der Frau liegt.[54] Die Frau waltet nämlich als Hauptfigur über die Intimsphäre der Gefühle und Wünsche, wodurch sie zum Gemeinwohl und zum Glück aller beiträgt.

Die Identifikation mit der ehelichen und mütterlichen Rolle ist jedoch keineswegs das Ergebnis einer Wahl, sondern eine Art moralischer Imperativ, der dem Zwang der Natur und der natürlichen Rollen entspringt, die in diesem Falle von der Meinung sanktioniert werden.[55] Sich dieser Rolle zu entziehen heißt für Rousseau, die

---

51 C. Pateman, *The Sexual Contract*, Cambridge 1988, spricht in diesem Sinne vom Übergang des »väterlichen« zum »brüderlichen« Patriarchat.
52 Über die Notwendigkeit, das Gewissen mit der Meinung zu versöhnen, vgl. *É*, V, S. 730 ff.
53 Hierzu vgl. Okin, *Women in Western Political Thought*, a.a.O., die den insgesamt wertvollsten Bezugspunkt für die hier behandelten Themen bietet.
54 Hierzu vgl. E. Pulcini, »Il potere di unire: femminile e potere tre modernità e mito«, in dies. (u. a.), *Il femminile tra potenza e potere*, Rom 1995.
55 »Bleibt die Rolle der Frau nicht immer diejenige, Mutter zu sein? Und sind es nicht Naturgesetze, mit denen die Natur und der Brauch diese Rolle sichern müssen?« (*É*, V, S. 699). Zu den phy-

Natur zu verraten und damit Unordnung, Korruption und Unglück zu verursachen. Deshalb trifft auch Julie, die Sophie gegenüber zweifellos unabhängiger und selbstbestimmter ist, eine nur scheinbar autonome Entscheidung. Sie ordnet sich *de facto* einem Schicksal unter, das keine Alternativen zuläßt, da diese mit der Auflösung ihres Ichs und seiner Welt einhergehen würden.

Aus dieser ungelösten Rousseau'schen Ambivalenz, die die freundschaftlichen und solidarischen Eigenschaften der Frau verherrlicht, ihr jedoch eine reale Autonomie vorenthält, leiten sich zwei fundamentale Implikationen sowohl für die Konstruktion einer weiblichen Identität als auch für die Begründung des sozialen Bandes ab. Erstens gründen die relationalen Eigenschaften der Frau, die ihrer mütterlichen Rolle entspringen, de facto auf einer Verstümmelung ihrer Identität. Rousseau gelangt hier offensichtlich zu dem eigentümlichen Paradoxon, aus dem die weibliche Identität sich immer noch zu befreien versucht: Die relationalen und den Zusammenhalt fördernden Attribute, auf die sich eine bis dahin nicht bekannte Wertschätzung des weiblichen Subjekts gründet, und die darüber hinaus ein gegenüber dem Erwerbs- und Wettbewerbsmodell des modernen Individuums revolutionäres Potential enthält, sind auch das, was die Frau zu einer rein relativen Existenz und zu heteronomen Entscheidungen verurteilt. Im Verzicht auf die Leidenschaft verzichtet Julie in der Tat auf die eigene *Authentizität* und verliert so jene Möglichkeit, sich zum aktiven Subjekt des eigenen Schicksals zu machen, das – wie María Zambrano meint – vielleicht besonders für die Frau darin besteht, das eigene Recht auf *páthos* zu behaupten. Denn nicht allein behauptet die Frau mit ihrer Leidenschaft die Treue zu sich selbst gegen das verobjektivierende Bild einer Ordnung, demgemäß sie seit jeher ruhig und untergeordnet, formbar und fügsam zu sein hat. In der Leidenschaft findet sie auch ihre eigene *Freiheit*, ohne jedoch auf den innigen Kontakt mit der Realität und auf die heimliche *Allianz* mit allen Dingen zu verzichten.[56] Durch die Integration und Anerkennung des *páthos* ließe sich tatsächlich auch das Mütterliche aus der Verklammerung des Biologischen und Schicksalhaften lösen, um stattdessen sein symbolisches Potential wiederzugewinnen.[57] Ist sie einmal von ihrer aufopfernden Konnotation befreit, kann die mütterliche Rolle in ihrer doppelten symbolischen Valenz – *Erinnerung an den Ursprung* und *generatives*

---

sischen und intellektuellen Eigenschaften der Frau, die ihre Abhängigkeit vom Männlichen legitimieren vgl. ebd., S. 700 ff.
56 Vgl. M. Zambrano, *Nacer por sì misma*, Madrid 1995, besonders den Teil, der der mittelalterlichen Héloïse gewidmet ist.
57 Dieses symbolische Potential behält seine Kraft auch in Gegenwart und trotz der beunruhigenden, durch den Einbruch der Biotechnologien in das Leben der Frauen eingetretenen Veränderungen, oder besser gesagt »Mutationen«, die, wie D. Haraway in *Simians, Cyborgs and Women: The Reinvention of Nature*, London 1991 sagt, Vorzeichen einer posthumanen Welt sind, einer Welt die, wie man sagen könnte, den »Differenzen« gegenüber indifferent wird.

Vermögen, Anerkennung der Geburt und Macht, den Anderen aus sich selbst entstehen zu lassen – als wertvolles psychisches Dispositiv für die Herausbildung eines Selbst dienen, das sich stets der Abhängigkeit, des Anderen und des Netzes an Bindungen bewußt ist, in die sein Leben hineinverwoben ist. In eben diesem Sinne versuchen einige Stimmen des zeitgenössischen Feminismus die verbindende Eigenschaft des Mütterlichen neu zu beleben. Die Mutter, sagt Nadia Fusini, ist diejenige, die »uns in der Notwendigkeit und in der Wahrheit der Abhängigkeit hält«, auch wenn sie uns verläßt und uns der Welt übereignet, in der wir frei sind, zu sein und zu wollen.[58] Die Anerkennung der Mutter strukturiert das weibliche Ich als Subjekt, das sich der doppelten Wahrheit von Abhängigkeit und Autonomie bewußt ist. Des mütterlichen Gestus eingedenk, behauptet die Frau die eigene Autonomie *innerhalb* der Abhängigkeit, ohne Einschnitte zu machen oder Trennungen zu vollziehen.[59] Ihre Unabhängigkeit erfordert nicht die Entwurzelung und nicht jene Abkehr vom Ursprung, durch den sich das männliche Ich in der Illusion einer unbegrenzten faustischen Freiheit selbst behauptet.[60] Ihr Wille verwirklicht sich im »Verweilen«, indem sie bei der Mutter bleibt, obwohl sie von ihr Abschied nimmt.[61] Deshalb handelt sie autonom, ohne den Anderen zu verleugnen; und sie sorgt für den Anderen, ohne dabei sich selbst zu vergessen. Die Frau bleibt, um es mit Luce Irigaray zu sagen, immer unabgeschlossen, sie ist immer dazu bereit, die Distanz, welche sie vom Anderen trennt, zu überwinden, aber auch darauf aus, einen Platz ganz für sich zu erobern.[62]

Zweitens werden im Modell Rousseaus die Fürsorge, die *philía* und die Liebe zusammen mit der weiblichen Existenz ins Innere der Sphäre des Intimen und Privaten verbannt; Clarens ist nämlich, wie wir gesehen haben, in der Tat eine kleine *Gemeinschaft*, eine Art Großfamilie. Daraus entwickelt sich neben der Ungleichheit der Geschlechter auch die Ausschließung der gemeinschaftsbezogenen Leidenschaften aus dem öffentlichen und sozialen Bereich.

---

58 N. Fusini, *Uomini e donne. Una fratellanza inquieta*, Rom 1995, S. 34. Vgl. hierzu auch Chodorow, *La funzione materna*, a.a.O. u. Vegetti Finzi, *Il bambino della notte*, a.a.O.
59 Es ist das Verdienst der Jungschen Tiefenpsychologie, die im übrigen von der zeitgenössischen feministischen Debatte stark vernachlässigt wird, diesen Aspekt hervorgehoben zu haben. Vgl. hierzu E. Pulcini, »La memoria del corpo. Il femminile nell'universo junghiano«, in: *Il futuro dell'uomo*, 1996, Nr. 1.
60 Über die Abwendung vom Ursprung und zum »symbolischen Muttermord« vgl. Irigaray, *Ethik der sexuellen Differenz*, a.a.O., und Cavarero, *Nonostante Platone*, a.a.O.
61 »Im Verweilen bei der Mutter gibt die Frau dem Willen einen Anstoß, der diesen nicht vorwärts, sondern eher rückwärts lenkt. Seine Bewegung ist eher ein *mit-betreffen* als ein *in-tendieren*, ein sich so herum wenden, daß man mit-ist und übereinstimmt-mit, das Gesicht jenem ersten Anderen zugewandt, der für alle die Mutter ist, der Anfang und die Wurzel.« (Fusini, *Uomini e donne*, S. 66).
62 Irigaray, *Ethik der sexuellen Differenz*, a.a.O.

Ausgehend von einer bis dahin unbekannten Zuschreibung von Würde an die Frau und an die eheliche und mütterliche Rolle unternimmt Rousseau eine Neubewertung des Privaten, die paradoxerweise aber auch die traditionelle Opposition von öffentlich/privat, *polis/oíkos* verstärkt, indem sie dieser eine neue Legitimation verleiht.[63] Wie Hannah Arendt hervorhebt, verweist das Private in der Moderne nicht mehr auf jenen »Status der Privation«,[64] der es im aristotelischen Universum charakterisierte. Es gestaltet sich vielmehr als eine Sphäre von Beziehungen, Gefühlen und Werten, in der die Frau souverän regiert und aus der sie sogar eine besondere Macht ableitet. Ihrer Würde als Privatsubjekt entspricht jedoch ihr Ausschluß aus dem Öffentlichen, ihre Verbannung in einen geschlossenen Raum, für den sie durch ihre »natürlichen« Funktionen bestimmt ist und den zu verlassen, um sich zur mondänen Dimension der Stadt Zugang zu verschaffen, ihr nicht gestattet ist.[65] Ihr Handeln in der öffentlichen Sphäre gestaltet sich höchstens »indirekt«, indem sie jene psychologische und moralische Funktion ausübt, in der Familie die Männer auf ihre Rolle als Bürger vorzubereiten.[66]

In seinem Entwurf des weiblichen Subjektes als Subjekt der Fürsorge und der Gabe begrenzt Rousseau dieses auf den natürlichen Raum der Familie und des *oíkos*, der zeit- und geschichtslos ist, und vergibt dadurch die Möglichkeit, es auf die größere Sphäre der Gesellschaft auszuweiten und für die Zwecke des sozialen Zusammenhalts fruchtbar zu machen.

Nun ist es gerade diese Möglichkeit, die das heutige feministische Denken offensichtlich aufzugreifen versucht, vor allem dort, wo es sich mit Carol Gilligan zum Fürsprecher eines ethischen Paradigmas macht, das auf der Wertschätzung der relationalen und verbindenden Eigenschaften der Frauen gründet.[67] Der Vorschlag einer »Ethik der Fürsorge«, die der »differenten Stimme« der Frau ihre Würde zu-

---

63 Vgl. hierzu J. B. Elshtain, *Public Man, Private Woman. Women in Social and Political Thought*, Princeton 1993.
64 Vgl. Arendt, *Vita activa*, a.a.O., S. 48.
65 »Eine wahre Familienmutter, die weit davon entfernt ist, eine Dame von Welt zu sein, findet sich in ihr Haus eingeschlossen wie eine Nonne in ihr Kloster« (*É*, V, S. 737), behauptet Rousseau, womit er das Urteil ausspricht, das in seinem ganzen Werk widerhallt. Zum Ausschluß der Frauen aus der öffentlichen Sphäre beginnend bei ihrem Ausschluß aus dem Gesellschaftsvertrag vgl. Pateman, *The Sexual Contract*, a.a.O. Vgl. zu diesen Themen auch: E. Pulcini, »La politica e il femminile. Le ragioni di un'esclusione«, in: G. M. Chiodi (Hrsg.), *Simbolica politica del terzo*, Turin 1966.
66 In der Originalausgabe des Diskurses *Über die Ungleichheit unter den Menschen* vorangestellten Widmung seiner Schrift an die Stadt Genf schreibt Rousseau: »Wie könnte ich die wertvolle Hälfte der Republik vergessen, die die andere glücklich macht, und die mit ihrer Milde und Weisheit uns den Frieden und die guten Sitten erhält? Ihr liebenswerten und geschickten Bürgerinnen, es wird immer das Schicksal eures Geschlechts sein, das unsere zu regieren. Wir haben Glück, wenn eure unschuldige Macht, die allein innerhalb der ehelichen Gemeinschaft ausgeübt wird, für die Ehre des Staates und für das allgemeine Glück wirksam wird!«
67 Vgl. Gilligan, *Die andere Stimme*, a.a.O.

rückverleihen soll, zielt zuallererst darauf ab, die Opposition öffentlich/privat aufzubrechen. Das Verständnis von Verantwortung und Beziehung ins Zentrum der moralischen Entwicklung zu stellen heißt, in die gesellschaftliche und öffentliche Sphäre, die bisher allein durch die abstrakten und unpersönlichen Gesetze von Recht und Gerechtigkeit regiert wurde, jene »narrative und kontextorientierte« Modalität einzuführen, die Frauen als Subjekten eigen ist, die sich der Abhängigkeit bewußt sind und den Kontext und die »Konkretheit« des Anderen achten.[68]

Dies jedoch erfordert in erster Linie, wie Gilligan nicht unterläßt zu betonen, daß die Neigung zur Fürsorglichkeit ergänzt wird durch die Behauptung der eigenen Rechte,[69] durch die Verantwortung sich selbst gegenüber, durch die Fähigkeit, aktiv über das eigene Leben zu entscheiden; in einem Wort durch jenes Streben nach individueller *Autonomie*, wodurch die Relation bloßer Entsagung und Hingabe an den Anderen sich zu einer bewußten Entscheidung verwandeln könnte, von einer »Bindung, die die Abhängigkeit weiterführt, zu einem dynamischen Raum der Interdependenz«.[70]

Aber die Autonomie ist, wie wir gesehen haben, keine wirkliche, solange sie nicht auch das Moment der *Authentizität*, der Treue zu sich selbst und den eigenen Gefühlen und Wünschen, mit einschließt, auch wenn diese unbequem und verstörend sein können. Die Konstruktion eines authentischen Ichs bedeutet für die Frauen, sich die gewaltige und transgressive Macht der Leidenschaften wieder anzueignen, die es ermöglichen, auch das Moment des Konflikts, der Loslösung und der Trennung in die beständige Sehnsucht nach Vereinigung und Beziehung zu integrieren. Es bedeutet, die Sorge um den Anderen in *Leidenschaft für den Anderen* zu verwandeln, wie wir es definieren könnten, und die Selbstvergessenheit und Selbstaufopferung in eine bewußt gewählte und gewünschte Abhängigkeit umzukehren, insofern sie auf der Anerkennung des Anderen als konstitutive Realität der Identität des Ichs gründet. Vor allem aber bedeutet es, die relationale Kompetenz der Frau weder einzuschränken noch ihr Grenzen zu setzen, damit sie frei wird, sich auch jenseits des intimen Raums der Gefühlsbindungen zu äußern, sich auf die Sphäre der Gesellschaft und des Öffentlichen auszuweiten: denn dort wird sie als kritisches und subversives Mittel gegen die atomistischen und instrumentellen hegemonialen Formen der gesellschaftlichen Ordnung und des sozialen Bandes fungieren können, indem sie die gemeinschafsbezogenen Leidenschaften reaktiviert.

---

68 Zu diesem letzten Punkt vgl. S. Benhabib, »Der verallgemeinerte und der konkrete Andere«, in: E. List u. H. Studer (Hrsg.), *Denkverhältnisse. Feminismus und Kritik*, Frankfurt a. M. 1989.
69 Vgl. hierzu auch L. Irigaray, *J'aime à toi*, Paris 1992.
70 Gilligan, *Die andere Stimme*, a.a.O., S. 72. Dieser Aspekt bleibt jedoch in einigen Entwicklungen der Ethik der Fürsorge, wie etwa dem *maternal thinking*, eher vage.

Wenn also der Weg des weiblichen Individuums die Möglichkeit birgt, ein alternatives Modell zum Erwerbs-Individualismus zu entwerfen, dann heißt das auch, daß das fürsorgliche und gebende Subjekt sich nicht auf Ungleichheit, Ausschluß und Opfer gründen kann, und daß die Gabe, wie wir sehen werden, ihre soziale Wirksamkeit nur dann erhält, wenn sie zum Ausdruck einer nicht verstümmelten Identität wird.[71]

4. Authentizität und Narzißmus

Auch wenn das Authentizitätsideal mit Nachdruck hochgehalten wird, zeigt sich doch, daß es alles andere als einfach zu verfolgen ist; so sehr, daß Rousseau es schließlich, besonders in seiner radikalen und *selbstbehauptenden* Form, zugunsten des sozialen Bandes opfert. Damit sie vereint bleiben können, müssen alle Mitglieder der Gemeinschaft von Clarens auf ihre extremsten und dem Sozialen entgegenstehenden Wünsche verzichten: die *philía*, das Band der Freundschaft und Geschwisterlichkeit erfordert, freudianisch ausgedrückt, einen »Triebverzicht«, eine Reduktion der emotionalen Intensität, eine Abkühlung des *eros* und des *páthos*.
In letzter Instanz wird hier deshalb die individuelle Authentizität, die radikale Behauptung des Ichs dem sozialen Band geopfert, der Konstruktion einer Gemeinschaft, die, auch wenn sie die Bildung von gleicheren und gerechteren Beziehungen gegenüber denen der »großen Gesellschaft« ermöglicht, *dennoch nicht geeignet ist, die Differenz in sich aufzunehmen*, d. h. die volle und integrale Behauptung der Singularität des Ichs. Rousseau zeigt also implizit die Grenzen der gemeinschaftlich orientierten Perspektive auf, die, wie wir noch sehen werden, auch im zeitgenössischen Kommunitarismus wieder auftauchen.
Aber in der komplexen Reflexion Rousseaus läßt sich auch eine entgegengesetzte und komplementäre Perspektive ausmachen, in der die Suche nach Authentizität de facto in einem Verzicht auf das soziale Band und der Aufgabe eines jeden gesellschaftlichen Projekts mündet.
Tatsächlich kommt es in Rousseaus autobiographischen Schriften zu einer *subjektivistischen Wende*, nach der, wie es scheint, die Dimension der Authentizität von jeglicher Form sozialer Bindung losgelöst werden soll, ja die Authentizität sogar als eine Errungenschaft erscheint, die einzig *außerhalb der Gesellschaft* möglich ist: im geschützten Raum autarker und narzißtischer Einsamkeit. Mit den *Bekenntnissen* nimmt die Rückkehr zu sich selbst, zur eigenen Innerlichkeit als dem Sitz der natürlichen und unverdorbenen Leidenschaften eine *entropische* Wendung, die den

---

71 Vgl. Kap. 5.

Abschied Rousseaus von jeder objektbezogenen Beziehung und den individualistischen Rückzug auf ein Ich bezeugt, das ausschließlich darum besorgt ist, die eigene, singuläre und authentische Wahrheit zu behaupten:
> »Ich will meinen Mitgeschöpfen einen Menschen in seiner ganzen Naturwahrheit zeigen; und dieser Mensch werde ich selbst sein.
> Ich allein. Ich kenne mein Inneres, und ich kenne die Menschen. Ich gleiche keinem von allen, die ich gesehen habe; ich bin so kühn zu glauben, nicht wie ein einziger von denen geschaffen zu sein, die mit mir leben [...].« (B, S. 11)

Die autobiographische Option ist an sich schon symptomatisch für eine Akzentverschiebung von den Individuen im allgemeinen hin zum einzigen und singulären Selbst, das sich durch Absetzung und Separierung von den anderen selbst behauptet; wobei die einzig verbliebene Funktion jener *Anderen* die ist, als Zeugen der spiegelbildlichen Bestätigung der eigenen, einzigartigen und unwiederholbaren Erfahrung aufgerufen zu werden. Zwar wird in den *Bekenntnissen* ein brennendes Verlangen nach Anerkennung proklamiert, doch scheint, wie María Zambrano richtig gesehen hat, darin die narzißtische Trennung des Ichs von der Objektbeziehung bereits gänzlich vollzogen zu sein:
> »Es ist ein Leben, das sich einsam und von jedem Objekt getrennt errichtet, weil es sich prinzipiell als Abbild des Ichs entwirft oder mit diesem eins wird. Nun muß es sich aber unvermeidlich an ein Objekt richten, weil das seine unabdingbare Verfassung ist, aber es wird dies tun, indem es weiß oder zu wissen glaubt, daß es selbst dasjenige ist, was es aufrecht erhält und daß das bewunderte Idol auf seine Kosten lebt [...].«[72]

Nicht nur werden die Loslösung und die Separierung von der Welt zu notwendigen Bedingungen für das Auffinden der eigenen Wahrheit, sondern die Suche nach der Wahrheit gerät sozusagen zum Selbstzweck, der von jeder Form geteilten Erlebens oder kollektiven Handelns abgetrennt ist. Das Ich enthüllt sich, indem es definitiv jede Maske und jeden Schutzschild, wie der *amour propre* sie konstruiert hatte, zerbröckeln läßt, mit dem einzigen Ziel, sich selbst in der Komplexität seiner Natur zu behaupten: »Ich werde laut sagen: »Sieh hier, was ich getan, was ich gedacht und was ich gewesen! [...] Ich habe mich so gezeigt, wie ich wirklich war: verächtlich und niedrig, wenn ich es war; gut, hochherzig und groß, wenn ich es war« (B, S. 11). Die an die anderen gerichtete Einladung, aufrichtig zu sein und es ihm gleich zu tun (vgl. ebd.), klingt rein rhetorisch. Vielmehr scheint ein Verzicht durch, Verzicht nicht nur darauf, die Menschen verändern zu wollen, sondern sie überhaupt in ein gemeinsames Projekt mit einzubeziehen; und es tritt das Bekenntnis zu einer Einsamkeit hervor, die zugleich Selbstbehauptung und Garantie für Unverdorbenheit ist.

---

72 M. Zambrano, *La Confesión: género literario*, o. O., 1943.

Dieser Abschied von jeder Form sozialer Bindung und Teilnahme nimmt zunehmend die extreme Färbung einer Flucht aus der Welt an, bis sie schließlich in den *Träumereien* zu einer narzißtischen Introversion gerät, die den Anderen sogar noch in seiner Funktion für die Selbstbespiegelung ausschließt.[73] »So bin ich denn allein auf Erden, ohne Bruder, ohne Nächsten, meiner eigenen Gesellschaft überlassen« (*T*, I, S. 639), behauptet Jean-Jacques,[74] indem er selbst den Übergang von einer Einsamkeit, in deren Inneren es noch Hoffnung gibt, zur apathischen Indifferenz einer Isolation betont, die bar jeder Erwartung ist. Von seinen Mitmenschen enttäuscht, antwortet er mit einer zentripetalen Bewegung der absoluten Entfremdung und der Entsagung, »unerschütterlich wie Gott selbst« (ebd., S. 643); er ist dazu entschlossen, sich mit nichts anderem als sich selbst zu beschäftigen und sich von seiner eigenen Substanz zu nähren (*T*, II, S. 648).

Die großen stoischen Themen des Verzichts, der Enthaltung und der Indifferenz werden von einer neuartigen Bewegung überlagert, einer Art Freudschen Introversion der Libido, durch die das in einen selbstreferentiellen Zirkel eingeschlossene Ich sich selbst zum einzigen Objekt des *páthos* macht.[75] Die *rêverie* ist selbst nichts anderes als das träge Sich-Überlassen an ein Imaginieren ohne Objekt, das freie Vagabundieren eines Ichs, das sich unendlich ausbreiten kann, ohne Gefahr zu laufen, sich »an das Äußere zu verlieren«; so löst sich der Zwang zur Differenzierung schließlich in eine Art friedlicher Rückkehr zum inorganischen Zustand auf, in die Sehnsucht nach der ursprünglichen Undifferenziertheit des Mutterschoßes. Rousseau vollzieht in seiner eigenen Person jenen Prozeß der Wiederumkehr der Leidenschaften, der Transformation des *amour propre* in *amour de soi*, auf die er seine Idee einer wohlgeordneten Gesellschaft und eines authentischen Individuums gegründet hatte. Aber gerade die Verkehrung dieses Prozesses hin zum Autobiographischen fällt mit der Aufgabe jeglicher gemeinschaftlicher Perspektive und dem Rückzug in eine Identitäts-Logik zusammen. Die Rückkehr zu sich selbst und zur natürlichen Selbstliebe ist gleichbedeutend mit der völligen Neutralisierung des Anderen.[76] Durch den Rückzug des Ichs in eine Freizone, in der es »von allen geselligen Leidenschaften und ihrem traurigen Erfolg« (*T*, VIII, S. 742) geschützt

---

73 Starobinski spricht in diesem Zusammenhang tatsächlich von einem »Narziß ohne Spiegel«, vgl.: »J.-J.-Rousseau«, in: *L'œil vivant*, a.a.O.
74 Rousseau verzichtet nicht nur darauf, seine Zeitgenossen als Zeugen aufzurufen, wie in den *Bekenntnissen*, sondern auch darauf, auf die zukünftigen Generationen zu hoffen, wie er es noch beim Schreiben der *Dialoge* getan hatte (*T*, I).
75 »Es scheint mir, daß ich die Anmut des Daseins besser empfunden und in der Tat mehr gelebt habe, weil meine Empfindungen durch mein Schicksal sozusagen eng in meinem Herzen zusammengedrängt waren und nicht draußen an allen Gegenständen der menschlichen Achtung verdunsteten, die dieselbe so wenig an sich selbst verdienen und doch die einzige Beschäftigung derer ausmachen, die für glücklich gehalten werden.« (*T*, VIII, S. 731)

und daher immun gegenüber der Meinung ist, die mittlerweile für vollkommen korrupt und unerlösbar erklärt wird, wird der Andere entmachtet. Das *Verlangen nach Immunisierung*[77] fällt symbolisch zusammen mit dem Ende jeglichen Versuchs zur Transformation und jeder Hoffnung auf Veränderung der Welt. Die Liebe zu sich selbst bleibt auch weiterhin eine Bedingung für Authentizität, aber sie ist nicht länger die Voraussetzung einer besseren Beziehung zwischen den Menschen. Wir sahen, wie sie zum blutleeren Rückzug in sich selbst wurde, zu einem Wunsch nach Selbsterhaltung, der jeder Form von *páthos* ein Ende setzt; oder besser noch, zu einer *Ich-Leidenschaft*, die jedoch eine entropische und selbstreferentielle Bedeutung angenommen hat:

»Es ist wahr, daß ich, auf mich selbst eingeschränkt, mich von meiner eigenen Substanz nähren muß, aber sie erschöpft sich nicht, und ich genüge mir selbst, obgleich ich sozusagen aus leerem Magen wiederkäue und meine versiegte Einbildungskraft und meine erloschenen Vorstellungen meinem Herzen keine Nahrung mehr gewähren.« (*T*, 1.VIII, S. 732)

Die Befreiung von den Leidenschaften und das Vordringen zum »reinen Gefühl der Existenz« ist nicht länger die Voraussetzung für ein authentischeres und gerechteres soziales Band, sondern ist zum Endziel eines zugleich schwachen und allmächtigen Ichs geworden, das nach einer Art göttlicher Selbstgenügsamkeit strebt.[78] Aus jeglicher Verbindlichkeit herausgelöst, nährt und genießt das Ich sich selbst und findet dabei in seiner eigenen autarken Verfassung die Quelle eines unzerstörbaren Glücks, das frei von den Beunruhigungen des Verlangens und der Hoffnung ist. Ein Glück, das in der Kürze jener zeitlosen Augenblicke vollkommen erfüllt wird, die demjenigen gegeben sind, der sich dem reinen Sinn des Daseins hingeben kann (vgl. *T*, V). Zusammen mit dem kollektiven Ideal der Authentizität fällt auch jener Anspruch auf ein gemeinsames *Glück* in sich zusammen, der zuvor unauflösbar mit der individuellen Suche nach Wohlergehen verknüpft war. Dem Ich bleibt nichts anderes übrig als die mageren Freuden eines einsamen und unbeweglichen

---

76 Indem der Mensch sich durch die Wahl der Einsamkeit der Macht des *amour propre* entzieht, entzieht er den anderen jegliche Macht über sich: »[…] als sie sich in meine Seele zurückschmiegte und die äußeren Beziehungen abschnitt, die sie anspruchsvoll machen, allen Vergleichen und Vorzügen entsagte, begnügte [der *amour propre*] sich mit dem Bewußtsein meiner inneren Güte, und als [er] dann wieder Selbstliebe wurde, kehrte [er] in die natürliche Ordnung zurück und hat mich von dem Joch der Meinungen befreit.« (*T*, VIII, S. 737)

77 Vgl. Esposito, *Communitas*, a.a.O., der, auch wenn er sich hauptsächlich auf Hobbes bezieht, den Begriff der »Immunisierung« als fundamentalen Terminus für die Interpretation der Moderne vorstellt.

78 »Und was genießt man in einer solchen Lage? Nichts, das außer uns selbst wäre, nichts als sich selbst und sein eigenes Dasein, und solange dieser Zustand währt, ist man, wie Gott, sich selbst genug.« (*T*, V, S. 699).

Zustands zu genießen, den kein »Hindernis und keine Ablenkung« von außen mehr stören oder kontaminieren können (*T*, II, S. 648).
Es ist also nicht zu leugnen, daß die entropische Rückwendung zu sich selbst, die aus den autobiographischen Schriften hervorgeht, und die Herausbildung einer vom Sozialen abgetrennten Authentizität und eines Ichs, das auf jegliche Objektbeziehung verzichtet, einem Rousseau-Bild Nahrung verleiht, das dem kommunitaristischen auf paradoxe Weise entgegengesetzt ist; das Bild eines Rousseau als dem Theoretiker eines radikalen Subjektivismus, der nicht nur die Kultur der Authentizität hervorgebracht hat, sondern auch ihre narzißtische Degeneration. Die Frage, mit der die *Träumereien* beginnen – »Aber ich, losgelöst von ihnen und von allem, was bin ich selbst?« (*T*, I, S. 639) – kann als das legitime Symbol für jene radikale Wende des modernen Individualismus stehen, in der man heute die Geburtsstunde des zeitgenössischen Narzißmus sehen will. Die Suche nach Authentizität mündet, anders gesagt, in jene absolute Priorität und Zentralität des Ichs, die, wie im folgenden deutlicher wird, von den heutigen Theoretikern je nachdem als »Intimismus«, als »Hedonismus« oder als »Expressivismus« bezeichnet wird[79] – jeweils in Anspielung auf die Loslösung des Ichs von der Welt, die Krise des sozialen Bandes, den Verlust des Engagements und der Teilnahme am öffentlichen Leben, die Erosion jeden Sinns für Gemeinschaft und Zugehörigkeit.
Richard Sennett sieht daher gerade bei Rousseau den Anfang jenes Prozesses der Psychologisierung des Ichs, der die äußere Wirklichkeit delegitimiert, insofern er sie auf die phantasmatische Widerspiegelung der subjektiven Wünsche und Bedürfnisse reduziert; ein Prozeß, der die Distanz des Ichs zum Anderen abschafft und in apathischen und blutleeren Beziehungen endet, die jeglichen kommunikativen Potentials entleert sind. Die narzißtische Introversion des Ichs legt den Grundstein zum »Verfall des öffentlichen Lebens« und eröffnet eine neue Phase des modernen Individualismus, die schließlich im Triumph jenes Menschentyps endet, den man als *homo psychologicus* bezeichnet hat; eines Typus, der allein vom »Evangelium der Selbstverwirklichung« geleitet wird und der Welt gleichgültig gegenübersteht.[80] Der intimistische Rückzug in die Innerlichkeit eines Ichs, das alle Masken und Rollen ablehnt, um sich selbst in der nackten Wahrheit seiner Natur zu behaupten, fällt also, mit Hannah Arendt gesprochen, mit dem Verschwinden der »Welt« zusammen, jenes Raumes des »Zwischen«, der die Menschen vereint und sie gerade dadurch in Beziehung zueinander setzt, daß er sie künstlich voneinander trennt. Die Suche nach Authentizität führt mit anderen Worten zu einer Zer-

---

79 Vgl, hierzu: R. Sennett, *Verfall und Ende des öffentlichen Lebens*, Frankfurt a. M. 1998; D. Bell, *Die kulturellen Widersprüche des Kapitalismus*, Frankfurt a. M. 1991; R. Bellah (u. a.), *Gewohnheiten des Herzens: Individualismus und Gemeinsinn in der amerikanischen Gesellschaft*, Köln 1987. Auf dieses Thema komme ich in Kap. 4, Abschnitt 3 zurück.
80 Vgl. Ph. Rieff, *The Triumph of Therapeutics*, Harmondsworth 1966.

setzung des »Raums der Erscheinung« als dem Theater des Vergleichs und der Interaktion, das die notwendige Bedingung des »In-Gemeinschaft-Seins« ist und der Identität des Ichs selbst Sinn und Substanz gibt.[81]

Man könnte also mit Charles Taylor[82] sagen, daß die Authentizität ihren »dialogischen« Charakter, ihre ursprüngliche innere Allianz mit einem größeren Universum von Bedeutungen und Werten verliert, aus dem jede Entscheidung des Ichs Sinn und Dichte erhält, um in Richtung des »milden Relativismus« eines Subjektivismus abzugleiten, der von jeder Form der Relationalität entleert ist.

Es stimmt also, daß die Rousseausche Abschottung in eine *entropische und selbstreferentielle Ich-Leidenschaft* den emotionalen Mechanismus zu verstehen ermöglicht, der die Basis für die narzißtische Konfiguration des modernen Individuums bildet. Dennoch behält sie selbst noch in dieser radikalen Form ein kritisches und emanzipatorisches Potential, das es unmöglich macht, sie auf eine rein narzißtische Perversion oder Pathologie zu reduzieren. Der Individualismus Rousseaus ist nichts anderes als die Reaktion auf die Desillusion hinsichtlich der Gemeinschaft, nichts anderes als der Rückzug des Ichs in eine Art atomistische Introversion angesichts der Unmöglichkeit, eine authentische Gemeinschaft zu verwirklichen.[83]

Der Verteidigung der absoluten Einsamkeit, mit der die *Träumereien* beginnen, folgt in der Tat die Sehnsucht nach der verlorenen Gemeinschaft: »Der geselligste und liebevollste unter den Menschen ist mit allgemeiner Übereinstimmung seiner Mitmenschen aus ihrer Gesellschaft verbannt worden« (*T*, I, S. 639). Das Verlassen der Welt ist der äußerste Protestakt gegen eine Welt, die sich nicht erlösen läßt und die zum endgültigen Rückzug aus ihr zwingt. Trotz der deutlichen narzißtischen Akzente bedeutet der Individualismus der autobiographischen Schriften, der auf der erklärten Entscheidung zur Einsamkeit basiert, mit anderen Worten gar keine Negation der Gemeinschaft oder den Verlust der gemeinschaftlichen Ausrichtung. Angesichts der Unmöglichkeit, die Welt zu verändern, flüchtet sich das Ich in die Schutzzone der Innerlichkeit, indem es einen letzten Akt der Anklage vollzieht,

---

81 Vgl. Arendt, *Vita activa*, a.a.O., 1. Kap. Man muß allerdings präzisieren, daß Arendt den Nexus Sein / Schein von Rousseau umkehrt, insofern der Schein bei ihr nicht die Bedeutung von Falschheit und Simulation hat, sondern den der reinen Präsentation, der epiphanischen Offenbarung, die semantisch also nah an das Ereignis der Geburt heranrückt. Vgl. in diesem Zusammenhang R. Esposito, *L'origine della politica. Hannah Arendt o Simone Weil?*, Rom 1996, S. 46 ff.
82 Vgl. Taylor, *Das Unbehagen an der Moderne*, a.a.O., S. 20 ff. Man muß allerdings hervorheben, daß Taylor diesen degenerativen Prozeß nicht Rousseau zuschreibt; er sieht nicht, daß man bereits bei Rousseau von einem Abgleiten der Authentizität in den Narzißmus sprechen könnte.
83 Nicht viele Interpreten Rousseaus haben diesen Aspekt gesehen; vgl. unter ihnen Esposito, *Communitas*, a.a.O., S. 44: »Auch die kontinuierliche Proklamation der eigenen Einsamkeit [...] hat bei Rousseau die Färbung eines stillen Aufbegehrens gegen die Abwesenheit der Gemeinschaft [...]. Es gibt sie nur, weil es die Gemeinschaft nicht gibt – oder besser, weil alle existierenden Formen der Gemeinschaft nichts anderes als das Gegenteil der *authentischen Gemeinschaft* sind.« (kursiv E. P.)

nicht gegen die Gesellschaft im Ganzen, sondern gegen eine Gesellschaft, die den eigenen Idealen der Gerechtigkeit, Gleichheit und Transparenz nicht entspricht. Der Erwerbsleidenschaft des prometheischen Individualismus, der das Ich zum Konflikt, zur Beherrschung und zur Konstruktion eines falschen Selbstbildes treibt, stellt Rousseau nun die Suche des Einzelnen nach einem Glück gegenüber, welches aus der Kunst, *bei sich selbst zu bleiben*, entspringt, daraus, den innersten Regungen der Seele Aufmerksamkeit zu schenken und mit der veredelten Ruhe einer Existenz, die den zerstörerischen Effekten der Wettbewerbsleidenschaften entzogen ist, den natürlichen Freuden des Körpers zu folgen. In der zur Schau gestellten Indifferenz scheint der Wunsch nach einem erfüllteren und reicheren Dasein durch, in dem all das wiedergewonnen werden kann, was in der erzwungenen und entfremdenden Bewegung der Erwerbsleidenschaft mit ihrem Eifer, voranzukommen und sich uneingeschränkt auszubreiten, unweigerlich verloren geht. Im endgültigen Verzicht auf die Beziehung entsteht eine heftige Sehnsucht nach dem Anderen und nach einer sozialen Bindung, die weder den Selbstverrat noch die Überbietung des Anderen erfordert.

Rousseau führt also eine Form des kritischen, sogar utopischen Individualismus ein,[84] der in der Folgezeit von neuem auftauchen wird, in Momenten, die sich *dissonant* gegenüber dem vorherrschenden Erwerbs-Modell verhalten, etwa im »romantischen Expressionismus« von Wordsworth und Novalis,[85] im demokratischen Individualismus von Emerson und Whitman,[86] in der Selbstwahl von Kierkegaard oder der Suche Nietzsches nach der Integrität des Selbst.[87]

In diesem Sinne ist das Bild, das der Botschaft Rousseaus am vielleicht nächsten kommt, Marcuses Narziß, mit dem das Symbol eines antiprometheischen Ichs wieder aufgegriffen wird;[88] eines Ichs also, das sich in seiner Passivität, in seiner Verankerung im Gegenwärtigen und in seinem Hedonismus dem »Kulturheld der Mühsal, der Produktivität und des Fortschritts« entgegenstellt, der allein von einer instrumentellen Perspektive des Erwerbs und der Herrschaft geleitet wird. Gegen die prometheischen Imperative von »Mühsal, Herrschaft und Triebverzicht«, welche Konflikte, Ängste und zwanghafte Projektionen in die Zukunft erzeugen, macht sich das narzißtische Ich zum Träger eines Bildes der Wiederaussöhnung

---

84 Den utopischen Charakter von Rousseaus Subjektivismus betont E. Bloch in: ders., *Das Prinzip Hoffnung*, Frankfurt a. M. 1982, Bd. 1, Teil 2, Abschn.13, S. 75.
85 Vgl. Taylor, *Das Unbehagen an der Moderne*, a.a.O., Kap. 21 ff.; Trilling, *Sincerity and Authenticity*, a.a.O., S. 92 ff.
86 Vgl. N. Urbinati, *Individualismo democratico. Emerson, Dewey e la cultura politica americana*, Rom 1997; Bellah, *Gewohnheiten des Herzens*, a.a.O.
87 Zu Kierkegaard, Nietzsche und der »Selbstbehauptung« vgl. Taylor, *Quellen des Selbst*, a.a.O., S. 779 ff.; Trilling, *Sincerity and Authenticity*, a.a.O., S. 119 f.; Ferrara, *Modernità e autenticità*, a.a.O., S. 149.
88 Vgl. Marcuse, *Triebstruktur und Gesellschaft*, a.a.O., S. 139 ff.

und der Ruhe, einer existentiellen »Ordnung der Erfüllung«,[89] in der das befreit werden kann, was dem kapitalistischen »Leistungsprinzip« geopfert wurde: die Einbildungskraft, die Freude, das Gefühl einer tiefen Verbundenheit mit der Natur, die Fülle einer Existenz, die nicht mehr dem Zwang zum instrumentellen Planen und zur uneingeschränkten Aneignung unterworfen ist. Marcuse behauptet, Narziß sei das Bild der Verweigerung, des Protests gegen eine Ordnung, die die Selbstaufopferung fordert.

Das narzißtische Ich Marcuses scheint, wie das authentische Ich Rousseaus, die Selbstbehauptung unauflöslich mit der Entstehung neuer Werte und Instanzen zu verknüpfen, auf denen sich ein anderes soziales Band aufbauen kann. Das Ich stellt sich nur deshalb *außerhalb* der Gesellschaft, weil es sich *gegen* sie stellt. Es nimmt das Glücksversprechen der Moderne ernst und bleibt der Vorstellung von einer besseren Welt treu, in der es möglich ist, *man selbst zu werden*.

Soweit sie dieses kritische Potential enthält, verliert die Suche nach Authentizität, auch wenn sie in narzißtische Formen der Selbstbehauptung abgleiten kann, nicht ihren ursprünglichen Charakter: eine legitime Betonung des Selbst zu sein, ein unabdingbares Verlangen nach einer integeren und zusammenhaltenden Identität, die dem eigenen, innersten Drängen treu bleiben kann. Zu dieser eigentlichen narzißtischen »Degeneration«[90] kommt es, könnte man sagen, erst dann, *wenn dieses kritische Potential verloren geht*; wenn die Wertschätzung der eigenen Einzigartigkeit und Singularität und der Wunsch nach Selbstverwirklichung sich nicht nur von einer ungerechten und korrupten Gesellschaft lossagen, sondern von der Gesellschaft *im Ganzen* und sie sozusagen zum Selbstzweck werden; wenn sie sich nicht nur von jedem aktiven Projekt des gemeinschaftlichen Lebens und der Veränderung der Welt lösen, sondern vom *Wunsch* nach Interaktion und Gemeinschaft selbst.

Das soziale Band reißt erst dann, *wenn das Ich das emotionale und innere Band zum Anderen verliert*, wenn der Andere also weder ein reales und konkretes Objekt der Konfrontation und der Rivalität mehr ist, wie im Erwerbs-Modell, noch das Objekt einer Sehnsucht, sei sie auch idealisiert und nostalgisch wie im Modell Rousseaus; sondern wenn er, wie wir sehen werden, zu einer dunklen und phantasmatischen Präsenz wird, von deren bestätigender und widerspiegelnder Funktion für die uneingeschränkten Wünsche des Ichs letztlich nur noch ein Residuum zurückbleibt.

---

89 Ebd., S. 141 ff.
90 Vgl. Taylor, *Das Unbehagen an der Moderne*, a.a.O. (10. Kap.).

IV. Das Verschwinden der Leidenschaften: der *homo democraticus*

1. Die »Leidenschaft für den Wohlstand« und der Individualismus

Die eigentliche Krise des sozialen Bandes tritt dann ein, wenn die Absonderung von der Welt, der Rückzug in sich selbst und die Indifferenz jedes kritische Potential verlieren und zu Manifestationen eines Ichs werden, das allein auf die eigene Selbstverwirklichung ausgerichtet ist. Wie zu zeigen sein wird, tritt dies ein, wenn der Narzißmus nicht das Ergebnis einer Rebellion gegen die Entfremdungseffekte der Erwerbsleidenschaft darstellt, sondern die Folge der Erwerbsleidenschaft selbst ist.
Dies jedenfalls läßt sich aus den Reflexionen Tocquevilles in *Über die Demokratie in Amerika* ersehen. Der Akzent liegt dort nicht auf dem Verlust der Authentizität, sondern auf der *Schwächung des Ichs* und der Herausbildung eines atomistischen Individualismus, der in der demokratischen Struktur der Gesellschaft seinen Ursprung hat und in den besonderen Gefühlslagen, die diese hervorbringt. Mit anderen Worten: die Erwerbsleidenschaft, die Tocqueville »Leidenschaft für den Wohlstand« nennt, nimmt in der Demokratie eine *entropische* Gestalt an, die jedes Beziehungsverhältnis auflöst und zum Verlust des sozialen Bandes führt, was eine epochale Wendung gegenüber dem Modell von Hobbes und Smith bedeutet.
Tocqueville setzt an, indem er zwischen der Gleichheit und dem Kult um materielle Genüsse einen engen Zusammenhang ausmacht:[1] Insofern die Gleichheit nie dagewesene und allen zugängliche Chancen zur Verbesserung der eigenen Verhältnisse

---

1 »Wir werden sehen, daß es unter allen Leidenschaften, die die Gleichheit weckt oder begünstigt, eine gibt, die durch sie besonders angeregt und gleichzeitig in den Herzen aller Menschen verwurzelt wird: es ist die Liebe zum Wohlstand. Der Sinn für Wohlstand ist gleichsam das hervorstechende und unaustilgbare Merkmal der demokratischen Zeitalter« (*DA*, S. 43).

eröffnet, nährt sie besonders die Leidenschaft für den Wohlstand. Diese bildet die Basis jenes diffusen Materialismus, der die Leidenschaften des demokratischen Menschen mobilisiert, und gibt dem menschlichen Handeln eine wesentlich utilitaristische und realistische Wendung. Wie Marcel Gauchet hervorhebt, stellt Tocqueville der *Beständigkeit* der aristokratischen Gesellschaften eben die Leidenschaft für den Wohlstand gegenüber, die durch die Vermischung der gesellschaftlichen Klassen und die Aufteilung der Güter, kurz, durch die von der Gleichheit geschaffene *Mobilität* begünstigt wird.[2] Sie wächst proportional zur Chancengleichheit und bezieht Reiche und Arme gleichermaßen mit ein: die ersten, weil sie befürchten, zu verlieren, was sie haben, die zweiten, weil sie hoffen, erreichen zu können, was sie nicht haben. Die demokratischen Individuen streben vorzugsweise, wenn nicht gar ausschließlich leidenschaftlich nach dem Nützlichen. Die Erwerbsleidenschaft nimmt universale und alles durchdringende Züge an, indem sie die menschlichen Energien auf die alleinige, unausgesetzte Suche nach materiellen Gütern ausrichtet (vgl. *DA*, 2. Bd., Teil II, 11. Kap.). Tocqueville besteht auf dem *zentralisierenden und monopolisierenden* Charakter der Leidenschaft für den Wohlstand, die das gesamte Gefühlsleben der demokratischen Individuen in sich absorbiert und somit gleichsam die Ausdörrung und Schwächung der anderen Leidenschaften verursacht: »Die Liebe zum Wohlergehen ist die nationale und vorherrschende Neigung geworden; die Hauptströmung der menschlichen Leidenschaften drängt nach dieser Seite hin und reißt in ihrem Laufe alles mit sich« (*DA*, 2. Bd., S. 192).[3] Aber das heißt nicht, daß sie selbst eine starke und exzessive Leidenschaft wäre, die von der gleichen undisziplinierten Intensität wie die aristokratischen Leidenschaften nach Ruhm und Ehre ist. Im Gegenteil, paradoxerweise vereint sie in sich Exklusivität und Mäßigung, Hartnäckigkeit und Ruhe, Beharrlichkeit und durchschnittliche Planung des alltäglichen Lebens.[4] Wie Tocqueville sogleich betont, besteht das Gefährliche an ihr nicht darin, daß sie Unordnung, Konflikt und Kor-

---

2 M. Gauchet, »Tocqueville, l'Amérique et nous«, in: *Libre*, 1979.
3 Vgl. auch *DA*, S. 335 f.: »Die Menschen, die in demokratischen Zeiten leben, haben viele Leidenschaften; aber die meisten ihrer Leidenschaften münden in die Liebe zum Reichtum, oder sie entspringen ihr.« Hinsichtlich der Individuierung einer für die Moderne besonderen Transformation in diesem Prozeß spricht Remo Bodei von einer anthropologischen Mutation, welche die Ausdörrung einiger Leidenschaften sowie das Aufblühen anderer hervorbringt. Vgl. Bodei, *Politica come scienza e come prassi*, a.a.O., S. 101.
4 »Zu solchen Ausschweifungen treibt der Sinn für materielle Genüsse die demokratischen Völker nicht. Die Liebe zum Wohlergehen erweist sich da als eine zähe, ausschließliche, allumspannende, aber beherrschte Leidenschaft. [...] Es handelt sich darum, den eigenen Äckern einige Klafter hinzuzufügen, einen Obstgarten anzulegen, ein Wohnhaus zu vergrößern, das Dasein immer leichter und bequemer zu gestalten, dem Mangel zuvorzukommen und die geringsten Bedürfnisse ohne Anstrengung und fast kostenlos zu befriedigen. Diese Ziele sind klein, aber die Seele hängt an ihnen: sie betrachtet sie täglich und ganz in der Nähe; schließlich verbergen sie ihr die übrige Welt, und manchmal stellen sie sich zwischen sie und Gott.« (*DA*, S. 194).

ruption hervorbringt, sondern daß sie eine Art Schwächung des Willens und der Energien zur Folge hat, die vom mittelmäßigen Verfolgen kleiner Ziele und gewöhnlicher Freuden absorbiert werden: »So könnte sich in der Welt bestens eine Art anständiger Materialismus stabilisieren, der die Seelen nicht korrumpieren würde, sondern der sie weich machen und dazu führen würde, daß ohne Chaos alle ihre Energien geschwächt würden« (*DA*, S. 195).

Zu den »kleinen Zielen« der demokratischen Individuen ist auch das zu rechnen, was mit Smith und Rousseau als der *Wunsch nach Unterscheidung* definiert wurde. Der Besitz von Reichtum und Gütern behält auch in der Demokratie seine Funktion bei, das Bedürfnis nach Unterscheidung von den anderen zu befriedigen; ein Bedürfnis, das – wie wir noch sehen werden – durch die demokratische Vermassung immer mächtiger wird.[5] Die Demokratie führt eine für die Moderne charakteristische Entwicklung zu ihrer Vollendung: daß nämlich der Wert des Einzelnen und seine Möglichkeit, sich von anderen zu unterscheiden, am Besitz von Geld festgemacht werden. Dies geht deutlich aus den Analysen von Marx und Simmel hervor, die zeigen, daß der Besitz von Geld die Menschen einander zunächst angleicht und ihre Besonderheiten verwischt, um sie sodann als Inhaber von Tauschwerten wieder zu differenzieren.[6] Darin bestätigt sich, daß Reichtum und Geld Instrumente der sozialen Distinktion sind;[7] was bedeutet, daß die Leidenschaft für den Wohlstand auch hier, zumindest teilweise, von der Leidenschaft nach Unterscheidung genährt wird.

Der Leidenschaft nach Unterscheidung eignet hier allerdings nicht mehr der offen kompetitive Charakter wie noch bei Smith und Rousseau, wo sie als Auslöser einer sozialisierenden Dynamik wirkte. Sie deckt sich nicht mehr mit dem Wunsch, bewundert oder anderen vorgezogen zu werden, mit der ungebremsten und aggressiven Selbstliebe, die zum offenen Kampf um die Vormachtstellung bereit ist. Vielmehr entsteht sie aus einem verborgenen und dunklen *Bedürfnis nach Sichtbarkeit*, das durch die demokratische Undifferenziertheit entsteht. Nicht Stolz und maßloses Streben nach Selbstbehauptung beflügeln sie mehr, sondern die heimtückischere und introvertiertere Leidenschaft des »Neides«; wie später noch deut-

---

5 »In den Demokratien, wo die Bürger sich nie stark voneinander unterscheiden und wo sie naturgemäß sich so nahe sind, daß sie sich jederzeit alle in einer gemeinsamen Masse vermischen können, bildet sich eine Unzahl künstlicher und willkürlicher Gliederungen, mit deren Hilfe jeder sich abzusondern trachtet, aus Angst, er könnte gegen seinen Willen in die Masse hineingerissen werden.« (*DA*, S. 318 f.).
6 K. Marx, *Grundrisse der Kritik der politischen Ökonomie*, 1857-58; G. Simmel, *Philosophie des Geldes*, Berlin 1977.
7 »Da die früheren Dinge nicht mehr in Ansehen stehen, unterscheiden Geburt, Stand, Beruf die Menschen nicht oder kaum mehr voneinander; es bleibt nur das Geld, das sehr sichtbare Unterschiede zwischen ihnen schafft und einige über jeglichen Vergleich hinaushebt.« (*DA*, S. 336)

licher wird,⁸ produziert dieser freilich nur sterilen Haß und Ressentiment und wird so zum exemplarischen Ausdruck jener »senilen Leidenschaften, die zu Impotenz führen« und nicht einmal mehr imstande sind, sich in eine für das demokratische Zeitalter typische offene und faire Auseinandersetzung zu verwandeln.

Schwäche, Mittelmäßigkeit und Durchschnittlichkeit charakterisieren die Gefühlsstruktur des demokratischen Menschen: derart stellt Tocqueville uns die *anthropologische Mutation* vor Augen, welche die Demokratie eingeführt hat.⁹ Die Erwerbsleidenschaft ist die »Leidenschaft der Mittelklasse«, genährt von der Einschränkung des Besitzes und der Angleichung der Eigentumsverhältnisse, und steht unter dem Einfluß einer generellen Durchschnittlichkeit, die charakteristisch ist für die Erwartungen und Ziele dieser Klasse (vgl. *DA*, Bd. 2, Teil II, 11. Kap.) – einer Klasse emsiger und rastloser kleiner Eigentümer, die unablässig auf Mehrung ihres Wohlstandes aus sind und alles fürchten, was diesen gefährden könnte. Die Angehörigen dieser Klasse stehen den »gewaltigen Leidenschaften« feindlich gegenüber und lehnen jede radikale Veränderung ab, welche die Stabilität des Marktes gefährden könnte, der ihnen die Freiheit zur Verfolgung ihrer eigenen Interessen gebracht hat.¹⁰

Tocqueville zeichnet hier bereits jenen Prozeß der Zähmung von Gewalt und der Mäßigung der Leidenschaften vor, in dem Autoren wie Elias oder Hirschman später das distinktive Kennzeichen der Moderne ausmachen. Er spricht von einer »Milderung der Sitten« und von deren immer offensichtlicheren »Sanftheit« (*DA*, Bd. 2, Teil III, 1. Kap.), die von der Ausdehnung des Handels befördert wird – jener fundamentalen, befriedend wirkenden Dimension der modernen Gesellschaft.¹¹

Obwohl Tocqueville eine vornehmlich merkantile Gesellschaft beschreibt, wo die Sphäre der industriellen Produktion sich noch in ihren Anfängen befindet, verschafft er bereits einen Einblick in die ordnenden und regulierenden Effekte der Leidenschaft für den Wohlstand hinsichtlich des industriellen Wachstums.¹² Auf der einen Seite – sagt Tocqueville – steht der Hang zu materiellen Genüssen, wo-

---

8   Vgl. § 2.
9   Vgl. M. Cacciari, »L'invenzione dell'individuo«, in: *Micromega*, 1996.
10 In diesem Sinne ist das Fehlen von Revolutionen in der Demokratie bei Tocqueville von Bedeutung. Vgl.: *DA*, Teil III, 21. Kap. Zur komplexen Beziehung zwischen Demokratie und Revolution bei Tocqueville vgl. J.-C. Lamberti, *Tocqueville et les deux démocraties*, Paris 1983.
11 »Der Handel ist von Natur ein Feind aller gewalttätigen Leidenschaften. Er liebt die Mäßigung, gefällt sich in Zugeständnissen, flieht sorgfältig den Zorn. Er ist geduldig, geschmeidig, einschmeichelnd, und er greift zu äußersten Mitteln nur, wenn die unbedingteste Notwendigkeit ihn dazu zwingt.« (*DA*, S. 373)
12 Die Bedeutung der Rolle, welche die Industrie bei Tocqueville spielt, zeigt S. Drescher, *Dilemmas of Democracy: Tocqueville and Modernization*, Cambridge, Mass., 1964. Der Autor hat unter anderem eine neue Interpretationslinie in Bezug auf Tocqueville begründet, die auf der deutlichen Differenz zwischen den beiden Teilen von *Über die Demokratie in Amerika* basiert.

durch die Menschen ihre Wünsche vollständiger und schneller zu befriedigen hoffen, und treibt sie zu Handel und Gewerbe; auf der anderen Seite unterwirft die Industrie, die »nur dank sehr geordneter Gewohnheiten und einer langen Reihe kleiner, sehr gleichförmiger Handlungen gedeihen« kann (*DA*, Bd. 2, S. 336 f.), die Gewalt und Impulsivität dieser Leidenschaft den eigenen Erfordernissen und verleiht ihr Ordnung und Methode:

> »Dieser besondere Hang, der die Menschen der demokratischen Zeitalter zu materiellen Genüssen zieht, steht von Natur aus nicht im Gegensatz zur Ordnung, im Gegenteil: um befriedigt zu werden, bedarf er gerade der Ordnung. Er ist auch nicht ein Feind geordneter Sitten; denn die guten Sitten sind der öffentlichen Ruhe zuträglich und begünstigen die gewerbliche Tätigkeit.« (*DA*, Bd. 2, S. 195)

Im Laufe der Ausbreitung der Handels- und Industriegesellschaft erlangt die Erwerbsleidenschaft einen methodischen Charakter und eine ordnende Funktion, während die Besitzgier und das ungebremste Verlangen nach Reichtum eine Zähmung erfahren, die sich in der »Milde« der Sitten und dem gelassenen und einförmigen Abschreiten der Lebenszeit manifestiert:

> »Die Gewohnheiten sind um so geordneter und die Handlungen umso eintöniger, je lebhafter die Leidenschaft ist. Man kann sagen, daß gerade die Heftigkeit ihrer Wünsche die Amerikaner so planmäßig vorgehen heißt. Sie beunruhigt ihr Gemüt, aber sie bringt Ordnung in ihr Dasein.« (*DA*, Bd. 2, S. 337)

Tocquevilles Intuition einer Leidenschaft, die ordnungsfördernd wirkt, weist eine offensichtliche Affinität zur Interpretation des modernen *homo oeconomicus* und der Genese des Kapitalismus bei Weber auf:[13] In der Figur Benjamin Franklins, für Weber die perfekte Verkörperung des modernen Utilitarismus, begegnet man der nur scheinbar paradoxen Koexistenz der Erwerbsleidenschaft mit einer geordneten und methodischen Lebensführung.[14]

Als Idealtypus dieses puritanischen Asketentums, aus dem der Geist des modernen Kapitalismus entsteht, erhebt Franklin den Verdienst und den Erwerb von Reichtum zum eigentlichen Lebenszweck. Dabei hat die Erwerbsleidenschaft und das Streben, immer mehr Geld zu besitzen, jenen ungebremsten, abenteuerlustigen

---

13 Vgl. Weber, *Protestantische Ethik*, a.a.O. Über die thematischen Konvergenzen zwischen Tocqueville und Weber vgl. D. Freund, »Max Weber und Alexis de Tocqueville«, in: *Archiv für Kulturgeschichte*, LVI, 1974; und F. Tuccari, *I dilemmi della democrazia moderna. Max Weber e Robert Michels*, Rom-Bari 1993.

14 Das heißt jedoch nicht, wie Bellah (*Habits of the Heart*, a.a.O) zu unterstellen scheint, daß das von Tocqueville beschriebene und kritisierte Individuum *tout court* mit der Typologie von Franklin zusammenfiele, von der er sich im Gegenteil, wie wir sehen werden, in Bezug auf einige fundamentale Aspekte unterscheidet.

und raubgierigen Charakter verloren, welcher der präkapitalistischen *auri sacra fames* eigen war. Sie wird im Gegenteil zum inspirierenden Prinzip einer neuen Ethik, die auf der moralischen Verpflichtung des Einzelnen zum rationalen Wachstum des Kapitals gründet.[15] Durch die protestantische Arbeitsethik und die Idee der »beruflichen Pflicht« als Quelle des modernen ökonomischen Rationalismus erfährt die Leidenschaft des Geldverdienens[16] bei Franklin jenen Prozeß der Disziplinierung und der Rationalisierung, in dem Weber die besondere Charakteristik des modernen westlichen Kapitalismus erkennt.[17] Sie schlägt sich in einer methodischen Lebensführung und in praktisch-rationalen Handlungsweisen nieder, die den asketischen Verzicht auf Genuß und auf emotionale Impulse erfordern. Ein Verzicht, auf den sich die Geburt eines neuen Selbst gründet:[18] einer »Persönlichkeit«, die den psychologischen Kern des modernen *homo oeconomicus* in sich trägt und in der die Legitimierung von Erwerb und Verdienst mit der Zähmung des Gefühlslebens einhergeht.

Es zeigt sich jedoch bald, daß die Konvergenz mit dem Individuum Tocquevilles – das ebenfalls von einer ordnungsfördernden und befriedenden Erwerbsleidenschaft beseelt ist – lediglich partiell ist, sobald man nämlich die *Pathologien* analysiert, die der Bildung dieser neuen Subjektivität innewohnen: Weber führt sie auf eine wesentlich autorepressive Dynamik zurück, Tocqueville hingegen auf eine substantielle Ich-Schwäche.

Für Weber liegt das Problem tatsächlich im Exzeß an Rationalisierung, in den die Moderne mündet, im Zuge dessen sich die Sorge um materielle Güter und Reichtum in einen »Käfig« verwandelt, der die Individuen in einen sich zwingend

---

15 Der Gelderwerb ist der Beweis professionellen Geschicks und der Annahme der beruflichen Pflicht, die, wie bemerkt wurde, ihre Wurzeln in der protestantischen Reformation hat, insofern sie ihrerseits die Bestätigung des *Berufs* des Einzelnen ist.

16 »Der Gelderwerb ist – sofern er in legaler Weise erfolgt – innerhalb der modernen Wirtschaftsordnung das Resultat und der Ausdruck der Tüchtigkeit im *Beruf*, und *diese Tüchtigkeit* ist, wie nun unschwer zu erkennen ist, das wirkliche A und O der Moral Franklins« (Weber, *Protestantische Ethik*, a.a.O., S. 44).

17 »Schrankenloseste Erwerbsgier ist nicht im mindesten gleich Kapitalismus [...] Kapitalismus *kann* geradezu identisch sein mit *Bändigung,* mindestens mit rationaler Temperierung, dieses irrationalen Triebes.« (Ebd., S. 12).

18 »Die puritanische – wie jede ›rationale‹ – Askese arbeitet daran, den Menschen zu befähigen, seine ›konstanten Motive‹, insbesondere diejenigen, welche sie selbst ihm ›einübte‹, gegenüber den ›Affekten‹ zu behaupten und zur Geltung zu bringen: – daran also, ihn zu einer ›Persönlichkeit‹ in *diesem* formal-psychologischen Sinne des Wortes zu erziehen« (Ebd., S. 135). Zum Begriff der »rationalen Persönlichkeit« und zum Nexus mit dem *homo oeconomicus* vgl. H. Goldman, *Max Weber and Thomas Mann. Calling and the Shaping of the Self*, Berkeley (u.a.) 1988.

vollziehenden und vollkommen selbstzweckhaften Prozeß verstrickt.[19] Sobald die ursprüngliche ethisch-religiöse Wurzel abstirbt und der Kapitalismus sich (angetrieben von einer inneren Logik) selbst reproduziert, geht Franklin die ursprüngliche Legitimation seiner rationalen Lebensführung und seines autorepressiven asketischen Verzichts verloren. Dadurch wird er zur Symbolfigur eines atomistischen, aus jeder Sinn- und Wertdimension herausgelösten Utilitarismus, in dem ihn der sich unbegrenzt wiederholende und selbstzweckhafte Zwang zum Erwerb und zur Akkumulation von Reichtum gefangenhält.[20]
Obwohl Tocqueville das Bild eines Individuums wieder aufnimmt, das zu Lasten anderer Dimensionen des emotionalen Lebens gänzlich durch die Erwerbsleidenschaft geprägt ist, und obwohl er den zwanghaften und inzwischen völlig sinnentleerten Charakter des Wohlstandsstrebens aufzeigt, scheint er weniger um den Exzeß der Rationalisierung besorgt zu sein als um die Abschwächung der Leidenschaften. Mehr als die Selbstunterdrückung und der Verzicht, die noch einen starken und festgefügten Willen implizieren, bekümmert ihn der Verlust jeder Energie und jeden Handlungs- und Entscheidungswillens, den das Ich erleidet. Das Modell Webers verbleibt, um es so auszudrücken, innerhalb jener klassisch freudianischen Perspektive, die sich Norbert Elias in der Beschreibung des Zivilisationsprozesses und der Geburt des *modernen Ichs* zueigen gemacht hat. Tocqueville dagegen richtet sein Augenmerk mehr auf die spezifischen Transformationen, die die Demokratie im Verlauf der Moderne herbeiführt, und arbeitet eine komplexere Anthropologie und Psychologie aus, in deren Zentrum ein emotional schwaches und apathisches Individuum steht, in welchem die Charakteristika dessen, was man grob als *postmodernes Ich* definieren kann, bereits im Embryonalzustand auftauchen.[21]
Eine der greifbarsten Bestätigungen dieser Transformation findet man im *ängstlichen und unsteten* Charakter der Leidenschaft für den Wohlstand, die nicht mehr,

---

19 Zum Weberschen Begriff der Rationalisierung vgl. W. Schluchter, *Die Entwicklung des okzidentalen Rationalismus. Eine Analyse von Max Webers Gesellschaftsgeschichte*, Tübingen 1979; und darüber hinaus A. Ferrara, *Presentazione di M. Weber. Considerazioni intermedie. Il destino dell'Occidente*, Rom 1995. Ferrara betont den Nexus zwischen »Entzauberung« und »Rationalisierung«.
20 Es ist interessant, wie Weber in der Beschreibung des kapitalistischen Unternehmers beobachtet, daß diese Typologie sogar bar des *Bedürfnisses nach Unterscheidung* sei, wie es für das moderne Erwerbs-Individuum charakteristisch war: »Er scheut die Ostentation und den unnötigen Aufwand ebenso wie den bewußten Genuß seiner Macht und die ihm eher unbequeme Entgegennahme von äußeren Zeichen der gesellschaftlichen Achtung, die er genießt. Seine Lebensführung trägt m. a. W. oft [...] einen gewissen asketischen Zug an sich, wie er ja in der früher zitierten ›Predigt‹ Franklins deutlich zutage tritt [...]. Er ›hat nichts‹ von seinem Reichtum für seine Person – außer: der irrationalen Empfindung guter ›Berufserfüllung‹« (*Protestantische Ethik*, a.a.O., S. 60).
21 Auf den Nexus zwischen Tocqueville und der Diagnose des Postmodernen weist N. Matteucci in *Alexis de Tocqueville. Tre esercizi di letteratura*, Bologna 1990, S. 92, explizit hin.

wie im Modell Webers, von einer weitblickenden und projektiven Zielsetzung inspiriert wird: »Nicht durch den friedlichen Besitz eines kostbaren Dinges wird das Menschenherz am stärksten gefesselt, sondern durch die unvollkommen gestillte Begierde, es zu besitzen, und durch die ständige Furcht, es zu verlieren« (*DA*, S. 188). Die Erwerbsleidenschaft des demokratischen Individuums, das unfähig dazu ist, sich auf ein einziges Objekt zu fixieren und ein einzelnes Ziel zu verfolgen, nimmt einen fieberhaft *hedonistischen* Charakter an, der das Individuum in eine unendliche Spirale der ewig unbefriedigten, unbegrenzten und fluktuierenden Wünsche hineinzieht und es zu einem Zustand unaufhebbaren Mangels verurteilt:

>»Es ist seltsam zu sehen, wie fieberhaft die Amerikaner nach Wohlstand streben und wie sie immer von einer unbestimmten Furcht geplagt scheinen, sie hätten nicht den kürzesten Weg dahin gewählt.
>
>Der Bewohner der Vereinigten Staaten hängt an den Gütern dieser Welt, als sei er gewiß, nicht sterben zu müssen, und er hat es so eilig, die ihm greifbaren zu fassen, daß man meinen könnte, er befürchte jeden Augenblick zu sterben, ehe er sich ihrer erfreut habe. Er faßt nach allen, doch ohne sie zu umklammern, und er läßt sie bald fahren, um nach neuen Genüssen zu jagen.« (*DA*, S. 200 f.)

Die Leidenschaft für materielle Güter verliert gleichsam ihre prometheische Beharrlichkeit und verläuft sich in der unendlichen Verschiebung und Erneuerung eines Verlangens, das gegenüber dem Objekt selbst de facto indifferent wird. Die Amerikaner, von Wohlstand umgeben und dennoch rastlos, »sind daher ständig damit beschäftigt, diese so kostbaren, so unvollständigen und so flüchtigen Genüsse zu begehren oder sie zu erhalten« (*DA*, S. 191).

Hedonismus, Unruhe und Unbeständigkeit der Wünsche sind die Charakteristika, die das demokratische Ich von der Askese und von der Projektbezogenheit des Weberschen Individuums entfernen. Am Ursprung dieser neuen Aspekte des Ichs steht für Tocqueville aus mindestens zwei fundamentalen Gründen die *Gleichheit*. Erstens stellt sie das Individuum vor einen *Überschuß an Möglichkeiten*, die es unfähig zu einer vernünftigen Auswahl machen und es nach allem gieren lassen, was sich potentiell in Reichweite befindet, um es in seinen Besitz zu bringen. Wo alles möglich ist und alles virtuell zur Verfügung steht, keimt die Angst vor dem Verpassen der besten Gelegenheit, davor, nicht das schnellste und effizienteste Mittel zur Befriedigung der eigenen Bedürfnisse auszunutzen, sich keinen Zutritt zu den vielfältigen Perspektiven des Genusses und des Vergnügens verschaffen zu können:

>»Gesellt sich zur Vorliebe für materielles Wohlergehen ein gesellschaftlicher Zustand, in dem weder das Gesetz noch die Sitte irgend jemanden an seinem Platz festhalten, so stachelt dies den Geist zu weiterer Unrast: dann sieht man, wie die Menschen aus Angst, sie könnten den kürzesten Pfad zum Glück verfehlen, ständig einen anderen Weg einschlagen.« (DA, S. 202)

Gierig nach allem, was sie in ihren Besitz bringen könnten, sind die demokratischen Individuen »immer in Eile« (ebd.), immer auf der Suche nach der schnellsten Möglichkeit, sich anzueignen, wonach sie verlangen, und immer dazu bereit, fallen zu lassen, was sie soeben erobert haben, um neuen und verlockenderen Zielen nachzujagen. In die Erwerbsleidenschaft bricht ein Aspekt *zeitlicher Beschleunigung* ein, die eine Diskrepanz zwischen der Heftigkeit der Wünsche und der Schwäche des Energieaufwands schafft:

>»Sind die Menschen, die leidenschaftlich nach materiellen Genüssen streben, von lebhaftem Begehren erfaßt, so läßt sich unschwer verstehen, daß sie leicht überdrüssig werden; da der Genuß das Endziel ist, muß das Mittel, ihn zu erreichen, rasch und bequem sein, sonst wäre die Mühe des Erringens größer als der Genuß. Darum sind dort die meisten Seelen sowohl leidenschaftlich wie kraftlos, sowohl heftig wie schlaff.« (*DA*, S. 200)

Zweitens ist die Gleichheit, wie Tocqueville sagt, auf noch direktere Weise Trägerin dieser *ambivalenten Koexistenz der Heftigkeit der Wünsche und der Ich-Schwäche*: »Dieselbe Gleichheit, die jedem Bürger weitgespannte Hoffnungen erlaubt, macht sämtliche Bürger als einzelne schwach« (*DA*, S. 203). Sie nährt in der Tat den menschlichen Ehrgeiz durch große Hoffnungen und immense Versprechungen; zugleich enttäuscht sie aber jede Erwartung dadurch, daß sie die Ambition in den Grenzen des Mittelmaßes zurückhält. Potentiell eröffnet sie unbeschränkte Möglichkeiten und bietet allen gleiche Chancen auf Realisierung; genau dadurch aber hindert sie die einzelnen Individuen auch daran, aus der ununterscheidbaren Einförmigkeit der Masse auszubrechen und die eigenen Wünsche und Ambitionen zu äußern und zu verwirklichen:

>»Derweil aber die gesellschaftliche Einebnung allen Bürgern einiges Einkommen verschafft, verhindert sie, daß irgendeiner über sehr große Mittel verfügt; das hält die Begierden notwendig in ziemlich engen Grenzen. Der Ehrgeiz in den demokratischen Völkern ist daher brennend und anhaltend, er kann in der Regel nicht sehr hoch hinauswollen; und das Leben vergeht gewöhnlich mit dem eifrigen Begehren kleiner Dinge, die man in Reichweite sieht.« (*DA*, S. 359 f.)

Tocqueville erfaßt jene paradoxe *Konversion des Unbegrenzten ins Begrenzte*, mit der die demokratische Gleichheit die menschlichen Erwartungen nivelliert, indem sie ein Mißverhältnis zwischen den Wünschen, den Anstrengungen zu deren Befriedigung und der Mittelmäßigkeit der erreichten Ergebnisse schafft. Dieses Mißverhältnis wird von den Individuen sehr bald wahrgenommen, die angesichts der de facto unüberwindlichen Barrieren schließlich auf große Ambitionen verzichten:

>»Was die Menschen der Demokratie insbesondere von hohem Streben ablenkt, ist nicht die Kleinheit ihres Vermögens, sondern die heftige Anstrengung, die sie täglich zu dessen Verbesserung leisten. Sie zwingen ihre ganze

Seelenkraft, mittelmäßige Dinge zu tun: das muß unvermeidlich ihren Gesichtskreis bald einengen und ihre Macht begrenzen (*DA*, S. 360).«
So geschieht es, daß die Leidenschaft verblaßt und implodiert, die Wünsche ihre Energie und Beharrlichkeit verlieren und die Menschen sich, da sie von jeder projektiven Anstrengung und jedem Einsatz abgebracht werden, auf kleine und genau umrissene Ziele von sicherem und unmittelbarem Erfolg beschränken und nach »kleinen und groben Vergnügungen« suchen (vgl. *DA*, S. 364).
Eile, Schlamperei, Oberflächlichkeit, Unaufmerksamkeit:[22] dies sind die Eigenarten des demokratischen Charakters, Symptome eines *mittelmäßigen Hedonismus*, der den *Ehrgeiz* durch eine vergängliche Liebe zum *Erfolg* ersetzt hat:

> »Die Ehrgeizigen der Demokratie kümmern sich, denke ich, weniger als alle andern um das Streben und die Urteile der Zukunft; der gegenwärtige Augenblick allein beschäftigt und erfüllt sie. Lieber führen sie rasch viele Unternehmungen durch, als daß sie einige Denkwürdigkeiten von großer Dauer errichteten; *der Erfolg ist ihnen weit lieber als der Ruhm*.« (ebd., kursiv E. P.)

Der Hang zum Erfolg, zum Erreichen einfacher und unmittelbarer Ziele, die Nachgiebigkeit gegenüber den launenhaften Anwandlungen immer neuer Wünsche, all dies enthüllt einen beunruhigenden und neuen *Zukunftsverlust*. Die Zersplitterung des Ehrgeizes in »kleine und grobe Vergnügungen« eines ziellosen Hedonismus bringt einen »ausschließlichen Kult um das Gegenwärtige« hervor (*DA*, S. 364 f.), in dem *das moderne Paradigma der prometheischen Projektivität einen radikalen Umsturz zu erfahren scheint*:

> »Die Unbeständigkeit sozialer Verhältnisse begünstigt die Unbeständigkeit der Begierden. Inmitten dieser fortwährenden Schwankungen des Schicksals gewinnt die Gegenwart an Bedeutung; sie verbirgt die Zukunft, die verblaßt, und die Menschen wollen nur noch an den nächsten Tag denken.« (*DA*, S. 222 f.)

Wir sind also Zeugen *nicht nur einer Beschleunigung, sondern auch einer »Entropisierung der Zeit«*,[23] in der sich Rastlosigkeit und Starre, Bewegung und unendliche Wiederholung des Gleichen in einer ambivalenten Synthese vereinen; Rastlosigkeit, weil sich scheinbar alles kontinuierlich verändert, und Starre, weil in Wirklichkeit alles unverändert bleibt: »Die amerikanische Gesellschaft erscheint stark

---

22 »[D]er Bewohner der Demokratien [...] tut also alles hastig, begnügt sich mit einem Ungefähr und hält immer nur einen Augenblick inne, um jede seiner Handlungen zu überlegen.
Seine Neugierde ist ebenso unersättlich wie mit einem geringen Aufwand zu befriedigen; denn es liegt ihm eher daran, schnell viel zu wissen, als richtig zu wissen.
Er hat nie Zeit und er verliert bald den Sinn für Vertiefung. [...] Die Gewöhnung an die Unachtsamkeit ist als das größte Laster des demokratischen Geistes zu betrachten.« (*DA*, S. 330)
23 Dieser Ausdruck stammt von F. De Sanctis, *Tempo di democrazia. Alexis de Tocqueville*, Neapel 1986, S. 90.

bewegt, weil die Menschen und die Dinge ständig wechseln; sie erscheint einförmig, weil es stets die gleichen Veränderungen sind« (*DA*, S. 335).
Der demokratische Mensch liebt in der Tat keine radikalen Veränderungen und flieht vor den Revolutionen, auch (oder vor allem) wenn – wie in Europa – die Demokratie selbst das Kind der Revolution ist.[24] Die Liebe zum Wohlstand, die befriedende Wirkung des Handels und die Verteidigung des Besitzes, der einzig wahren Leidenschaft der Mittelklassen (*DA*, S. 373), erzeugen eine Angst vor Veränderung und Unordnung, die in einer substantiellen Immobilität ihren Ausdruck findet:

»Wenn die Bürger fortfahren, sich immer enger in den Umkreis ihrer kleinen häuslichen Anliegen einzuschließen und darin ruhelos tätig zu sein, so ist zu befürchten, daß sie zuletzt unzugänglich werden für jene großen und mächtigen öffentlichen Erregungen, die die Völker verwirren, sie aber vorwärts treiben und erneuern. Wenn ich sehe, wie der Besitz so wandelbar und die Liebe zum Besitz so ängstlich und brennend wird, kann ich nicht anders als davor bangen, daß die Menschen am Ende jede Neuerung als ärgerliche Störung, jeden sozialen Fortschritt als ersten Schritt zu einer Revolution hin und daß sie sich gänzlich jeder Bewegung enthalten aus Angst, von ihr fortgerissen zu werden.« (*DA*, S. 386)

Tocqueville erkennt hier ein weiteres Paradoxon, aufgrund dessen die ängstliche Sorge um Verbesserung und Fortschritt schließlich in eine endemische Unfähigkeit zur Innovation und zum Wachstum umschlägt, in eine Art statische Passivität, die, unter dem Deckmantel der falschen Bewegung der Rastlosigkeit, das wirklich besorgniserregende Ergebnis des Kultes um das Gegenwärtige und der Indifferenz gegenüber der Zukunft ist:

»Ich bekenne, daß ich davor zittere, sie könnten schließlich so sehr in den Bann einer feigen Liebe zu Gegenwartsgenüssen geraten, daß sie sich weder um ihre eigene Zukunft noch die ihrer Nachkommen kümmern und daß sie lieber weichlich dem Lauf ihres Schicksals folgen, als daß sie nötigenfalls eine rasche und entschlossene Anstrengung zu seiner Besserung unternehmen.« (ebd.)

Der Verlust der Energie, das Verlöschen der Ambitionen, die Flucht vor Veränderung, die Unfähigkeit, sich in die Zeit hinein zu entwerfen und die ängstliche Sorge um Ordnung – dies sind allesamt Wirkungen, die eng an jene *Abschwächung der Lei-*

---

24 Bereits vorher wurde auf die Relevanz des Nexus zwischen Demokratie und Revolution bei Tocqueville hingewiesen. Im Innern dieses Nexus bildet sich der große Problemkreis der Differenzen zwischen der amerikanischen und der europäischen Demokratie heraus, der uns vor nicht geringe interpretatorische Schwierigkeiten stellt. Vgl. hierzu Lamberti, *Tocqueville et les deux démocraties*, a.a.O.

denschaften anschließen, in der Tocqueville die Chiffre der demokratischen Gesellschaften erkennt:

»Ich gestehe, daß ich für die demokratischen Gesellschaften weit weniger die Kühnheit als die Mittelmäßigkeit des Begehrens scheue; am meisten ist, wie mir scheint, zu befürchten, [...] daß die menschlichen Leidenschaften sich dabei gleichzeitig beruhigen und erniedrigen, so daß die Gangart der Gesellschaft mit jedem Tage gemächlicher und weniger hochstrebend wird.« (*DA*, S. 364 f.)[25]

Die von Tocqueville geäußerte Besorgnis hat zweifellos in den nachfolgenden Reflexionen des 19. und 20. Jahrhunderts über die Pathologien des Hochkapitalismus ihr Echo gefunden. Wie Hirschman zu Recht feststellt, gehen die Marxsche Theorie der Entfremdung, Max Webers Kritik der Rationalisierung und Freuds Entlarvung der ambivalenten Auswirkungen der Zivilisation mit einer Diagnose der »Kosten« einher, welche die Entwicklung der kapitalistischen Moderne dem Individuum aufgezwungen hat, indem sie sein Gefühlsleben unterdrückt und zur Verarmung seiner Identität geführt hat.[26] Was jedoch den Ansatz Tocquevilles von diesen Stimmen der Modernekritik unterscheidet, ist die Tatsache, daß er weniger den repressiven und disziplinierenden Charakter der modernen Gesellschaft sowie den Triebverzicht betont, dem sich das Ich zu Gunsten des Fortschritts und der Zivilisation unterordnet, sondern eher die Entwicklung eines *entropischen und apathischen Ichs* in den Vordergrund stellt, das mehr der Welt als sich selbst entfremdet ist und von Leidenschaften getrieben wird, die in Unbefriedigtheit und Angst implodieren: ein Ich also, das nicht mehr klar und streng durch eine Freudsche Affektkontrolle oder eine Foucaultsche *maîtrise de soi* definiert wird, sondern indif-

---

25 Es ist interessant zu bemerken, daß die Leidenschaft, deren Fehlen Tocqueville am stärksten zu beklagen scheint, der »Stolz« ist (vgl. *DA*, S. 365), eine, wie wir gesehen haben, nach Hobbes und Smith aktive und aggressive Leidenschaft, die in der Lage ist, sozialisierende Effekte hervorzubringen, und die durch die fahle und entsozialisierende Leidenschaft des »Neides« ersetzt wird (vgl. Teil 2 dieses Kapitels).

26 Hirschman beobachtet in konsequenter Verfolgung seiner These, wie die Besorgnis über den destruktiven Charakter der Leidenschaften, die für die frühe Moderne typisch war, in der reifen Phase des Kapitalismus der Besorgnis angesichts ihres Verschwindens weicht: »Kaum daß der Kapitalismus triumphierte und die ›Leidenschaft‹ im relativ friedlichen, ruhigen und geschäftigen Europa der Zeit nach dem Wiener Kongreß wirklich gezähmt, wenn nicht gar ausgelöscht zu sein schien, wirkte die Welt auf einmal leer, engstirnig und langweilig, und es trat die romantische Kritik auf den Plan, die in der bürgerlichen Ordnung eine unglaubliche Verarmung gegenüber dem vorausgegangenen Zeitalter sah: Der neuen Ordnung schien es an Edelmut, an Grandeur, an Geheimnisvollem und vor allem an Leidenschaft zu mangeln. Wichtige Elemente dieser Kritik mit nostalgischem Beigeschmack finden sich in dem Gesellschaftsdenken, das danach kam, von der Verteidigung Fouriers zugunsten der leidenschaftlichen Triebe über die Entfremdungstheorie von Marx und die Freudsche These von der Triebunterdrückung als Preis des Fortschritts bis zum Begriff der *Entzauberung* bei Weber [...]« (*Leidenschaften und Interessen*, a.a.O.).

ferent und ohne jeden *páthos* ist, charakterisiert durch die *aurea mediocritas* der »grauen Leidenschaften«.[27]

Grau ist in der Tat die Tönung des *demokratischen Individualismus*:[28] er verschließt die Menschen, die nur noch einen Sinn für das eigene unmittelbare und prekäre Wohlergehen haben, in einen düsteren Atomismus und eine allgemeine Fremdheit gegenüber der Welt, wovon einzig die übriggebliebene Dimension des Privaten ausgenommen ist:

> »Der Individualismus ist ein überlegendes und friedfertiges Gefühl, das jeden Bürger drängt, sich von der Masse der Mitmenschen fernzuhalten und sich mit seiner Familie und seinen Freunden abzusondern; nachdem er sich eine kleine Gesellschaft für seinen Bedarf geschaffen hat, überläßt er die große Gesellschaft gern sich selbst.« (*DA*, S. 147)

Es geht dabei nicht, wie Tocqueville präzisiert, um den reinen und einfachen *Egoismus*, das heißt um jene »leidenschaftliche und ungebremste Liebe zu sich selbst«, die den Menschen aller Epochen eigen ist, und die ihn »dazu treibt, alles nur auf sich zu beziehen, und sich selbst vor allem den Vorzug zu geben« (ebd.). Der Individualismus hat als spezifisches Produkt der demokratischen Gesellschaft und der Chancengleichheit[29] die Aggressivität und Ungebremstheit der egoistischen Leidenschaften verloren, die, wie wir bei Smith und Hobbes gesehen haben, einem konfliktgeladenes und kompetitives Band zum Anderen Nahrung gaben, in sich aber dennoch das Gegenmittel für die eigenen Exzesse enthielten und in letzter Instanz zu einer – und sei es instrumentellen – Form der Ordnung und des sozialen Bandes führten.[30] Die besondere Koppelung der Leidenschaft für den Wohlstand an die Chancengleichheit erzeugt statt dessen eine atomistische *Konfiguration* des Ichs, das sich im eigenen Selbstgenügen gefällt und dadurch immer mehr vom An-

---

27 Dieser Ausdruck stammt von R. Bodei, »Il rosso, il nero, il grigio: il colore delle moderne passioni politiche«, in: Vegetti Finzi (Hrsg.), *Storia delle passioni*, a.a.O.

28 In Bezug auf eine andere, positiv konnotierte Sicht des demokratischen Individualismus, die bei Autoren wie Emerson, Whitman und Thoreau hervortritt, eine Sichtweise, die vielleicht, wie bereits erwähnt, eine größere Affinität zu derjenigen Rousseaus aufweist, vgl. Urbinati, *Individualismo democratico*, a.a.O.

29 Die Behauptung (die auch Bellah zu Beginn von *Habits of the Heart* aufstellt), es sei der Individualismus, der die amerikanische Geschichte charakterisiere, und weniger die Gleichheit, ist wenig nachvollziehbar; ist doch Tocquevilles gerade daran gelegen, zu zeigen, daß der Individualismus ein Ergebnis der Gleichheit ist.

30 Es stimmt, wie J.-C. Lamberti in *La Notion d'individualisme chez Tocqueville*, Paris 1970 schreibt, daß der »Egoismus« bei Tocqueville vor allem einen moralischen Beiklang besitzt, während der »Individualismus« gesellschaftlich und politisch konnotiert ist; vor allem trifft es zu, daß nur der Individualismus ein exklusiv demokratisches Produkt ist. Dennoch hat auch der Egoismus als die für das liberale Individuum der ersten Moderne spezifische Leidenschaft, präzise Implikationen und Auswirkungen auf der Ebene der Bildung des sozialen Bandes sowie der politischen Sphäre, wie ich in den vorangegangenen Kapiteln zu zeigen versucht habe.

deren entfremdet, der noch nicht einmal mehr die Konnotation eines Feindes und Rivalen besitzt, sondern nur noch auf eine undurchsichtige und indifferente Präsenz reduziert ist.[31]

Die Demokratie zerstört jede Bindung: sei es das Band zwischen dem Individuum und seinen Vorfahren oder Nachkommen – welches, wenn auch in hierarchischer Form, die aristokratische Gesellschaft stark charakterisiert hatte[32] –, sei es das Band zwischen dem Individuum und seinen Zeitgenossen, das, wenn auch im Zeichen von Rivalität und egoistischem Wettbewerb, die liberale Gesellschaft der Frühmoderne kennzeichnete:

»So läßt die Demokratie jeden nicht nur seine Ahnen vergessen, sie verbirgt ihm auch seine Nachkommen und trennt ihn von seinen Zeitgenossen; sie führt ihn ständig auf sich allein zurück und droht ihn schließlich ganz und gar in der Einsamkeit seines Herzens einzuschließen.« (DA, S. 149 f.)

Wie man sehen wird, ist die Schwächung des sozialen Bandes auch eine innere Auswirkung der Gleichheit als solcher, verstanden als *Ähnlichkeit* und als Schwund jeder Differenzierung. Sie erscheint hier vor allem als *Ergebnis der entropischen Entwicklung der Leidenschaft für den Wohlstand*, die für den Zukunftsverlust und den Mangel an Projektivität ebenso verantwortlich ist wie für jenen Rückzug ins Private und in die »Einsamkeit des Herzens«, der gleichbedeutend ist mit dem Verschwinden der Leidenschaften für das Gemeinwohl. Die demokratischen Individuen sind zu beschäftigt mit dem unaufhörlichen Erwerb materieller Güter, in den sie zu viel Zeit und zu viel Energie investieren, um den öffentlichen Belangen noch Aufmerksamkeit widmen zu können:[33]

---

31 »Mit der fortschreitenden gesellschaftlichen Einebnung wächst die Zahl der einzelnen Menschen, deren Reichtum und Macht zu gering ist, als daß sie einen großen Einfluß auf das Geschick ihrer Mitmenschen ausüben könnten. Diese sind niemandem etwas schuldig, sie erwarten sozusagen von niemandem etwas; sie gewöhnen sich daran, stets von den anderen gesondert zu bleiben, sie bilden sich gern ein, ihr ganzes Schicksal liege in ihren Händen.« (*DA*, S. 149)
32 »Die Aristokratie bildete aus allen Bürgern eine lange Kette, die vom Bauern bis zum König hinaufreichte; die Demokratie zerbricht die Kette und sondert jeden Ring für sich ab.« (*DA*, S. 149.)
33 Hier könnte man, wenn man der Weber-Interpretation von Arendt folgt, wieder eine Parallelität zwischen Tocqueville und Weber aufzeigen. In der Tat sagt Arendt: »Die Größe von Max Webers Entdeckung der Ursprünge des Kapitalismus ist ja gerade der Nachweis, daß eine durchaus diesseitige ungeheure Aktivität möglich ist, ohne daß die Beteiligten sich am Diesseits zu orientieren brauchen, also ohne Sorge für die Welt, ohne Weltgenuß; daß all dies vielmehr dem Interesse an dem eigenen Selbst und der Sorge um das Seelenheil entspringen kann. Weltentfremdung und nicht Selbstentfremdung, wie Marx meinte, ist das Kennzeichen der Neuzeit. [...] Mit anderen Worten, der Wachstumsprozeß gesellschaftlichen Reichtums, wie wir ihn kennen, der dem Lebensprozeß entspringt, um seinerseits den Lebensprozeß weiter anzutreiben, ist möglich nur, wenn die Welt und die Weltlichkeit des Menschen ihm zum Opfer gebracht werden.« (Arendt, *Vita activa*, a.a.O., S. 325–327).

»Heftige politische Leidenschaften vermögen wenig über Menschen, die mit ganzer Seele derart ihrem Wohlstand nachjagen. *Der Eifer, mit dem sie die kleinen Geschäfte betreiben, dämpft sie gegenüber den großen.*« (DA, S. 274; kursiv E. P.)
Es handelt sich um einen der besonderen psychologischen »Mechanismen«, wie sie Jon Elster definiert, entlang derer Tocqueville die durch den sozialen und demokratischen Staat eingeführten tiefen Veränderungen anschaulich macht.[34] Die Furcht vor Veränderung und Erneuerung, diktiert von der Verteidigung des eigenen, beschränkten privaten Wohlergehens, verbindet sich mit einem Rückzug aus dem Bereich der Öffentlichkeit und mit einem passiven Wunsch nach Ordnung, der sich auf paradoxe Weise als die einzig wahre Leidenschaft der demokratischen Individuen herausgestaltet: »Die Liebe zur öffentlichen Ruhe ist oft die einzige politische Leidenschaft, die sich diese [demokratischen] Völker bewahren, und *sie wird bei ihnen in dem Grade tätiger und mächtiger, wie alle anderen erlahmen und absterben* [...]« (*DA*, S. 431; kursiv E. P.).
Hier entsteht jenes Bedürfnis, von der *Verpflichtung* zum Einsatz für die öffentlichen Angelegenheiten *befreit* zu werden, das die demokratischen Menschen zu jenem Gestus veranlaßt, der am beunruhigendsten und unerwartetsten ist: Sie sind nämlich, ohne sich dessen wirklich bewußt zu sein, dazu bereit, genau die *Freiheit* zu verlieren, die sie mit Stolz als ihre größte Errungenschaft betrachten. Das Wohlstandsstreben, das zu seiner Verwirklichung unbedingt der Freiheit bedarf, kann dazu führen, »sie dem erstbesten Herrn [auszuliefern], der auftaucht« (*DA*, S. 207). Dadurch erhält Nahrung, was Tocqueville das dunkle Übel der Demokratie nennt: der *Despotismus* der politischen Macht:
»Diese Menschen reißen sich daher immer nur mit Mühe von ihren privaten Geschäften los, um sich mit den öffentlichen Angelegenheiten zu befassen; sie neigen natürlicherweise dazu, deren Betreuung dem einzigen sichtbaren und ständigen Vertreter des allgemeinen Wohls zu überlassen, nämlich dem Staate.« (DA, S. 430)
Die Freiheitsliebe erscheint somit unablösbar von einem Ordnungsbedürfnis, das die Individuen veranlaßt, ihre Rechte zunehmend an die staatliche Gewalt abzutreten, die sie versorgt, indem sie sie unterordnet, und die ihnen jedes Entscheidungsvermögen und jede reale Teilnahme am kollektiven Interesse und am Gemeinwohl nimmt. Es handelt sich, wie wir sehen werden, um einen »sanften« Despotismus, der um so effizienter ist, je mehr er auf die indirekten und überredenden Formen

---

34 Vgl. J. Elster, *Political Psychology*, Cambridge 1993, Kap. 3 u. 4. Hier haben wir es vor allem mit dem Effekt zu tun, den Elster als den *crowding-out effect* definiert, aufgrund dessen sich der energetische Einsatz auf eine bestimmte Sphäre beschränkt (z. B. auf diejenige des Privatinteresses), und sich dadurch nicht auf eine andere Sphäre (z. B. die öffentliche) auswirkt.

des Autoritären und der Nötigung gründet. Seine Quelle und sein Hauptexistenzgrund sitzen, wie Tocqueville sehr genau versteht, in jener passiven, apathischen und atomistischen Konfiguration des Ichs, die er demokratischen *Individualismus* nennt.

2. Homo aequalis: *Gleichheit und Indifferenz*

Paradoxerweise also ist der Individualismus gleichbedeutend mit der *Krise des Individuums*.[35] Es bildet sich ein emotional schwaches Individuum heraus, welches Unruhe und Trägheit, Verlangen nach materiellen Gütern und Verlust des Projektiven, Streben nach Verbesserung und statische Isolierung, Autonomie und Unterordnung in sich vereint. In der anthropologischen Struktur des demokratischen Individuums nimmt Tocqueville dieselbe *Ambivalenz* wahr, die Montaigne im Aufdämmern der Moderne als untrennbar mit der Geburt des *Moi* verbunden erkannt hatte.[36] Die ambivalente Koexistenz von *Unabhängigkeit und Schwäche* scheint in der Tat die erste und endemische Folge der »Chancengleichheit« zu sein, die nicht nur ökonomische Nivellierung und politische Freiheit hervorbringt, sondern auch Auswirkungen auf der psychologischen Ebene der Gefühle und der Mentalität hat[37] und somit tief in die Formen der Identität und der sozialen Beziehung hineinwirkt: »Da jede Klasse sich den übrigen nähert und mit ihnen vermischt, werden ihre Angehörigen gleichgültig und einander gleichsam fremd« (*DA*, Bd. 2, S. 149).

Das auf seine Autonomie stolze demokratische Individuum ist »cartesianisch« dazu determiniert, allein in sich selbst die Quelle der eigenen Entscheidungen, der eigenen Meinung und der eigenen Urteile zu suchen.[38] Aber gleichzeitig, oder vielmehr gerade deshalb verschließt es sich in selbstgefälliger Isolierung, die es von

---

35 Um dieses Thema kreist Eugenia Parise in ihrer anschaulichen Konfrontation von Tocqueville und Stendhal; vgl. dies., *Passioni e ordine nella trama del moderno*, Neapel 1989.
36 Nicht auf ihre »Widersprüche«, wie Elster (*Political Psychology*, a.a.O.) meint, sondern auf die Ambivalenzen der Demokratie ist die Koexistenz ihrer entgegengesetzten Aspekte zurückzuführen.
37 Vgl. den ersten Absatz von Bd. 1 *DA*: »Von all dem Neuen, das während meines Aufenthaltes in den Vereinigten Staaten meine Aufmerksamkeit auf sich zog, hat mich nichts so lebhaft beeindruckt wie die Gleichheit der gesellschaftlichen Bedingungen. Alsbald wurde mir der erstaunliche Einfluß klar, den diese bedeutende Tatsache auf das Leben der Gesellschaft ausübt; sie gibt den öffentlichen Geist eine bestimmte Richtung und den Gesetzen ein bestimmtes Wesen; sie gibt den Regierenden neue Grundsätze und den Regierten besondere Gewohnheiten.« Über den bedeutsamen Komplex der »Chancengleichheit« vgl. A. M. Battista, »Lo stato sociale democratico nell' analisi di Tocqueville«, in: *Studi su Tocqueville*, Florenz 1989. Obgleich ihre Grundlage die Volkssouveränität ist, worauf die verschiedenen Interpreten hinweisen, reicht sie daher weit über das politische Leben und die Gesetze hinaus.
38 »[J]eder Amerikaner [verläßt sich] in fast allem seinem geistigen Tun nur auf seine eigene Ver-

den anderen trennt und de facto schwächt, da sie das soziale Band spröde macht. *Das Individuum ist aufgrund seiner Unabhängigkeit schwach*: dabei handelt es sich um die Schwäche, die aus der Entwurzelung und aus dem Mythos des Selbstgenügens entsteht, aus jenem »Streben nach Autonomie, nach *parresía*, nach Ent-scheidung von allen Idolen«, die sich, wie Massimo Cacciari eindrucksvoll beobachtet, in einer »feindseligen Behauptung der eigenen Abgeschiedenheit« ausdrückt.[39] Die Gleichheit, die die Menschen eigentlich vereinen müßte, transformiert sie statt dessen in einander fremd und indifferent gegenüberstehende Atome und läßt die Figur des *Anderen* immer dunkler und ferner erscheinen. Es gibt nicht nur kein Band mehr zwischen Individuen, die unterschiedlichen Klassen angehören, zwischen dem Reichen und dem Armen, sondern nicht einmal mehr zwischen den Angehörigen ein und derselben Klasse (vgl. *DA*, S. 261 ff.). Die Momente der Allianz, »jene glühenden und tiefen Gefühle«, die in der aristokratischen Gesellschaft den Herren und den Diener trotz der Hierarchie und der Ungleichheit miteinander verbunden hatten, gibt es in der Demokratie nicht. Die Individuen vereint allein das Provisorium der Vertragsbeziehungen und die unpersönliche Verbindlichkeit des Geldes, welches, wie die Analyse von Marx genau zeigen wird, der jeweiligen Eigenart des Anderen gegenüber vollkommen gleichgültig ist und die persönliche Verbindlichkeit durch die abstrakte Objektivität dinglicher Beziehungen ersetzt.[40]
»Die Gleichheit stellt die Menschen nebeneinander, ohne daß ein gemeinsames Band sie zusammenhält« (*DA*, S. 153). So zeichnet sich ein verheerendes Szenario ab: unverbundene Atome, die jeweils nur an das eigene Interesse denken und die eigene Unabhängigkeit eifersüchtig wahren, und sich somit selbst die eigene Einsamkeit schaffen. Es ist ein Szenario von *Nachbarn ohne Nähe*, zwischen denen lediglich Interaktion möglich ist, ohne daß daraus Bindung entstünde.
Doch es gibt einen weiteren Grund, weshalb Gleichheit *Schwäche* hervorbringt; und zwar wird die Gleichheit, die durchaus keine unbeschwert vollbrachte Errungenschaft ist, selbst zum *Objekt von Besorgnis und Beunruhigung*. Die Menschen, sagt Tocqueville, können einen befriedigenden Grad an Freiheit erlangen, aber sie werden nie mit der erreichten Gleichheit zufrieden sein:

> »Man kann sich Menschen vorstellen, die einen gewissen, sie voll befriedigenden Grad der Freiheit erlangen. Sie erfreuen sich dann ruhig und leidenschaftslos ihrer Unabhängigkeit. Nie aber werden die Menschen eine Gleichheit begründen, die ihnen genügt.« (*DA*, S. 203)

---

nunft. Amerika ist also eines der Länder in der Welt, in dem man die Lehren von Descartes am wenigsten kennt und am besten befolgt.« (*DA*, S. 11 f.)
39 M. Cacciari, *L'Arcipelago*, Mailand 1997, S. 121.
40 Marx, *Grundrisse der Kritik der politischen Ökonomie*, a.a.O.

Dieselben Besorgnisse und Beunruhigungen, die, wie wir gesehen haben, am Grund des Strebens nach einfachen und unmittelbaren Genüssen und des gesteigerten Verlangens nach materiellen Gütern stehen, verstärken auch den Wunsch nach Gleichheit, als einem unsicheren und flüchtigen Ziel, das die Individuen zu einem unablässigen Wettlauf zwingt, der nie zur Ruhe kommt.[41]
Gerade wenn sie ein allgemeines Recht darstellt, kann die Gleichheit nie ganz befriedigend sein. Innerhalb der allgemeinen Nivellierung wird es immer irgendeine kleine, kaum wahrnehmbare Differenz geben, welche die Aufmerksamkeit erregt und die Seele sehr viel mehr »verletzt« als die makroskopischen Ungleichheiten der prämodernen Gesellschaften. *Die Gesellschaft der Gleichen kann keinerlei Differenz tolerieren:*
> »So demokratisch die sozialen Verhältnisse und die politische Verfassung eines Volkes auch sein mögen, man kann also damit rechnen, daß jeder Bürger in seiner Nähe stets einige Punkte erblicken wird, die ihn überragen, und man kann voraussehen, daß er seine Blicke hartnäckig einzig nach dieser Seite richten wird. Ist die Ungleichheit das allgemeine Gesetz einer Gesellschaft, so fallen die stärksten Ungleichheiten nicht auf; ist alles ziemlich eingeebnet, so wirken die geringsten Unterschiede kränkend. *Deshalb wird der Wunsch nach Gleichheit um so unersättlicher, je größer die Gleichheit ist.*« (*DA*, S. 203 f.; kursiv E. P.)

Je mehr die Gleichheit sich ausbreitet, um so mehr erweist sie sich als unvollkommen und unabgeschlossen und wird dadurch zum Objekt eines unbegrenzten Verlangens. So setzt sich eine gleichmachende und homogenisierende Gefühlsspirale in Gang, die zur unendlichen und unmöglichen Einebnung der Differenzen tendiert.
Die Gleichheit erzeugt in der Tat die »Leidenschaft für Gleichheit«, die andere grundlegende Leidenschaft, die zusammen mit der Leidenschaft für den Wohlstand die emotionale Struktur des demokratischen Individuums nährt: »Die erste und stärkste Leidenschaft, die aus der Gleichheit der gesellschaftlichen Bedingungen hervorgeht, ist [...] die Liebe zu ebendieser Gleichheit« (*DA*, S. 141). Leidenschaft für Gleichheit bedeutet Intoleranz gegenüber jeder Unähnlichkeit und Haß gegenüber jedem auch noch so minimalen Privileg anderer, das als um so größere Ungerechtigkeit erlebt wird, je uniformer die Gesellschaft wird. Sie führt zum Ressentiment gegenüber jeder Form der Distinktion und der Überlegenheit (*DA*,

---

41 »In den demokratischen Völkern erlangen die Menschen leicht eine gewisse Gleichheit; die, die sie ersehnen, können sie nicht erreichen. Sie entweicht täglich vor ihnen, ohne aber ihren Blicken je zu entschwinden, und mit ihrem Zurückweichen verlockt sie zu ihrer Verfolgung. Sie glauben sie immerfort zu fassen, und unaufhörlich entzieht sie sich ihrem Griff. Sie sehen sie nahe genug, um ihre Reize zu kennen; sie nähern sich ihr nicht genug, um sich ihrer zu erfreuen, und ehe sie ihre Annehmlichkeiten voll ausgekostet haben, sterben sie.« (*DA*, S. 204)

S. 432). Mit anderen Worten, sie erzeugt jene »fahlen« Leidenschaften,[42] die perfekt mit dem demokratischen »Grauschleier« übereinstimmen und den eigentlichen Humus der Tendenz zur Undifferenziertheit bilden. Im Verlangen nach einer stets verfügbaren, für sie nie ganz zu realisierenden Gleichheit, hassen und beneiden die Individuen diejenigen, denen sie um jeden Preis ähnlich sein können und wollen. Tocqueville versteht hier offensichtlich intuitiv die emotionalen Wurzeln des Begriffs des *Ressentiments* bei Nietzsche, für den seine Diagnose im übrigen wahrscheinlich die Inspirationsquelle war.[43] Doch nicht allein dies. Er liefert auch den Schlüssel, um die Transformationen der *mimetischen Dynamik* gegenüber ihrer frühmodernen Gestalt bei Smith und Rousseau zu erkennen. Der Wunsch, *wie der Andere zu sein*, der das mimetische Ich struktuiert, wie René Girard es nennt, und der einen grundlegenden Aspekt des modernen Individuums konstituiert, scheint in der Demokratie jeden sozialisierenden Effekt zu verlieren. Auf der einen Seite intensiviert und universalisiert die Demokratie nämlich die mimetische Dynamik, insofern sie »Chancengleichheit« bedeutet:

»Alle Klassen sehen sich unablässig, weil sie einander sehr nahe sind. Sie verkehren und mischen sich täglich, *ahmen sich nach und beneiden sich*; das flößt dem Volk eine Menge von Vorstellungen, Begriffen, Wünschen ein, die es nicht gehabt hätte, wenn die Rangordnung fest und die Gesellschaft unverändert wäre.« (*DA*, S. 60; kursiv E. P.)

Auf der anderen Seite wird die Tendenz zur Nachahmung nicht mehr von der kompetitiven und extrovertierten Leidenschaft des Stolzes genährt, das heißt von jener Ich-Leidenschaft, die den offenen Konflikt und die Rivalität hervorrief und in einen frei ausgehandelten Zusammenschluß mündete,[44] sondern von der introvertierten und »gereizten« Leidenschaft des *Neides*, der in eine taube Isolation treibt und eine der Quellen dessen darstellt, was Tocqueville, wie wir noch sehen werden, den »demokratischen Despotismus« nennt, der eine neue Form der Unterwerfung einführt.[45] Als emotionaler Effekt eines grenzenlosen mimetischen Begehrens,[46] das

---

42 Bodei, *Il rosso, il nero, il grigio*, a.a.O., S. 320.
43 Über die Affinität zwischen Tocqueville und Nietzsche vgl. ebd., S. 346 u. Cacciari, *L'Arcipelago*, a.a.O, S. 125 ff., der jedoch auch die tiefe Divergenz zwischen den beiden in Bezug auf das Schicksal der Demokratie und auf die Überwindung ihrer Pathologien aufzeigt.
44 Hierbei beklagt Tocqueville gerade das Verschwinden des Stolzes.
45 Über die sozialisierende Rolle des Neides aus einer klassischeren, Mandeville folgenden Perspektive vgl. hingegen J. Elster, *The Cement of Society. A Study of Social Order*, Cambridge 1989.
46 Über das Thema Girards von der Unlösbarkeit der »mimetischen Krise«, die mit der Moderne einher ging, und über die folgende Herausbildung einer Spirale zwischen der Unbeschränktheit des Verlangens und der Genese der Gefühle Neid/Haß/Ressentiment vgl. über Tomelleri, *Introduzione*, a.a.O. hinaus: Dupuy u. Dumouchel, *Die Hölle der Dinge. René Girard und die Logik der Ökonomie*, Thaur 1999. Die Einsicht in den Nexus zwischen Neid und mimetischem Begehren findet sich bereits bei Simmel: »Gewissermaßen in der Mitte zwischen den so bestimmten Erscheinungen von Neid und Eifersucht steht eine dritte, in diese Skala gehörige, die man als Mißgunst bezeichnen

stets der Niederlage und der Enttäuschung ausgesetzt ist, scheint der Neid tatsächlich keine andere Möglichkeit des Abreagierens zu finden als im *Verlust an Freiheit*. Die Eifersucht auf jede auch noch so kleine Differenz treibt die Individuen dazu, ihre eigenen Rechte an die politische Macht abzutreten, nur um ihresgleichen Macht und Unterscheidungsmerkmale zu entziehen; der Gleichheit werden also zunehmend Räume der Freiheit geopfert.[47] Die *Ich-Leidenschaft*, die im Szenario der Frühmoderne nach außen gerichtete und offen konfliktgeladene Formen der Konfrontation gefunden hatte, die jedoch das Aushandeln eines wechselseitigen Pakts einleiteten, erfährt im Neid eine Art Implosion, die das Individuum zum Verrat an der eigenen Souveränität veranlaßt. Die demokratischen Menschen »wollen die Gleichheit in der Freiheit, und können sie diese nicht erlangen, so wollen sie sie noch in der Knechtschaft« (*DA*, S. 146), und sie sind dazu bereit, sich im Namen dieser »exklusiven Leidenschaft« demjenigen unterzuordnen, der wie der Souverän nicht Objekt des Neides sein kann, da er außerhalb der mimetischen Dynamik steht.

Mit der Tendenz zum Verlust der Freiheit entsteht also ein weiterer und noch beunruhigenderer Aspekt der Schwäche des demokratischen Individuums. *Die Gleichheit erodiert die Freiheit*, indem sie jene absolute Unabhängigkeit unterminiert, welche sie zugleich erst möglich macht: dies ist eine weitere paradoxe Wahrheit der inhärenten Ambivalenz der demokratischen Moderne.

Das Verschwinden der Differenzen, befördert durch die Leidenschaft für die Gleichheit, generiert in erster Linie einen Assimilationsprozeß, einen Prozeß der universalen *Ähnlichkeit*, der sich übrigens, wie Tocqueville sagt, unvermeidlich einstellt, auch wenn der mimetische Mechanismus selbst gar nicht vorhanden ist. Die demokratischen Individuen sind *dazu bestimmt, einander ähnlich zu werden*: in den Sitten, in der Mentalität, hinsichtlich ihrer Wünsche – auch wenn sie einander nicht nachahmen:

»Die Menschheit büßt im Kern ihre Vielfältigkeit ein [...] Sie – die Menschen – werden sich auf diese Weise ähnlich, obwohl sie einander nicht nachgeahmt haben. Sie gleichen Wanderern, die in einem großen Wald verstreut sind, dessen Wege alle am gleichen Punkt einmünden. Wenn alle gleichzeitig den Mittelpunkt bemerken und ihre Schritte dorthin lenken, kommen sie einander unmerklich näher, ohne sich zu suchen, zu sehen und zu kennen,

---

kann: das neidische Begehren eines Objektes, nicht weil es an sich für das Subjekt besonders begehrenswert ist, sondern nur weil der andere es besitzt.« (ders., *Soziologie*, Berlin 1968, S. 210).

47 »Dieser unausrottbare und immer heftiger auflodernde Haß der demokratischen Völker gegen die mindesten Vorrechte begünstigt die allmähliche Zusammenfassung aller politischen Rechte in der Hand des einzigen Staatsvertreters außerordentlich. Da das Staatsoberhaupt notwendigerweise und unbestritten allen Bürgern übergeordnet ist, erweckt es bei keinem von ihnen Neid, und jeder meint, die Vorrechte, die er jenem einräumt, seinen Mitmenschen wegzunehmen.« (*DA*, S. 432)

und am Ende werden sie sich überrascht am gleichen Ort vereinigt sehen.« (*DA*, S. 337)
Wie unabhängige und voneinander isolierte Zellen fließen die Individuen zuletzt unweigerlich im kompakten und zugleich unverbundenen Körper der Masse zusammen. Während sie darauf bedacht sind, ihre Autonomie dem Einzelnen gegenüber eifersüchtig zu hüten, zu dem sie gerade aufgrund seiner Ähnlichkeit keinerlei Vertrauen haben und dem sie keinerlei Autorität oder Überlegenheit zugestehen,[48] unterstellen sie sich der Macht der »Vielen«, der »Mehrheit« und werden so abhängig vom sozialen Körper:

»Vergleicht sich der Mensch in den demokratischen Ländern einzeln mit all den Menschen seiner Umwelt, so fühlt er sich stolz einem jeden gleich; beginnt er aber seine Mitmenschen in ihrer Gesamtheit zu betrachten und sich selbst neben diese große Gesamtheit zu stellen, so bedrückt ihn alsbald seine eigene Bedeutungslosigkeit und Schwäche. *Dieselbe Gleichgültigkeit, die ihn als solche von all seinen Mitbürgern unabhängig macht, liefert ihn vereinzelt und wehrlos der Wirkung der größeren Zahl aus.*« (ebd., S. 21, kursiv E. P.)

Atomisierung und Vermassung, wechselseitige Fremdheit und Homogenisierung sind die entgegengesetzten und komplementären Effekte, welche die Gleichheit hervorbringt. Indem die Gesellschaft der Gleichen jede Heterogenität und Differenz immer mehr in ihrem homogenen Körper absorbiert, nimmt sie auch den Individuen immer mehr das Vertrauen in sich selbst und zersetzt ihre festgefügte Identität. Die Individuen werden sich immer unsicherer über ihre Rechte und beginnen in ihren Urteilen schwankend zu werden,[49] weshalb sie sich immer bereitwilliger der Macht der Gesellschaft und der öffentlichen Meinung unterwerfen, die sich umgekehrt proportional zur Schwäche der Einzelnen verhält:

»In dem Grade, wie in einem Volk die gesellschaftliche Einebnung fortschreitet, erscheinen die einzelnen kleiner und die Gesellschaft größer, oder vielmehr verschwindet jeder Bürger, allen andern gleich geworden, in der Menge, und man erblickt nichts mehr als das umfassende und prächtige Bild des Volkes selbst.

---

48 »Der Mensch der demokratischen Zeitalter gehorcht seinem ihm gleichgestellten Nachbarn nur mit äußerstem Widerwillen; er weigert sich, diesen als geistig überlegen anzuerkennen; er mißtraut seiner Gerechtigkeit und neidet ihm seine Macht [...].« (*DA*, S. 432 f.)
49 »Immer, wenn die gesellschaftlichen Bedingungen gleich sind, lastet die allgemeine Meinung mit ungeheurem Gewicht auf dem Geist eines jeden; sie umfängt ihn, sie lenkt und sie unterdrückt ihn: das ist weit mehr eine Wirkung der Gesellschaftsform selbst als ihrer politischen Gesetze. Je ähnlicher sich die Menschen werden, um so schwächer fühlt sich ein jeder mehr und mehr allen gegenüber. Da er nichts gewahrt, was ihn hoch über sie erhebt und von ihnen unterscheidet, wird er unsicher, sobald sie ihn bekämpfen; er zweifelt nicht nur an seinen Kräften, sondern er beginnt an seinem Recht zu zweifeln, er gibt seinen Irrtum schon fast zu, sobald die Mehrzahl ihn bejaht. Die Mehrheit braucht ihn nicht zu nötigen; sie überzeugt ihn.« (*DA*, S. 383 f.)

Das gibt natürlich den Menschen der demokratischen Zeitalter eine sehr hohe Meinung von den Vorrechten der Gesellschaft und einen sehr bescheidenen Begriff von den Rechten des einzelnen.« (*DA*, S. 426 f.)
Die Gleichheit erzeugt mit anderen Worten auf der einen Seite *die Schwächung des sozialen Bandes*, da der Andere zu einer immer fremderen und dunkleren Figur wird, ohne jede Sehnsucht nach Beziehung und bar jedes emotionalen Antriebs ist, ausgenommen den der entsozialisierenden »fahlen« Leidenschaften; auf der anderen Seite steht die *Schwächung der individuellen Identität* und deren Auflösung in einem universalen Konformismus, der sich unmittelbar in Ordnungbedürfnis und Freiheitsverlust verwandelt.[50]
Was Tocquevilles anprangert, ist der autoritäre Charakter, der dem Konformismus und der egalisierenden Homogenisierung innewohnt; die Tatsache also, daß aus vermassten Atomen oder aus Massen von Individuen ohne Bindungen nichts anderes hervorgehen kann als ein *Bedürfnis nach Autorität* und eine Neigung zur Unterwerfung, die sich ebenso stark wie das Bedürfnis nach Freiheit äußert. Das demokratische Dogma der Volkssouveränität verkehrt sich so in die zwingende Allmacht dessen, was Tocqueville die »soziale Gewalt« nennt:

>»Die Amerikaner glauben, die soziale Gewalt müsse in jedem Staat unmittelbar vom Volke ausgehen; ist aber diese Gewalt einmal begründet, so ziehen sie ihr sozusagen keine Grenzen; sie anerkennen gerne, daß sie das Recht habe, alles zu tun.« (*DA*, S. 427)[51]

Als Macht der Masse, die sich in der Macht des Staates niederschlägt und in Erscheinung tritt, erhält die soziale Gewalt uneingeschränkte Rechte. Die Individuen treten ihr diese im Tausch gegen Schutz und Orientierung ab, die sie benötigen, weil sie als Einzelgänger ohne wahre Autonomie keine andere Wahl haben:

>»Sie geben recht willig zu, daß die Herrschaft, die die Gesellschaft vertritt, weit mehr Bildung und Weisheit besitzt als irgendeiner der Menschen, aus denen sie sich zusammensetzt, und es sei ihre Pflicht so gut wie ihr Recht, jeden Bürger bei der Hand zu nehmen und ihn zu führen.« (ebd.)[52]

Die demokratischen Individuen, die mit gleicher Intensität von zwei gegensätzlichen Leidenschaften beseelt sind, nämlich vom Bedürfnis nach Freiheit und Schutz (vgl. *DA*, S. 435 ff.), vertrauen sich der Staatsgewalt an, die ihnen die Freiheit

---

[50] Über den prioritären Wert der Freiheit bei Tocqueville vgl. Matteucci, *Alexis de Tocqueville*, a.a.O., S. 30.
[51] Zum Übergang von der Volkssouveränität zur Souveränität der Gesellschaft vgl. A.M. Battista, »Tocqueville. Un tentativo di sintesi«, in: *Studi su Tocqueville*, a.a.O.
[52] Es scheint also klar zu sein, wie der Begriff »Tyrannei der Mehrheit«, der für den ersten Teil von *Über die Demokratie in Amerika* zentral ist, und derjenige des »sanften Despotismus«, der im zweiten Teil vorherrscht, im Begriff der »sozialen Gewalt« miteinander verbunden sind. Vgl. diesbezüglich P. Manent, *Tocqueville et la nature de la démocratie*, Paris 1982.

unmerklich durch solche Formen der Herrschaft entzieht, die, wie wir sehen werden, stärker auf Entmächtigung und Prävention gründen als auf Zwang und Bestrafung, und »sich *im Schatten der Volkssouveränität* stabilisieren« (ebd., kursiv E. P.). Auf der einen Seite gibt es also eine undifferenzierte Gesamtheit von ähnlichen, einander jedoch fremden Individuen, die allein von Erwerbsleidenschaften und instrumentellem Handeln bewegt werden und in individualistischer Verpuppung verschlossen sind, welche den Anderen auf eine phantasmatische und ununterscheidbare Präsenz reduziert. Auf der anderen Seite entsteht eine fürsorgliche und despotische Macht, die beschützt, indem sie beherrscht und herrscht, indem sie gleichmacht:

»[...] ich erblicke eine Menge einander ähnlicher und gleichgestellter Menschen, die sich rastlos im Kreise drehen, um sich kleine und gewöhnliche Vergnügungen zu verschaffen, die ihr Gemüt ausfüllen. Jeder steht in seiner Vereinzelung dem Schicksal aller anderen fremd gegenüber: seine Kinder und seine persönlichen Freunde verkörpern für ihn das ganze Menschengeschlecht; was die übrigen Mitbürger angeht, so steht er neben ihnen, aber er sieht sie nicht; er berührt sie, und er fühlt sie nicht; er ist nur in sich und für sich allein vorhanden, und bleibt ihm noch eine Familie, so kann man zumindest sagen, daß er kein Vaterland mehr hat.

Über diesen erhebt sich eine gewaltige, bevormundende Macht, die allein dafür sorgt, ihre Genüsse zu sichern und ihr Schicksal zu überwachen.« (*DA*, S. 463)

Es ist daher nicht zu leugnen, daß hier bei Tocqueville der beunruhigende und innerliche Nexus zwischen der Genese der Massengesellschaft und der totalitären Gefahr sichtbar wird, der von Hannah Arendt bis Elias Canetti und Georges Bataille im Zentrum der Modernekritik des 20. Jahrhunderts stehen wird. Die Vermassung des *homo democraticus*, der zugleich Individualist und Konformist ist, bildet den idealen Nährboden, aus dem der moderne Totalitarismus erwächst und von dem er sich speist.

»[...] die »freie« Masse – beobachtet Cacciari – , die von vollkommen unreligiösen (jeglicher Form der *religio*, sei diese traditionell oder nicht, überdrüssigen) Individuen gebildet wird, drückt die anarchischen Tendenzen des demokratischen Regimes aus [...] *insofern* sie ein mächtiges Bedürfnis nach Autorität darstellt.«[53]

Man muß jedoch betonen, daß diese autoritäre Ausrichtung nicht nur und nicht notwendigerweise in totalitäre Staaten und in die historische Zerstörung der

---

53 Cacciari, *L'Arcipelago*, a.a.O., S. 122. Über den Totalitarismus als eine der Demokratie virtuell und »genetisch« eingeschriebene Potentialität vgl. auch Gauchet, *Tocqueville, l'Amérique et nous*, a.a.O.

Demokratie einmündet, wie im Nationalsozialismus und im stalinistischen Kommunismus. Sie kann sich stattdessen – und dies ist die eigentliche Einsicht Tocquevilles – in eine Komponente verwandeln, die sich im Inneren der demokratischen Struktur befindet, in eines ihrer *endemischen* Merkmale, das auch nach dem Ende der totalitären Experimente fortbesteht und das, obwohl es zersetzend wirkt, mit den liberalen und demokratischen Institutionen selbst koexistiert.

In diesem Sinne stehen Hannah Arendts Reflexionen über den inneren Nexus zwischen dem Konformismus der Massengesellschaft und der Herausbildung einer anonymen bürokratischen Gewalt als Trägerin einer neuen Herrschaftsform in *Vita activa* den Diagnosen Tocquevilles vielleicht am nächsten. Auch wenn sie eher auf die Kritik der »Gesellschaft« als solche denn auf die der Demokratie gerichtet ist, und auch wenn sie zu der radikalen Diagnose eines »Endes der Politik«[54] gelangt, hat die Konformismus-Analyse Arendts offensichtlich ihre Wurzeln in der Kritik Tocquevilles an der als Ähnlichkeit verstandenen Gleichheit.[55] Die »Gesellschaft« ist für Arendt konformistisch, insofern die Menschen in ihr allein durch ihre materiellen Interessen zusammengehalten werden und insoweit das rein an der Notwendigkeit des Lebens und des Überlebens ausgerichtete Handeln zu öffentlicher Bedeutung gelangt.[56] Indem das »Handeln« und die Vielfalt der Handlungen durch jene Uniformität des »Verhaltens« ersetzt wird, auf das sich die moderne Wirtschaftswissenschaft stützt,[57] ist der Konformismus der hauptverantwortliche Faktor für das Ende der gemeinsamen Welt und der politisch-kommunikativen Sphäre. Die moderne Gleichheit, welche die Massengesellschaft nur zur Vollendung bringt,[58] ist daher gleichbedeutend mit der universalen Nivellierung,

---

54 Vgl. zu diesem Thema: R. Esposito, *Nove pensieri sulla politica*, Bologna 1993; ders.; »La ›fine della politica‹«, in: *Micromega*, 1994, Nr. 1. In Bezug auf eine Lektüre des »Endes der Politik« in der zeitgenössischen Realität als etwas, was seinen Ursprung in der Abschwächung der Leidenschaften hat, vgl. P. Barcellona, *Politica e passioni*, Turin 1997.
55 Der direkte Hinweis auf Tocqueville als Theoretiker des Konformismus findet sich bei Arendt in *Vita activa*, a.a.O. auf S. 50.
56 »Die Gesellschaft ist die Form des Zusammenlebens, in der die Abhängigkeit des Menschen von seinesgleichen um des Lebens selbst willen und nichts sonst zu öffentlicher Bedeutung gelangt, und infolgedessen die Tätigkeiten, die lediglich der Erhaltung des Lebens dienen, in der Öffentlichkeit nicht nur erscheinen, sondern die Physiognomie des öffentlichen Raumes bestimmen dürfen.« (Ebd., S. 59)
57 »Auf dem gleichen Konformismus, den die Gesellschaft verlangt und durch den sie handelnde Menschen in sich verhaltende Gruppen organisiert, beruht auch die Wissenschaft, die dem Entstehen der Gesellschaft auf dem Fuße folgt, nämlich die Nationalökonomie [...].« (Ebd., S. 53; vgl. auch 4. Kap.)
58 »Die Massengesellschaft zeigt den Sieg der Gesellschaft überhaupt an; [...]. Das Gleichmachen ist aber der Gesellschaft unter allen Umständen eigentümlich, und der Sieg der Gleichheit in der modernen Welt ist nur die politische und juristische Anerkennung der Tatsache, daß die Gesellschaft den Bereich des Öffentlichen erobert hat, wobei automatisch Auszeichnung und Besonderheit zu Privatangelegenheiten von Einzelindividuen werden.« (Ebd., a.a.O., S. 52)

die – zusammen mit dem Verschwinden jeder Distinktion und jeder Differenz – zum Verlust der öffentlichen Sphäre führt, verstanden als eine Zwischendimension, als Bereich der im eigentlichen Sinne politischen Beziehung der Menschen zueinander, in der sich vielfältige und gegenseitig sichtbare Perspektiven in sinnerfüllter Interaktion begegnen.[59] Wenn die Politik den Raum darstellt, in dem die Menschen ausgehend von ihrer Verschiedenheit sich in Beziehung zueinander setzen, so zeigt die Massengesellschaft unweigerlich deren Krise an, da sie, wie Tocqueville scharfsinnig diagnostiziert, *die Menschen trennt, ohne sie zu unterscheiden und sie vereint, ohne sie zueinander in Beziehung zu setzen.*[60] Die Gründe, die Arendt als fundamental für das »Ende der Politik« ausmacht, sind mit anderen Worten teilweise dieselben, die Tocqueville für den Verlust des sozialen Bandes und der Teilnahme am öffentlichen Leben verantwortlich gemacht hatte, das heißt die Koexistenz von Atomismus und Vermassung, von Vereinzelung und Homogenisierung, die aus der Reduktion der Menschen auf ökonomische Wesen entsteht, uniform gemacht durch ein einziges Interesse, das nicht dazu imstande ist, in einer gemeinsamen Perspektive seinen Ausdruck zu finden.

Über dieser Gesellschaft der Ununterscheidbarkeit und der Bindungslosigkeit lastet sowohl Arendt als auch Tocqueville zufolge eine anonyme und alles durchdringende Macht, die mittels einer fein verästelten Verwaltung unsichtbar herrscht. Die Entfremdung der vermassten Atome ohne Bindungen, die durch ein rein instrumentelles Handeln geleitet werden und nur über eine schwache Identität verfügen, erzeugt eine Form der Herrschaft, die umso effizienter ist, je unpersönlicher sie auftritt. Dabei handelt es sich um diejenige Herrschaft, die Arendt im Sinne Webers als »Herrschaft des Niemands« definiert,[61] und die Tocqueville, der in ihr eine ausschließlich demokratische Pathologie erkennt, den »sanften Despotismus« nennt (*DA*, S, 811), in dem Autorität und Schutzmacht, Allmacht und Milde, Absolutheit und Überredung zusammentreffen; in dem also die bürokratische Unpersönlichkeit der Macht sich mit einer ganz neuen Fähigkeit zur Präven-

---

59 »Das von Anderen Gesehen- und Gehörtwerden erhält seine Bedeutsamkeit von der Tatsache, daß ein jeder von einer anderen Position aus sieht und hört. […] Wenn diese Selbigkeit der Gegenstände sich auflöst und nicht mehr wahrnehmbar ist, so wird keine Gleichheit der ›Menschennatur‹, und sicher nicht der künstliche Konformismus einer Massengesellschaft, verhindern können, daß die gemeinsame Welt selbst in Stücke geht; dieser Zusammenbruch vollzieht sich zumeist gerade in der Zerstörung der Vielfältigkeit, in der dasselbe sich inmitten der menschlichen Pluralität als ein Selbiges zeigt und hält.« (Ebd., S. 71 f.)
60 »Der öffentliche Raum wie die uns gemeinsame Welt versammelt Menschen und verhindert gleichzeitig, daß sie gleichsam über- und ineinanderfallen. Was die Verhältnisse in einer Massengesellschaft für alle Beteiligten so schwer erträglich macht, liegt nicht eigentlich, jedenfalls nicht primär, in der Massenhaftigkeit selbst; es handelt sich vielmehr darum, daß in ihr die Welt die Kraft verloren hat, zu versammeln, das heißt, zu trennen und zu verbinden« (Ebd., S. 66)
61 Vgl. ebd., S. 51.

tion und zum Eindringen in die Innerlichkeit der Individuen vereint, welche die Analysen Foucaults über die moderne Gewalt vorwegnehmen.[62]
Im Unterschied zu Foucault und seiner Diagnose der Dissemination der Macht im sozialen Gefüge ist das Subjekt des weichen Despotismus bei Tocqueville zweifellos immer noch der Staat: Der Staat ist das Zentrum und der Hüter, der in sich die uneingeschränkte Kraft der sozialen und demokratischen Macht vereint, wodurch er zunehmend und heimtückisch die Handlungs- und Entscheidungsfähigkeit der Individuen zerstört. Aber die moderne Transformation der Macht in die sanften Formen einer Beherrschung der Seelen hatte er bereits vollkommen erfaßt. Der weiche Despotismus ist nichts anderes als die staatliche Form der »sozialen Macht«, deren Etablierung Tocqueville bereits in der horizontalen Form der Macht der Mehrheit und der öffentlichen Meinung gesehen hatte;[63] es handelt sich um eine Vertikalisierung der sozialen Macht, aus welcher der Staat gebildet wird und die umso stärker ist, je schwächer die Individuen sind.[64]
Die demokratische politische Macht ist insofern »despotisch«, als die Allmacht der sozialen Gewalt in ihr eine einheitliche und zentralisierte Form der Repräsentation und der totalen administrativen Leitung findet;[65] und sie ist sanft, insofern sie nicht nur Ausdruck der Volkssouveränität ist und die universale Mäßigung der Gefühle und Sitten wiederspiegelt, sondern auch eine Form der Herrschaft ausübt, die

---

62 Vgl. M. Foucault, *Überwachen und Strafen*, Frankfurt a. M. 1976; *Mikrophysik der Macht*, Berlin 1976; *Sexualität und Wahrheit I: Der Wille zum Wissen*, Frankfurt a. M. 1977)
63 Vgl. über die oben genannten Stellen hinaus: *DA*, S. 21: »Je mehr sich die Unterschiede zwischen den Bürgern ausgleichen und je ähnlicher sie einander werden, um so weniger ist jeder geneigt, einem bestimmten Manne oder einer bestimmten Klasse blind zu glauben. Die Bereitschaft, an die Masse zu glauben, nimmt zu, und mehr und mehr lenkt die öffentliche Meinung die Welt.
Nicht nur ist die öffentliche Meinung in den demokratischen Völkern die einzige Führung die der Vernunft des einzelnen bleibt; sie hat in diesen Völkern auch eine unvergleichlich größere Macht als in irgendeinem sonst. In den Zeiten der Gleichheit glauben die Menschen infolge ihrer Gleichheit nicht aneinander; diese selbe Gleichartigkeit jedoch verleiht ihnen ein fast unbegrenztes Vertrauen in das Urteil der Öffentlichkeit; sie finden es, da alle die gleiche Einsicht besitzen, nicht für wahrscheinlich, daß die Wahrheit sich nicht auf die Seite der größten Zahl finde.«.
64 Es ist also, worauf bereits vorher hingewiesen wurde, der Begriff der »sozialen Gewalt«, der die beiden Begriffe der Macht oder der »Tyrannei der Mehrheit« und den des »sanften Despotismus« vereint. Beide sind das Ergebnis einer Macht der Gesellschaft über das Individuum, der eine horizontal, der andre vertikal. Es stimmt, daß der sanfte Despotismus, insofern es die Zentralisierung des Staates impliziert, mehr Frankreich als Amerika zum Bezugspunkt hat und sich daher eher als ein europäisches Problem darstellt (vgl. besonders *DA*, 1.II, Teil IV, Kap. 5 und Matteucci, *Alexis de Tocqueville*, a.a.O., S. 97 u. 109); Tocqueville sieht in ihm jedoch das mögliche Schicksal der Demokratie im allgemeinen; darüber hinaus erkennt er auch, daß sich in Amerika die Volkssouveränität in eine soziale und staatliche Macht verwandelt.
65 Der politisch-administrative Zentralisierungsprozeß ist einer jener Aspekte, in denen man nach Tocqueville eine Kontinuität zwischen dem *Ancien Régime* und dem nachrevolutionären Frankreich erkennen kann. Vgl. zu diesem Thema: A. de Tocqueville, *L'Ancien Régime et la Révolution*, 1856 (dt.: *Der alte Staat und die Revolution*, München 1989).

mehr auf die Schwächung der Individuen abzielt als auf ihre direkte und tyrannische Bezwingung. Es entsteht das Bild einer einzigen, einfachen, vorsorgenden und schöpferischen Macht, die bis ins Innerste des Privatlebens der Menschen eindringt und ihre Freiheitsräume immer mehr beschneidet. Sie ist ihrerseits ein Produkt der demokratischen Leidenschaften, die, wie wir gesehen haben, den Wunsch nach Schutz und die Neigung zur Unterordnung hervorbringen. Jene Macht, die sich »im Schatten der Volkssouveränität entwickelt«, enthüllt die dunkle und beunruhigende Seite der Demokratie, die in der Psychologie des *homo democraticus* ihren Ursprung findet, der sein endemisches Bedürfnis nach Autorität, Schutz und Ordnung auf den Staat projiziert. Und es gilt außerdem: »Gelangen die Menschen im Zeitalter der Gleichheit mühelos zur Vorstellung von einer großen Zentralgewalt, so läßt sich andererseits nicht daran zweifeln, daß ihre Gewohnheiten und ihre Gefühle sie von vorneherein dazu geneigt machen, eine solche Gewalt anzuerkennen und ihr behilflich zu sein« (*DA*, S. 430). Diese »Gefühle«, die den Wunsch nach einer despotischen Macht induzieren, lassen sich alle auf die Leidenschaft für Gleichheit zurückführen.

Tocqueville als »politischen Psychologen« zu charakterisieren, wie Jon Elster[66] es tut, erscheint daher als vollkommen gerechtfertigt. Der Staat als eine außerhalb der mimetischen Dynamik stehende Entität erlaubt zunächst eine Neutralisierung der Angst, die aus der Leidenschaft des Neides und dem Ressentiment gegenüber jeder Form von Unterscheidung heraus entsteht. Die Individuen, die Differenz in keiner Form ertragen können, ordnen sich lieber dem Souverän unter, als auch nur das geringste Zugeständnis an den Distinktionswunsch des Anderen zu machen, der einem gleich geworden ist. Zweitens übt der Staat eine Funktion aus, die man mit Gehlen als »Entlastungs«funktion hinsichtlich der öffentlichen Angelegenheiten und der Sphäre der kollektiven Entscheidungen bezeichnen kann, die es den Bürgern erlaubt, sich vollständig den eigenen »individualistischen« Interessen zu widmen und der Leidenschaft für den Wohlstand, die ihre Zeit und Energien vollkommen absorbiert, ohne Einschränkungen zu folgen.[67] Drittens wiegt er als Instrument von Obhut und Schutz der individuellen Interessen die wechselseitige Indifferenz und das Solidaritätsdefizit auf, das der Verlust des sozialen Bandes mit sich bringt.

»Da in Zeiten der Gleichheit keiner verpflichtet ist, seinen Mitmenschen beizustehen, und keiner auf die Hilfe seines Nächsten setzen kann, ist – sagt Tocqueville – jeder zugleich unabhängig und schwach. Diese zwei Zustände, die man weder getrennt betrachten noch verwechseln darf, rufen im Bürger der Demokratien stark entgegengesetzte Gefühle hervor. Seine Unabhängig-

---

66 Vgl. Elster, *Political Psychology*, a.a.O.
67 Vgl. § 1.

keit erfüllt ihn im Kreis von seinesgleichen mit Vertrauen und Stolz, und seine Schwäche weckt in ihm von Zeit zu Zeit das Verlangen nach fremder Hilfe, die er von keinem von ihnen erwarten kann, da sie alle machtlos und kühl sind. In dieser Notlage richtet er seine Blicke natürlich auf jenes riesenhafte Wesen, das den allgemeinen Niedergang als einziges überragt. Zu ihm wird er durch seine Bedürfnisse und vor allem durch sein Begehren ständig hingeführt, und in ihm sieht er zuletzt die alleinige und unentbehrliche Stütze für die Schwäche der einzelnen.« (DA, S. 431 f.)

Die Gesellschaft der Ähnlichen ist eine Gesellschaft der Gleichgültigen,[68] von Atomen ohne Erwartungen und ohne wechselseitiges Vertrauen, die einander umso fremder und in sich selbst verschlossener werden, je mehr sie dazu bereit sind, sich der Macht der Gesellschaft anzuvertrauen, die sich in der zentralisierten Macht des Staates niedergeschlagen hat. Man könnte mit Pierre Manent behaupten, daß sich die Gesellschaft um so stärker ober- und außerhalb der untereinander isolierten Individuen rekonstituiert, je weiter die Zerstörung des sozialen Bandes durch die Demokratie fortschreitet.[69] Das bedeutet aber nicht, daß der Staat das soziale Band zwischen den Individuen neu begründen würde; im Gegenteil stützt sich seine Macht auf die Abwesenheit des Bandes, und zwar so sehr, daß man an diesem Punkt von einer unheilvollen Allianz zwischen Gleichheit und Despotismus sprechen kann:

»Die Gleichheit stellt die Menschen nebeneinander, ohne daß ein gemeinsames Band sie zusammenhält. Die Gewaltherrschaft errichtet Schranken zwischen ihnen und trennt sie. Sie ermuntert sie, nicht an ihresgleichen zu denken, und macht aus der Gleichgültigkeit eine Art öffentliche Tugend.« (*DA*, S. 163)

Der Staat, in dem sich die soziale Macht konzentriert, schützt die Bürger vor der Anarchie und der potentiellen Unordnung, die ihre eigene Fremdheit und Indifferenz mit sich bringen; er überdeckt ihre Schwäche und sorgt für ihre Bedürfnisse, indem er ihnen Unterstützung, Ruhe und Stabilität sichert. Aber er bezieht seine

---

68 Über die *Indifferenz*, jenes spezifisch postmoderne soziale Gefühl, welches von der theoretischen Reflexion noch nicht hinreichend untersucht wurde, vgl. die interessanten Hinweise von Z. Bauman, *Postmoderne Ethik*, Hamburg 1995. Vgl. auch § 3.
69 »Was das Schicksal dieser Gesellschaft bestimmt, ist der doppelte Prozeß, aufgrund dessen das demokratische Prinzip das soziale Band zerstört und wieder aufbaut. Je stärker die Gesellschaft durch Ungleichheit der Bedingungen in ihre einzelne Elemente zerlegt ist, desto mehr muß sie, um noch zusammenzuhalten, auf eine externe Macht zurückgreifen. Diese Macht muß aber gleichzeitig, um Zugriff auf diese Gesellschaft zu haben, gerade weil sie ihr äußerlich ist und je mehr sie ihr äußerlich ist, zur Macht der Gesellschaft über sich selbst werden. Je stärker die Demokratie das soziale Band auflöst, desto mehr errichtet sich die Gesellschaft neu oberhalb und außerhalb der isolierten Individuen […].« (Manent, *Tocqueville et la nature de la démocratie*, a.a.O., S. 60)

Kraft aus ihrer Gleichgültigkeit und wird damit zum Hauptgrund für ihre politische Apathie:

> »Über diesen erhebt sich eine gewaltige, bevormundende Macht, die allein dafür sorgt, ihre Genüsse zu sichern und ihr Schicksal zu überwachen. Sie ist unumschränkt, ins einzelne gehend, regelmäßig, vorsorglich und mild. Sie wäre der väterlichen Gewalt gleich, wenn sie wie diese das Ziel verfolgte, die Menschen auf das reife Alter vorzubereiten; statt dessen aber sucht sie bloß, sie unwiderruflich im Zustand der Kindheit festzuhalten; es ist ihr recht, daß die Bürger sich vergnügen, vorausgesetzt, daß sie nichts anderes im Sinne haben, als sich zu belustigen. Sie arbeitet gerne für deren Wohl; sie will aber dessen alleiniger Betreuer und Richter sein; sie sorgt für ihre Sicherheit, ermißt und sichert ihren Bedarf, erleichtert ihre Vergnügungen, führt ihre wichtigsten Geschäfte, lenkt ihre Industrie, ordnet ihre Erbschaften, teilt ihren Nachlaß; könnte sie ihnen nicht auch die Sorge des Nachdenkens und die Mühe des Lebens ganz abnehmen?« (*DA*, S. 463 f.)

Der anonyme und unpersönliche Charakter der demokratischen Macht vereint sich also – und das ist wiederum ein Paradoxon – mit ihrer »väterlichen« Funktion, womit jedoch ihre regressiven Aspekte gemeint sind: eine Funktion des Schutzes und der Fürsorge, aus der sie ihre Autorität bezieht, insofern sie einen milden und unsichtbaren Zwang ausübt, der in den Individuen eine Art passive Fügsamkeit bewirkt und jede autonome Reifung verhindert. Das Gefangensein in der Kindheit ist gleichbedeutend mit der Regression in einen kantischen »Zustand der Unmündigkeit«, in dem gerade die *Souveränität* des modernen Individuums unweigerlich zerstört und ausgehöhlt wird. Die Entpflichtung der Einzelnen vom öffentlichen Leben im Tausch gegen das Versprechen der Ordnung und einfacher Lichtblicke eines privaten Hedonismus führt zu einer zunehmenden Schwächung des Willens[70] und der Handlungsfähigkeit, die für die individuelle Identität umso gefährlicher wird, je stärker sie nicht wahrnehmbar und unbewußt geschieht.

> »Man vergißt, daß vor allem in Einzeldingen die Knechtung der Menschen gefährlich ist [...]. Die Abhängigkeit in den kleinen Angelegenheiten des Lebens zeigt sich jeden Tag und wird allen Bürgern unterschiedslos fühlbar. Sie bringt sie nicht zur Verzweiflung, aber sie ärgert sie fortwährend und verleidet ihnen die Betätigung ihres Willens. Sie löscht sie geistig allmählich aus und zermürbt sie seelisch [...].« (*DA*, S. 466 f.)

Die Macht arbeitet vorausschauend und sehr genau, indem sie bis in die intimsten und feinsten Netze des Alltagslebens eindringt, ohne daß dies jedoch klar zu Be-

---

70 Ich teile nicht Elsters Schlußfolgerungen in *Political Psychology*, a.a.O., wo er das Problem der »Willensschwäche« als ein Thema Tocquevilles ausgibt. Zu diesem Begriff vgl. den Aufsatz von D. Davidson, in: J. Elster (Hrsg.), *The Multiple Self*, Cambridge, Mass. 1985.

wußtsein gelangen würde und ohne daß die Individuen daher selbst über eine Fähigkeit zur Opposition und Reaktion verfügten:

> »Auf diese Weise macht sie den Gebrauch des freien Willens mit jedem Tag wertloser und seltener; sie beschränkt die Betätigung des Willens auf einen kleinen Raum und schließlich entzieht sie jedem Bürger sogar die Verfügung über sich selbst [...] er [der Souverän] bricht ihren Willen nicht, aber er weicht ihn auf und beugt und lenkt ihn; er zwingt selten zu einem Tun, aber er wendet sich fortwährend dagegen, daß man etwas tue; er zerstört nicht, er hindert, daß etwas entsteht; er tyrannisiert nicht, er hemmt, er drückt nieder, er zermürbt, er löscht aus, er stumpft ab, und schließlich bringt er jedes Volk so weit herunter, daß es nur noch eine Herde ängstlicher und arbeitsamer Tiere bildet, deren Hirte die Regierung ist.« (*DA*, S. 464)

Hier nimmt die gespenstische Vorstellung einer total verwalteten, uniformierten und genormten Gesellschaft – die in den zeitgenössischen Reflexionen von Adorno bis Baudrillard eine große Rolle spielen wird[71] – Gestalt an, in der, zusammen mit der individuellen Handlungs- und Willensfähigkeit, auch die Fähigkeit zur Reaktion zu verlöschen scheint; eine *konfliktlose Gesellschaft*, in der das Unbehagen und die Emotionen implodieren und auch noch die letzte Möglichkeit einbüßen, sich in jenen Formen von »Widerstand« zu manifestieren, in denen, wie Foucault sagen würde, die letzte Chance der Opposition gegen die Macht liegt.[72]

Die demokratische Gleichheit schwächt die Individuen durch Homogenisierung und bereitet sie zur Unterwerfung vor; die politische Macht bezieht ihre Kraft aus dieser Tendenz, indem sie sich ihrer bedient und sie radikalisiert. Indem sie ihm jede Entscheidung abnimmt, stellt sie sich dem Willen des Einzelnen nicht klar und direkt entgegen, sondern macht seine Rolle überflüssig, wobei sie ihre Selbstlegitimation aus einem falsch verstandenen Glücksversprechen bezieht. Im Gegenzug lassen sich die Menschen immer mehr Raum zur Selbstbestimmung wegnehmen.

Der demokratische Despotismus gleicht einem mächtigen *panoptikon*, das überwacht, ohne gesehen zu werden, und in das Innerste des Privatlebens der Individuen eindringt, es kontrolliert und darüber verfügt, indem es ihre emotionalen Energien aushöhlt, ihre Entscheidungen lenkt und ihre Entschlüsse manipuliert.[73] Er bezieht seine Effizienz aus der Krise des Individuums, die er selbst produziert. »Einförmiger, zentralisierter, weiter, invasiver, mächtiger als je zuvor« (vgl. *DA*, Bd. 2, Teil IV, 7. Kap.), ist er zugleich Folge und Ursache der Pathologien des *homo*

---

71 Vgl. Horkheimer u. Adorno, *Dialektik der Aufklärung*, a.a.O., sowie J. Baudrillard, *La Société de consommation: ses mythes, ses structures*, Paris 1970.
72 Vgl.: M. Foucault, »Warum ich die Macht untersuche: Die Frage des Subjekts«, in: H. Dreyfus und P. Rabinow, *Michel Foucault*, Weinheim 1994.
73 »In den demokratischen Zeitaltern«, sagt Tocqueville, »ist daher [...] der Despotismus besonders zu fürchten« (*DA*, S. 467).

democraticus. Durch den *double bind* zwischen Individuen und Macht erzeugt die Demokratie jene »vollkommen neue menschliche Spezies«, weshalb man zurecht von der »Erfindung« des zeitgenössischen Individuums sprechen kann:[74] es ist passiv und individualistisch, hedonistisch und apathisch, erwerbsbezogen und indifferent, beziehungsunfähig und mit der Neigung sich in der Masse aufzulösen, autonom und untergeordnet.

Aber dies sind, wie wir nun sehen werden, dieselben Charakteristika, die in dem wiederzuerkennen sind, was die jüngsten Reflexionen als das »narzißtische Ich« definiert haben. Just in seinem Ursprungsmoment scheint Tocqueville prophetisch vorausgeahnt zu haben, welches seine anthropologische und psychologische Struktur ist und welche neuen Herausforderungen es für die Bildung des sozialen Bandes mit sich bringt.

3. Das Individuum ohne Leidenschaften:
Der Narzißmus und die Abwesenheit des Bandes

Tocqueville also steht, um die vorhin vorgeschlagene Gegenüberstellung wieder aufzunehmen, am Übergang vom *prometheischen Ich* der Frühmoderne, das egoistisch und instrumentell, vorausschauend und besonnen, aggressiv und verhandlungsfähig, konfliktfreudig, aber rational für eine gemeinsame Verständigung offen ist, zum postmodernen *narzißtischen Ich*, das individualistisch und fordernd, im Gegenwärtigen verankert und ohne Weitblick, apathisch und entropisch, unfähig zur Beziehung und zur wirklichen Konfrontation mit dem Anderen und dem öffentlichen Leben entfremdet ist.

Viele der Charakteristika, die Tocqueville dem *homo democraticus* zuordnet, scheinen in der Tat den anthropologischen und psychologischen Kern der narzißtischen Subjektivität auszumachen, wie sie von der zeitgenössischen Kritik als letzte und radikale Form des modernen Individualismus beschrieben wurde. Nicht zufällig nehmen einige ihrer Autoren explizit und wiederholt auf die Diagnose Tocquevilles Bezug, eben mit der Absicht, einen Wendepunkt im Verlauf der Moderne auszumachen, an dem man eine anthropologische »Mutation«[75] im wahrsten Sinne und das Entstehen neuer Pathologien feststellen kann. Pathologien, die zusammen mit dem Mythos der Souveränität des Individuums offensichtlich auch einige der

---

74 Vgl. Cacciari, *L'invenzione dell'individuo*, a.a.O.
75 Diesen Begriff benutzt Lipovetsky in: *L'Ère du vide. Essais sur l'individualisme contemporain*, Paris 1983. (dt. *Narziß oder die Leere, Sechs Kapitel über die unaufhörliche Gegenwart*, Hamburg 1995).

meistbejubelten Fundamente der Moderne erschüttern und somit ein endemisches und zunehmendes »Unbehagen« an ihr auslösen.

Der Narzißmus, sagt Lipovetsky, ist das letzte Stadium des *homo aequalis*, das nicht nur die volle Entfaltung der gesellschaftlichen Ursachen und Veränderungen voraussetzt, deren Entstehungsphase Tocqueville erahnte, sondern auch das Aufkommen neuer Prozesse und Faktoren, welche die wachsende Komplexität der demokratischen Gesellschaft mit sich brachte. Das Ergebnis, könnte man hinzufügen, ist die Radikalisierung der ambivalenten Struktur des Ichs, die paradoxe Koexistenz von Unabhängigkeit und Schwäche, Freiheit und Unterordnung, Atomismus und Konformismus, Allmacht und Leere.

Übereinstimmung scheint bei vielen Autoren zu bestehen, was die zentrale Rolle der *konsumistischen* Transformation der Massengesellschaft betrifft: diese nähre und steigere den *Hedonismus* des Ichs, indem sie seine autoreferentielle Neigung verstärke. Die Demokratisierung des Konsums – sagt Daniel Bell – treibt die Uneingeschränktheit des Ichs zum Äußersten. Es entwirft sich immer mehr auf eine hedonistische Selbstverwirklichung hin, die weder ethische noch soziale Verbindlichkeiten dulden mag.[76] Zugleich macht sie das Ich zum passiven Objekt einer neuen Form von Homogenisierung und Kontrolle. Objekt der Homogenisierung, weil der Konsum das Vehikel des Konformismus und des Zwangs zur Nachahmung schlechthin darstellt, welche einem Ich eigen sind, das von David Riesman als »fremdgesteuert« definiert wurde:[77] einem Ich, das dezentriert und fluid ist, nach Bestätigung und Anerkennung strebt, getrieben von unruhigem und ziellosem Verlangen, angepaßt und anfällig für Manipulationen. Passives Objekt der Kontrolle ist dieses Ich, weil die Hegemonie des Konsums eine Art perversen Zirkel zwischen der Uneingeschränktheit der Wünsche und der künstlichen Erzeugung von Bedürfnissen schafft, der darin besteht, daß die fluktuierenden, unerfüllbaren und von der unendlichen Verfügbarkeit der Waren geweckten Wünsche sich immer weiter von den Bedürfnissen und den realen Interessen entfernen. Die Konsumgesellschaft erzeugt, wie Christopher Lasch beobachtet,[78] falsche Bedürfnisse: sie setzt unter Zuhilfenahme des Apparats der Massenmedien einen Prozeß der Umgestaltung des Realen zum Spektakel in Gang, der die Individuen auf passive Nutzer persuasiver und verführerischer Darstellungen reduziert, die nichts mit der Konkretheit der Bedürfnisse und Ziele zu tun haben. Die Demokratisierung des Konsums führt darüber hinaus dazu, daß er immer neue Bereiche der Lebenswelt gleichsam annektiert, indem er in den Bereich der Politik, der Information und des

---

76 Bell, *Die kulturellen Widersprüche des Kapitalismus*, a.a.O.
77 D. Riesman, *Die einsame Masse. Eine Untersuchung der Wandlungen des amerikanischen Charakters*, Hamburg 1962.
78 Ch. Lasch, *The Culture of Narcissism*, Norton, New York 1979; dt.: *Das Zeitalter des Narzißmus*, München 1981.

Körpers eindringt; indem er einen entdifferenzierenden Prozeß in Gang setzt, wo jeder dieser Bereiche lediglich als Umgebung der individuellen Selbstverwirklichung einen Wert hat. Die Welt verliert ihre Objektivität, um zu einer Arena der narzißtischen Forderungen des Ichs zu werden, das dazu tendiert, jedes Ereignis und jede Handlung zu »psychologisieren« und sich eine »therapeutische Mentalität« zueigen zu machen,[79] sprich einer Abziehung der eigenen emotionalen Energien von allem, was nicht zum Kult des Selbst und des Image gehört.

Parallel dazu stattfindende soziale Veränderungen in der beruflichen und privaten Sphäre verstärken diesen Prozeß der Psychologisierung der Realität, in dem die Hypertrophie des Ichs immer deutlicher als die ängstlich sich selbst behauptende Polarität von Seinsleere und Schwächung der Identität hervortritt.

Im Bereich der Arbeit, wo die fortschreitende Bürokratisierung flexible und austauschbare Individuen fordert, die mobil und dazu bereit sind, die eigene Rolle rasch neu zu definieren, kompensiert der Narzißt die Unsicherheit und den Kompetenzverlust durch eine emphatische Wertschätzung seiner persönlichen Qualitäten. Fieberhaft strebt er nach inhaltsleerem Erfolg und nach einer Selbstbehauptung, die eher »Neid« als Zustimmung hervorruft.[80] Der Manager-Mythos des *Erfolgs* wird zum Ausdruck eines mobilen und unsteten Ichs, das keine Perspektiven hat und vergänglichen und flüchtigen Formen der »Distinktion« hinterher hetzt. Das Webersche Modell des Puritaners – inspiriert von der Arbeitsethik und der Professionalität, erwerbsbezogen, projektiv und mit einem prometheischen und weitsichtigen Blick ausgestattet, der sich Regeln gab und Grenzen setzte, um rational ein Ziel verfolgen zu können – wird von einem Subjekt abgelöst, das nach unmittelbaren und wiederholten persönlichen Gratifikationen verlangt, unfähig zum Verzicht ist und sich mehr um das eigene Erfolgsimage kümmert als um die Verfolgung seiner Interessen.

In der Privatsphäre drückt sich die Schwächung der elterlichen (insbesondere väterlichen) Autorität, verstärkt durch die Übertragung der Funktion der Familie auf fremde Vertretungen und Experten,[81] im Bruch der ödipalen Dynamik aus, als jenem Faktor, der die autonome Identität des Ichs strukturiert. Immer öfter bleibt die konflikthafte Identifikation des Ichs mit den Elternfiguren aus, welche seine Entwicklung und seine Beziehungsfähigkeit einst entscheidend bedingte. Das Ich, der fruchtbaren Funktion des ödipalen Konflikts beraubt, verliert seine eigenen

---

79 Vgl. Rieff, *The Triumph of Therapeutics*, a.a.O.
80 Lasch, *Das Zeitalter des Narzißmus*, a.a.O., § 3; zur Personalisierung der Berufsbeziehungen und zur Emphase, die eher der subjektiven Handlung als dem objektiven Wert des Handelns zukommt, vgl. auch Sennett, *Verfall und Ende des öffentlichen Lebens*, a.a.O., § 14.
81 Auf diesen Aspekt legen besonders Riesman und Lasch den Akzent. Noch immer ergiebig für das Thema der Schwächung der väterlichen Autorität ist auch A. Mitscherlich, *Auf dem Weg zur vaterlosen Gesellschaft. Ideen zur Sozialpsychologie*, München 1963.

Grenzen und projiziert seine Allmachtsphantasien frei auf die Welt, auf der unablässigen, aber nie zu befriedigenden Suche nach Bestätigungen, welche die äußere Welt auf den bloßen Spiegel einer leeren, unsicheren und fordernden Identität reduziert.[82] Ein solches Ich ist äußerst anfällig gegenüber den Manipulationen der Kultur des Hedonismus und den illusorischen Versprechungen der Konsumgesellschaft. Die Familie, die zugleich vom Gesellschaftlichen durchdrungen und unfähig zur Sozialisation ist und zum Opfer der wechselseitigen Unsicherheiten und narzißtischen Erwartungen ihrer Mitglieder wird, verliert auch jene Funktion des affektiven Zusammenhalts, die Tocqueville ihr noch zuschreiben konnte, obwohl er darin einen intimistischen Rückzug vom Gesellschaftlichen erblickte.[83]

Zu alldem tritt die maßlose Entwicklung der Technologie, die inzwischen, indem sie in die Sphäre des Körpers, der Information und des Lebens eindringt, das Undenkbare zu verwirklichen verspricht und die Ambivalenz des Ichs noch weiter vergrößert: Auf der einen Seite nährt sie seine unbegrenzten Wünsche, indem sie es einem Übermaß an Möglichkeiten gegenüberstellt und die Entscheidungsmomente immer weiter vervielfacht und immer rascher aufeinanderfolgen läßt; auf der anderen Seite setzt sie aufgrund ihres rein immanenten Prozesses der Selbstlegitimation eine »Befreiung der Mittel von den Zwecken« in Gang, die dem Ich eine reale Kontrolle über das eigene Leben und das eigene Schicksal entzieht und ihm jede ethische Befähigung zur Selbstbegrenzung nimmt.[84]

Konsumismus und Bürokratisierung, die Krise des Privaten und der technologische Fortschritt führen also die Transformation vom »begrenzten« Individualismus der frühen Moderne zu dem »radikalen« der späten Moderne zur Vollendung, die Tocqueville mit der Genese der demokratischen Gesellschaft verbindet.[85]

An die Stelle der Figur des *homo oeconomicus* der Frühmoderne, den man eher im »selbstbestimmten« Menschen von Riesman, im Puritaner Bells oder im Amerikaner Christopher Laschs erkennen kann, tritt der *homo psychologicus*: fremdgesteuert, hedonistisch, narzißtisch. An die Stelle eines in sich selbst zentrierten Ichs, das projektiv, in aggressiver Weise kompetitiv, utilitaristisch und stark erwerbsbezogen war, doch im Blick auf ein rationales Ziel zur Selbstkontrolle und Selbstbeschränkung fähig, tritt nun ein dezentriertes Ich, das begehrend, hypertroph und

---

82 Vgl. hierzu Lasch, *Das Zeitalter des Narzißmus*, a.a.O. u. K. Strzyz, *Sozialisation und Narzißmus*, Wiesbaden 1978. Der allgemeine Bezugspunkt für die Soziologen des Narzißmus ist jedoch H. Kohut, *Narzißmus: Eine Theorie der psychoanalytischen Behandlung narzißtischer Persönlichkeitsstörungen*, Frankfurt a. M. 1976.
83 Vgl. *DA*, 1., Bd. 2, Teil III, Kap. 8 ff..
84 In Bezug auf dieses zentrale Thema, das hier nur angedeutet werden kann, vgl. Zygmunt Bauman, *Postmoderne Ethik*, Kap. 7; vor allem aber auch auf die wichtigen Arbeiten von J. Ellul, u.a.: *La Technique ou l'enjeu de siècle*, Paris 1954.
85 Vgl. Lipovetsky, *Narziß oder die Leere*, a.a.O.

leer ist, im Gegenwärigen verankert und manipulierbar, schrankenlos und ohne Ziel.
Aber man versteht diese Transformation nicht gänzlich, ohne die emotionale Matrix zu erfassen, auf die Tocqueville treffsicher den Akzent gesetzt hatte, als er im Individualismus eine substantielle *Abwesenheit der Leidenschaften* konstatierte. Jenseits seiner vielfältigen Erscheinungsformen ist der Narzißmus in der Tat nichts anderes als ein »Verlust der Emotionalität«, eine Gemütsverfassung der »Apathie«; er ist ein »entropischer Zustand«,[86] der seine Ursache im Verlust der Grenze zwischen dem Selbst und dem Anderen des Selbst hat. Mit Freud gesprochen handelt es sich dabei um das Ergebnis einer Introversion der Libido und einer Abwesenheit von Besetzungen der Objektivität, welche die objektive Realität in einen reinen »Spiegel« der Wünsche des Ichs verwandelt und die Andersheit zum bloßen Abbild des Ichs reduziert.
Geleitet vom »Evangelium der Selbstverwirklichung«[87] gleitet der Narzißt in eine *Identitätslogik* ab,[88] die ihren Ursprung in einer Art von emotionalem Atomismus hat und die, wie Richard Sennett treffend zusammenfaßt, sich mehr im »Wünschen« als im »Nehmen« ausdrückt.[89] Er hat die für den Individualismus von Hobbes und Smith typische prometheische Leidenschaftlichkeit verloren, obwohl er unterschwellig deren kompetitiven und erwerbsbezogenen Tendenzen beibehält, die einen Prozeß der Verdrehung und Implosion erfahren.[90] Es vollzieht sich mit anderen Worten jene *Entropisierung der Leidenschaften*, in der Tocqueville das beunruhigende Charakterzeichen der demokratischen Gesellschaften erkannt hatte: Die *Erwerbsleidenschaft* transformiert sich in eine unbegrenzte Spirale von Wünschen ohne Objekt, in die ängstliche und nie zu befriedigende Suche nach Erfüllung und in einen von Techniken des Spektakels und Verführungspraktiken angeheizten Konsumzwang. Die *Leidenschaft der Unterscheidung* oder die Ich-Leidenschaft schafft Neid und leeres Wetteifern, erzeugt einen vergänglichen Erfolgskult und schlägt schließlich auf paradoxe Weise in Homogenisierung, Entdifferenzierung und Neigung zum Konformismus um.
Die Figur des Anderen – der einst als Feind oder Rivale betrachtet wurde und dem jene aggressiven und offen kompetitiven Triebe galten, die der Sozialisierung vor-

---

86 Diese Definitionen stammen jeweils aus den bereits zitierten Werken von Lasch, Lipovetsky und Sennett.
87 Vgl. Rieff, *The Triumph of Therapeutics*, a.a.O.
88 Die treffende Bezeichnung des Narzißmus als eine »Logik der Identität« stammt von U. Curi, *Endiadi. Figure della duplicità*, Mailnad 1993.
89 Vgl. Sennett, *Verfall und Ende des öffentlichen Lebens*, a.a.O., § 10.
90 Lasch betont bei seinem kritischen Kommentar zu Riesman, der dazu neigt, den kollaborativen Aspekt des »Fremdgesteuerten« zu stark aufzuwerten, genau das Weiterbestehen von Dynamiken der Macht sowie eines versteckteren und unterirdischeren Wettbewerbs (vgl. *Das Zeitalter des Narzißmus*, Kap. 3).

ausgingen – wird zunehmend undurchsichtig und erodiert immer mehr. Der *Konflikt* wandelt sich in *Indifferenz*, und es kommt zu einer Art anämischer Entleerung der sozialen Beziehung. In der »Entsubstantialisierung« des Anderen,[91] die vom demokratischen Drang nach »Ähnlichkeit« eingeläutet und von der narzißtischen Überinvestition in die subjektive Dimension genährt wird, sitzt die emotionale Wurzel der Schwächung des sozialen Bandes und der affektiven Loslösung von der Sphäre des Öffentlichen. Das »Verschwinden des öffentlichen Menschen«, der Untergang des *homo politicus*, worauf die zeitgenössische Reflexion den Akzent setzt, verweisen auf eine Art apathischer Loslösung von allem, was nicht unmittelbar in Verbindung mit der selbstbehauptenden Neigung eines begehrenden und fluiden Ichs steht, das inhaltsleer und auf passive Weise offen ist für die spektakulären Reize der Gesellschaft des Publikums und der Technologie. Der narzißtische Individualismus führt zu Entsozialisierung und Fragmentierung,[92] läßt die Fähigkeit zur kollektiven Partizipation verkümmern und erstickt jeden Willen zu gemeinsamer Entscheidung bereits im Keim. Er steht der Neigung, Werte zu erkennen und von Mal zu Mal prioritäre Entscheidungen zu fällen, entgegen. Die atomisierten und fragmentierten Individuen laufen, wie Taylor sagt, Gefahr, die sympathetischen Verbindlichkeiten zu verlieren, aus denen die Fähigkeit zur demokratischen Kontrolle entsteht. Sie werden so zu Opfern jener weichen autoritären Macht, die im Vergleich zu dem Szenario Tocquevilles ihr Durchdringungspotential enorm erhöht hat, indem sie sich über tentakelartige Strukturen (kommunikativer, technologischer und massenmedialer Art), die weit über den bloßen staatlichen Zwang hinaus gehen, vervielfältigt und verbreitet. Der Atomismus erzeugt Formen sanfter Kontrolle, die – aufgrund des von Tocqueville vorausgeahnten *double bind* zwischen den Individuen und der Macht – auf das Individuum zurückwirken, indem sie es seiner realen Autonomie berauben und zum Identitätsverlust führen. Die Entsubstantialisierung des Anderen bedeutet zugleich die Entsubstantialisierung des Ichs; erneut kommt hier jenes komplementäre Verhältnis zwischen der Schwächung des sozialen Bandes und der Schwächung der Identität zum Vorschein, das bereits in den Diagnosen Tocquevilles zu erkennen war.

Das narzißtische Individuum befindet sich zwar in emotionaler Isolation von den Anderen, ist aber zugleich der diffusen Macht der Masse der Gleichen inkorporiert, deren Modelle, Mentalität und Sitten es passiv übernimmt. Dadurch verliert es den kritischen Abstand, der die unabdingbare Voraussetzung dafür ist, auf die existierende Ordnung und ihre Pathologien reagieren oder ihr gar Widerstand leisten zu können.[93] Es verliert also jene *Distanz* zum Realen, die allein es ihm gestatten würde, dessen Degenerationen und Aporien zu erkennen und das eigene

---

91 Vgl. Lipovetsky, *Narziß oder die Leere*, a.a.O.
92 Der Begriff stammt von Taylor, *Das Unbehagen an der Moderne*, a.a.O., Kap. 10.

Verhältnis dazu immer wieder von neuem aktiv auszuhandeln. Die affektive Loslösung vom Politischen und Sozialen aber steht, wie Lipovetsky schreibt, einer kühlen Zustimmung zur Demokratie nicht entgegen,[94] einer Zustimmung, die zwar vage bleibt, jedoch real ist, indem sie die unmittelbarsten und vergänglichsten Potentialitäten der Demokratie instrumentell und passiv auszunutzen will und dabei de facto, wenn auch unbewußt, auf jede Frage nach Sinn und Ziel verzichtet.
Die Einsamkeit des zeitgenössischen Ichs erscheint daher vollkommen bar jener emanzipatorischen Aspekte, die die Rousseau'sche Einsamkeit prägten, jenem Königsweg der Suche nach einer *Authentizität*, die gegen die Ungerechtigkeit und Verderbtheit der bestehenden Ordnung aufbegehrt. Die Emphase auf das Ich, der Rückzug nach innen, das Hintersichlassen der öffentlichen Lebens sind bei Rousseau, wie wir gesehen haben, die Folge des Aufstands gegen eine gesellschaftliche Organisationsform, welche die Integrität des Ichs sowie seiner Ideale von Freiheit und Gerechtigkeit bedroht. Das Rousseau'sche Modell prangert die pathologischen Effekte der Erwerbsleidenschaften an und zielt auf Wiederaneignung der eigenen tiefsten und authentischsten Wünsche ab, die vom Wettbewerb und dem Konformismus der ungerechten Gesellschaft verzerrt worden sind. Das Authentizitätsideal bewahrt, wenn es – wie Taylor zurecht einwirft – nicht ins Monologische und Intimistische abgleitet, potentiell immer diesen radikal kritischen Aspekt. Es wird zum Ausdruck eines emanzipatorischen Impulses, der jede homogenisierende Assimilation sowie jedes endgültige und passive Einvernehmen mit der sozialen Ordnung verweigert. Mit anderen Worten, das authentische Ich ist Träger einer ethischen Spannung, die es dazu bringt, die Einsamkeit zu wählen, als extremen Rückzugsort vor einer Realität, die seine Erwartungen enttäuscht hat und sich unveränderlich gibt. Doch selbst in diesem Akt des Verzichts bleibt es emotional offen gegenüber der Alterität und der Welt, für die es eine andere und gerechtere Gestaltung wünscht.[95] In diesem Sinne erscheinen auch die jüngsten Versuche als legitim, das Authentizitätsideal im normativen Sinne zu verstehen, nämlich als dasjenige, was eine Identität definiert, die sich selbst treu zu bleiben vermag, ohne dabei von der Suche nach dem Gemeinwohl abzulassen.[96] Im Gegensatz dazu lebt

---

93 Auf den Verlust der kritischen Fähigkeiten spielt Lasch an, in *Das Zeitalter des Narzißmus*, a.a.O., Kap. 10.
94 Vgl. Lipovetsky, *Narziß oder die Leere*, a.a.O., Kap. 4.
95 Hier kann man, worauf bereits hingewiesen wurde, die Verbindung des Rousseau'schen Modells mit dem amerikanischen »expressiven Individualismus« von Emerson und Whitman sehen, der, wie Bellah (*Habits of the Heart*, a.a.O) sagt, eine Reaktion auf den Franklinschen utilitaristischen Individualismus darstellt. Gerade deshalb stimme ich mit Bellah nicht darüber überein, im Weiteren eine enge Verbindung zwischen dem utilitaristischen und dem expressiven Individualismus zu sehen.
96 Vgl. Taylor, *Das Unbehagen an der Moderne*, a.a.O., und v. a. Ferrara, *Reflective Authenticity. Rethinking the Project of Modernity*, London 1998.

das narzißtische Ich passiv und konformistisch in die bestehende Gesellschaftsordnung integriert, an der es teilnimmt, ohne emotional beteiligt zu sein und die es instinktiv zum Zweck einer falsch verstandenen Selbstverwirklichung nutzt, ohne dabei irgendeinen Willen zur Veränderung oder Verbesserung umzusetzen. Einsamkeit und Konformismus, Selbstverwirklichung und Identitätsverlust, Allmacht und Schwäche, unbegrenzte Freiheit und die Zunahme unsichtbarer und totalitärer Formen der Kontrolle: die Krise des zeitgenössischen Individuums findet ihren Ursprung in der paradoxen Koexistenz entgegengesetzter und komplementärer Aspekte. Aber diese Ambivalenz, in der eine ethische und gesellschaftliche Sackgasse angelegt ist, ist nichts, was völlig neu wäre: sie ist vielmehr nichts anderes als die Radikalisierung – und daher auch die unvermeidliche und nachträgliche Enthüllung – einer anthropologischen Struktur, die, wie wir deutlich zu machen versuchten, seit ihren Anfängen zur modernen Individualität gehört. Das narzißtische Individuum stellt, um es mit Giddens zu sagen, eine der »radikalen Konsequenzen« der Moderne dar, die bereits in ihren eigenen Prämissen enthalten sind.[97] Weder ist es Produkt des irrationalen Bruchs mit der modernen Rationalität, einer pathologischen, von der Postmoderne bewirkten Tendenzumkehr gegenüber den »gesunden« Prinzipien der Frühmoderne, wie die Neokonservativen in ihrer Sehnsucht nach dem liberalen Modell des *homo oeconomicus*[98] behaupten; ebensowenig aber darf es als Symbolfigur für die »dionysische« Befreiung einer Subjektivität verstanden werden, die endlich von den repressiven Normen und den strengen und unilateralen Parametern des besitzorientierten und puritanischen Individualismus erlöst ist, wie die »postmodernen« Theoretiker vermuten.[99]

Wenn es zutrifft, daß parallel zur demokratischen Konfiguration der Gesellschaft eine, wie Tocqueville sagt, »völlig neue Spezies Mensch« auf den Plan tritt, die das konfliktgeladene Gleichgewicht im Sinne Hobbes' und Smiths (oder auch Webers) nachhaltig beschädigt und in Mangel an Zusammenhalt überführt, so stimmt es auch, daß diese Veränderung kein Symptom eines Verrats an der Moderne oder ihrer dekadenten Verfallsphase ist, sondern vielmehr die Offenlegung der ihr innewohnenden Pathologien, die ihre endgültige Vollendung erreicht haben. Wir sehen uns einem Prozeß gegenüber, der zugleich Kontinuität und Bruch bedeutet, und der, wie wir mit Tocqueville gesehen haben, an der Evolution der emotionalen Struktur des Individuums besonders deutlich zu Tage tritt.

Tocqueville zeigt in der Tat auf, wie *dieselben Leidenschaften* – die Erwerbsleidenschaft und die Ich-Leidenschaft – einem Prozeß der *Entropisierung* ausgesetzt sind,

---

97 A. Giddens, *Konsequenzen der Moderne*, Frankfurt a. M. 1995.
98 Die Definition »Neokonservative« die sich auf Sennett, Bell, Lasch etc. bezieht, stammt von Ferrara, *Modernità e autenticità*, a.a.O.
99 Vgl. Maffesoli, *Der Schatten des Dionysos*, Frankfurt a. M. 1986, u. ders., *Le Temps des tribus. Le déclin de l'individualisme dans la société de masse*, Paris 1991.

der sowohl für die Schwächung der individuellen Identität als auch für die Schwächung des sozialen Bandes verantwortlich ist. Er zeigt mit anderen Worten, wie die *prometheischen Leidenschaften* in *narzißtische Apathie* münden können, wenn der Egoismus durch den Individualismus abgelöst wird, der Konflikt durch Indifferenz und die Projektivität durch Zukunftsverlust. Der narzißtische Atomismus erscheint daher als die äußerste und radikale Konsequenz einer anthropologischen Struktur, die im Namen der erwerbsbezogenen und instrumentellen Leidenschaften, welche auf die Beseitigung der »Mangelhaftigkeit« des Individuums zielten, diejenigen Aspekte des Emotionalen opferte, die auf Beziehung, Solidarität und Gemeinschaft ausgerichtet waren, oder sie vielmehr – wie wir noch sehen werden – verdrängte. Die Konfiguration des postmodernen Ichs macht jenes *Solidaritätsdefizit* bloß offensichtlich, das dem modernen Individuum bereits seit seiner Geburt eingeschrieben ist. Es begreift das soziale Band und die Beziehung zum anderen rein *instrumentell* als notwendiges Medium für die Verwirklichung der eigenen Interessen und Wünsche.[100]

Das Problem liegt daher beim Ursprung und läßt sich demzufolge weder durch die nostalgische Rückbesinnung auf die Frühmoderne lösen noch durch postmodernen Enthusiasmus (oder Resignation, was dasselbe ist). Es erfordert vielmehr eine radikale Änderung der Blickwinkels, die aus dieser sterilen Opposition herauszutreten erlaubt, um sich zu fragen, ob es überhaupt möglich ist, das soziale Band nicht nur als *Mittel*, sondern auch als *Zweck* zu denken: es also selbst als Objekt des eigenen emotionalen Strebens zu verstehen.

Der moderne Individualismus ist gleichbedeutend mit einer Schwächung des Bandes, mit der Erosion der gesellschaftlichen Dimension, mit einem *Verlust an Gemeinschaft*. Über diese Diagnose scheint es derzeit jenseits der unterschiedlichen Interpretationen und Perspektiven einen breiten Konsens zu geben. Von den amerikanischen *Communitarians* zur Debatte über den Multikulturalismus, über die Habermasschen Theorien der Intersubjektivität und der Kommunikation zu den Theoretikern der Gabe, von der durch das *Collège de sociologie* angeregten Wiederentdeckung der Idee der Gemeinschaft zu den postmodernen Theorien des Neotribalismus: alles dreht sich um die Frage der Krise des sozialen Bandes in einer komplexen Gesellschaft, die dazu aufgefordert ist, subjektive Forderungen und Gemeinwohl, individuelle Freiheit und soziale Solidarität unter einen Hut zu bringen. Selten macht sich jedoch ein Bewußtsein darüber bemerkbar, daß diese Krise des Bandes, dieser Verlust an Gemeinschaft ihren Ursprung auch in einer Art Unter-

---

100 Es ist kein Zufall, daß die Kritik an der instrumentellen Vernunft heute theoretische Perspektiven zusammenfaßt, auch wenn diese sehr unterschiedlich sind, von Habermas' *Theorie des kommunikativen Handelns*, Frankfurt a. M., 1981 über Ch. Taylor und andere Kommunitaristen bis, wie wir sehen werden, zu den Theoretikern der Gabe, und dabei insbesondere A. Caillé, vgl. ders., *Critique de la raison utilitaire. Manifeste du Mauss*, Paris 1988.

versorgung der emotionalen Struktur haben, die von der *Verdrängung der Leidenschaft für die Gemeinschaft* verursacht ist – jener Leidenschaft, die an der Quelle aller solidarischen Verbindungen liegt.

Unter den Wenigen, die für diesen Aspekt Gespür bewiesen, sind die Denker des *Collège de sociologie* zu nennen. Genauestens erfaßten sie, wie aufgrund seines Zwangs zum Erwerb und seines Eifers, sich von jeder Abhängigkeit zu befreien, der utilitaristische Individualismus den Trieb nach sozialer Bindung, den Wunsch nach Allianz, die Ausrichtung auf das In-Gemeinschaft-Sein opferte und dabei alles, was jenseits der Verfolgung des Eigeninteresses liegt, ins Unbewußte verbannte.[101]

Eben diese Diagnose erlaubt es darüber hinaus, jenen entgegengesetzten und komplementären Aspekt des Individualismus zu erklären, der neuerdings beunruhigend zugenommen hat: die *Rückkehr der Gemeinschaft* zu geschlossenen und regressiven Formen. Der Trieb zum sozialen Verbund, der im Namen des Nützlichen und der Selbstverwirklichung verdrängt worden war, erblüht von neuem, doch unweigerlich in extremen und gewaltsamen Formen. Auf diesen Aspekt spielte Sennett bereits vor einigen Jahren an, als er von einer »destruktiven *Gemeinschaft*« sprach: von einer Form der Gemeinschaft, die zugleich modern und archaisch ist und die der Beziehungsleere einer kalten und anämischen *Gesellschaft* Zonen intensiven emotionalen Zusammenhalts gegenüberstellt, die durch den Ausschluß des Anderen darauf abzielen, die lokalen und selbstreferentiellen Identitäten wieder zu behaupten und zu verfestigen.[102] Der Begriff der destruktiven Gemeinschaft scheint heute genau jenes Wuchern lokaler kollektiver Identitäten zu beschreiben, seien sie nun ethnisch, religiös oder ideologisch, die im Schoß der Demokratien selbst entstehen und jede Möglichkeit von Verhandlung und Einverständnis in eine radikale Krise stürzen. In der Gesellschaft der aufgelösten Bindungen und der Gefühllosigkeit, des Sinn- und Werteverlustes blüht mit der negativen Kraft der »Wiederkehr des Verdrängten« ein Wunsch nach Identifikation und nach Zugehörigkeit auf, der sich in feindseligen und exklusiven Formen ausdrückt. Die blinde Rückkehr der Gemeinschaft als Ausdruck eines unausrottbaren, aber verirrten Bedürfnisses nach kollektiver Identität ist das Pendant zur narzißtischen Indifferenz, zum Fehlen von Orten und Ritualen der Zusammengehörigkeit und zur »Kälte« der Demokratie, die eine Kultur hervorbringt, die zur »Institutionalisierung der Melancholie« neigt, wie jemand gesagt hat.[103]

---

101 Zum *Collège de sociologie* und im besonderen zu Bataille vgl. Kap. 5.
102 Vgl. Sennett, *Verfall und Ende des öffentlichen Lebens*, a.a.O., v. a. Kap. 10.
103 Vgl. Moscovici, *La machine à faire des dieux*, a.a.O.: »Unsere moderne Kultur zwingt sich hingegen dazu – und das gelingt ihr – die *Melancholie zu institutionalisieren*: wir müssen, ob wir wollen oder nicht, anerkennen, daß die Sorge um die Säkularisierung des Glaubens und seiner Praktiken genau dazu führt, ebenso wie die Rationalisierung der Ökonomie und die kalkulierende und quantitative Verwaltung [...], die verächtliche Geringschätzung von Zeremonien und Ritualen, oder der

Das Problem liegt somit darin, auf diesen »Wunsch nach Gemeinschaft« zu reagieren,[104] der umso mächtiger und unkontrollierbarer wird, je weiter das soziale Band sich auflöst, und zu verhindern, daß dieser Wunsch sich in regressiven und defensiven Manifestationen äußert. Das Problem besteht nun darin, aus der Entgegensetzung zwischen einem atomistischen und indifferenten »Ich« und einem »Wir«, das sich in Reaktion darauf als ein »gefährliches Pronomen« herauszubilden scheint, herauszukommen.[105] Es ergibt sich, anders gesagt, die Notwendigkeit, die Möglichkeit einer dritten Konfiguration *zwischen der Apathie des Ichs und der gewaltsamen Leidenschaftlichkeit des Cum* auszumachen.

Diese schwierige Aufgabe findet weder in einer allein *deskriptiven* Perspektive eine befriedigende Antwort, wie sie beispielsweise der neotribalistischen Interpretation von Maffesoli eigen ist, die sich, da sie den Individualismus als mittlerweile überwundenes Problem betrachtet, darum bemüht, die Existenz von unterschwelligen, doch starken Formen des Sozialen aufzuzeigen, noch in den *normativen* Theorien, die den atomistischen Individualismus kritisieren und seine Pathologien ernstnehmen, ihm aber eine Pflicht zum In-Gemeinschaft-Sein gegenüber stellen, die gegenüber holistischen und prämodernen Risiken nicht immun ist, wie man an den Reflexionen der *Communitarians* sehen kann.

Maffesoli zufolge[106] fällt das, was gemeinhin als Untergang des Politischen, als affektive Loslösung vom öffentlichen Leben und als Ende der großen kollektiven Ideale bezeichnet wird, keineswegs mit dem Triumph des Individualismus und dem Ende der Sozialität *tout court* zusammen, sondern mit der Renaissance der »Sozialität« in neuen Formen, die das vitale und permanente Fortbestehen der *Gemeinschaft im Innern der augenscheinlichen Auflösung des gesellschaftlichen Körpers bezeugen; in Formen also, die nicht mehr vertragsmäßig und projektiv sind, sondern spontan, täglich wechselnd und empathisch, deren Ziel allein das Zusammen-Sein ist, das Teilen einer gemeinsamen Erfahrung oder eines gemeinsamen Gefühls: »In dieser Perspektive charakterisiert sich die Gemeinschaft nicht mehr durch das auf die Zukunft gerichtete Projekt *(pro-jectum)*, sondern eher durch die Umsetzung *in actu* des Impulses, zusammen sein zu wollen«.[107] Die Krise der politischen Form des sozialen Zusammenschlusses bedeutet keineswegs die Krise des sozialen Zusammenhalts. Der neue *tribe*, dessen vielfältige und vernetzte Ausdrucksformen die

---

Kampf gegen die Leidenschaften im Namen des Interesses und gegen die kollektiven Enthusiasmen im Namen der Organisation zu keinem anderen als diesem Ergebnis führen konnte.«
104 Dieser Ausdruck stammt von R. Sennett, *The Corrosion of Character. The Personal Consequences of Work in the New Capitalism*, New York – London 1998. (dt.: *Der flexible Mensch: die Kultur des neuen Kapitalismus*, München 2000)
105 Vgl. ebd., Kap. 8.
106 Maffesoli, *Le temps des tribus*, a.a.O.
107 Ebd., S. 28.

Mikrostruktur der postmodernen Gesellschaft ausmachen, ist keine Gesellschaft von Atomen, die rational in einem politisch ausgerichteten Projekt engagiert sind, sondern eine zeitweilige und fluktuierende Sammelbewegung, die ihren eigentlichen Zweck in sich selbst findet und deren »einziger Existenzgrund das Pflegen einer Gegenwart ist, die kollektiv gelebt wird«.[108] Der Neotribalismus bedeutet die Reaktivierung einer »Gemeinschaft der Emotionen«, die sich aus der Teilnahme an einem geteilten Gefühl bildet und die faktisch Bereiche der Solidarität ins Leben ruft, die befähigt sind, einen gemeinsamen *ethos* zu erzeugen. Die »gesellschaftliche Form«, die aus den empirischen und winzigen Aggregationen des täglichen Lebens hervorgeht, »macht daher aus dem allgemeinen Leben eine reine Form, einen Wert an sich«.[109]

Das soziale Band als Ziel und nicht als Mittel und die Bedeutung des emotionalen Elements für die Schaffung einer weder regressiven noch exklusiven Sozialität: Das Interessante an Maffesolis Lesart besteht in der Aufwertung dieser zwei Aspekte, die, wie wir sehen werden, auch das Fundament der *Theorie der Gabe* bildet, jenes Paradigmas, das dem modernen utilitaristischen Individualismus alternativ gegenübersteht.[110] Die Schwäche dieser Lesart besteht jedoch nicht so sehr im Risiko des Organizismus und des Holismus, der einer solch dionysischen und auf Verschmelzung ausgerichteten Vision des geteilten Gefühls innewohnt,[111] sondern viel eher in der Tatsache, daß die Formen der Sozialität zum Objekt eines rein deskriptiven Blickes werden, der sich jeder Wertung enthält, sondern absolut heterogene Phänomene aneinanderreiht, wobei er sie alle auf dieselbe Ebene stellt (wie z. B. die Mafia und folkloristische Feste, Organisationen zur gegenseitigen Hilfe und die Modeerscheinungen des New Age, musikalische Happenings und Solidaritätsgruppen). Maffesoli beschränkt sich darauf, das Bestehende zu konstatieren, das postmoderne Szenario der Spielarten des Sozialen zu beobachten, ohne zu wählen, Prioritäten zu setzen oder Werturteile zu fällen, und läßt uns schließlich völlig ratlos gegenüber einer proklamierten ethischen Ununterscheidbarkeit stehen.[112]

Auf der entgegengesetzten Seite findet sich der normative Entwurf der *Communitarians*. Sie setzen bei der Kritik des besitzorientierten und utilitaristischen Indivi-

---

108 Ebd., S. 106.
109 Ebd.
110 Vgl. Kap. 5.
111 Maffesoli spricht nämlich von einer dionysischen Vereinigung, die sowohl die Auflösung des Individuums in der Masse bedeutet, aber auch die Wiederaneignung des Selbst als »heterogene Person, die dazu in der Lage ist eine Vielfalt von Rollen zu übernehmen« (*Le temps des tribus*, S. 95), und die daher offen für die Andersheit ist; das heißt, daß die Wiederaneignung des Selbst also auch die Erschaffung des »Wir« bedeutet (ebd., S. 93 f.).
112 Er definiert nämlich die *Soziologie der Form*, zu deren Initiator er sich macht, als von »einem Denken, das Formen und existente Konfigurationen feststellt, ohne sie kritisieren oder beurteilen zu wollen« (ebd., S. 122).

dualismus an, die vom liberalen Modell sanktioniert wurde, um eine andere Vorstellung des »Selbst« zurückzugewinnen. Sie stellen dem unbelasteten *(unencumbered)* und ungebundenen *(disengaged)* Selbst der Moderne, das abstrakt aus jedem kulturellen Kontext und gesellschaftlichem Gewebe herausgerissen wird, ein »situiertes« und kontextuelles Selbst gegenüber, das fähig dazu ist, die Bindungen der Zugehörigkeit zu der Gemeinschaft, innerhalb derer es sich gebildet hat, anzuerkennen und den innerhalb dieser Gemeinschaft geteilten Werten zuzustimmen.[113] Auch wenn diesem normativen Entwurf das offensichtliche Verdienst zukommt, die Aufmerksamkeit auf die Notwendigkeit des *Cum* zurückzulenken, enthält er dennoch das Risiko, eine organizistische Sicht der Gemeinschaft wieder einzuführen: Gemeinschaft verstanden als eine Art vorgegebene und unstrittige Entität, welche die Individuen sozusagen zur Zugehörigkeit verpflichtet und sich infolgedessen als wenig flexibel und wenig offen gegenüber Neuerungen darstellt, als nicht aufnahmebereit gegenüber dem eventuellen Eindringen neuer Subjekte und der Neudefinition von Rollen und Werten. Gemeinschaft, so verstanden, läuft mit anderen Worten Gefahr, das Prinzip der freien Entscheidung aus den Augen zu verlieren und sich einem Zwang zur strikten Homogenität zu unterwerfen, der es ihr unmöglich macht, »Differenz« zu beherbergen und sich »dem Faktum des Pluralismus« zu stellen, der die zeitgenössische soziale Wirklichkeit auszeichnet.[114]
Auf der einen Seite stellt sich die Gemeinschaft also als freies, nomadisierendes und unterschiedsloses Fließen der Formen des Sozialen dar, das den Werten, die diesen zugrunde liegen, indifferent gegenübersteht; auf der anderen Seite drängt sie sich als eine normativ und verbindlich vorgegebene Voraussetzung auf, welche die Pluralität begrenzt und die Differenz behindert, insofern es ihr schwer fällt, die notwendige Dynamik des sozialen Zusammenhaltes zu billigen. Angesichts dieser unbefriedigenden Alternative zwischen der Neutralität einer deskriptiven Perspektive und der statischen Verpflichtung durch eine normative Perspektive, besteht die Herausforderung nun darin, sich über die Möglichkeit einer *deskriptiven Dimension* zu befragen, *die zugleich in sich normativ* ist; über die Möglichkeit also, im postmodernen Szenario faktische Formen des Bandes oder des sozialen Zusammenhalts zu erkennen, die in sich einen Wertgehalt haben und geeignet sein könnten, dem Abdriften des demokratischen Individualismus zu widerstehen. Das aber bedeutet zugleich, sich zu fragen, ob es in der anthropologischen Struktur des zeitgenössischen Individuums *andere* emotionale Dimensionen gibt, die einen Ausweg aus der erwerbsbezogenen und narzißtischen Spirale der Moderne eröffnen könn-

---

113 Vgl. M. Sandel, *Liberalism and the Limits of Justice*, Cambridge 1982; A. MacIntyre, *Der Verlust der Tugend: Zur menschlichen Krise der Gegenwart*, Frankfurt a. M. 1995; Taylor, *Quellen des Selbst*, a. a. O.; ders., »Atomism«, in: *Philosophy and the Human Sciences, Philosophical Papers 2*, Cambridge, 1985.
114 Vgl. A. Ferrara, Einführung zu ders. (Hrsg.), *Communitarismo e liberalismo*, Rom 1992.

ten, insofern sie Ausdruck einer Privilegierung des sozialen Bandes als Zweck und nicht allein als Mittel sind.

Eine wirksame Antwort auf diese Herausforderung, kann, wie wir sehen werden, die *Theorie der Gabe* liefern, vor allem dort, wo diese das Ereignis der Gabe als Ausdruck eines Impulses zum sozialen Band und eines Wunsches nach Zugehörigkeit auffaßt.[115]

Doch interessanterweise liefert Tocqueville selbst diesbezüglich wertvolle Hinweise, und zwar gerade mit jener anthropologischen Theorie des *homo democraticus*, die dessen Pathologien aufgewiesen hatte. Tocqueville macht genau in der Erwerbsleidenschaft und der Apathie des demokratischen Individuums die emotionale Wurzel für den Verlust der Beziehung zum Anderen und für die Krise des sozialen Bandes aus. Aber er sieht auch die potentiellen Möglichkeiten, die in der Demokratie liegen, ihre endemische Fähigkeit, das Solidaritätsdefizit wieder auszugleichen, das sie selbst eingeführt hatte. Die Demokratie ist in der Tat wesentlich *ambivalent*: sie erzeugt Risiken der Homogenisierung und Bindungslosigkeit, der Indifferenz und affektiven Entfremdung vom Gemeinwohl, aber sie kann zugleich, gerade dadurch, daß sie »die Bedingungen angleicht«, neue Formen der sozialen Vereinigung und der Teilhabe hervorbringen. Man kann, anders gesagt, »die Demokratie erziehen« (*DA*, Einführung), indem man ihre Pathologien korrigiert und ihre Potentialitäten aufwertet.

Die Antworten, die Tocqueville in dieser Hinsicht gibt – und an die hier nur kurz erinnert werden kann – schreiben sich zum Teil, ohne den Anspruch besonderer Originalität, in die liberale und republikanische Tradition ein. Er zögert erstens nicht, sich die liberale Doktrin des »gut gemeinten Interesses« anzueignen, indem er auf deren augenscheinliche Wirksamkeit in der jungen amerikanischen Demokratie hinweist. Deren Lehre ist der Durchschnittlichkeit und Sanftheit der demokratischen Individuen leicht zugänglich und paßt sich ihnen an, indem sie sie davon überzeugt, daß die Suche nach dem Gemeinwohl in letzter Instanz der Befriedigung des individuellen Interesses dient. Ihr eigener Utilitarismus bringt die Amerikaner dazu, »gegen sich selbst« zu handeln, sich darüber bewußt zu sein, daß de facto nicht eine blinde und uneingeschränkte Selbstliebe die solideste Garantie für ihre Selbstverwirklichung sei, sondern eine »Liebe, die von ihnen selbst erhellt wird«, die auf das allgemeine Interesse achtet. Dieses Prinzip, das dem Gesellschaftsbild von Adam Smith nicht viel hinzufügt, scheint, was die Komplexität der Diagnose angeht, eine enttäuschende Prognose zu sein; gleichwohl kommt ein Hauch von Originalität zum Vorschein, wo Tocqueville hinzufügt, daß der Sinn für das allgemeine Interesse von der politischen Ausübung der Freiheit noch befördert wird. Die freien Institutionen, die eine engmaschige und konkrete Möglichkeit

---

115 Vgl. Kap. 5.

des gemeinsamen Handeln bieten, erinnern die Menschen kontinuierlich daran, daß sie in Gesellschaft leben und durch wechselseitige Abhängigkeit miteinander verbunden sind. So schaffen und verfestigen sie zunehmend gleichsam die Gewohnheit, dem Wohl aller den Vorzug zu geben.[116]
Von bemerkenswertem Interesse und ungewöhnlicher ist jedoch, daß Tocqueville sich auf die Religion beruft, um ein Instrument zur Wiedereinführung der Grenze in der Unbeschränktheit des *homo democraticus* zu benennen. Unabhängig vom spezifischen Glaubensbekenntnis kann in dessen Leben der Existenz einer Sphäre des Heiligen die unabdingbare Funktion zukommen, das entgrenzte Gefühl seiner Unabhängigkeit zu redimensionieren und ihm das Bewußtsein seiner Endlichkeit wiederzugeben.[117] Darüber hinaus kann die Religion dem Utilitarismus und der unersättlichen Leidenschaft für das Wohlergehen dadurch entgegenwirken, daß sie die Individuen der exklusiven und materialistischen Sorge um sich entzieht und weitere Horizonte öffnet, welche den Sinn für »irgendwelche Pflichten gegenüber dem menschlichen Geschlechte« sowie die Praxis eines gemeinsamen *ethos* wieder einführt (vgl. *DA*, S. 37).
Doch der Vorschlag, der am engsten an Tocquevilles anthropologischer Diagnose der Demokratie anschließt und mithin am typischsten für ihn ist, besteht darin, die existentielle Rolle der »bürgerlichen Vereinigungen« für die Rekonstruktion des sozialen Bandes und des Handelns in gemeinsamer Perspektive zu verstehen. Die Amerikaner zeigen eine ständige und ins Kleinste reichende Tendenz zur Vereinigung, nicht nur, um große Ziele zu verfolgen, sondern auch angesichts der kleinsten und flüchtigsten Ziele (vgl. *DA*, S. 597). Und es ist nicht schwer zu ahnen, daß diese Tendenz, die in der die Möglichkeit begründet ist, den Bürgersinn selbst zu bewahren und Widerstand gegen den Staatsdespotismus zu leisten,[118] aus dersel-

---

116 »Die freien Einrichtungen, die die Bewohner der Vereinigten Staaten besitzen, und die politischen Rechte, von denen sie einen so regen Gebrauch machen, erinnern jeden Bürger beständig und in unzähligen Formen daran, daß er in Gesellschaft lebt [...] Man befaßt sich mit dem öffentlichen Wohl zuerst notgedrungen, dann aus freien Stücken, was Überlegung war, wird Instinkt, und durch stetes Arbeiten für das Wohl seiner Mitbürger nimmt man schließlich die Gewohnheit und die Neigung an, ihnen zu dienen.« (*DA*, S. 158)
117 Daher auch die berühmte Behauptung Tocquevilles: »Was mich betrifft, so bezweifle ich, daß der Mensch jemals eine völlige religiöse Unabhängigkeit und eine vollkommene politische Freiheit ertragen kann; und ich bin geneigt zu denken, daß er, ist er nicht gläubig, hörig werden, und ist er frei, gläubig sein muß.« (*DA*, S. 37)
118 Das durch die Vereinigungen vermittelte gemeinsame Handeln hat nicht nur die Funktion, die Barbarei zu vermeiden (»Ein Volk, in dem die Privatleute verlören, als einzelne große Dinge zu tun, ohne daß sie die Fähigkeit erwürben, sie gemeinsam auszuführen, fiele bald in die Barbarei zurück«, *DA*, S. 162), sondern auch die, Bereiche der »vermittelnden Gewalten« zu schaffen, welche dazu im Stande sind, sich der zentralisierten und despotischen Staatsgewalt zu widersetzen: »Die Menschen brauchen aber viel Verstand, Wissen und Können, um unter den gleichen Umständen mittelbare

ben Gleichheit entspringt, die auch die Isolation und die Schwäche der Menschen hervorbringt:
»In den demokratischen Völkern sind im Gegensatz dazu alle Bürger unabhängig und schwach; sie vermögen aus eigener Kraft fast nichts, und keiner kann seinesgleichen zwingen, ihm Hilfe zu leisten. Sie verfallen mithin alle der Ohnmacht, wenn sie nicht lernen, sich freiwillig beizustehen.« (*DA*, S. 162)
Die Demokratie, die zwar die Menschen vereinsamen läßt, uneffizient macht und somit das soziale Band zerstört, enthält in sich selbst das eigene Gegenmittel, denn sie mobilisiert den Wunsch nach Einigung und Gegenseitigkeit: auf die Ohnmacht des Einzelnen kann die Macht der Vereinigung antworten.[119] Mit eben jenen Eigenschaften, die die individualistischen Pathologien erzeugen, unterstützt sie die Fähigkeit der Menschen, »ein gemeinsames Ziel zu setzen und [...] freiwillig danach [zu] streben«. (ebd.)
Das Übel enthält daher sein eigenes Gegenmittel. Diese Überzeugung, die Tocqueville auf der Ebene der praktischen Vorschläge durchscheinen läßt, wird durch die Analyse der *emotionalen Struktur* des demokratischen Menschen weiter verstärkt, die – parallel zum pessimistischen und entzaubernden Szenario der individualistischen Apathie – das Wiederaufblühen der *gemeinschaftsbezogenenen Leidenschaften* enthüllt: Leidenschaften, die neue Formen des sozialen Zusammenhalts ins Leben zu rufen vermögen.
Man kann in der amerikanischen Gesellschaft in der Tat eine allgemeine Neigung zur *Barmherzigkeit*, zur *Menschlichkeit*, zur *Sympathie* beobachten, als die positive Frucht jener Milderung der Sitten, welche die Gleichheit hervorgebracht hat: »Obwohl die Amerikaner die Selbstsucht sozusagen in eine soziale und philosophische Lehre gebracht haben, erweisen sie sich dennoch dem Mitleid nicht weniger stark zugänglich« (*DA*, S. 248). Sie empfinden leicht Mitleid mit dem Anderen und identifizieren sich mit seinem Leiden, zeigen Gespür für »das Elend der humanen Spezies«, werden von sympathetischen Gefühlen gegenüber der Gesamtheit der Menschen bewegt, die in den grausamen aristokratischen Gesellschaften undenkbar gewesen wären. Die Demokratie schwächt das Band zwischen Mensch und Mensch ab, das die feudale Welt charakterisiert, sie zersetzt alle persönlichen Bande von Treue, Hingabe und Edelmut; zugleich ermöglicht sie jedoch genau dadurch, daß sie eine Gesellschaft der Ähnlichen ist, verallgemeinerte Formen des

---

Gewalten zu schaffen und zu erhalten und angesichts der Unabhängigkeit und Schwäche der einzelnen Bürger freie Vereinigungen zu bilden, die imstande sind, ohne Zerstörung der Ordnung gegen die Tyrannei zu kämpfen.« (*DA*, S. 438 f.)
119 »Sobald mehrere Bewohner der Vereinigten Staaten ein Gefühl oder einen Gedanken in die Welt tragen wollen, suchen sie einander auf, und wenn sie sich gefunden haben, schließen sie sich zusammen. Fortan sind sie nicht mehr vereinzelte Menschen, sondern eine weithin sichtbare Macht, deren Taten als Beispiel dienen, die spricht und auf die man hört.« (*DA*, S. 165)

Bandes, die nicht »diese« einzelnen und besonderen Menschen betreffen, sondern die gesamte Menschheit. Dieselbe *Ähnlichkeit*, in der Tocqueville den Ursprung einer Schwächung, einer Trübung des sozialen Bandes gesehen hatte, kann zur Voraussetzung von universalen sympathetischen Bindungen werden, »denn echte Mitgefühle gibt es nur zwischen seinesgleichen« (*DA*, S. 245); Der »allgemeine Begriff des *Ähnlichen*«, der in den prämodernen Gesellschaften »dunkel bleibt«, bildet sich allein in den demokratischen Zeitaltern heraus, insofern sich nur hier der allgemeine Begriff des *Menschen* formiert:

> »Nicht nur die Angehörigen eines gleichen Volkes werden sich also ähnlich; die Völker selber gleichen sich wechselseitig an, und alle zusammen bilden für das Auge des Betrachters nur mehr eine umfassende Demokratie, in der jeder Bürger ein Volk ist. Das rückt zum ersten Male die Gestalt des Menschengeschlechtes ins helle Licht.« (*DA*, S. 111)[120]

Die Chancengleichheit führt gleichsam zu einer Verwirklichung des Begriffs vom *Menschengeschlecht*, der, von einer vagen und biologisch konnotierten Idee ausgehend, eine derartige anthropologisch-normative Wertigkeit erhält, daß er selbst die Überwindung der staatlichen und territorialen Grenzen vorzeichnet.[121] Durch ihre Ähnlichkeit vereint, erkennen sich die Menschen wieder als Mitglieder einer universalen Menschheit; sie nehmen eine solidarische Zugehörigkeit wahr, die, ausgehend vom Bewußtsein ihrer eigenen und gemeinsamen Schwäche, ein allgemeines Band wiederherstellt:

> »Wie die Gleichheit der gesellschaftlichen Bedingungen die Menschen ihre Unabhängigkeit spüren läßt, so zeigt sie ihnen gleichzeitig ihre Schwäche; sie sind frei, aber unzähligen Zufällen ausgesetzt, und die Erfahrung lehrt sie bald, daß fast immer, obwohl sie üblicherweise kein Bedürfnis nach mitmenschlicher Hilfe haben, irgendein Augenblick kommt, wo sie deren nicht entraten können.« (*DA*, S. 261)

Von einem Faktor der gesellschaftlichen Desintegration kann die Ähnlichkeit sich in einen mächtigen Hebel des sozialen Zusammenhalts verwandeln, der selbst die von den einzelnen nationalen Differenzen gesetzten Hindernisse zu überwinden vermag. Sie kann sogar zur Anerkennung des Anderen führen, und zwar weder als Rivale oder Feind, noch als undurchsichtige und indifferente Realität, sondern als Freund und Bruder oder Schwester, wodurch sie potentiell zum Ursprung der ge-

---

120 Hierzu beobachtet De Sanctis: »Sicher hat jeder *État social* seinen Menschen, aber der Mensch im allgemeinen ist allein das Produkt des sozialen und demokratischen Staates.« (*Tempo di democrazia*, a.a.O., S. 129)
121 Hinsichtlich dieses Themas, das heute vor allem in der Debatte über die »Globalisierung« sehr aktuell ist, beschränke ich mich darauf, auf den inzwischen klassischen Text von H. Jonas zu verweisen: *Das Prinzip Verantwortung*, Frankfurt a. M. 1979.

meinschaftlichen Leidenschaften wird – eines gemeinsamen *ethos*, der auf der *philía* gründet.

Bei Tocqueville gibt es keine Theorie der Freundschaft, wenngleich diese sowohl in seinem biographischen als auch theoretischen Werdegang eine starke und konstante Präsenz besitzt. Es handelt sich hierbei um eine sicherlich verdecktere und beiläufigere Dimension als die der Freiheit und der Gleichheit, die gleichwohl ausreichend lebendig ist, um sich als Wiedererinnerung an die dritte, vergessene Polarität des modernen Triptychons zu behaupten *(liberté-égalité-fraternité)*.[122] Die Freundschaft im Sinne Tocquevilles, die Ausdruck eines Gefühls ist, das weder einer angeborenen Neigung zum Wohlwollen, noch einer aristotelischen natürlichen Sozialität entspringt, sondern dem Bewußtsein der demokratischen Menschen davon, daß sie alle in ein gemeinsames Schicksal involviert und durch die eigene Verletzlichkeit vereint sind, ermöglicht es, den Atomismus der in die »Einsamkeit ihrer Herzen« eingeschlossenen Individuen zu durchbrechen. Sie wird so zu einem politischen Band im eigentlichen Sinne, zum gemeinschaftlichen Bindemittel einer Menschheit der *cosmopolis*.[123]

---

[122] Über die »Brüderlichkeit« als konstitutives und dennoch im Wesentlichen reperativen Moments für die vom modernen Individualismus hervorgebrachten Ungleichheiten vgl. Simmel: *Die beiden Formen des Individualismus*, a.a.O.

[123] Zum Thema der *philía* bei Tocqueville vgl. M. Terni, Einführung in A. de Tocqueville, *L'amicizia e la democrazia. Lettere scelte 1824-1859*; V. Tennis, »La scienza politica nuova di Tocqueville«, in: *Comunità*, 1984, Nr. 186; u. Cacciari, *L'Arcipelago*, a.a.O., S. 125 f. Zur *philía* im allgemeinen vgl. auch Kap. 5.

V. *Homo reciprocus:*
Die Leidenschaft der Gabe und das gemeinschaftliche Individuum

1. Die Leidenschaft der Gabe

In der Moderne bilden die Leidenschaften der Selbsterhaltung also eine Beziehung zum *Anderen* aus, die ihrem Wesen nach instrumentell ist und auf Entgegensetzung ausgerichtet ist. In einer ersten Phase, die man allgemein als liberal bezeichnen kann, wird der Andere als Feind oder Rivale im Wettlauf um Macht, Reichtum und Unterscheidung angesehen *(homo oeconomicus)*, während er in einer zweiten Phase, die von der Heraufkunft der Demokratie geprägt ist, zu einem undurchsichtigen und indifferenten Objekt wird, zum bloßen Spiegel für die narzißtische Projektion eines Ichs, das in seinen eigenen Leidenschaften selbst geschwächt ist *(homo democraticus)*. Das soziale Band, das aus dem Konflikt, der Feindseligkeit und dem Wettbewerb hervorgeht, scheint im ersten Fall eine rein instrumentelle Funktion zu besitzen, die allein der Erhaltung und der Behauptung des Ichs dient; im zweiten Fall hingegen wird es zersetzt und gerät durch die Apathie der Individuen, die in eine sterile Identitätslogik eingeschlossen bleiben, in eine Krise.
Wie oben gezeigt, räumen allerdings sowohl Rousseau als auch Tocqueville die Möglichkeit ein, die perversen Folgen dieses Modells zu bekämpfen, indem man *andere* Leidenschaften aktiviert, die im Voranschreiten der Moderne verdrängt worden sind; Leidenschaften, die potentiell in der Lage dazu wären, den Auflösungstendenzen des narzißtischen Erwerbs-Individualismus entgegenzuwirken. Freilich mündet das Modell Rousseaus in unauflöslichen Aporien, die bewirken, daß der alternative emotionale Raum, der vor allem mit dem Weiblichen identifiziert wird, in die intime Privatsphäre verbannt wird; und der Entwurf Tocquevilles

bleibt in diesem Zusammenhang auf den Status einer fruchtbaren Intuition hinsichtlich der sozialen Potentialität der Demokratie beschränkt.

Man kann dennoch den Versuch unternehmen, ihre Vorschläge ernst zu nehmen und zu prüfen, ob es in der zeitgenössischen Gesellschaft faktische Formen eines Bandes gibt, das auf gemeinschaftlichen Leidenschaften gründet – auf einem Gefühl der *philía*, das inmitten der Krise des sozialen Bandes aufblüht und nicht allein dessen Wiedergeburt, sondern seine Neugestaltung in völlig neuen Formen anzeigt, die der Komplexität der demokratischen Gesellschaft angemessen wären.

Es geht also nicht darum, einen normativen Entwurf zu formulieren, der auf die Pathologien der Moderne durch ethische Imperative, kommunikative oder diskursive Kodizes oder durch Appelle an den Altruismus und die moralische Verantwortung reagiert. Hingegen handelt es sich vor allen Dingen darum, auf die Möglichkeit zu setzen, *in der anthropologischen Struktur* der zeitgenössischen Individuen Leidenschaften aufzuspüren, die eine Alternative gegenüber den für das utilitaristische Paradigma typischen Gefühlen bieten und für die die Neigung zum Gemeinschaftlichen, der *Wunsch nach einem Band* an erster Stelle steht; Leidenschaften, die den Anderen weder als externe und antagonistische Realität setzen, noch als phantasmatische und vage Präsenz, sondern als konstitutiv für die Identität des Ichs und als für die Konstruktion seines Sinn-Universums notwendig.

Der Einsatz besteht mit anderen Worten in der Annahme, daß die Menschen nicht allein vom Interesse geleitet sind, von der Suche nach dem Nützlichen, vom Wunsch zu erwerben und sich zu unterscheiden, wobei das soziale Band zum bloßen *Instrument* für rein individualistische Ziele reduziert wird, sondern daß zugleich ein Ineinander an Motivationen – wie etwa die Großzügigkeit und der Wunsch zu geben, das Bündnis und die Freundschaft – sie antreibt, Motivationen, die das soziale Band zum *Zweck* der Handlung selbst machen.

Auf die Möglichkeit eines solchen Bandes zu setzen, ist das gemeinsame Ziel jener Gruppe an Autoren, die sich – wenn auch aus unterschiedlichen Perspektiven und Inspirationen – in der *Theorie der Gabe* zusammenfinden und die Notwendigkeit der Errichtung eines Paradigmas anerkennen, das eine Alternative zum utilitaristischen Paradigma darstellt.

Es ist interessant zu verfolgen, wie viele dieser Autoren, von Jacques T. Godbout bis zu Alain Caillé, noch bevor sie eine mögliche Definition der Gabe versuchen, zunächst darum bemüht sind, deren Existenz und faktische Wirkung im zeitgenössischen sozialen Gefüge aufzuzeigen. Dieses Unterfangen erweist sich als ebenso notwendig wie schwierig. Denn wie sie auf Basis der grundlegenden Einsichten von Marcel Mauss behaupten, ist die Gabe, als die tragende Struktur der archaischen Gesellschaften, in der Moderne gleichsam in eine Vergessen- und Verborgenheit geraten, die aus der Vormachtstellung von Interesse und Nutzen resultiert. Mit Georges Bataille, der ebenfalls von Mauss inspiriert wurde, könnte man von einer regelrechten »Verdrängung« der Gabe sprechen, von einem Abgleiten der Formen der *dépense*, die, wie wir gesehen haben, in der aristokratischen Gesellschaft noch lebendig und am Werk waren,[1] in die verdeckten und unbewußten Bereiche des Seins.[2]

Aber Verdrängung heißt eben nicht Verschwinden. Die Gabe, behauptet Godbout, existiert weiter;[3] dies ist eine anscheinend unbestreitbare Tatsache, sofern man den Mut hat, das utilitaristische Axiom in Frage zu stellen, welches das individuelle Verhalten auf das rein egoistische Interesse und die rein egoistische Berechnung reduziert (bzw. mit den hier vorgeschlagenen Begriffen gesagt, auf die bloße Leidenschaft für das Nützliche). Sie ist alles andere als ein archaisches und prämodernes Residuum, das an die prunkvollen Rituale der primitiven Gesellschaften oder den verschwenderischen Heroismus der oberen Schichten der aristokratischen Gesellschaften gebunden ist, auf die man mit entzauberter und skeptischer Ironie zurückblicken muß.[4] Auch wenn sie im Verborgenen bleibt, wirkt die Gabe in der zeitgenössischen Wirklichkeit mit einer großen Formenvielfalt fort – vom rituellen und familiären Geschenk über die Organ- und Blutspende bis hin zur Gabe von Zeit und Leben. All diese Formen verbindet eine eigenständige Logik, die nicht auf jene beiden dominierenden Systeme der Zirkulation von Gütern und Dienstleistungen zurückzuführen ist, die das Gerüst der modernen Gesellschaft bilden, nämlich der merkantile Tausch und die staatliche Umverteilung, das Ökonomische und das Politische. »Die Gabe konstituiert das System der eigentlich sozialen Beziehungen insofern diese nicht auf Beziehungen ökonomischer Interessen oder Macht zurückführbar sind«.[5] Als implizites Phänomen, als das »verborgene Gesicht der

---

1 Vgl. Kap. 1, § 2. Vielleicht ist es überflüssig zu präzisieren, daß die Gabe, während sie in den vormodernen Gesellschaften im Inneren eines hierarchischen und von starken Ungleichheiten durchzogenen sozialen Gefüges eine Rolle gespielt hatte, in ihrer modernen Form nur noch dann ein wirksamer Faktor für den sozialen Zusammenhalt sein kann, wenn ein Zustand der Gleichheit vorausgesetzt wird.
2 Vgl. M. Mauss, *Essai sur le don* (1923-24), Paris 1950, dt.: *Die Gabe*, Frankfurt a. M. 1990; Bataille, *Der Begriff der Verausgabung*, a.a.O.
3 J. T. Godbout, *L'Esprit du don*, Paris 1992.
4 B. Karsenti (*Marcel Mauss. Le fait social total*, Paris 1994, Kap. 3) beobachtet, daß gerade das Vergessen der Gabe eine wesentliche Rolle spielt: es ist das Zeichen der symbolischen Logik, welche die Gabe umsetzt; eine nicht nur in dem Sinne unbewußte Logik, daß sie im Verborgenen wirkt, sondern auch in dem, daß ihre Verborgenheit die Bedingung für ihre Wirksamkeit selbst darstellt. Deshalb trifft es zu, daß das (nicht mit dem Primitiven zu verwechselnde) Archaische der Ordnung der Vergangenheit angehört; aber es handelt sich um eine Vergangenheit, die immer als eine fundamentale Schicht der Gesellschaft reaktiviert wird, deren Vergessen paradoxerweise für das Funktionieren des Gegenwärtigen notwendig ist. Zum »Archaischen« als einer Aktualität für unsere Gegenwart vgl.: M. Fimiani, *L'arcaico e l'attuale. Lévy-Bruhl, Mauss, Foucault*, Turin 2000.
5 Godbout, *L'Esprit du don*, a.a.O.

Moderne«,[6] begründet die Gabe ein Netz von persönlichen und sozialen Beziehungen, das mit dem Markt und dem Staat koexistiert,[7] das aber gegenüber beiden eine andere Ordnung einführt: die weitreichendere Ordnung des *symbolischen Tausches*, der für das soziale Band fundamental ist.[8]

Die Gabe ist nämlich eine *Form des Tausches*, behauptet Mauss, wodurch er, wenn auch indirekt, jeder Sichtweise der Gabe als Aufopferung oder Altruismus widerspricht. Sie ist sogar die ursprüngliche Form des Tausches, welche sich jener Logik des merkantilen Tausches entzieht, die vom individuellen Verlangen geleitet wird, die Befriedigung der eigenen materiellen Interessen zu maximieren, Güter zu erwerben und Reichtum zu akkumulieren. In gleichem Abstand sowohl zum utilitaristischen Interesse als auch zur reinen und einseitigen Opferbereitschaft, sowohl zum Egoismus als auch zum Altruismus, besetzt sie eine »hybride« Dimension, die jeder Dichotomie vorausgeht,[9] insofern sie eminent symbolisch ist.

Im Gabentausch, dessen repräsentativstes Phänomen Mauss im *Potlatsch*[10] sieht, wird der Reichtum nämlich nicht erworben, sondern verloren, zerstört, verbraucht und in einem potentiell unbegrenzten Zyklus des wechselseitigen Gebens konstant reinvestiert, der, auch wenn er durch den Kampf um Ansehen und Rang motiviert wird, in letzter Instanz doch darauf ausgerichtet ist, ein soziales Netz zu bilden oder wieder neu zu erschaffen.[11] Das ökonomische und utilitaristische Interesse, das der merkantilen Logik des Gebens und Nehmens zugrundeliegt, ist – bemerkt Mauss mit einem Unterton, der an die Marxsche Kritik der politischen Ökonomie erinnert – ein spätes Ereignis, das typisch für die Moderne ist. Es setzt die Emanzipation des ökonomischen Moments von jenem »totalen sozialen Faktum« der Gabe voraus, in der sich als transversalem Ereignis die verschiedenen Dimensionen (die

---

6 Vgl. G. Nicolas, »Le don rituel, face voilée de la modernité«, in: *Revue du MAUSS*, 1991, Nr. 12; it.: »Il dono rituale, faccia nascosta della modernità«, in *Il dono perduto e ritrovato*, Rom 1994.

7 Die Gabe ist sogar die Möglichkeitsbedingung für Markt und Staat. Sie begünstigt den rechten Gebrauch des Tauschhandels. Zu diesem Thema, das bei den Theoretikern der Gabe oft im Zentrum der Aufmerksamkeit steht, vgl. Godbout, *L'Esprit du don*, a.a.O.; S. Latouche, *La Planète des naufragés*, Paris 1991.

8 Vgl. Nicolas, »Le don rituel, face voilée de la modernité«, a.a.O. Zur Symbolik der Gabe vgl. A. Caillé, »Dono e simbolismo«, in: ders.,: *Né olismo né individualismo metodologici. Marcel Mauss e il paradigma del dono*, beide Aufsätze finden sich in: ders., *Il terzo paradigma. Antropologia filosofica del dono*, Turin 1998, orig.: *Anthropologie du don, le tiers paradigme*, Paris 2000. Es wird nach der it. Übers. zitiert.

9 Über die Gabe als »Hybrid« vgl. Mauss, *Die Gabe*, a.a.O., S. 168: »Hier inspiriert ein komplexer Begriff alle wirtschaftlichen Handlungen, die wir beschrieben haben, ein Begriff weder der ausschließlich freien und kostenlosen Leistung noch des ausschließlich eigennützigen und utilitaristischen Produzierens und Tauschens. Es ist hier eine Art Hybride aufgeblüht.«

10 Mauss definiert den *Potlatsch* folgendermaßen: »Wir schlagen vor, den Namen ›Potlatsch‹ jener Art von Institution vorzubehalten, die man unbedenklicher und präziser, aber auch umständlicher *totale Leistung vom agonistischen Typ* nennen könnte.« Ebd., S. 24 f. (Anm. d. Übers.).

11 Auf die »agonistische Gabe« bei Mauss komme ich später zurück.

religiöse, juristische, ökonomische etc.) der sozialen Realität, verstanden im intrinsisch symbolischen Sinne, miteinander verbinden.

»Der *homo oeconomicus* steht nicht hinter uns, sondern vor uns – wie der moralische Mensch, der pflichtbewußte Mensch, der wissenschaftliche Mensch und der vernünftige Mensch. Lange Zeit war der Mensch etwas anderes; und es ist noch nicht sehr lange her, seit er eine Maschine geworden ist – und gar eine Rechenmaschine.«[12]

Der utilitaristische Tausch ist nur eine spezialisierte Form eines weiteren und umfassenderen Kreislaufs, in dem das »Geben« nicht nur mit dem Moment des »Empfangens« untrennbar verknüpft ist, sondern auch mit dem des »Erwiderns«. Dies ist die Essenz des *Potlatsch*: das gegebene Gut »verpflichtet« denjenigen, der es erhält, dazu, seinerseits wiederum zu geben, wodurch der Empfänger zum Gebenden und der zunächst Gebende umgekehrt zum Empfänger wird, und zwar im Rahmen eines unendlichen Spiels des Überbietens, in dem alle Kriterien versagen, die dem ökonomischen Tausch zugrunde liegen: die strenge Rollenaufteilung, die Berechnung, die zeitliche Simultaneität und die Äquivalenz. An deren Stelle treten, wie wir sehen werden, die Austauschbarkeit der Rollen, die Großzügigkeit, der zeitliche Aufschub und die Asymmetrie.

Als freier und selbstloser Akt schlechthin erzeugt die Gabe gleichzeitig einen Kreislauf gegenseitiger Verbindlichkeiten, der, aufgrund des *symbolischen Wertes*, den die gegebenen oder ausgetauschten Dinge tragen, in der dreifachen Verpflichtung von Geben-Empfangen-Erwidern zusammengefaßt werden kann.[13] In diesem scheinbaren Paradoxon, das Verpflichtung und Freiheit verbindet, besteht im wesentlichen, jenseits aller Aporien, Vorbehalte und Widersprüche, die Entdeckung von Mauss; sie erstreckt sich weit über die »agonistische« Form der Gabe hinaus, mit der sich der Autor speziell befaßt, da man aus ihr eine Art Universalgesetz ableiten kann:[14] Die Gabe verpflichtet, insofern sie, ohne einzufordern, eine Gegengabe impliziert, eine Reaktion des Anderen. Eben durch die Tatsache, daß kein formales Gebot diese Reaktion garantiert oder erzwingt, ist sie für den, der empfängt, umso bindender, wie sie für den, der gibt, erwartet und erwünscht ist.[15]

Die Gabe geht also über die Ordnung des Nützlichen hinaus, insofern sie den gegebenen/getauschten Dingen, den zirkulierenden Gütern, den symbolischen Wert von Vehikeln der Beziehung und des sozialen Bandes verleiht, den Caillé und God-

---

12 Ebd., S. 173.
13 Vgl. ebd., S. 103.
14 »Von allen diesen sehr komplexen Grundthemen und der Vielfalt der gesellschaftlichen Dinge wollen wir hier nur einen, zwar tiefgreifenden, doch isolierten Zug näher betrachten: nämlich den sozusagen freiwilligen, anscheinend selbstlosen und spontanen, aber dennoch zwanghaften und eigennützigen Charakter dieser Leistungen.« (ebd., S. 18).
15 Über die Eigenschaft der »Verpflichtung« bei Mauss vgl. Karsenti, *Marcel Mauss*, a.a.O., Kap. 1.

bout als den »Beziehungswert« definieren.[16] Die dem utilitaristischen Paradigma eigene Logik wird somit umgekehrt. Bei dieser wird nämlich »von all dem abstrahiert, was nichts mit dem *homo oeconomicus* zu tun hat, der gerade eine Sorte Mensch ist, dessen Haupteigenschaft darin besteht, daß er am sozialen Band lediglich als Instrument für die Zirkulation der Dinge interessiert ist«.[17] Im Gegensatz dazu errichtet das Paradigma der Gabe eine Logik, dergemäß die Güter im Dienst des sozialen Bandes zirkulieren,[18] das nicht mehr ein bloßes *Instrument* ist, sondern der *Selbstzweck* der individuellen Handlung.

»Dasjenige, was das Paradigma des Gebens zum Einsatz bringt«, so Caillé »besteht darin, daß die Gabe die Trägerin der Bündnisse schlechthin darstellt. Sie ist das, was diese besiegelt, symbolisiert, garantiert und am Leben erhält«.[19] Das geschieht aber nur unter der Bedingung, daß die dem Geben innewohnende *Ambivalenz* anerkannt wird; unter der Bedingung, daß der Kreislauf nicht unterbrochen wird, der durch die dreifache Verpflichtung von Geben-Empfangen-Erwidern Menschen und Dinge zu einem Ganzen ineinandermengt, einem »Hybrid«, das wechselseitige Verbindungen und Verpflichtungen schafft, ohne die Freiheit irgend zu schmälern;[20] unter der Bedingung also, daß weder das *interessierte* Moment des »Empfangens« isoliert wird, wie die Logik des Utilitarismus verlangt, noch das *unentgeltliche* Moment des »Gebens«, wie eine rein altruistische und auf Opfer zielende Sichtweise der Gabe es möchte. Die Kraft der Gabe, ihre Rolle als soziales Bindemittel, besteht darin, gleichen Abstand zum *Interesse* und zur *Hingabe* zu halten.

Marcel Mauss ist es, wie man gesehen hat, in erster Linie darum zu tun, die Gabe von der ersten dieser beiden Polaritäten abzusetzen, vom Interesse und dem bloß merkantilen Tausch also. Dadurch lassen sich die Fundamente eines Modells umreißen, das eine Alternative zu demjenigen bietet, das auf den Erwerbsleidenschaften beruht, und zugleich die Fundamente einer anderen »Moral«, die für die aktuelle Gesellschaft sehr bedeutsam werden könnte. Entgegen der Vergessenheit,

---

16 Dies ist ein Begriff, der in den verschiedenen Texten der beiden zitierten Autoren immer wieder auftaucht.
17 J. T. Godbout, »La Circulation par le don«, in: *Revue du MAUSS*, Nr. 15-16, 1992.
18 Vgl. ebd. und auch Godbout, *L'Esprit du don*, a.a.O., sowie Caillé, »Dono, interesse e disinteresse«, in: ders.: *Il terzo paradigma*, a.a.O., S. 79: »Unsere restriktive Definition der Gabe ermöglicht es zu zeigen, daß die Güter und Dienstleistungen auch und manchmal sogar überwiegend hinsichtlich ihrer Fähigkeit, soziale Beziehungen zu schaffen oder wiederherzustellen einen Wert haben. Sie haben daher nicht nur einen Gebrauchs- und einen Tauschwert, sondern auch einen Bindungswert. In der so charakterisierten Gabe besteht die fundamentale Tatsache darin, daß das soziale Band wichtiger ist als das Gut«.
19 Ebd., Einführung, S. 12.
20 Vgl. Caillé, »Né olismo né individualismo«, a.a.O., S. 69: »[...] der Begriff der Gabe läßt sich nicht mehr anwenden, wenn eine ihrer vier Komponenten, die Verpflichtung, das instrumentelle Interesse, die Spontaneität oder die Freude sich von den anderen trennt und isoliert am Werk ist, indem sie nur noch von sich selbst abhängig ist.«

in die sie geraten war, konstatiert Mauss eine offensichtliche Vitalität der Gabe in der heutigen Gesellschaft, in der sie als wertvoller Ausgleichsfaktor für die Exzesse und die Mängel des utilitaristischen Individualismus wirken kann:

»Ein großer Teil unserer Moral und unseres Lebens schlechthin – sagt er in seinen abschließenden Bemerkungen – steht noch immer in jener Atmosphäre der Verpflichtung und Freiheit zur Gabe. Zum Glück ist noch nicht alles in Begriffen des Kaufs und des Verkaufs klassifiziert. Die Dinge haben neben ihrem materiellen auch einen Gefühlswert. Unsere Moral ist nicht ausschließlich eine kommerzielle.«[21]

Die Transformation des Menschen in eine »Rechenmaschine« und das nackte Verfolgen individueller Ziele schadet in erster Linie dem Individuum selbst,[22] weil sie es jener »sozialen Keimzelle« beraubt, die den unverzichtbaren Humus für die Verwirklichung seiner eigenen Rechte und die Verfolgung seiner Bedürfnisse und Interessen bildet.[23]

Expliziter drückt es Georges Bataille aus, in Begriffen, die auf eine radikale Kritik der Moderne abzielen, wenn er die durch den Sieg des *Nützlichkeitsprinzips* verursachte Verarmung des Lebens entlarvt. Er stellt der verengten Perspektive des *homo oeconomicus*, der allein von der Selbsterhaltung und dem materiellen Interesse geleitet wird, jenes Bedürfnis nach Verausgabung[24] gegenüber, das, wenn auch verdrängt, nie aufgehört hat, auf der individuellen wie sozialen Ebene zu wirken, indem es die Individuen mit Macht zur Annahme des Prinzips des Selbstverlustes und der Selbsthingabe für die Erweiterung des Lebenssinnes drängt.[25]

Es ist daher evident, daß beide, sowohl Mauss als auch Bataille, sich im wesentlichen mit dem beschäftigen, was die Gabe deutlich vom Interesse unterscheidet, und erstere als Antwort auf die durch die absolute Hegemonie des zweiten hervorgebrachten Mißstände vorgeschlagen. Die Gabe bedeutet Verlust, Großzügigkeit, Selbsthingabe, Spontaneität und Abwesenheit von Berechnung. Sie ist all das, was sich *jenseits des Nützlichen* befindet.

---

21 Mauss, *Die Gabe*, a.a.O., S. 157.
22 »Die bloße Verfolgung individueller Zwecke schadet den Zwecken und dem Frieden des Ganzen, dem Rhythmus unserer Arbeit und unseren Freuden und damit letztlich auch dem Einzelnen selbst.« (Ebd., S. 174)
23 »Die Gesellschaft möchte ihre soziale ›Zelle‹ wiederentdecken. Sie zielt auf das Individuum, umsorgt es in einer merkwürdigen Geisteshaltung, in der sich das Gefühl für seine Rechte mit anderen, reinen Gefühlen vermischt: Wohltätigkeit, ›soziale Dienste‹ und Solidarität. Das Thema der Gabe, der Freiwilligkeit und des Zwangs der Gabe, der Großzügigkeit und des Interesses, taucht in unserer Gesellschaft wieder auf wie ein beherrschendes, doch lange vergessenes Motiv.« (Ebd., S. 161) Hier soll darauf hingewiesen werden, daß Mauss darüber hinaus das (moderne) Geben mit Formen der staatlichen Umverteilung identifiziert.
24 Zu Bataille vgl. § 3. Zum Begriff des »Bedürfnisses nach Verausgabung« vgl. E. Pulcini, »Il bisogno di dépense. Passioni, sacro, sovranità in G. Bataille«, in: *Filosofia politica*, 1994, Nr. 1.
25 Bataille, »Der Begriff der Verausgabung«, a.a.O. u. ders., »Der verfemte Teil«, a.a.O.

Aber das heißt nicht, daß die Gabe sich mit Berechnungslosigkeit oder besser mit *reiner Berechnungslosigkeit* gleichsetzen läßt, wie im aktuellen Denken mit Nachdruck behauptet wird:

»Als Gabe bezeichnen wir – behaupten Godbout und Caillé in der Absicht, eine grundlegende Definition der Gabe jenseits der vielfältigen Zugänge zu diesem Begriff zu finden – jede Sach- oder Dienstleistung, die ohne Garantie einer Erstattung mit dem Ziel erbracht wird, das soziale Band zwischen den Personen zu stärken oder wieder zu knüpfen.«[26]

Nun besteht der neuralgische Punkt bei dieser Formulierung genau in dem »ohne Garantie einer Erstattung«, die uns mitten in das Problem der Berechnungslosigkeit führt.

Wenn die Gabe denn eine solche ist, wenn dabei keine Gegengabe erwartet wird und wenn sie also keine Rückerstattung verlangt, bedeutet das, daß sie das unberechnende Ereignis schlechthin ist, das, wie wir sehen werden, der erwerbsbezogenen Logik eines Gebens um des Bekommens willen völlig fremd ist. Aber ein selbstloser Akt ohne bestimmtes Interesse ist keineswegs notwendigerweise ein Akt *ohne Motivation und Zweck*, wie es diejenigen möchten, die die Gabe in die Semantik der *agápe* einschreiben wollen, das heißt in die Semantik der christlichen Liebe, die ohne Motivation ist und in reiner Hingabe besteht.

Für die abendländische Auffassung der Liebe ist die Identifikation der Gabe mit der *agápe* so grundlegend, daß sie eine Art unhinterfragbares Postulat zu sein scheint. Die *agápe* (oder *caritas*) ist jene Form der Liebe zwischen Menschen, die von der Liebe Gottes zu den Menschen inspiriert wird. Sie ist absolut spontan und unberechnend, ohne Interesse noch Rechtfertigung. Die *agápe* steht dem *eros* platonischen Ursprungs entgegen, der als Verlangen und Mangel possessiv und egozentrisch ist, immer an dem interessiert, was er nicht besitzt und motiviert vom Wert des geliebten Objekts. Sie ist die Liebe, die sich auf den Anderen richtet, nicht aus Mangel, sondern aus Vollkommenheit, die unabhängig vom Wert des Objektes liebt und keine von den Wünschen des Ego diktierten Präferenzen hat, sondern auf Selbstvergessenheit gründet und sich auf die gesamte Menschheit erstreckt.[27] Völlig frei von den auf Erwerb zielenden Aspekten des *eros* bedeutet *agápe* daher die Gabe schlechthin; sie ist Gabe als reiner Verlust, ohne Grenzen und Bedingungen, die keine Rechtfertigung hat, wenn nicht in sich selbst, und die, da sie vollkommen unberechnend ist, nichts im Gegenzug erwartet. *Agápe* »ignoriert die Gegengabe«,[28] wie ein Autor meint, der übrigens nicht aus der theologischen Tradition

---

26 Godbout, *L'Esprit du don*, a.a.O., S. 30; Caillé, *Dono, interesse e disinteresse*, a.a.O., S. 80.
27 Zur Opposition von *eros* und *agápe* vgl. das klassische Werk von A. Nygren, *Eros und Agape*, Lund 1930, u. De Rougemont, *L'Amour et l'Occident*, Paris 1939, ferner A. Comte-Sponville, *Petit traité des grandes vertus*, Paris 1995, S. 291 ff.
28 L. Boltanski, *L'Amour et la justice comme compétences*, Paris 1990, S. 173 ff.

kommt und dem es darum geht, die soziale Funktion der Liebe zu begründen. Sie verkörpert die Essenz der Gabe selbst, insofern sie gegenüber jeder Erwartung einer Rückkehr oder Restitution völlig gleichgültig und mit der Logik von Gegenseitigkeit und Äquivalenz unvereinbar ist.

In dieselbe Perspektive, die an der Befreiung der Gabe von jedem unreinen Element und von jeder äußeren Kontamination ihres selbstreferentiellen Charakters ausgerichtet ist, reihen sich die Reflexionen von Jacques Derrida ein, der der Theorie von Mauss radikal kritisch gegenübersteht, weil sie ihm zufolge noch immer von ökonomizistischen Aspekten verseucht ist.

»Wenn es Gabe gibt – behauptet Derrida – darf das *Gegebene* der Gabe (akkusativisch *das, was* man gibt, nominativisch *das, was* gegeben ist, die Gabe als das gegebene Ding oder als der Schenkungsakt) nicht zu dem Gebenden zurückkehren (sagen wir noch nicht zu dem Subjekt, zum Geber oder zur Geberin). Die Gabe darf nicht zirkulieren, sie darf nicht getauscht werden, auf gar keinen Fall darf sie sich, als Gabe, verschleißen lassen im Prozess des Tausches, in der kreisförmigen Zirkulationsbewegung einer Rückkehr zum Ausgangspunkt. Wenn die Figur des Kreises für die Ökonomie wesentlich ist, muß die Gabe *anökonomisch* bleiben.«[29]

Die Gabe wird zu einer solchen, insofern sie die Zirkularität des Tausches zerstört, die »Ökonomie unterbricht«, eine Herausforderung an Gegenseitigkeit und Symmetrie darstellt.[30] Derrida zufolge spricht Mauss daher »von allem, nur nicht von der Gabe«.[31] »Gabe gibt es nur, wenn es keine Reziprozität gibt, keine Rückkehr, keinen Tausch, weder Gegengabe noch Schuld.«[32] Die Gabe müsse sich, um diesen Namen zu verdienen, von jeder Komplizenhaftigkeit nicht nur mit der utilitaristischen Logik des materiellen Tausches, sondern auch mit der (Mauss'schen) Logik des symbolischen Tausches befreien; sie müsse jeden Gedanken der Restitution zurückweisen, sei diese unmittelbar oder zeitlich aufgeschoben.[33] Denn jede Form der Restitution annulliere die Gabe als Gabe. Das heißt nicht nur, daß der Beschenkte die Gabe weder als solche wahrnehmen oder anerkennen darf, sondern auch, daß der Gebende sich des Aktes, der Intention zu geben nicht bewußt sein darf: »*Die Gabe als Gabe dürfte letztlich nicht als Gabe erscheinen: weder dem Gabenempfänger noch dem Geber.* Gabe als Gabe kann es nur geben, wenn sie nicht als

---

29 Jacques Derrida, *Falschgeld: Zeit geben*, München 1993, S. 17.
30 Ebd.
31 »[...] der *Essai* handelt von der Ökonomie, dem Tausch und dem Vertrag *(do, ut des)*, vom Überbieten, dem Opfer, der Gabe *und* der Gegengabe, kurz von allem, was aus der Sache heraus zur Gabe drängt *und* zugleich dazu, die Gabe zu annullieren.« Ebd., S. 37
32 Ebd., S. 22 f.
33 Derrida erfaßt perfekt die Tatsache, daß es die Zeit (bzw. der zeitliche Aufschub und Abstand) ist, was bei Mauss das Geben vom (merkantilen) Tausch unterscheidet. Vgl. ebd., Kap. 2.

Gabe präsent ist. Weder dem ›einen‹ noch dem ›anderen‹.«[34] Erkennen, Bewußtheit und Intentionalität sind daher gleichbedeutend mit der Zerstörung der Gabe selbst, die stattdessen ein radikales Vergessen erfordert, diesmal jedoch nicht im Sinne des Verdrängens oder einer unbewußten Handlungsweise, sondern im Sinne eines »absoluten Vergessens«,[35] eines »Wahnsinns«,[36] welcher die Erinnerung an die Gabe selbst sowie an die Bewahrung ihres intentionalen Sinnes auslöscht; welcher der Gabe zugesteht, allein in ihrer Negation zu existieren.

»Als Bedingung dafür, daß es Gabe gibt, muß dieses Vergessen nicht nur beim Gabenempfänger radikal sein, sondern zunächst, wenn man hier von einem »zunächst« sprechen kann, beim Geber. Denn auch das gebende »Subjekt« darf für die Gabe nicht bloß keine Gegenleistung erhalten, es darf sie nicht einmal im Gedächtnis behalten, sie durch Retention bewahren als Symbol eines Opfern, als etwas Symbolisches überhaupt. Denn das Symbol bindet unmittelbar ein in die Rückgabe. Letztlich darf die Gabe den Gebern, individuellen oder kollektiven Subjekten, nicht einmal, ob bewußt oder unbewußt, *als* Gabe erscheinen, darf nicht die Bedeutung einer Gabe haben.«[37]

Wir stehen also vor dem irreduziblen Paradoxon eines Ereignisses, das sich im selben Moment, in dem es auftritt, selbst annulliert, vor dem *double bind* der Gabe, deren Wahrheit in der Nicht-Wahrhheit besteht, das heißt im Nicht-Sein, im Sich-nicht-Manifestieren und im Sich-nicht-Enthüllen.[38] Daraus kann man folgern, daß die Gabe unmöglich ist, daß sie sogar »die Figur des Unmöglichen selber« darstellt.[39]

Der paradoxe Ausgang, zu dem die Logik der Gabe führt, ist bei Derrida untrennbar mit der Prämisse eines *reinen* Gebens verbunden, das vollkommen frei von jeglicher Kompromittierung durch Berechnung und Zustimmung ist und sich offensichtlich in das theologische Paradigma der *agápe* einfügt. Signifikanterweise macht Derrida in *Donner la mort* die symbolische Figur der absoluten Gabe in Abraham aus:[40] Figur einer Gabe ohne Investition, ohne Perspektive auf Rückerstattung, die zum höchsten Opfer bereit ist, um dem Ruf des absolut Anderen – dessen »Name Gott ist« – zu folgen, der uns sieht, ohne daß wir ihn sehen können, und der uns durch die Abwesenheit jeglicher Kommunikation und Rechtfertigung

---

34 Derrida, *Falschgeld*, a.a.O., S. 25.
35 Ebd., S. 28.
36 Ebd., S. 49 ff.
37 Ebd., S. 36.
38 Vgl. ebd., S. 27 u. 40 f
39 Ebd., S. 17.
40 J. Derrida, »Donner la mort«, in J.-M. Rabaté u. M. Wetzel (Hrsg.), *L'Éthique du don. Jacques Derrida et la pensée du don*, Paris 1992. Derrida definiert hier den Begriff Gottes als den Namen für den absolut Anderen, insofern dieser anders und einzigartig ist: Der Gott Abrahams ist einer und der einzige.

zu unbedingter Verantwortung verpflichtet. Die Handlung Abrahams, der sein Liebstes opfert, indem er es dem Tod übergibt, geschieht außerhalb jeglicher Beziehung oder wechselseitiger Anerkennung, da die Beziehung zwischen Abraham und Gott von einer »absoluten Asymmetrie« gekennzeichnet ist, von einem Geheimnis, das nie gelüftet werden kann, von der Inkommensurabilität eines Blicks, der uns zur Verantwortung ruft, ohne uns jedoch zu Subjekten einer autonomen Entscheidung zu machen.

Womit Abraham bricht, ist einmal mehr das Gesetz der Ökonomie – das hier als Gesetz des *oíkos*, des »Eigenen«, der Gefühle verstanden wird, um ohne Grund und ohne Perspektive auf Wiedergewinn dem Ruf des Anderen zu folgen, und zwar durch eine »Ökonomie des Opfers«, die jede Zirkularität zerstört, und so der Gabe ihre unverdorbene Reinheit wiedergibt.

Nun ist klar, daß man das Paradoxon eines unmöglichen Gebens bei Derrida nicht mit dem banalen Hinweis auf eine effektive soziale Realität und Wirksamkeit der Gabe zurückweisen kann.[41] Genauso wenig kann man der wertvollen Intuition einer ontologischen Verantwortlichkeit, die jenseits der Pflicht und der Ethik liegt, das Argument entgegenhalten, daß diese Verantwortung als reine Gabe irgendein metaphysisches Postulat voraussetze.[42] Und es wäre ebenso wenig legitim zu unterstellen, daß die enge Verbindung zwischen der Gabe und dem Opfer, wie Derrida[43] sie entwirft, die Gabe wieder der Logik des reinen Altruismus, der Vernachlässigung und Vergessenheit des Selbst einschreiben würde, zu der sie vor allem die christliche Moral gezwungen hatte.

---

41 Boltanski, der mit seiner Wiederaufnahme der *agápe* Derrida nahe zu sein scheint, distanziert sich im Grunde jedoch genau da radikal von ihm, wo er versucht, eine »Soziologie der *agápe*« zu konstruieren. Er schlägt vor, sie aus der übernatürlichen und erhabenen Dimension herauszunehmen, um sie in einer laizistischen Perspektive als das zu sehen, »was die Beziehung zwischen den Menschen regeln kann« (*L'Amour et la justice*, a.a.O., S. 153 ff.). Er zeigt vor allem den Verstoß der *agápe* gegen das Prinzip der Äquivalenz (vgl. ebd., S. 142 ff.). Dennoch muß darauf hingewiesen werden, daß Boltanski in letzter Instanz die Möglichkeit einer reinen Herrschaft der *agápe* verneint, da er schließlich das Verlangen und die affektive Motivation wieder einführt.

42 Derrida nähert sich tatsächlich den christlichen Themen an, folgt dabei jedoch dem »häretischen und hyberbolischen« Christentum von Patocka. Er folgt so einer Logik, die »keinen Bedarf nach dem Ereignis einer Offenbarung oder der Offenbarung eines Ereignisses hat. Sie benötigt die Möglichkeit eines solchen Ereignisses, aber nicht des Ereignisses selbst« (*Donner la mort*, a.a.O.). Darüber hinaus darf man nicht vergessen, daß Gott nichts anderes ist als der Name, mit dem der Andere umrissen werden kann, der absolut und einzigartige Andere (vgl. ebd).

43 Der Gestus Abrahams ist genau insofern kein »altruistischer« Gestus, als er, wie Derrida nachdrücklich wiederholt, kein ethischer Gestus ist (vgl. ebd.). Zur Kritik an Derrida hinsichtlich dieser Stelle vgl. Caillé, *Dono, interesse, disinteresse*, a.a.O., S. 94 ff. u. »Il dono tra interesse e gratuità«, Interview mit A. Caillé (hrsg. v. A. C. Lugarini), in: *Iride*, 1999, Nr. 27. Zum Nexus von Gabe und Opfer im allgemeinen vgl. A. Caillé, »Sacrificio, dono e utilitarismo. Note sulla teoria del sacrificio«, in: *Il terzo paradigma*, a.a.O.

Das Problem besteht hingegen in der Tatsache, daß Derrida der Gabe, um sie jeglicher Kontamination mit einer berechnenden Vernunft zu entziehen, auch jeglichen Anschein von *Motivation* und *Gegenseitigkeit* nimmt, wodurch er de facto jene anthropologische und soziale Valenz leugnet, auf der nicht nur die Theoretiker der *Antiutilitaristischen Bewegung in den Sozialwissenschaften* (MAUSS[44]) bestehen, sondern sogar einige Stimmen innerhalb des theologischen Diskurses.[45]

Nun stellt sich folgende Frage: Ist es möglich, der Gabe eine Motivation und eine Funktion der Gegenseitigkeit zurückzugeben, ohne in den Utilitarismus und die Ökonomie zurückzufallen, und ohne die Semantik der Liebe zu verlassen? Es handelt sich mit anderen Worten darum, eine Form der Liebe zu denken, welche die Momente des Bewußtseins, der Intentionalität und der wechselseitigen Anerkennung wieder mit einbeziehen, ohne deshalb die gebende Qualität zu verraten, die ihr eignet.

Es erscheint daher überzeugender, die Gabe auf die *philía* zurückzuführen, auf die aristotelische Freundschaft, bei der es sich um eine selektive und bewußte Liebe handelt, die auf den Anderen aufgrund seiner Verdienste und Vorzüge gerichtet ist, und die eine gegenseitige und explizite Entsprechung voraussetzt.[46] Die *philía* führt wieder eine Motivation ein, wählt das Liebesobjekt, und erkennt es inmitten vieler anderer. Sie ist nicht, wie die *agápe*, universal und unterschiedslos auf jeden, der den eigenen Weg kreuzt, gerichtet, sondern ein intentionaler, für wenige reser-

---

44 Mouvement anti-utilitariste en sciences sociales (Anm. d. Übers.).
45 Es ist von Bedeutung, daß Boltanski, wenn er sich das Problem des Realismus in der *agápe* und ihrer sozialen Wirksamkeit stellt (*agápe* als Fundament einer friedlichen Ordnung, gegen die Gewalt und den Streit), sich auf einige theologische Texte bezieht (Schnackenburg, Collange etc.). Vgl.: *L'Amour et la justice*, a.a.O. Vgl. hierzu auch Pierangelo Sequeri, der die affektive und relationale Dimension des Gebens aufzuwerten versucht, und zwar gegen eine abstrakte Idealisierung der Gabe im Sinne der *agápe*, »die auf der totalen Abwesenheit des persönlichen Interesses sowie der Erwartung eines Ausgleichs besteht« und sich daher »dahin entwickeln kann, daß sie zum Einfallstor eines despotischen und indifferenten Bildes derselben absoluten Gabe werden kann« (»Dono verticale e orizzontale: fra teologia, filosofia e antropologia«, in: G. Gasparini (Hrsg.), *Il dono. Tra etica e scienze sociali*, Rom 1999, S. 113.
46 Vgl. Aristoteles, *Nikomachische Ethik*, VIII, 1155b-1156a: »[...] denn erst gegenseitiges Wohlwollen nennt man Freundschaft. Oder muß man noch hinzufügen, daß keinem diese Gesinnung des anderen verborgen bleiben dürfe? Viele sind wohlwollend gegen solche, die sie nie gesehen haben, aber für tugendhaft und tüchtig halten, und ebenso kann es den letzteren wieder mit Bezug auf jene gehen. Somit herrscht augenscheinlich zwischen ihnen gegenseitiges Wohlwollen. Aber wie könnte man sie Freunde nennen, da dem einen die Gesinnung des anderen verborgen bleibt? Mithin gehört zur Freundschaft, *daß man sich gegenseitig wohl wolle und Gutes wünsche, ohne daß einem diese gegenseitige Gesinnung verborgen bleibt, und zwar aus einer der angeführten Ursachen.«* Vgl. auch: *Eudemische Ethik*, VII, 1236a: »Uns entsteht dann ein Freund, wenn derjenige, der geliebt wird, die Liebe erwidert und wenn sie sich dessen beide bewußt sind (wechselseitige Liebe).«

vierter, rarer und exklusiver Affekt.[47] Sie ist keine einseitige und unbewußte Selbsthingabe, sondern ein bewußter Wunsch nach gemeinsamer Teilhabe und die Erwartung von Gegenseitigkeit. Ihre Selektivität und Exklusivität, ja sogar die ihr innewohnende Forderung nach Gegenseitigkeit führen jedoch keineswegs zu einer utilitaristischen und instrumentellen Haltung. Die wahre und »perfekte« Freundschaft ist für Aristoteles vielmehr diejenige, die den Anderen nicht hinsichtlich eines Nutzens oder eines hedonistischen Zieles liebt, sondern nur aufgrund des Guten.[48] Sie liebt den Anderen um seiner selbst willen, insofern sie in ihm die eigentliche und gleiche ethische Disposition erkennt: »Vollkommen aber ist die Freundschaft guter und an Tugend ähnlicher Menschen. Denn sie wünschen einander gleichmäßig Gutes, insofern sie gut sind, und sie sind gut an sich. Die aber dem Freund um seiner selbst willen Gutes wünschen, sind Freunde im vollkommenen Sinne [...].«[49] Ein Freund ist also derjenige, der im Anderen das Gute sieht und ihm um seiner selbst willen Gutes wünscht, und zwar unabhängig von äußeren Zielen, nur aus reiner Freundschaftsbeziehung; und er ist derjenige, der sich nach jener *koinonía* sehnt, die aus einem konkreten Teilen von Erfahrungen besteht, aus dem nichts anderes als eine wechselseitige Vervollkommnung entstehen kann.[50] *Philía* bedeutet die Entscheidung für ein gemeinsames Leben, die nicht dem Erreichen eines nützlichen oder gefälligen Zieles untergeordnet ist, sondern – insofern sie auf Beständigkeit und Unveränderbarkeit der Tugend gründet – stabil und dauerhaft ist und daher einen Zweck in sich selbst hat.[51]

In Übereinstimmung mit der ihr innewohnenden Forderung nach Gegenseitigkeit bedeutet die Freundschaft den Wunsch, geliebt zu werden, vor allem aber »besteht sie im Lieben«, in jener aktiven Bereitschaft zum Geben, deren Modell schlechthin

---

47 Aristoteles, *Nikomachische Ethik*, VIII, 1158a: »Befreundet im Sinne der vollkommenen Freundschaft kann man nicht mit vielen sein, sowenig man gleichzeitig in viele verliebt sein kann. Denn solche Freundschaft hat etwas vom Übermaß an sich, und das Übermaß der Neigung ist seiner Natur nach auf einen gerichtet. Auch geschieht es nicht leicht, daß viele gleichzeitig demselben in hohem Grade gefallen, und auch das trifft sich wohl nicht leicht, daß viele tugendhaft sind.« Vgl. auch ebd., IX, 1171a.
48 Über die drei Typen der Freundschaft, die auf dem Nutzen, der Freude und dem Guten gründen, vgl. ebd., VIII, 1156a-1157b.
49 Ebd., 1156b.
50 »Darum ist das Sprichwort ein wahres Wort: »Freundesgut, gemeinsam Gut«; denn Freundschaft besteht in Gemeinschaft.« (Ebd., 1159b, vgl. auch IX, 1172a).
51 Vgl. ebd., VIII, 1156b (zum Teil bereits oben im Text zitiert): »Vollkommen ist die Freundschaft guter und an Tugend sich ähnlicher Menschen. Denn sie wünschen einander gleichmäßig Gutes, insofern sie gut sind, und sie sind gut an sich. Die aber dem Freund um seiner selbst willen Gutes wünschen, sind Freunde im vollkommenen Sinne, weil sie diese Gesinnung an sich, nicht mitfolgend haben. Daher bleibt die Freundschaft zwischen solchen Menschen bestehen, solange sie tugendhaft sind. Tugend aber ist beständig. In solchem Freundschaftsverhältnis ist jeder der beiden Freunde schlechthin gut und gut für den Freund.«

Aristoteles in der Mutterliebe sieht, die großzügig, unberechnend, und interesselos ist.[52] In dieser Liebesfähigkeit unterscheidet sich die Freundschaft von der erotischen Liebe, die, sofern sie ein platonisches Verlangen nach dem, was nicht da ist, darstellt, eine passive und ermangelnde Liebe ist, die mehr danach trachtet, zu empfangen als zu geben und die immer unbefriedigt und unvollendet bleibt, die unfähig ist, den Anderen um seiner selbst willen zu lieben, weil sie von utilitaristischen und hedonistischen Zielen verdorben ist.[53] Die *téleia philía* setzt dem, obgleich sie das Verlangen (danach, Liebe zu empfangen) nicht leugnet, einen aktiven und gebenden Aspekt entgegen, der aus ihr die höchste Form des Zusammen-Lebens macht.[54]

In der Freundschaft gibt es allerdings ein Übermaß an Symmetrie und eine egalitäre Strenge, die ihre Identifizierung mit der Dimension der Gabe *tout court* problematisch macht. Auch wenn der Liebestausch kein utilitaristischer Tausch ist, verlangt die Freundschaft nach einer Gegenseitigkeit, die sie als unverzichtbare Bedingung voraussetzt.[55] Sie toleriert kein exzessives Ungleichgewicht,[56] bedarf der Nähe des Anderen und eines kontinuierlichen Zusammenlebens[57] und ist notwendigerweise auf eine limitierte Anzahl von Personen beschränkt. Ein Freund ist also jemand, dessen Gesicht ich kenne und dessen Gegenwart ich wünsche, den ich aufgrund seiner Verdienste und Eigenschaften liebe und von dem ich aufgrund meiner eigenen Eigenschaften wiedergeliebt werde, welche er schätzt und aufgrund derer er mich bevorzugt. Ich wähle ihn unter vielen andern aus, die notwendigerweise von jeder Form der Vertrautheit und Teilnahme ausgeschlossen bleiben; er ist derjenige, der (sich) dem Anderen gibt, weil er *der Andere ist*, dieser besondere und unersetzbare Andere. Man könnte all das in der schönen Antwort Montaignes an diejenigen zusammenfassen, die ihn nach dem Grund seiner Freundschaft zu La Boétie gefragt hatten: »Weil er es war und weil ich es war«.[58]

---

52 »Sie liegt aber mehr im Lieben als im Geliebtwerden. Das zeigen die Mütter, deren Freude es ist, zu lieben. Manche Mütter lassen ihre Kinder von anderen ernähren und schenken ihnen bewußte Liebe, verlangen aber keine Gegenliebe, wenn beides zusammen nicht sein kann, sondern halten sich schon für glücklich, wenn sie nur sehen, daß es ihren Kindern gut geht, und sie haben sie lieb, auch wenn diese aus Unwissenheit ihnen nichts von dem erweisen, was der Mutter gebührt.« (ebd., 1159a).
53 Vgl. ebd., VIII, 1159b, IX, 1164a u. 1167a.
54 Zur Überlegenheit der Freundschaft auch hinsichtlich der Gerechtigkeit vgl. ebd., VIII, 1155a.
55 Hierin unterscheidet sich die Freundschaft vom Wohlwollen: »Denjenigen, aber, der jemandem in dieser Weise das Gute wünscht, nennt man wohlwollend, wenn nicht seitens des anderen dasselbe geschieht, denn erst gegenseitiges Wohlwollen nennt man Freundschaft.« (Ebd., 1155b).
56 Vgl. ebd., 1158b.
57 »Das Verhalten derer aber, die aneinander Geschmack finden, aber doch nicht zusammenleben, hat eher den Charakter des Wohlwollens als der Freundschaft. Denn nichts ist Freunden so eigen wie das zusammenleben [...]« (Ebd., 1157b)
58 Vgl. Montaigne, *E*, 1.28.

Derrida trifft genau den Punkt, wenn er mit dekonstruktivistischem Blick die Vorliebe für Maß und Proportion betrachtet, die stringente Bindung an Symmetrie und Gegenseitigkeit, wie sie der griechischen *philía* und der von ihr inspirierten abendländischen Tradition eingeschrieben ist.[59] Um sich gegenüber der Logik der Gabe zu öffnen, muß die *philía* sich der Asymmetrie und der Disproportion aussetzen, sie muß das Risiko akzeptieren, daß Erwiderung und Gegenseitigkeit ausbleiben, und in die Proportionalität, »die den Verdienst berechnen und gemäß dieser Regel geben müßte«, ein »Prinzip der Unendlichkeit«[60] einführen, das die Spiegelbildlichkeit der Äquivalenz definitiv zerstören würde.

»Eine Logik der Gabe – sagt er – entreißt hier die Freundschaft ihrer philosophischen Interpretation. Indem sie sie ihr eine neue, zugleich sanfte und gewaltsame Drehung versetzt, beugt sie die Freundschaft, beugt sie sie in einer reflexiven Wendung auf das zurück, was sie hätte sein sollen und in unvordenklicher Weise gewesen sein wird, gemahnt sie die Freundschaft an die Unterbrechung der Reziprozität, die Asymmetrie oder das Ungleichgewicht, die Unverhältnismäßigkeit, die Gastfreundschaft, an die ohne Gegenleistung gewährte oder empfangene Unterkunft, die jede Heimkehr versagt, kurzum: an den irreduziblen Vorrang des anderen. An das Zuvor-kommen des anderen.« Daher muß man die *philía* von allen Verbindlichkeiten der Nächstenliebe, der Anerkennung, der *oikeiotes* befreien, um sie für den Prozeß der Verunendlichung zu öffnen, der die absolute Priorität des »Gesetzes des Anderen« betont. Derrida sieht die Möglichkeit hierzu in derselben kanonischen Tradition der Freundschaft, die von Anfang an von Momenten des Bruchs durchzogen wird, wie beispielsweise bei Aristoteles, wenn er jedes Prinzip des Maßes und der Proportionalität durchlässig macht, indem er die Gabe für den Menschen als Menschen und nicht für seine Verdienste und Tugenden einführt. Oder bei Montaigne, wenn er die Leidenschaft für den Anderen und das Vertrauen in ihn gegenüber der Kenntnis und der Vernunft privilegiert. Die Arbeit der Dekonstruktion erlaubt es, im scheinbar kompakten Korpus der »brüderlichen Freundschaft« des abendländischen Modells, die sich auf eine wechselseitige Identifizierung, auf die Symmetrie, die Gemeinsamkeit und die Fusion von zwei gleichen Subjekten gründet, das Einbrechen der Disproportion und des Übermaßes zu sehen. Diese werden, vor allem seit Nietzsche, die eigentlichen Hebel einer Verrückung, oder besser eines Auf-den-Kopf-Stellens, das die logozentristische Zirkelhaftigkeit der Freundschaft als Brüderlichkeit an ihren eigenen Fundamenten erschüttert.[61]

---

59 Vgl. J. Derrida, *Politique de l'amitié*, Paris 1994, dt.: *Politik der Freundschaft*, Frankfurt a. M. 2000.
60 Vgl. ebd., 7. Kap.
61 Vgl. ebd., 3. Kap.

Die Freundschaft Nietzsches öffnet sich gegenüber dem Gesetz des Anderen, insofern sie sich dem Schwindel der Zeit aussetzt, dessen, was noch kommen muß. Sie erhält ihre vollkommene Gestalt durch das, was Nietzsche im *Zarathustra* »die Liebe zum Fernsten und Künftigen«[62] nennt, was eine unendliche Gabe bedeutet, »ohne Erwiderung und ohne Entgelt«[63] an diejenigen, die noch nicht einmal geboren sind, an die »zukünftigen Brüder«, die uns, wie Derrida hinzufügt, gespensterhaft vorausgehen und mit denen wir unauflöslich durch eine Abwesenheit des Bandes verbunden sind.

Die Liebe des Verborgenen zerbricht nicht nur die Symmetrie der *philía*, sondern auch die sublime Ökonomie der *agápe*, insofern diese an das restriktive Gebot der Nächstenliebe gebunden bleibt. Derrida spielt nämlich die *agápe* gegen die *philía* aus, wobei er allerdings dort zu beiden Distanz hält, wo sie die naturalistische, exklusive und logozentrische Symmetrie der Brüderlichkeit teilen und sich als ungeeignet erweisen, sich der radikalen Andersheit auszusetzen und den Anderen als denjenigen zu verstehen, welcher kommt oder kommen wird.

Es geht also darum, mit Nietzsche, aber auch mit Bataille und Blanchot einen Begriff der Freundschaft zu denken, die eine wesentlich »gastfreundliche« ist und die Tür permanent für den Unbekannten und vielleicht sogar Unerwünschten offen hält,[64] ohne sich in die Sicherheit vermittelnden Grenzen der Ähnlichkeit und Zugehörigkeit, des Maßes und des Tausches, der Identifikation und der Gegenseitigkeit zurückzuziehen. Der paradoxe Ausgang, zu dem die Reflexionen Derridas führen, ist lediglich die natürliche und implizite Schlußfolgerung aus dieser Herausforderung. Was er beabsichtigt, indem er das Paradoxon Blanchots »einer Freundschaft ohne Teilen und ohne Gegenseitigkeit« aufgreift, oder auch die Idee Batailles einer »Gemeinschaft ohne Gemeinsamkeit«,[65] ist eine Dekonstruktion des abendländischen Modells der brüderlichen Freundschaft, insofern diese am Grund eines Begriffs des Politischen und der Demokratie steht, die im Gesetz der Homophilie und der Autochtonie eingeschlossen sind und sich durch den Ausschluß und die Verdrängung all dessen legitimieren, was sich der homologen Logik der Freundschaft entzieht – unfähig mithin, der Andersheit Raum zu bieten.[66] Die

---

62 F. Nietzsche, *Also sprach Zarathustra*, München/Wien 1966, Bd. 3, 1. Teil, Kap. *Von der Nächstenliebe*, S. 324 (Anm. d. Übers.).
63 Vgl. J. Derrida, *Politik der Freundschaft*, a.a.O., 10. Kap.
64 Vgl. ebd., 4. Kap.
65 Vgl. ebd., 10. Kap
66 »Soll man die Dekonstruktion eines weithin herrschenden Begriffs der Demokratie ihrerseits noch im Namen der Demokratie, einer kommenden und im Kommen bleibenden Demokratie in Angriff nehmen? Die Dekonstruktion all der Prädikate, die in jenem Begriff zusammentreten, unter dessen Hinterlassenschaft man unweigerlich auch auf das Gesetz der Geburt und Abstammung stößt, auf das natürliche oder ›nationale‹ Gesetz, auf das Gesetz der Homophilie und des Autochtonen, und auf jene staatsbürgerliche Gleichheit (die Isonomie), die sich auf die Gleichheit der Ge-

Gabe an »den, der kommt«, das unendliche und uneingeschränkte Geben ist das Ereignis, das die Gemeinschaft und die Demokratie auf den Strudel einer nicht aneigenbaren Zukunft hin öffnet, die der Entscheidung des Anderen überantwortet, und es ist das, was »die Demokratie im Kommen« als die einzig mögliche (oder unmögliche) Form der Demokratie begründet.[67]

Jenseits der nicht zu leugnenden Fruchtbarkeit der Herausforderung Derridas ist das, was wiederum nicht überzeugt, die besondere Sicht auf die Gabe, die seine kritische Wiederaufnahme der Freundschaft stützt. Was, anders gesagt, nicht überzeugt, ist, daß die Disproportion, die Asymmetrie und die fehlende Äquivalenz notwendigerweise mit der Unmotiviertheit und der absoluten Unilateralität der Gabe zusammenfallen müssen.

Die Gabe scheint tatsächlich eingezwängt zu sein zwischen der unleugbar limitierten und bindenden Motivation der *philía*, die allzu treu am Prinzip der Äquivalenz und der wechselseitigen Anerkennung festhält, und ihrer völligen Berechnungslosigkeit. Nun ist es interessant festzustellen, daß in den aktuellen Epiphanien der Gabe tatsächlich eine Figur auftaucht, die sich teilweise für diese Lektüre anzubieten scheint, nämlich das, was Godbout als die »Gabe an Fremde« definiert hat.[68] Die Gabe an Fremde, die nicht an den Freund gerichtet ist, an den Bruder, den Nächsten, sondern an den Unbekannten und Verdrängten, an den gesichtslosen Fremden, der keinen bekannten und sichtbaren Vertreter hat, ohne daß eine mögliche Form der Rückerstattung und der Gegenseitigkeit in Sicht ist, bricht mit der Zirkelhaftigkeit der Freundschaft. Dies scheint also denjenigen Recht zu geben, die die Gabe der Logik der vollkommenen Berechnungslosigkeit zuschreiben. Diese Interpretation wird sogar noch überzeugender, wenn man der Figur der »Gabe an Fremde« die neue und höchstaktuelle Form der Gabe zuordnet, die man mit Hans

---

burt (die Isogonie) gründet, auf die Gleichheit der Abstammung als Bedingung einer Berechnung der Einwilligung und also der Aristokratie der Tugend und der Weisheit, etc.?« (Derrida, *Politik der Freundschaft*, S. 153 f.). Vgl. zu diesen Themen: Esposito, *Communitas*, a.a.O., Cacciari, *L'Arcipelago*, a.a.O., S. 145 ff. u. G. Marramao, *Dopo il Leviatano. Individuo e comunità nella filosofia*, Turin 1995.

67 »Denn die Demokratie bleibt künftig, bleibt im Kommen, bleibt, indem sie kommt, das ist ihr Wesen, sofern sie bleibt: Sie wird nicht allein unbegrenzt vervollkommnungsfähig, also stets unzulänglich und zukünftig sein; der Zeit des Versprechens angehörend, wird sie vielmehr stets, in jeder ihrer zukünftigen Zeiten, künftig und im Kommen bleiben: Selbst wenn es die Demokratie gibt – sie existiert nicht, sie ist nie gegenwärtig, sie bleibt das Thema eines nicht darstellbaren und nicht zur Anwesenheit zu bringenden Begriffs.« (Derrida, *Politik der Freundschaft*, S. 409). In dieser Perspektive, die darauf ausgerichtet ist, die Differenz und die Andersheit im Inneren des gemeinsamen Bandes zu retten vgl. auch Derrida, *Cosmopolites de tous les pays, encore un effort*, Paris 1997. Vgl. hierzu: M. Vergani, »Jacques Derrida e le politiche dell'exappropriazione«, in: *Iride*, 1999, Nr. 27, der zu Recht die innige Verflechtung der dekonstruktiven Philosophie Derridas mit seinen (jüngeren) Reflexionen auf politischer Ebene betont.

68 Godbout, *L'Esprit du don*, a.a.O.

Jonas als die Verantwortung gegenüber den zukünftigen Generationen und als das Denken an sie definieren könnte,[69] als Gabe an denjenigen, der noch nicht geboren ist, und in dem sich vielleicht zum Teil der »zukünftige Andere« von Derrida inkarnieren könnte.

Genau an dieser Stelle kann sich das Geheimnis der Gabe am besten enthüllen: ihre einzigartige Fähigkeit, sich dem Gesetz der Gegenseitigkeit einzuschreiben, ohne dadurch unter das Gesetz der Ökonomie zu fallen. Gerade *in ihrer scheinbar einseitigsten Form* zeigt die Gabe *ihre reinste und innerlichste Motivation*. Die Gabe an Fremde läßt sich weder auf *philía* reduzieren noch auf die Abwesenheit von Gründen und stellt mit Nachdruck wieder die anfänglichen Fragen: Warum gibt man? Weshalb beschließt man zu geben? Warum stellt man die eigene Zeit, Energie und Arbeit auch denjenigen zur Verfügung, die man nicht kennt? Warum sorgt man sich um die, die nach unserem Tod leben werden?

Jacques Godbout bietet eine Antwort auf diese Fragen an, mit der er eine dritte Möglichkeit, einen Grund einführt, der zugleich weitreichender und verbindlicher ist:

> »Warum gibt man? [...] Um sich mit dem Leben zu verbinden, sich von ihm mitnehmen zu lassen, um die Dinge in einem lebendigen System zirkulieren zu lassen, um die Einsamkeit zu durchbrechen, um von neuem Teil einer Kette zu werden, um etwas weiterzugeben, um zu spüren, daß man nicht allein ist und »dazugehört«, daß man an etwas Größerem und besonders an der Menschheit teilhat, und zwar jedes Mal, wenn man eine Gabe an einen Unbekannten richtet, an einen Fremden, an jemanden, der am anderen Ende der Welt lebt und den man nie sehen wird.«[70]

Solche Betrachtungen führen in eine Richtung, die der von Derrida entgegengesetzt ist. Sie ermöglichen folgende Behauptung: Wenn es zutrifft, daß die *Möglichkeit* der Gabe unserer ontologischen Verfassung eingeschrieben ist, dann trifft ebenso zu, daß das *Ereignis* der Gabe eine *Wahl* erfordert, eine Wahl, die, insofern sie eine solche ist, auch die Freiheit dazu läßt, sie nicht zu treffen, und die zur symbolischen Enthüllung eines Bedürfnisses wird, eines Triebes, der reaktiviert wird und so gewaltig wieder zum Vorschein kommt, als ob er sich den atomistischen Abwegen eines entropischen Individualismus widersetzen wolle.

---

69 Vgl. Jonas, *Das Prinzip Verantwortung*, a.a.O. Zur Verbindung zwischen der Reflexion von Jonas und der »Gabe an Fremde« vgl.: M. Chabal, »Quand la réciprocité semble non réciproque, ou la réciprocité cachée«, in: *Revue du MAUSS*, 1996, Nr.8.
70 J. T. Godbout, *Le Langage du don*, Montreal 1996; zitiert nach der italienischen Ausgabe: *Il linguaggio del dono*, Turin 1998, S. 29.

Es gibt daher eine Leidenschaft der Gabe, ein Verlangen zu geben.[71] Was bereits Mauss und Bataille geahnt hatten,[72] taucht wieder aus der Vergessenheit und der Verdrängung auf, um die Isolation des Individuums zu durchbrechen und es ihm zu ermöglichen, eine Zugehörigkeit wiederzufinden, durch die es wieder ein Band zum Anderen herstellen kann, insofern dieses eine sinnstiftende Dimension und eine konstitutive Realität für die Identität des Ichs selbst darstellt.

Die Leidenschaft der Gabe entsteht *aus dem Verlangen nach dem Anderen, nach dem Band zum Anderen als Selbstzweck*. Dieses Verlangen setzt auf Seiten der Individuen wiederum die Wahrnehmung der eigenen Unzulänglichkeit, des eigenen Mangels, der eigenen Verfaßtheit als endliche und der Ergänzung bedürfende Lebewesen voraus. Daher kann man an der Basis dieser emotionalen Konfiguration denselben *Zustand der Mangelhaftigkeit* ausmachen, der, wie wir gesehen hatten, die Dynamik der Erwerbsleidenschaften ausgelöst hatte. Es handelt sich dabei allerdings um einen Mangel, der weder dazu neigt, sich durch den Erwerb materieller Güter, noch durch eine narzißtische Selbstbehauptung beheben zu wollen, für die der Andere nur eine rein instrumentelle Rolle spielt, oder sich in der Nebelhaftigkeit der Projektionen des Ichs auflöst, sondern der nur durch das Verlangen nach einem Band aufgehoben werden kann, das im Anderen den fehlenden Teil erkennt, mit dem sich das Ich unaufhörlich wieder zu vereinigen sucht.

In diesem Sinne scheint es, als sei die Dynamik der Gabe der Dynamik des *eros*, von der sie zumeist sorgfältig unterschieden wird,[73] überhaupt nicht fremd; eines *eros*, verstanden in der ursprünglichen und platonischen Bedeutung als »Verlangen nach dem, was fehlt«, als eine nie zu lösende Spannung, die jedoch für die Wiedergewinnung der verlorenen Ganzheitlichkeit unverzichtbar ist. Das der Gabe implizite Verlangen nach Bindung scheint, mit anderen Worten, die eminent *symbolische* Eigenschaft des *eros*, verstanden als »Gott der Vereinigung und der Beziehung«,[74] vorauszusetzen, deren Ursprung im Wissen um die nicht zu behebende

---

71 Vgl. auch Godbout: »Die zentrale Idee, welche diesem Buch zugrunde liegt, [...] läßt sich in der These zusammenfassen, daß das Verlangen *(the drive)* danach zu geben für das Verständnis der menschlichen Spezies genauso wichtig ist wie dasjenige zu empfangen. Daß zu geben, zu übertragen, zurückzugeben und das Mitleid sowie die Großzügigkeit ebenso wichtig sind wie das Nehmen, das Sich-Aneignen oder Bewahren, ebenso wie das Verlangen oder der Egoismus; oder anders, daß ›die Attraktivität der Gabe‹ ebenso stark oder stärker ist als die des Verdienens.« (*Lo spirito del dono*, a.a.O. S. 30).
72 Mauss und Bataille bleiben allerdings einer dichotomischen Logik von Nutzen und Gabe verhaftet, welche die Affektivität der Gabe der Rationalität der Nützlichen entgegenstellt, eine Dichotomie, die der erste Teil dieser Arbeit versucht hat zu widerlegen, indem die emotionalen Wurzeln des Strebens nach dem Nützlichen aufgezeigt wurden.
73 Von Aristoteles bis, wie wir gesehen haben, zu den zeitgenössischen Autoren: Boltanski, *L'Amour et la justice*, a.a.O.; Comte-Sponville, *Petit traité des grandes vertus*, a.a.O.; Chabal, »Quand la réciprocité semble non réciproque«, a.a.O.
74 Vgl. Brisson, Eros, in: *Dictionnaire des mythologies*, Paris 1981.

Mangelhaftigkeit des Seins liegt.[75] Dieser der *philía* und der *agápe* fremde Mangel lenkt die erotische Bewegung in Richtung einer Wiederherstellung einer unwiederbringlichen Fülle, die jedoch immer eine Sehnsucht bleibt, insofern in ihr der letzte Sinn der *conditio humana* liegt. *Eros* ist die Kraft, die »die Absicht [hat], aus mehreren eines zu machen«, sagt Freud,[76] wodurch er seine enge Affinität mit der platonischen Bedeutung enthüllt. Die Gabe scheint also die als zusammenhaltende Kraft schlechthin verstandene Liebe vorauszusetzen, das Verlangen danach, die eigene Partialität und Ungenügendheit durch die Wiedervereinigung mit dem Anderen zu kurieren, mit jenem fehlenden Teil, dem *Symbol* für die Unvollständigkeit des Ichs. Die Leidenschaft der Gabe entspringt, wie man sagen könnte, dem *Leiden* unter der eigenen Mangelhaftigkeit, dem Unbehagen, das vom eigenen Abgeschnittensein verursacht wird. Dieses Leiden drückt sich in der besonderen Form der Gabe an Fremde aus, im *aktiven* Verlangen danach, wieder einen Kontakt, eine Verbindung zu dem Anderen als solchem herzustellen – nicht zu dem spezifischen und partikularen Anderen, sondern zum verdrängten und unbekannten, in dem sich die Figur derjenigen radikalen Andersheit selbst verkörpert, die Emmanuel Lévinas als *l'Autrui* bezeichnen würde.[77]

Das bedeutet selbstverständlich nicht, daß die Gabe auf den *eros* reduziert werden könnte, genauso wenig wie auf *agápe* oder *philía*. Wenn es also legitim ist, sie auf die Liebe zurückzuführen,[78] dann trifft auch zu, daß keiner der drei großen Archetypen der Liebe ihre Komplexität erfüllen kann. Insofern sie ein Ereignis ist, ein *symbolisches Ereignis*, das die konkrete Realität der Individuen durchdringt, entzieht sie sich jeder partiellen Interpretation oder Klassifikation, da sie die Folge der wechselseitigen Kontamination der diversen Formen der Liebe darstellt.

Der Rückgriff auf den *eros* gibt uns allerdings eine Motivation zurück,[79] die stärker ist als die der *philía* und die es uns ermöglicht, aus dem Dilemma von Berechnungslosigkeit und Interesse herauszukommen. Man gibt nicht, um etwas im Gegenzug zu erhalten und ebenso wenig aufgrund eines reinen Altruismus, sondern weil man

---

75 Zu diesem Verständnis der Liebe vgl. U. Curi, *La cognizione dell'amore. Eros e filosofia*, Mailand 1997.
76 S. Freud, *Das Unbehagen in der Kultur* (1929), 5. Kap.
77 E. Lévinas, *Totalité et infini*, La Haye 1961, dt.: *Totalität und Unendlichkeit*, Freiburg/München 1987.
78 Vgl. Godbout, *Il linguaggio del dono*, S. 30: »Woraus besteht diese Sprache? Ich denke ganz einfach, daß sie die Sprache der Liebe ist. Offensichtlich! Die Bewegung der Gabe, der reinen und einfachen Leidenschaft zu geben um im Gegenzug zu empfangen, gründet sich ganz einfach auf das Bedürfnis zu lieben und geliebt zu werden, das so stark oder wahrscheinlich sogar noch fundamentaler ist als das Bedürfnis zu erwerben, Dinge anzuhäufen und Güter zu erhalten, worin das Motiv des Verdienens besteht. Der Mensch ist in erster Linie ein Beziehungs- und nicht ein Produktionswesen«.
79 Auf diesen Aspekt spielt, wenn auch flüchtig, Caillé an in: *Il dono tra interesse e gratuitá*, a.a.O., S. 270.

dazugehören möchte, weil man sich mit dem Anderen zusammentun, sich mit ihm verbinden will. Auch in der scheinbar einseitigsten Form der Gabe, der Gabe an Fremde, gibt es daher eine Erstattung, die jedoch aus der ökonomischen Logik des Tausches nicht nur deshalb herausfällt, weil es keinerlei Garantie auf eine Gegengabe gibt, sondern auch deshalb, weil die Erstattung, die Gegengabe im Wert des Bandes liegt, welches die Gabe herstellt.

Der Andere ist nicht mehr wie im Erwerbs-Modell die problematische und unbequeme Realität, die wir gezwungenermaßen zur Kenntnis nehmen müssen, um unsere Interessen am besten verfolgen und unsere Wünsche am besten befriedigen zu können. Er wird vielmehr zum Objekt unseres Verlangens und unserer emotionalen Ausrichtung selbst. Er ist der fehlende Teil selbst, *das Symbol unserer Unvollständigkeit und Ungenügendheit*. Der Andere ist der *Sinnstifter* unserer Existenz als mangelhafte, endliche Wesen, in dessen Schuld wir daher unaufhörlich stehen und dem wir durch eine *Pflicht* verbunden sind, die wir dadurch, daß sie uns konstituiert, unmöglich vernachlässigen dürfen.

Wir *stehen in der Schuld* der Anderen. Die Erwähnung der *Schuld*[80] steht im Zentrum vieler Reflexionen über die Gabe, die auf die Aufwertung jenes ontologischen Status der Abhängigkeit und der Bindung zielen, in dem die Individuen von einem Netz der Reziprozität zusammengehalten werden, und bei dem jeder zugleich Geber und Empfänger ist.[81] Demjenigen, der tatsächlich gibt, wurde seinerseits gegeben *(adonné)*,[82] wie Jean-Luc Marion sagen würde, und zwar insofern er, wenn vielleicht auch nichts anderes, die Gabe schlechthin, nämlich die der Geburt und des Lebens erhalten hat: die große Schuld, wie Lacan sie nennt,[83] die uns alle an einen unauslöschlichen Ursprung bindet, einen kreatürlichen Ursprung, den man nicht aus der Erinnerung streichen kann.[84] Auf die Idee der Schuld, die der Gabe als *munus* eingeschrieben ist, hat Roberto Esposito eine Ontologie der Gemeinschaft gegründet: Gemeinschaft als dasjenige, was auf dem Teilen eines Mangels, einer Leere, einer Schuld seitens der ihrer Aneignungs-Ansprüche enteigneten Subjekte beruht. Dabei handelt es sich um »nicht sub-jekte« Subjekte, die durch wechselseitiges Engagement verbunden sind, das sie gerade dadurch vereint, daß sie »in sich selbst mangelhaft« sind, was die Illusion jeder individuellen Absolut-

---

80 »Schuld« ist hier im Sinne einer Bringschuld *(debito)* gemeint, nicht etwa im religiösen Sinne der (Erb)sünde *(peccato)* (Anm. d. Übers.).
81 Vgl. auch den interessanten Verweis auf die Erwähnung der »Schuld« bei einem Autor, der der Theorie der Gabe gänzlich fremd gegenüber steht: Crespi, *Imparare ad esistere*, a.a.O., S. 83 ff.
82 Vgl. J.-L. Marion, *Etant donné. Essai d'une phénoménologie de la donation*, Paris 1997.
83 Vgl. J. Lacan, »Fonction et champ de la parole et du langage en psychanalyse«, in: *Écrits,* Paris 1966; dt. »Funktion und Feld der Sprache und des Sprechens in der Psychoanalyse«(1953), *Schriften* I, Freiburg i.Br. 1973.
84 Über die Gabe der Geburt vgl.: Godbout, *L'Esprit du don*, a.a.O.

heit zerstört.⁸⁵ Die Gabe als Schuld, als das, »was man nicht *nicht* geben kann«,⁸⁶ entsteht, anders gesagt, als das, was das »immunitäre Projekt« der Moderne und des modernen Individualismus unterbricht und die Menschen wieder der Verpflichtung zurückgibt, die sie aneinander bindet und sie so ihrer Subjektivität entleert, indem es sie der »Ansteckungsgefahr durch Beziehung« aussetzt.⁸⁷

Das Problem besteht jedoch in der *Antwort* der Individuen auf den Zustand der Schuld, der sie ontologisch konstituiert. Sie können die eigene Bedingung der Abhängigkeit und der unvollkommenen Endlichkeit *nicht* durchschauen und sich in der Illusion einer autonomen Absolutheit einschließen. Oder sie können – wofür der gesamte Verlauf der Moderne ein beredtes Zeugnis darstellt – auf die Wahrnehmung ihrer eigenen Mangelhaftigkeit durch eine auf Aneignung zielende Erwerbs-Dynamik reagieren, die ängstlich versucht, das nicht zu Beruhigende zu beruhigen. Daher drängt sich ein Übergang von der ontologischen Ebene zur *anthropologischen* Dimension auf, um zu der Frage nach den Motiven, Leidenschaften und Gründen zurückzukehren, die zu einer bestimmten Wahl führen statt zu einer anderen, die ebenso möglich ist.⁸⁸

Der interessante Aspekt der Gabe ist, daß sie nicht nur die mehr oder weniger bewußte Anerkennung des eigenen Zustands der Schuld und des Mangels seitens der Individuen voraussetzt, sondern daß diese Anerkennung jene besondere emotionale Reaktion hervorruft, die im *Verlangen zu geben* besteht. Daher trifft es zu, daß die Gabe für denjenigen, der die Initiative zu geben ergreift, nie die erste Gabe sein kann, da derjenige, der gibt, seinerseits bereits empfangen hat; aber es gilt ebenfalls, daß der Akt des Gebens selbst die Reaktivierung eines emotionalen Antriebs voraussetzt und einen Moment der Freiheit und der bewußten Wahl einführt. Wer gibt, *konvertiert die Schuld in Verlangen* und die Pflicht gegenüber dem Anderen in ein Verlangen nach dem Anderen, wodurch die privative Matrix der Gabe in eine kreative Handlung verwandelt wird und die Idee des Mangels und der Abhängigkeit eine positive Konnotation erhält.⁸⁹

»Die Gabe – behauptet Godbout mit Nachdruck – ist der Zustand einer Person, die dadurch, daß sie der Entropie widersteht, die mechanische und

---

85 Vgl. Esposito, *Communitas*, a.a.O.
86 Vgl. ebd., S. XIV.
87 Vgl. ebd., S. XXIV.
88 Man könnte beispielsweise versuchen, die potentielle anthropologische Valenz des ethisch-ontologischen Begriffs des »Erwachens« *(éveil)* zu verifizieren, der von E. Lévinas vorgeschlagen wurde in: La Philosophie de l'éveil, in: *Entre nous: essais sur le penser-à-l'autre*, Paris 1991 (dt.: *Zwischen uns. Versuche über das Denken an den Anderen*, München 1995).
89 Eine mögliche Richtung könnte in diesem Sinne der Reflexion Spinozas entnommen werden, in der sich das Verlangen positiv als Potenz des Existierens herausgestaltet, als *vis existendi*. Vgl. in diesem Zusammenhang neben Bodei, *Geometria delle passioni*, a.a.O., Comte-Sponville, *Petit traité des grandes vertues*, a.a.O.

deterministische Erfahrung des Verlustes überwindet und sich mit der Erfahrung des Lebens verbindet, mit der Erscheinung, der Geburt, der Schöpfung [...] jede Gabe ist die Wiederholung der Geburt, der Ankunft des Lebens; jede Gabe ist ein mysteriöser Sprung aus dem Determinismus hinaus.«[90]
Daher könnte man sagen, die Gabe sei *ein Zeichen für das Eingedenken der eigenen Abhängigkeit und eine emotionale Manifestation, ein aktives Zeugnis des eigenen Verlangens nach Bindung.*
Gerade aufgrund dieses Verlangens erwartet derjenige, der gibt, keine Erstattung. Nicht weil diese als nicht vorhanden zu betrachten ist, sondern weil die Erstattung im Akt des Gebens selbst enthalten ist, welcher, wie Caillé vorschlägt, von keinem erwerbsbezogenen und instrumentellen »Interesse an« geleitet wird, sondern von einem »Interesse zu«, das heißt von der Freude zu geben selbst, insofern die Gabe ein symbolischer Träger des Bandes zum Anderen ist.[91]
Die emotionale Matrix der Gabe zu untersuchen, erlaubt daher eine klare Einsicht in das untrennbare Zusammenwirken von Berechnungslosigkeit und Interesse, das sie begründet: Sie ist *nicht berechnend*, weil sie keine Erstattung erfordert, die Asymmetrie akzeptiert und auf Äquivalenz verzichtet. Zugleich ist sie jedoch *interessiert*, weil sie aus einem mächtigen und unverzichtbaren Verlangen des Ichs entspringt. Aufgrund dieser konstitutiven Ambivalenz stellt sich die Gabe – auch in ihrer offensichtlich einseitigsten Form wie der »Gabe an Fremde« – endgültig als ein in sich relationales Ereignis heraus, als eine *Struktur der Reziprozität.*

2. Gabe und Reziprozität

In der Gabe liegt – wie wir gesehen haben – immer auch Restitution vor, wenn diese auch nicht – wie im merkantilen Tausch – garantiert ist und, wie wir nun sehen werden, auch nicht dem Prinzip der Äquivalenz entspricht.
Die Restitution, meint Godbout, hat sich nämlich »in die Gabe selbst verlagert, in den Gestus des Gebens«,[92] in das Wissen darum, daß man durch Geben jenes Band zum Anderen wiedergewinnt, dessen Fehlen man spürt. Dieser Gestus erfolgt also nicht unmotiviert, aber gerade weil er sich in die absolute Unsicherheit, etwas im Gegenzug zu erhalten, einschreibt, enthüllt er den vielleicht authentischsten »guten Grund« der Gabe, den Grund schlechthin, der mit der gewaltigen Evidenz des Verborgenen jede neue Manifestation des Ereignisses leitet: nämlich das *Vertrauen in das soziale Band*,

---

90 Godbout, *Il linguaggio del dono*, a.a.O., S. 82
91 Vgl. Caillé, *Dono, interesse e disinteresse*, a.a.O., S. 105-07.
92 Godbout, *La Circulation par le don*, a.a.O., S. 34.

»das Vertrauen darein, daß mir die Dinge eines Tages zurückerstattet werden, ohne Garantie dafür, daß dies so sein wird. Es ist vielleicht der gute Urgrund, der schließlich das Verhalten des Gebenden erklärt; die Bejahung seines Vertrauens in die anderen, seines Glaubens an das soziale Band.«[93]
Die Gabe verleiht also dem Problem des *Vertrauens*, welches das unabdingbare Fundament des sozialen Bandes bildet, die ihm zukommende Bedeutung zurück;[94] es handelt sich dabei, wie Caillé beobachtet, um ein Thema, auf das die herrschenden Paradigmen nur vollkommen unbefriedigende Antworten geben. So stellt sich nämlich das holistische Paradigma dieses Problem nicht einmal, weil es von der Voraussetzung ausgeht, daß das soziale Band den Handlungen der Subjekte vorgängig ist und diese lediglich Funktionen ausüben und Normen folgen, die von der Gemeinschaft vorgeschrieben werden. Das individualistische Paradigma hingegen, dem das Verdienst zukommt, dem Individuum wieder seine souveräne Position zurückgegeben zu haben, die ihm die Moderne unwiderruflich verschafft hat, versucht die Entstehung des sozialen Bandes vom rein instrumentellen Wechselspiel der egoistischen Interessen abzuleiten. Dadurch verstrickt es sich, wie auch die neuesten und feinsinnigsten Versionen der *rational choice* oder der Spieltheorie zeigen, in nicht zu leugnende Aporien.[95]

»Das Vertrauen ist – laut Caillé – nur als ein umfassendes soziales Phänomen möglich, und es läßt sich nicht auf das Wechselspiel der mit einander verflochtenen individuellen Interessen reduzieren. In der Spieltheorie gehen die Interessen der Beziehung voraus, ebenso wie die Subjekte jenseits von ihr definiert werden. Diese Unabhängigkeit der Interessen von der Beziehung zwischen den Personen ist für einen verstümmelten Interaktionismus charakteristisch.«[96]

---

93 Ders., *Le Langage du don*, a.a.O.
94 Über den engen Zusammenhang zwischen dem Vertrauen und der Gabe vgl.: J.-M. Server, »Paroles données: le lien de confiance«, in: *Revue du MAUSS*, 1994, Nr. 4. Hinsichtlich der Bedeutung des Vertrauens für die Konstruktion des sozialen Bandes vgl.: Giddens, *Konsequenzen der Moderne*, a.a.O., L. Roniger, *Towards a Comparative Sociology of Trust in Modern Societies* u. D. Gambetta (Hrsg.), *Le strategie della fiducia*, Turin 1989.
95 Hinsichtlich dieses Punktes bezieht Caillé sich mehrmals kritisch auf das berühmte »Dilemma des Gefangenen«: »Man könnte das Dilemma des Gefangenen in jede Richtung dehnen, es der *backward induction* unterstellen, es zu einem Aspekt des Evolution machen, es unendlich wiederholen oder es in der Augenblickhaftigkeit analysieren, immer wird man zur selben Schlußfolgerung kommen: Wenn die sozialen Subjekte in ihrer Position der anfänglichen Trennung und im Mißtrauen erstarrt sind, kann nichts sie aus dieser Erstarrung herausholen, so daß sie, um sich individuell vor dem Schlimmsten zu bewahren und vor dem möglichen Verrat durch den Anderen zu schützen, dem Verrat zuvorkommen, und so befinden sich alle in einer viel übleren Situation als in der, die durch das Vertrauen hätte geschaffen werden können.« (»Né olismo né individualismo metodologici«, a.a.O., S. 39)
96 A. Caillé, »A qui faire confiance?«, in: *Education & Management*, September 1996.

Diesen Sachverhalt hat schon Mauss gesehen, als er in *Die Gabe* die radikale Alternative »entweder volles Vertrauen oder volles Mißtrauen« aufstellte,[97] die Alternative zwischen den Optionen, das dem Vertrauen eingeschriebene Risiko in vollem Umfang zu akzeptieren oder sich ihm entschieden zu entziehen. Das Paradigma der Gabe, das vom Vertrauen nicht abzutrennen ist, ist die einzig mögliche Antwort auf die Aporien des Individualismus, weil der Gebende zeigt, daß er den Anderen als Individuen vertraut, die »auf eine nicht ausschließlich instrumentelle Weise in die Ordnung der Interaktion« eintreten.[98] Wer gibt, vertraut also dem Anderen und legt Vertrauen in dessen Reaktion.

Dies kann offensichtlich nur um den Preis des *Risikos* und der *Unsicherheit* geschehen. Wer die Initiative des Gebens ergreift, kann in keiner Weise sicher sein, daß der Andere seinen Erwartungen entspricht. Genau durch die Fähigkeit, dieses Risiko einzugehen und den unvermeidlich unsicheren Ausgang einer Wette auszuhalten,[99] wird dem Vertrauen in seiner Eigenschaft als Bindemittel des Sozialen schlechthin wieder eine Chance gegeben. Zu geben heißt, auf die Reaktion des Anderen zu setzen und so Zeugnis des eigenen Vertrauens in das Band, in die Beziehung als Selbstzweck und in die Reziprozität der Handlung abzulegen.

Es ist von Bedeutung, daß man im Rahmen einer der jüngsten und interessantesten Reflexionen über das Vertrauen innerhalb der Theorie der *rational choice* in letzter Instanz auf die Gabe zurückgreift, um ein Modell des sozialen Bandes zu entwerfen, das die gemeinschaftliche Bindung aufwertet, ohne dabei die Voraussetzungen des liberalen Individualismus zu verraten.[100] Martin Hollis, der sich auf die inzwischen klassische Studie von Richard Titmuss über die Blutspende bezieht, versucht dem Vertrauen seine zentrale Rolle für die Schaffung einer sozialen Verbindlichkeit wiederzugeben, ohne ihm dabei jedoch den rationalen Status abzusprechen. Das Vertrauen, das in der Gabe an Unbekannte durchscheint, läßt sich weder auf eine lediglich instrumentelle Rationalität zurückführen noch auf pure Irrationalität, sondern auf eine andere Idee der Rationalität, die es den Individuen erlaubt, sich als »Mitglieder eines gemeinsamen Unternehmens« zu verstehen, als Subjekte, die zugleich betroffen und gebunden sind. Die Blutspender zeigen, daß sie eine Sicht auf die soziale Welt als »intersubjektive Konstruktion« besitzen, die von

---

97 Mauss, *Die Gabe*, a.a.O., S. 180.
98 Caillé, »A qui faire confiance?«, a.a.O. Hinsichtlich des »Dilemmas des Gefangenen« zurückkommt, meint Caillé: »Es ist klar, daß der Gefangene, der sich dazu entschließt, den Komplizen nicht zu verraten, Interesse daran hat, auch von ihm nicht verraten zu werden. Er ist jedoch auch an dem Image der eigenen Großzügigkeit interessiert, an der Rolle, die er, insofern er eine Person ist, spielen muß, und er wird ihr solange den Vorrang vor seinen Interessen als Individuum einräumen, wie es vernünftigerweise plausibel ist zu hoffen, daß der Andere dasselbe tun würde.« (ebd.)
99 Ebd., außerdem Caillé, »Ne olismo né individualismo«, a.a.O., S. 39 ff.
100 Vgl. M. Hollis, *Trust within Reason*, New York 1998.

»gemeinsamen Bedeutungen durchwoben« wird, als Gesamtheit von »Netzen der Interdependenz«.[101] Sie beweisen, anders ausgedrückt, eine Art von Vertrauen, das Formen der »allgemeinen Reziprozität« hervorbringen kann, in denen die Individuen dazu gebracht werden, ihre eigenen lokalen Zugehörigkeiten zu überwinden, um sich immer mehr als »Weltbürger« zu verstehen.[102]

Dies alles scheint zu bestätigen, daß eine Sicht der Gesellschaft im Sinne der Interaktion, die diese als ein Ensemble wechselseitiger Relationen auffaßt, die auf Vertrauen beruhen, von der Gabe in gewisser Weise nicht absehen kann.

»Auf einer allgemeinen Ebene – bemerkt Godbout – verhält es sich so, daß man den Diskurs von Akteuren, die ihr Vertrauen in ein Netz zum Ausdruck bringen, in dem die Dinge zirkulieren und schließlich auf die eine oder andere Weise zurückkehren, als eine Art Gesetz des Universums oder der Gesellschaft verstehen kann, das dazu führt, daß man gibt, weil man ein Teil dieses Systems sein will, weil man spürt, daß dies zu den Bedingungen gehört, um an der Gesellschaft teilzuhaben.«[103]

Als Ausdruck eines Verlangens nach Zugehörigkeit, das sich auf planetarische Ebene ausweiten läßt und sich im aktiven Zeugnis eines Vertrauens in das Band zum Anderen manifestiert, stellt die Gabe das Fundament der Reziprozität selbst dar. Sie ist das Ereignis, das es ermöglicht, das erwerbsbezogene und atomistische Modell des *homo oeconomicus* zu relativieren, insofern sie die anthropologische und emotionale Struktur des *homo reciprocus* enthüllt, des Individuums, das dazu in der Lage ist, das Risiko des Gebens einzugehen, indem es darauf vertraut, daß die Erstattung, auch wenn sie nicht gefordert wird, immer und auf jeden Fall dem Akt des Gebens selbst eingeschrieben ist.

Die Gabe ist daher *Struktur der Reziprozität,* oder, um an die unzweideutige Definition Simmels zu erinnern, »eine reziproke Handlung« ohne die keine Gesellschaft existieren kann. Der Moment und die Formen des Empfangens führen nämlich – wie auch diejenigen des Erwiderns, wie man hinzufügen könnte – ihrerseits zu einer Reaktion des Gebenden, und zwar innerhalb eines Netzes, eines Zyklus, den man nicht in einzelne und voneinander unabhängige Akte zerlegen kann.[104] Wie

---

101 Ebd., S. 146 f.
102 Vgl. ebd., S. 143 ff.
103 Godbout, *Il linguaggio del dono*, a.a.O., S. 85.
104 »Das Geben überhaupt ist eine der stärksten soziologischen Funktionen. Ohne daß in der Gesellschaft dauernd gegeben oder genommen wird – auch außerhalb des Tausches – würde überhaupt keine Gesellschaft zustande kommen. Denn das Geben ist keineswegs nur eine einfache Wirkung des Einen auf den Anderen, sondern ist eben das, was von der soziologischen Funktion gefordert wird: es ist Wechselwirkung. Indem der Andere entweder annimmt oder zurückweist, übt er eine ganz bestimmte Rückwirkung auf den ersteren. Die Art, wie er annimmt, dankbar oder undankbar, so daß er schon erwartet hat oder daß er überrascht wird, so, daß er von der Gabe befriedigt ist oder unbefriedigt bleibt, so, daß er sich durch die Gabe erhoben oder gedemütigt fühlt

Mary Douglas feststellt (und sich damit gegen jedes rein unberechnende und unilaterale Verständnis der Gabe stellt): »Weist man jede Reziprozität zurück, schneidet man die Tatsache des Gebens aus ihrem sozialen Kontext heraus und beraubt sie all ihrer relationalen Bedeutung«.[105]

Der Gedanke der Reziprozität, die dem Paradigma der Gabe innewohnt, fällt jedoch nicht *tout court* mit der »allgemeinen Reziprozität« zusammen, wie sie der Interaktionismus verheißt. Nicht nur, weil die Gabe, wie Caillé präzisiert, »aufgrund ihrer symbolischen Natur unmittelbar eine Dimension einführt, die nicht auf diejenige der konkreten und empirisch determinierten Netze reduziert werden kann«,[106] sondern auch, weil die Reziprozität der Gabe, ausgehend von der Idee der Schuld, mit *jeder Annahme von Äquivalenz und Symmetrie* bricht. Bei der Gabe entsteht das Vertrauen, anders gesagt, aus der Tatsache, daß jeder sich selbst gleichzeitig als Gebender und Nehmender wahrnimmt: wer gibt, weiß, daß er seinerseits bereits bekommen hat, weiß, daß er sich in einem Zustand der Schuld befindet, der ihn dem Anderen gegenüber vom Ereignis der Geburt selbst an verpflichtet.[107] Es handelt sich um einen Zustand des In-der-Schuld-Stehens, der übrigens nie erlischt, sondern sich im Gegenteil noch unendlich vervielfältigt, weil jeder denkt, mehr zu bekommen als er gibt.

Godbout spricht in Bezug hierauf von einer »positiven reziproken Schuld«, bei der der Gebende nicht nur keine Restitution erwartet, sondern sie nicht einmal wünscht, weil er sich dem Anderen gegenüber immer in der Schuld fühlt.

>»Es handelt sich um einen Zustand, in dem die Tatsache der Restitution – die Grundlage der Reziprozität – sich tendenziell als Prinzip auflöst, bis zu dem Punkt, daß in solchen Beziehungen schließlich gar nicht mehr rückerstattet, sondern nur noch gegeben wird; oder vielmehr, es wird nur noch erstattet, wobei das Wichtige darin besteht, daß die Grenze zwischen dem Erstatten und dem Geben aufgehoben wird und keine Bedeutung mehr hat. Man

---

– alles dies übt eine sehr entschiedene, wenn auch natürlich nicht in bestimmten Begriffen und Maßen ausdrückbare Rückwirkung auf den Gebenden, und so ist jedes Geben eine Wechselwirkung zwischen dem Gebenden und dem Empfangenden.« (G. Simmel, *Soziologie*, a.a.O., *Exkurs über Treue und Dankbarkeit*, S. 444, Anm.1)

105 M. Douglas, »Il n'y a pas de don gratuit. Introduction à l'édition anglaise de l'Essai sur le don de Marcel Mauss«, in: *Revue du MAUSS*, 1989, Nr. 4, S. 99. Man könnte hier auch an die Kritik der Liebe als *caritas* bei Hannah Arendt erinnern (Vgl. *Vita activa*, a.a.O., 2. Kap.): Die Liebe als reiner Verlust ist, wie Arendt meint, unpolitisch und insofern nicht dazu in der Lage, eine gemeinsame Welt zu begründen, ein *infra* zu schaffen, jenes relationale Geflecht, in welchem hingegen die Kraft der Gabe selbst liegt, wie inzwischen evident geworden ist.

106 Caillé, »Né olismo né individualismo metodologici«, a.a.O., S. 47.

107 Vgl. auch Esposito, *Communitas*, a.a.O., S. XV: »Das, was im *munus* vorherrscht, ist schließlich die Reziprozität oder ›Mutualität‹ *(munus-mutuus)* des Gebens, der den einen dem anderen in Form einer Verpflichtung, oder sagen wir ruhig eines gemeinsamen Schwurs ausliefert.«

könnte behaupten, daß der Zustand des In-der-Schuld-Stehens einsetzt, wenn derjenige, der empfängt, statt zurückzuerstatten seinerseits gibt. Und auch das Wort »seinerseits« ist vielleicht zuviel, verweist es doch einmal mehr auf ein Abwechseln. Es findet ein Übergang von der Verpflichtung zum Wunsch zu geben statt.«[108]

Die Verwandlung der Verpflichtung oder der Schuld in Verlangen, auf deren bloße Erwähnung Godbout sich beschränkt, ist genau das Ereignis, dem man sich mit besonderer Aufmerksamkeit widmen muß. Dieses Ereignis nämlich, das dem positiv verstandenen »Zustand des In-der-Schuld-Stehens« innewohnt, verwandelt die »verallgemeinerte Reziprozität«, die irgendeine Erwartung einer Rückerstattung voraussetzt, in eine andere Form der Reziprozität, die Godbout als eine »limitierte Reziprozität« definiert, insofern sie eben unausgewogen ist und »von anderen Prinzipien überlagert« wird,[109] die jede paritätische Logik durchbrechen. Diese Prinzipien lassen sich alle in der Freude oder im Verlangen zu geben zusammenfassen, die Gebende und Empfangende in einem unendlichen Spiel vereint, das auf einer höheren Ebene stattfindet, welcher jede Symmetrie fremd ist. Im Zustand der positiven Schuld verlangt derjenige, der gibt, nicht nach Rückerstattung, und derjenige, der empfängt, erstattet nicht zurück, sondern gibt seinerseits. Aus der Tatsache, daß jeder immer glaubt, mehr zu erhalten als er gibt, entsteht, wie Caillé beobachtet, die permanente Reproduktion des Gefühls des Vertrauens, das seinerseits wiederum die Spirale der Gabe konsolidiert und vervielfältigt: »Das Vertrauen entsteht und besteht in einer Situation, in der alle gewinnen«.[110]

In diesem Fall verliert die Schuld also jede Konnotation der zwingenden Verpflichtung, der Nötigung oder eines erdrückenden Gewichts. Es ist jedoch wichtig, daran zu erinnern, daß diese negative Konnotation der Gabe überhaupt nicht fremd, sondern ihr im Gegenteil aufgrund ihrer konstitutiven Ambivalenz ebenfalls eingeschrieben ist. Die Gabe ist nämlich, wie Mauss selbst auf der etymologischen Ebene präzisiert, immer zugleich Geschenk und Gift, *gift / gift*.[111] Sie ist ein Geschenk oder ein Gut, das sich potentiell immer in ein Übel verwandeln kann, in eine vergiftete und unheilvolle Gabe. Die dunkle Kehrseite der Gabe, die sich, wie Starobinski wegweisend gezeigt hat, in Konfliktualität und Dominanz »pervertieren« kann,[112] entsteht dort, wo die Verpflichtung den imperativen Charakter eines Zwangs annimmt, einer negativen Schuld, welche die betroffenen Subjekte erdrückt und sie

---

108 J. T. Godbout, »L' État d'endettement mutuel«, in: *Revue du MAUSS*, 1994, Nr. 4.
109 Ebd.
110 Caillé, »A qui faire confiance?«, a.a.O. Vgl. auch ders., »Tout le monde gagne. Comment un état d'endettement mutuel positif est-il possible?«, in: *Revue du MAUSS*, 1994, Nr. 4.
111 »Das erklärt den Doppelsinn des Wortes *gift*: einerseits Gabe, andererseits Gift. Die semantische Geschichte dieses Wortes haben wir an anderer Stelle dargelegt.« (Mauss, *Die Gabe*, a.a.O., S. 154)

jeder Freiheit und Autonomie beraubt. Die Verpflichtung darf keinesfalls die Negation der Freiheit bedeuten, weder im Sinne der Fähigkeit zum freien und spontanen Geben, noch als Verlangen, den Anderen von jedem Imperativ der Gegengabe zu befreien, und schließlich auch nicht, auf der Seite des Empfängers, im Sinne der Freiheit der Erwiderung, indem man vielleicht einen anderen Empfänger wählt.[113] Der interessante Aspekt der Gabe liegt in der Tatsache, daß *die Freiheit sich in der Anerkennung der Verpflichtung und der Abhängigkeit selbst bejaht*, einer Anerkennung, die sich in der reziproken positiven Schuld noch weiter steigert, und so mittels des Verlangens zu geben zu einer *Wertschätzung der Abhängigkeit* wird. Dies setzt zuallererst ein Individuum voraus, das nicht in der modernen und liberalen Illusion einer absoluten Autonomie gefangen ist.[114]

Das gebende Individuum möchte sich nicht von der Schuld befreien, sondern versucht gleichsam in ihr zu verweilen, um das Band zu spüren, das es mit den anderen verbindet. Es versucht nicht einmal durch die unterstellte normale Logik des Gebens (mehr zu geben als was man erhält), diese Schuld zu tilgen, sondern ganz einfach dadurch, daß es »das Meistmögliche« gibt, so als wollte es damit die Tatsache bezeugen, daß die Schuld untilgbar ist und daß diese Wahrheit nicht mehr als eine auferlegte Pflicht zu fürchten oder zu ertragen ist, sondern daß sie im Gegenteil willkommen ist, insofern sie in letzter Instanz den Zugang zu einer Form der Freiheit eröffnet, die keinen Bruch mit den Verbindlichkeiten und keine Aufopferung des Bandes erfordert, sondern die sich im Gegenteil *im Band* behauptet.

»Nur wenn er von den Partnern für wünschenswert gehalten und gewollt wird, [...]– sagt Godbout – wird der Zustand des In-der-Schuld-Stehens ein wechselseitig positiver Zustand, nur wenn er sich nicht mehr in eine *Verpflichtung zur Rückerstattung* zur Reduktion der Schuldenlast übersetzt [...], sondern in das *Verlangen*, das Meistmögliche *zu geben*. In diesem Zustand erstattet man nicht mehr, sondern man gibt. Es ist ein Zustand des wechselseitigen Vertrauens, der einen Zustand der Schuld ohne Schuldgefühle erlaubt, ohne Gefahr, ohne Unruhe, ohne Angst. Diesen Zustand erkennt man an der Tatsache, daß die Schuld frei und ohne Verpflichtung zur Begrenzung wird.

---

112 Vgl. J. Starobinski, *Largesse*, Paris 1994, dt.: *Gute Gaben, schlimme Gaben, die Ambivalenz sozialer Gesten*, Frankfurt a. M. 1994. Der Begriff der »unheilvollen und perversen Gabe« würde offensichtlich eine wesentlich gründlichere Reflexion erfordern als dies in diesem Kontext möglich ist.
113 Eine der Besonderheiten des Kreislaufs der Gabe liegt auch in der Freiheit, immer neue Teilnehmer zu finden, ohne dabei die Reziprozität aufzugeben.
114 Hier wird offensichtlich auf das *self disenganged* angespielt, von dem die *communitarians* sprechen, wenn sie den individualistisch-liberalen Ansatz kritisieren, auf den im 4. Kapitel Bezug genommen wurde.

Der Zustand der Schuld gegenüber dem Partner wird nicht mehr gefürchtet, sondern geschätzt.«[115]

Die *Umwandlung von Verpflichtung in Verlangen*, die das reziproke Vertrauen voraussetzt und welche die Tatsache bezeugt, daß die Subjekte nicht danach streben, sich von der Schuld zu befeien, löst die Rollen auf, betont die Abhängigkeit und führt das Prinzip der Asymmetrie ein. Auf diese Weise gelangt man ins Innere der Logik der Gabe selbst. Diese Gabe ist wesentlich *asymmetrisch* – sie ignoriert, ja sie scheut das Gleichgewicht und die Äquivalenz, denn sie würden mit ihrem eigenen Ende zusammenfallen:

»Nun ist eine Schuld des Gebens nie ›getilgt‹; sie wird von einer Gabe, die größer ist als die Schuld reduziert oder umgekehrt [...], das Gleichgewicht ist der Tod der Gabe: es ist eine Art und Weise, um einer Kette des Gebens ›ein Ende zu setzen‹, um die Gabe von der Spannung, die sie belebt, zu befreien. Im Gegenzug bedeutet die Abwesenheit des Gleichgewichts das Ende einer merkantilen Beziehung.«[116]

Die Asymmetrie ist das, was die merkantile Logik des Gebens um des Besitzens willen erschüttert, und was mit der egalitären und paritätischen Logik, die – wie wir aus den Analysen Simmels gut wissen – der Dynamik des ökonomischen Tauschs zugrunde liegt, endgültig bricht.[117] Aber nicht nur. Die Asymmetrie ist auch das, was es erlaubt, in der Gabe sogar eine mögliche Überschreitung des unparteiischen und gemäßigten Kriteriums der *Gerechtigkeit* für die Begründung eines sozialen Bandes zu sehen. Die Gabe gleicht die Unzulänglichkeiten der Gerechtigkeit aus, insofern sie – wie einige Reflexionen innerhalb einer Debatte nahelegen, die zu weitläufig ist, als daß sie hier mit der nötigen Aufmerksamkeit bedacht werden könnte – in den homogenisierenden, indifferenten und neutralen Horizont der letzteren, die allein auf eine unparteiische Rechtlichkeit aus ist, dissonante Parameter einführt,[118] welche vor allem auf die Gestaltung eines guten Lebens zielen. Dieses besteht etwa in der Achtung der Differenzen, im Vergessen des Maßstabs und in der Aufmerksamkeit gegenüber der Singularität und der Konkretheit des

---

115 Godbout, *Le Langage du don*, a.a.O.
116 Godbout, *L'Esprit du don*, a.a.O.
117 Vgl. z. B.: »Innerhalb der Wirtschaft nun verläuft dieser Prozeß so, daß der Inhalt des Opfers oder Verzichtes, der sich zwischen den Menschen und dem Gegenstand seines Begehrens stellt, zugleich der Gegenstand des Begehrens eines anderen ist: der erste muß auf einen Besitz oder Genuß verzichten, den der andere begehrt, um diesen zum Verzicht auf das von ihm Besessene, aber von jenem Begehrte zu bewegen.« G. Simmel, *Philosophie des Geldes*, a.a.O., S. 27
118 An dieser Stelle muß man unbedingt John Rawls als den Autor anführen, der aus einer neoliberalen Perspektive die große zeitgenössische Debatte über das Problem der Gerechtigkeit eröffnet hat. Vgl. Rawls, *A Theory of Justice*, Cambridge/ Mass. 1971, dt.: *Die Theorie der Gerechtigkeit*, Frankfurt a. M. 1975.

Anderen, oder, um mit Agnès Heller zu sprechen, gegenüber der »emotionalen Tiefe der persönlichen Bindungen«.[119]

Aber diese Asymmetrie, die zweifelsohne die Unmöglichkeit bekräftigt, daß das Individuum aus dem Zustand der Schuld, der es konstituiert, herauskommen könne, mündet nicht, wie Derrida es möchte, in die Unmöglichkeit der Gabe.[120] Allenfalls öffnet sie sich für die Herausbildung eines Subjekts, das sich jeder Anmaßung von Autonomie und Selbstgenügsamkeit entledigt und die eigene konstitutive Abhängigkeit akzeptiert, das heißt eines nicht *disengaged* oder »insularen« Subjekts,[121] sondern eines, das eingebunden und dankbar ist. Sowohl der Gebende als auch der Empfangende nehmen die Präsenz eines *Restes* wahr, eines *Mehr*, das nicht erfüllt werden kann und das zur unendlichen Zirkularität der Gabe führt, indem es deren Beendigung, Ausgleich und Auflösung in ökonomischen Termini verbietet. Der Übergang von der Verpflichtung zum Verlangen zu geben, oder noch besser: mehr zu geben, welches sich jedes Mal erneuert, findet seinen eigenen Ursprung in einem Subjekt, das den asymmetrischen Charakter der Reziprozität akzeptiert und schätzt, ein Subjekt, das, wie man sagen könnte, immer und auf jeden Fall *dankbar* ist, welche auch immer seine ursprüngliche Position im Inneren des Zyklus von Geben-Empfangen-Erwidern war.[122]

Die *Dankbarkeit* ist das, was dem Moment des Empfangens eine entscheidende Bedeutung verleiht, weil sie im Innern sowohl des Gebens als auch des Zurückgebens am Werk ist, wodurch sie jene Fluidität der Rollen erzeugt, die der Logik der Gabe eigen ist. Sie enthüllt nicht nur die Fähigkeit, die Last der Schuld zu tragen und mit ihr zu leben, sondern auch diejenige, sich der paritätischen und symmetrischen Illusion der Rückerstattung und Restitution zu entziehen. Nur derjenige, der die anfängliche Gabe potentiell reproduziert und seinerseits die Rolle des Gebenden übernimmt, kann dankbar sein, meint Dewitte,[123] denn er verwandelt die Schuld in das Verlangen zu geben, wobei er die Disproportion und die Abhängigkeit betont.

---

119 A. Heller, *Beyond Justice*, Cambridge 1989. Vgl. Zu diesem Thema über Boltanski, *L' Amour et la justice*, a.a.O. hinaus P. Ricoeur, »L'economia del dono«: amore e giustizia, in: *Protestantismo*, 1994, Nr. 49; Lévinas, *Totalität und Unendlichkeit*, a.a.O., und E. Berti u. S. Veca, *La politica e l'amicizia*, Rom 1998.
120 Die Beziehung zwischen Abraham und Gott gründet laut Derrida auf einer absoluten Asymmetrie, weil Abraham von einem Blick gerufen wurde, den er nicht erwidern kann und den er nicht zu sehen vermag, der ihn jedoch zur Verantwortung ruft. Vgl. *Donner la mort*, a.a.O., S. 87.
121 Vom *self disengaged* sprechen, wie wir gesehen haben, Charles Taylor und die *communitarians*; der Ausdruck »insulares Subjekt« stammt von Nicolas, aus: »Il dono rituale, faccia nascosta della modernità«, a.a.O., S. 88.
122 Über die besondere Physiognomie eines *Subjekts der Gabe* vgl. § 3.
123 J. Dewitte, »Il ne fallait pas. Notes sur le don, la dette et la gratitude«, in: *Revue du MAUSS*, 1996, Nr. 8.

Die Dankbarkeit, könnte man mit Georg Simmel sagen, ist das, was im Unterschied zum Tausch die Reziprozität ins Innere des Subjekts zurückbringt, was aus der Verinnerlichung der Reziprozität entsteht und sie seinerseits nährt:

> »Der Tausch ist die Sachwerdung der Wechselwirkung zwischen Menschen. [...] Die Dankbarkeit nun entsteht gleichfalls aus und in der Wechselwirkung zwischen Menschen, und zwar nach innen hin ebenso, wie nach außen hin jene Beziehung der Dinge daraus erwachsen ist. Sie ist das subjektive Residuum des Aktes des Empfangens oder auch des Hingebens. Wie mit dem Tausch der Dinge die Wechselwirkung hinaustritt aus dem unmittelbaren Akte der Korrelation, so sinkt mit der Dankbarkeit dieser Akt in seinen Folgen, in seiner subjektiven Bedeutung, in seinem seelischen Echo herunter in die Seele.«[124]

Sie offenbart das Wissen darum, daß die Gabe nicht restituiert und die Schuld nicht getilgt werden kann, insofern diese nichts anderes ist als die Verunendlichung der Beziehung zum Anderen:

> »Man kann sagen, daß er [der Dank, Anm. d. Ü.] hier im Tiefsten überhaupt nicht darin besteht, daß die Gabe erwidert wird, sondern in dem Bewußtsein, daß man sie nicht erwidern könne, daß hier etwas vorliegt, das die Seele des Empfangenden wie in einen gewissen Dauerzustand der andern gegenüber versetzt, eine Ahnung der inneren Unendlichkeit eines Verhältnisses zum Bewußtsein bringt, das durch keine endliche Erweisung oder Betätigung vollkommen erschöpft oder verwirklicht werden kann.«[125]

Anerkennung der Abhängigkeit, Wertschätzung der Asymmetrie: durch diese beiden Prinzipien, die ihre Daseinsberechtigung in einem unwiderruflichen Verlangen des Ichs haben, bricht die Gabe das auf, was als das »Immunisierungsprojekt« des modernen Individuums definiert wurde,[126] welches, wie hinzugefügt werden muß, auf eine Autonomie ohne Bindungen und eine allein auf Tausch ausgerichtete und paritätische Reziprozität abzielt.

Die Reziprozität der Gabe ist keine freie Interaktion zwischen Individuen, die allein das Ziel des Erwerbs und der Zustimmung verbindet und die darum bemüht sind, sich von jeder nicht rein instrumentellen Bindung zu emanzipieren, sondern sie bedeutet das Spiel der jeweiligen Mängel, der Disproportion und der Abweichung vom allgemeinen Maß. Sie ist Anerkennung des Anderen, wobei dieser nicht als potentieller Feind oder Rivale angesehen wird, mit dem man zwangsweise überein-

---

124 Simmel, *Soziologie*, a.a.O., S. 443 f. (Exkurs über Treue und Dankbarkeit).
125 Ebd., S. 446.
126 Vgl. Esposito, *Communitas*, a.a.O., S. XXIV: »Die modernen Individuen werden tatsächlich – und das heißt vollkommen – zu solchen In-dividuen, ›absolute‹ Individuen, die von einer Grenze umgeben sind, die sie für eine Zeit isoliert und schützt – doch nur wenn sie präventiv von der ›Schuld‹ befreit sind, die sie an einen Anderen bindet.«

kommen muß, sondern eine Präsenz darstellt, die einen an die eigene konstitutive Verletzlichkeit und das eigene Bedürfnis nach Bindung erinnert.
Auch da, wo sie deutlich *agonistische* Formen annimmt, wie zum Beispiel in der Gabe, wie Mauss sie versteht, bestätigt sich die Reziprozität noch einmal als dasjenige Prinzip, das dem Gabentausch vorausgeht und das soziale Leben als gemeinsames begründet. Der *Potlatsch*, für Mauss *die* Form der Gabe schlechthin, bedeutet in der Tat wesentlich Kampf, Rivalität und Wettstreit unter den Subjekten, die sich »durch einen Schlagabtausch an Gaben« begegnen,[127] und sich durch den Verlust und die unbegrenzte Zerstörung des Reichtums zum Zweck herausfordern, Macht, Prestige und Ehre zu erhalten.[128] Indem er also wieder ein Ziel in die Dynamik der Gabe einführt, und sei es nur das der Ehre oder der Ansammlung von Gütern, scheint Mauss sie wieder auf das Interesse zu reduzieren. Tatsächlich war von einem »Interesse am Schein« die Rede, daran, mehr Ruhm und Ansehen als der andere zu erwerben, von einem Gebrauch der Gabe zu dem Zweck, sich über die Anderen zu erheben und sich von ihnen zu unterscheiden.[129] Dies würde bedeuten, daß Mauss sich dadurch, daß er sich darauf beschränkt, das materielle Interesse durch das Interesse, mehr und besser als der Andere zu sein, zu ersetzen, in letzter Instanz zum Fürsprecher eines lediglich raffinierteren Utilitarismus macht. Um das Begriffspaar wieder aufzugreifen, das wir benutzt haben, könnte man sagen, daß die agonistische Gabe, auch wenn sie nicht vom Wunsch nach dem Erwerb materieller Güter, das heißt von der *Erwerbsleidenschaft* geleitet wird, dennoch durch die *Leidenschaft der Unterscheidung* motiviert wird, von der *Ich-Leidenschaft* also, deren Entwicklung wir entlang des Denkens von Hobbes, Smith und Rousseau als eine der beiden für das moderne, erwerbsbezogene und instrumentelle Individuum fundamentalen emotionalen Konfigurationen verfolgt haben.[130]
Die Konvergenz ist aber lediglich eine scheinbare. Was die agonistische Gabe inspiriert, ist weniger der Wunsch nach *Schein* als der nach *Sein,* da der Erwerb von Ansehen und Rang in Wahrheit gleichbedeutend damit ist, den eigenen Namen, die

---

127 Der Ausdruck stammt von Karsenti aus: *Marcel Mauss*, a.a.O., S. 30.
128 Vgl. Mauss, *Die Gabe*, a.a.O., S. 84 f.: »Nirgendwo sonst hängt das individuelle Prestige eines Häuptlings und das Prestige seines Clans enger mit der Ausgabe und der Pünktlichkeit zusammen, mit der die angenommenen Gaben mit hohen Zinsen zurückgezahlt werden, so daß der Gläubiger zum Schuldner wird. Der Verbrauch und die Zerstörung sind so gut wie unbegrenzt. Bei einigen *Potlatschs* ist man gezwungen, alles auszugeben, was man besitzt; man darf nichts zurückbehalten. Derjenige, der seinen Reichtum am verschwenderischsten ausgibt, gewinnt an Prestige. Alles gründet auf dem Prinzip des Antagonismus und der Rivalität«.
129 Vgl. J.-L. Boilleau, *Conflit et lien social. La rivalité contre la domination*, Paris 1995; C. Lefort, »L'échange et la lutte des hommes«, in: *Les Formes de l'histoire. Essais d'anthropologie politique*, Paris 1978.
130 Zum *Potlatsch* als Form der Kontrolle und der mimetischen Rivalität vgl. R. Girard, »Eating Disorders and Mimetic Desire«, in: *Contagion Journal of Violence, Mimesis and Culture*, 1996, Nr. 3.

eigene Autorität und das eigene *mana* wieder zu behaupten.[131] Sich dem Geben und der Teilnahme an dem unauflöslichen Kreislauf von Geben-Empfangen-Erwidern zu entziehen, bedeutet, wie Mauss sagt, »für immer sein ›Gesicht‹ zu verlieren«,[132] als Person zu verschwinden, den Sinn der Existenz selbst zu verlieren. Wenn also ein Moment des Interesses bleibt, dann handelt es sich um kein materielles und instrumentelles Interesse, sondern um das, was Caillé ein »Interesse der Form« oder der Selbstpräsentation nennt, durch das sich das eigene Recht zu existieren wesentlich behauptet.[133] Das *agon*, wodurch sich die Subjekte ins Spiel bringen, indem sie auf die Verpflichtung zu geben reagieren, ermöglicht es, sich hervorzutun, um zu sein, um die eigene Existenz zu behaupten. Darüber hinaus läßt sich Ansehen nie definitiv erwerben. Es gehört nämlich nicht demjenigen, der Reichtum anhäuft, sondern demjenigen, der ihn auch immer wieder verliert, aufbraucht und vernichtet. Das Ansehen verdankt sich dem Verlust; die Macht ist, wie Bataille richtig behauptet, nichts anderes als »Macht, zu verlieren«.[134]

Die Gabe errichtet so, auch in ihrer agonistischen Form, einen unbegrenzten Zyklus reziproker Handlungen, deren Ziel weder in Erwerb noch Macht besteht, sondern im Band zwischen denjenigen ist, die daran beteiligt sind; einem seelischen Band, wie Mauss sagt, einem spirituellen Bündnis, das Menschen und Dinge in ein »totales« Phänomen einbezieht, das am Grund des Soziallebens steht. Durch die getauschten Dinge, die keine neutralen und trägen Objekte, sondern vom Sein des Gebenden selbst durchdrungen sind,[135] wird ein symbolisches Band geknüpft, da jeder am Leben des Anderen teilnimmt und in Form der gegebenen, erhaltenen oder erwiderten Dinge in ihm lebt.

Die Reziprozität der Gabe vereint in allen ihren Spielarten, seien sie agonistisch oder harmonisch, Verpflichtung und Freiheit, Autonomie und Schuld, Interesse und Selbstlosigkeit. Sie ist zugleich die Voraussetzung der Gabe, insofern sie aus dem Bewußtsein entspringt, Subjekt der Schuld zu sein, und sie ist die Folge der Gabe, insoweit diese sich darauf einläßt, auf die Reaktion des Anderen zu setzen. Daher ist die Reziprozität der Gabe immer eingeschrieben, auch wenn das nicht so

---

131 Diesen Aspekt betonen: D. Temple u. M. Chabal, *La Réciprocité et la naissance des valeurs humaines*, Paris 1995, Kap. 5.
132 Vgl. Mauss, *Die Gabe*, a.a.O., S. 101.
133 Vgl. Caillé, »Né olismo né individualismo metodologici«, a.a.O., S. 51, u. ders., »Della incondizionalità condizionale«, in: ders., *Il terzo paradigma*, a.a.O., S. 121 u. 127.
134 »Reichtum ist ein Erwerb, insofern der Reiche Macht erwirbt, aber er ist vollständig für den Verlust bestimmt, insofern diese Macht eine Macht des Verlustes ist. Nur durch den Verlust sind Ruhm und Ehre mit ihm verbunden.« (G. Bataille, »Der Begriff der Verausgabung«, a.a.O., S. 19; vgl. auch: »Der verfemte Teil«, a.a.O., S. 103 ff.)
135 Die Seele des Gebenden lebt durch die Kraft und den in der gegebenen Sache enthaltenen Geist (*hau*), der dem Tausch von Gaben und ihrem verpflichtenden Charakters zugrunde liegt. Vgl. Mauss, *Die Gabe*, S. 32.

scheint, auch dann, wenn sie, wie bei der Gabe an Fremde, hinter einer scheinbaren Unilateralität verborgen ist. Sie ist sogar umso präsenter und effizienter, je verborgener sie ist. Wer jemandem gibt, der weder Gesicht noch Namen hat, der unbekannt und verborgen bleibt, setzt sich freiwillig und ungezwungen einem Risiko aus, das er allein durch ein uneingeschränktes Vertrauen in das soziale Band auf sich nimmt. Dieses Vertrauen verwandelt sich in das unbedingte Verlangen danach, die eigene Zugehörigkeit zu einem gemeinschaftlichen Netz, in dem der Andere als Sinnstifter der eigenen Existenz wahrgenommen wird, immer wieder zu bestätigen.

Das Verlangen zu geben, das aus der Wahrnehmung der eigenen Mangelhaftigkeit und Ungenügendheit ebenso entspringt wie aus dem Vertrauen in die Reaktion des Anderen, ermöglicht es dem Individuum, das Risiko dieses Einsatzes einzugehen.

»[...] die Gabe – sagt Caillé – gehört immer zur Ordnung der Wette. Hierin liegt etwas beinahe beruhigendes: zu wissen, daß man ein Risiko eingeht, konstituiert das einzige Gegenmittel gegen das Risiko.«[136]

Das bedeutet aber auch, daß die Gabe als Gründerin von Bündnissen und symbolische Schöpferin des Bandes aufgrund ihrer inneren Paradoxie das Zeugnis einer dynamischen und weniger beruhigenden Auffassung des sozialen Bandes wird. Eines Bandes, das aufgrund seiner Beschaffenheit fragil, unsicher und provisorisch ist, weshalb es unaufhörlich neu gebildet, gepflegt und genährt werden muß.

»[...] das soziale Band – meint Godbout – ist immer und in allen Gesellschaften riskant. Der soziale Zusammenhalt bildet sich in jedem Moment, er wird verstärkt oder abgeschwächt, abhängig von den unzähligen Entscheidungen eines jeden Mitglieds, einem anderen Mitglied Vertrauen zu schenken oder nicht, das heißt, das Risiko einzugehen, daß die Gabe nicht erwidert werden könnte. Dieses Risiko ist real, da die Gabe nicht immer erwidert wird, es gibt ständige Zerstörungen der Kreisläufe der Gabe und Gewalt.«[137]

Die Gabe entzieht sich jeder Strategie der Reduktion der Unsicherheit, auf die hingegen auf unterschiedliche Weise die normativen Theorien abzielen, welche auf das individualistische Paradigma zurückgehen.[138] Sie ist vielmehr das Herz selbst der Unsicherheit, die das soziale Band charakterisiert.[139]

Aufgrund der unauflöslichen Verbindung zwischen Verpflichtung und Freiheit verträgt die Gabe keinerlei Regel und kein normatives Kriterium, das ein für alle-

---

136 Caillé, »A qui faire confiance?«, a.a.O.
137 Godbout, *La Circulation par le don*, a.a.O.
138 Vgl. hierzu Veca, *Dell'incertezza*, a.a.O., S. 36.
139 »Im Gegenteil, wenn man die Gabe ins Zentrum der Gesellschaft stellt, wird das Unerwartete, die Überraschung als wesentliches Phänomen der sozialen Verbundenheit eingeführt. Der Dichter würde sagen, man führt die Anmut ein, der Wissenschaftler die Einzigartigkeit, die Ungewißheit, die Unbestimmtheit, die Unsicherheit.« (Godbout, *Il linguaggio del dono*, a.a.O., S. 82.)

mal definiert wird und darauf abzielt, sie in sichere und vertraglich geschützte Grenzen zu verweisen, oder sie in das Innere einer Logik einzuschließen, die ihr in Wahrheit äußerlich bleibt, wie beispielsweise die der staatlichen Umverteilung oder des »Spendenmarktes«.[140] Freiheit der Gabe heißt, daß der Kreislauf in jedem einzelnen Moment unterbrochen werden kann, da das Vertrauen immer enttäuscht werden kann: das heißt, es kann sehr wohl geschehen, daß die Gabe nicht erhalten oder nicht erwidert wird.[141]

Man kann die Wette auch verlieren: die Reaktion kann ausbleiben, da sie weder garantiert ist noch ein Anspruch auf sie besteht – was die Individuen von neuem dem Konflikt des Erwerbs-Individualismus oder der Indifferenz des narzißtischen Individualismus aussetzt. Wer sie aber eingeht, akzeptiert offensichtlich diese Möglichkeit und entscheidet sich dafür, am Spiel teilzunehmen. Man trifft eine Entscheidung, der man nicht ausweichen kann, weil sie auf ein Verlangen nach dem Band antwortet, das im Inneren der Insularität des eigenen Zustands wiedergeboren wird. Wer an der Wette teilnimmt, ist sich mit anderen Worten darüber klar, daß er verlieren kann, aber er entspricht dadurch, daß er sich einem Band ausliefert, das unsicher und ohne Garantien ist, dennoch seinem eigenen Verlangen.

Er transformiert die Unsicherheit in einen Wert,[142] wodurch sich eine dritte Möglichkeit herausbildet – sowohl gegenüber der vertraglichen und ökonomischen Sicherheit eines rein instrumentellen Bandes, als auch gegenüber einem vorgegebenen Band, das die Individualität erstickt. Doch nicht nur das. Die Idee des *unsicheren Bandes* fällt auch nicht mit derjenigen der »unmöglichen Gemeinschaft« zusammen, auf die die dekonstruktivistischen Philosophien *à la* Derrida hinauslaufen. Das unsichere Band, das von der Gabe begründet wird, ist auf jeden Fall *möglich*, und genau aus dieser Möglichkeit, die niemals eine Garantie sein kann, bezieht es seine besondere Kraft.

Die Gabe kann schließlich als *symbolisches Zeugnis für die Wünschbarkeit der Unsicherheit* verstanden werden: wenn man die Unsicherheit als das begreift, was innerhalb eines nicht garantierten, aber intensiv gewünschten sozialen Bandes die

---

140 Auf diesen Aspekt, der hier nicht entwickelt werden kann, habe ich bereits hingewiesen: Die Gabe darf weder mit der staatlichen Umverteilung verwechselt werden, noch mit den institutionalisierten Formen der Barmherzigkeit und der Fürsorge. Vgl. hierzu Godbout, *Lo spirito del dono*, a.a.O.; A. Salsano, »Per la poligamia delle forme di scambio«, in: ders. (u.a.): *Il dono perduto e ritrovato*, a.a.O. u. Nicolas, »Il dono rituale, faccia nascosta della modernità«, a.a.O. Zum Problem der Beziehung zwischen Tausch, Reziprozität und Umverteilung ist der Text von K. Polanyi unverzichtbar: *The Great Transformation, politische und ökonomische Ursprünge von Gesellschaften und Wirtschaftssystemen*, Frankfurt a. M. 1995.

141 Der Bruch des Kreislaufs kann – wie Godbout sagt – zum Wiederaufkommen von Gewalt und Konflikt führen (*Il linguaggio del dono*, a.a.O., S. 83).

142 Zur Aufwertung der Unsicherheit als einer für eine postmoderne ethische Perspektive notwendigen Komponente vgl. Bauman, *Postmoderne Ethik*, a.a.O.

Dynamik und die permanente Neuverteilung der Rollen und Beziehungen ermöglicht, die Reaktivierung der verdrängten oder verdunkelten emotionalen Zustände, die Anpassung der Formen des Zusammenlebens auf immer neuen und der wachsenden Komplexität angemessenen Ebenen.

3. Das gemeinschaftliche Individuum

Das Paradigma der Gabe setzt also eine *andere* Figur des Individuums voraus, die mit keinem jener Modelle zusammenfällt, die sich im Verlauf der Moderne verfestigt haben – weder mit dem egoistischen und erwerbsbezogenen Individuum, das den Anderen zum Zweck der eigenen Bedürfnisbefriedigung instrumentalisiert, noch mit dem indifferenten und narzißtischen Individuum, das den Anderen als bloße phantasmatische Projektion des eigenen Selbst sieht, aber auch nicht mit dem Altruisten, begriffen als derjenige, der in einer Logik der reinen Hingabe oder gar Aufopferung den Anderen über sich selbst stellt.[143]
Wer gibt, vollzieht eine Handlung, die eine *radikale Umbesetzung des Status der Andersheit* gegenüber den vorherrschenden und verfestigten Bildern voraussetzt. Der Andere ist weder der *Feind*, mit dem man bei der Verfolgung der eigenen Ziele in Konflikt gerät und wetteifert, noch ist er der *Ähnliche*, der in der Sphäre meiner eigenen Identität aufgeht, noch derjenige, der vom Subjekt verlangt, sich selbst zu vernachlässigen. In seiner unaufhebbaren Differenz ist er vielmehr eine konstitutive Dimension des Ichs, der fehlende Teil, den das Ich für den eigenen Wunsch nach Wiedererrichtung eines Bandes einsetzt, um den Sinn der eigenen Existenz nicht zu verlieren. In der Gabe ist der Andere das *Symbol der Mangelhaftigkeit des Ichs*; er ist die lebendige und konkrete Erinnerung an seine Unvollkommenheit und an die unweigerliche Realität, die jede Illusion autarker Isolation zerstört.
Zu geben bedeutet, wie Mauss sagte, »aus sich selbst herauszugehen«.[144] Aus sich selbst herauszugehen bedeutet, sich der Andersheit auszusetzen, die Schuld gegenüber dem Anderen, die uns konstitutiv begründet, anzuerkennen. Es bedeutet, wie Lévinas sagen würde, auf einen Ruf zu antworten, auf eine Berufung, die vom irreduziblen und unvergleichlichen Anderen ausgeht, die notwendig die sicheren und

---

143 Vgl. z. B. die Definition des »Altruismus« durch Durkheim: »Da wir den Zustand, in dem das Ich sich befindet, wenn es sein persönliches Leben lebt und nur sich selbst gehorcht, *Egoismus* genannt haben, drückt das Wort *Altruismus* recht gut den entgegengesetzten Zustand aus, den, in dem das Ich sich nicht gehört, in dem es sich mit etwas ihm gegenüber anderem verwechselt, und in dem der Pol seines Verhaltens außerhalb seiner selbst liegt, das bedeutet, in einer der Gruppen, zu denen es gehört.« (E. Durkheim, *Die elementaren Formen des religiösen Lebens*, Frankfurt a. M. 1998.)
144 Vgl. Mauss, *Die Gabe*, a.a.O. S. 165.

durch das Ich definierten Grenzen öffnet und dabei jeden Besitz- und Identitätsanspruch auflöst.[145] Durch die Gabe unterbricht das Individuum den selbstreferentiellen Kreislauf des Ichs, das, wie man sagen könnte, aufhört, sich selbst als *Subjekt* darzustellen: will sagen als autonome und sich selbst genügende Entität, als Bewußtsein, das in der eigenen Selbstheit und einer arroganten Vorspiegelung von Fülle verschlossen ist, die den Anderen auf eine subalterne und dienende Dimension reduziert. Die Gabe setzt die »Infragestellung des Ichs« durch den Anderen voraus,[146] die Dezentralisierung und die Verunendlichung des Bewußtseins im Angesicht dessen, was Lévinas das »Antlitz« des Anderen nennt, was nach einer Antwort verlangt und zur Verantwortung verpflichtet, insofern es einen vorgelagerten »Sinn« einführt, der von der Initiative und der Macht des Ichs unabhängig ist.[147] Auf diese Weise zeichnet sich eine *gastfreundliche und einladende Subjektivität* ab,[148] stets von der Andersheit durchdrungen, welche die Sucht nach dem Blick in Großherzigkeit, den Wunsch nach Besitz in Gabe zu verwandeln vermag:[149] eine Subjektivität, die die eigene Individualität und Einzigartigkeit durch die asymmetrische Beziehung zum Anderen entdeckt, der sie zur Verantwortung ruft, zu einer unausweichlichen und unersetzlichen Antwort.[150]

Ein gastfreundliches Subjekt, meint Derrida, ist dasjenige, das gibt, weil die Gabe die »Ökonomie« des Subjekts unterbricht, es der »Metaphysik des Eigenen« entzieht und dem »Gesetz des Anderen« unterstellt.[151] Man muß dabei nicht so sehr an

---

145 Vgl. Lévinas, *Totalität und Unendlichkeit*, a.a.O.
146 Lévinas, *Totalität und Unendlichkeit*, a.a.O., S. 51 u. 247.
147 »Der Gedanke des Antlitzes, auf den wir uns in diesem ganzen Werk stützen werden, öffnet noch andere Perspektiven: Er führt uns zu dem Gedanken eines Sinnes, der meiner *Sinngebung* [dt. im französischen Originaltext] vorausgeht und daher von meiner Initiative und meinem Können unabhängig ist.« (Ebd., S. 65)
148 »Dieses Buch stellt die Subjektivität als etwas dar, das den Anderen empfängt, es stellt sie als Gastlichkeit dar« (Ebd., S. 28).
149 »Dies ereignet sich positiv als Besitz einer Welt, die ich dem Anderen als Gabe überreichen kann; d. h. dies ereignet sich als Gegenwart vor einem Antlitz. Denn die Gegenwart vor einem Antlitz, meine Orientierung auf den Anderen hin, kann die Gier des Blickes nur dadurch verlieren, daß sie sich in Großmut verwandelt, unfähig, den Anderen mit leeren Händen anzusprechen.« (Ebd., S. 63) Vgl. auch ebd., S. 295: »Die Idee des Unendlichen im Bewußtsein ist ein Überfließen dieses Bewußtseins; die Inkarnation dieses Überfließens bietet einer Seele, die nicht länger paralysiert ist, neue Vermögen, das Vermögen zu empfangen und zu geben, das Vermögen voller Hände, das Vermögen der Gastlichkeit«.
150 Vgl. Hierzu P. Hayat, *Emmanuel Lévinas, éthique et société*, Paris 1995, aber auch F. Rossi, »Individuo, etica e società in Lévinas«, in: *La società degli individui*, 1998, Nr.3, in dem er zutreffend erkennt, daß bei Lévinas eine »Sozialphilosophie« entsteht.
151 Vgl. Derrida, *Politik der Freundschaft*, a.a.O.; ders. *Adieu à Emmanuel Lévinas*, Paris 1997, u. ders. »Responsabilité et hospitalité«, in *Autour de Jacques Derrida. Manifeste pour l'hospitalité*, Grigni 1999.

ein Verschwinden des Subjekts denken, weil es im Gegenteil gerade der Ruf des Anderen ist, der durch seine normative Macht das Ich vor seine eigene Unvertretbarkeit und Einzigartigkeit stellt, wodurch es ihm die Erfahrung seiner absoluten Singularität ermöglicht,[152] sondern vielmehr an die Abwesenheit des Subjekts, sein Zurücktreten, seinen Rückzug. Mit einem Wort an sein Passivwerden, das es all dessen entledigt, was die Öffnung gegenüber der Andersheit verhindert.[153]

Was sich durch die Gabe herausgestaltet, ist nicht ein *autonomes* Subjekt, das in seinem Willen und seiner Entscheidung im Sinne Kants souverän ist, das Herr seiner selbst ist und dem seine eigenen Grenzen vollkommen bewußt sind, sondern es ist ein *heteronomes* Subjekt, das dadurch, daß es sich dem asymmetrischen Blick des Anderen aussetzt, beides erkennt – die eigene Freiheit und Verantwortlichkeit:

»Bedingung des Ereignisses, ist die Entscheidung ihrer Struktur nach stets eine andere Entscheidung, eine zerreißende Entscheidung als Entscheidung des anderen. In mir. Des absolut anderen in mir, des anderen als des Absoluten, das in mir über mich entscheidet. [...] Diese Heteronomie, die sich der dezisionistischen Konzeption der Souveränität und der Ausnahme zweifellos nicht fügt, steht zur Autonomie nicht bloß in keinem Widerspruch, sie öffnet vielmehr die Autonomie sich selbst, sie steht für ihren Herzschlag ein. Im Herzen der Entscheidung überläßt sie der Gabe, wenn es sie gibt, der Gabe als Gabe des anderen, die Entscheidung.«[154]

So verstanden, annulliert die Heteronomie also nicht die Autonomie, sie bedeutet weder ein Verschwinden des Ichs im Anderen, noch einen altruistischen Selbstverzicht im Namen des Anderen; sie bedeutet aber auch nicht Delegierung, Entfremdung und Entbindung von den eigenen Verantwortlichkeiten und Entscheidungen. Sie spielt vielmehr auf die Entstehung eines *Risses* im kompakten Körper des Subjekts an, der gleichsam dazu führt, daß es seiner selbst entbehrt, daß es einer Andersheit ausgesetzt ist, die es im Inneren konstituiert und die ihm jede atomistische Wiederherstellung verbietet. Ein »passives Subjekt« sagt Derrida weiter, d. h., »exponiert, sensibel, rezeptiv, verletzlich«, also dazu fähig, das Ereignis zuzulassen und das aufzunehmen, was sich auf unerwartete, unvorhergesehene und sogar unerwünschte Weise präsentiert.[155]

---

152 In *Donner la mort*, a.a.O., zeigt Derrida, wie die Koexistenz der Erfahrung der Singularität und der Verantwortung ihren Ursprung in der Angst vor dem Tod hat.
153 Vgl. Derrida, *Falschgeld*, a.a.O.
154 Derrida, *Politik der Freundschaft*, S. 105 f.; vgl. auch *Donner la mort* bezüglich der Heteronomie des »es geht mich an« im Gegensatz zur kantischen Autonomie als Gesetz, das ich mir selbst gebe.
155 »Ein so ungebetener Gast kann in den abgeschotteten Raum, in dem der gesunde Menschenverstand sich heimisch fühlt, nicht eindringen, ohne an eine alte und längst vergessene Einladung zu erinnern, die ihn dazu befugt.« (Derrida, *Politik der Freundschaft*, S. 105.) Der Gast, dem sich das Subjekt, das gibt, gegenüber öffnet, ist der Unerwartete, der Ungleiche, der Fremde, wie Cacciari aus einer analogen Perspektive heraus beobachtet, vgl. ders., *L'Archipelago*, a.a.O., S. 145 ff.

Das gebende Individuum ist das heteronome Subjekt schlechthin: es ist ein zerrissenes, ein *verletztes* Subjekt, wie Georges Bataille sagen würde, insofern es dem Kontakt mit der Andersheit ausgesetzt ist. Es ist dazu bereit, sich ins Spiel zu bringen, insofern es sich permanent aus sich herausbegibt, und es ist bereit, sich zu verlieren, indem es die Isolierung der selbsterhaltenden Grenzen zerstört.
Der interessante Aspekt bei Bataille aber ist der, daß er durch die Idee der *dépense*, des Verlustes ohne Ausgleich und ohne Grenzen, diese Idee der Subjektivität auf eminent anthropologische Grundlagen zurückführt und so ihre emotionalen Wurzeln aufzeigt.[156] Der Mensch wird nicht nur vom Selbsterhaltungstrieb bewegt, sondern auch von einem Bedürfnis nach Verlust, das ihn dazu bringt, die Schwelle zu überschreiten und sich konstant jenseits der Welt des Nützlichen zu entwerfen. Während das Prinzip der Selbsterhaltung von der Notwendigkeit diktiert wird, identitätsstiftende Grenzen zu ziehen, Regeln aufzustellen und Verbote zu erlassen, die das Individuum dadurch vor der Angst, vor der Auflösung und der Gewalt bewahren sollen, daß sie es von den anderen isolieren,[157] entsteht das Bedürfnis nach Verlust, welcher vor allem Selbstverlust bedeutet, im Gegenteil aus jener endemischen Tendenz zum Exzeß und zur Maßlosigkeit und führt zum Überschreiten jeder Grenze und zur Zerstörung jedes Identitätskreislaufs.[158]
In einer Perspektive, die, wie oben bereits erwähnt, von der Mauss'schen Anthropologie angeregt wurde, geht Bataille mit anderen Worten von einem *Trieb zur Verausgabung (dépense)* aus,[159] der keineswegs auf die prämoderne Welt des Ruhmes und der Ehre begrenzt ist, sondern sich im Herzen der Modernität selbst reaktivieren kann, was die Herausbildung einer besonderen Idee von Subjektivität ermöglichen würde: eine offene Subjektivität, die *von den eigenen Leidenschaften verändert wird und sich aus eigenem Verlangen dem Anderen aussetzt.*
Die Moderne, die mit dem Triumph der verengten und »miserablen« Logik des Nützlichen und der Selbsterhaltung zusammenfällt, hat diesen Aspekt verdrängt, hat zu einer Verstümmelung des Trieblebens geführt; nicht nur verblieb jedoch

---

156 Man könnte sagen, daß Bataille das, was bei Derrida ein *ontologischer* und bei Lévinas ein *ethischer* Status ist, auf die *anthropologische* Ebene zurückführt.
157 Vgl. G. Bataille, *L'Érotisme* (1957), in: *Œuvres complètes*, a.a.O., Bd. 10, dt.: *Der heilige Eros*, Frankfurt a. M. 1986.
158 »Aber der Mensch ist nicht nur das abgesonderte Wesen, das der lebendigen Welt oder dem anderen Menschen seinen Anteil an den Energiequellen streitig macht. Der allgemeine Vorgang des Ausschwitzens (der Verschwendung) der lebenden Materie erfaßt auch ihn, und er kann ihm nicht entgehen; ja auf seinem Höhepunkt läßt ihn seine Souveränität in der Welt mit diesem Vorgang eins werden; sie prädestiniert ihn in besonderer Weise für die gloriose Tat, die nutzlose Konsumtion.« (G. Bataille, »Der verfemte Teil«, a.a.O., S. 47)
159 Hinsichtlich einer umfassenderen Behandlung der folgenden Themen vgl. Pulcini, Einführung in die italienische Übersetzung von Bataille, *La Notion de Dépense: Il dispendio*, hrsg. v. E. Pulcini, Rom 1997.

aufgrund dessen die Menschheit in eben jenem Status der Unmündigkeit, den die Moderne überwunden zu haben vorgibt, sondern sie verurteilte die menschliche Existenz auch zu einer unausweichlichen Verarmung, zum Verlust von Sinn und Zusammenhalt.[160] Der Utilitarismus führt so zum Atomismus, zur Verschlossenheit des Ichs in den immunen Raum einer Einsamkeit, die die Dimension seiner Existenz selbst abbröckeln läßt, weil sie es von den anderen trennt, weil sie es so seiner konstitutiven und vitalen gemeinschaftlichen Erfahrungen beraubt: »ein isoliertes Wesen, das nicht mehr kommuniziert, versinkt in Niedergeschlagenheit, verkümmert und spürt (dunkel), daß es allein nicht existieren kann«.[161]
Die beunruhigendste Folge der Hegemonie der Nützlichkeitslogik besteht im Verlust jener Kommunikationsmöglichkeit, in der für das Individuum Sinn und Wahrheit der eigenen Existenz des Individuums liegen: »Die Wahrheit ist nicht dort, wo die Menschen sich als isoliert betrachten: sie [...] hat nur Statt, indem sie vom einen zum andern geht«.[162] Die moderne Verkümmerung des Triebes zur Verausgabung fällt daher mit der Abschwächung der gemeinschaftlichen Spannung zusammen, die ihre emotionale Wurzel im Verlangen nach Verlust und nach Gabe findet: »Das in den Verlust verwickelte Individuum spürt dunkel, daß dieser Verlust die Gemeinschaft hervorbringt, die es erhält«.[163]
Es gibt einen unauflöslichen und zwingenden Nexus zwischen dem Verschwinden der Verausgabung und der Abschwächung des Bandes, oder besser der *Abwesenheit von Gemeinschaft*, welche die liberalen und demokratischen Gesellschaften, die von den zersetzenden Auswirkungen eines sterilen Individualismus durchzogen sind, sichtlich kennzeichnet.[164]
Der Akzent, den Bataille auf die Idee der *Gemeinschaft* setzt, bringt auch das Problem des sozialen Zusammenhalts wieder zur Sprache, allerdings in einer Begrifflichkeit, die sich völlig von der des utilitaristischen Modells unterscheidet: bleibt dieses doch darauf beschränkt, die Gesellschaft als eine Ansammlung von Individuen zu sehen, die durch einen Vertrag oder durch reine Berechnung der Interessen künstlich miteinander verbunden sind. Es handelt sich darum, die soziale Existenz neu zu denken, und zwar nicht als etwas, das aus der rationalen Entscheidung von isolierten und sich selbst genügenden Individuen hervorgeht, sondern

---

160 Vgl. G. Bataille, »Der Begriff der Verausgabung«, a.a.O., S. 24 ff.
161 G. Bataille, *Sur Nietzsche* (1945), in: *Œuvres complètes*, a.a.O., Bd. 6, dt.: *Wiedergutmachung an Nietzsche*, München 1999.
162 Vgl. G. Bataille, *Le Coupable*, in: *Œuvres complètes*, a.a.O., Bd. 5
163 G. Bataille, *Le Collège de sociologie*, in ders. (u.a.), *Le Collège de sociologie (1937-39)*, hrsg. v. D. Hollier, Paris 1979, u. ders., »Der verfemte Teil«, wo es heißt, die Verlust sei der Weg, durch den sie mitteilen, daß sie *getrennte* Wesen sind.
164 Vgl. G. Bataille u. R. Caillois, *La Sociologie sacrée et les rapports entre »société«, »organisme«, »être«* (1937), in *Le Collège de sociologie (1937-39)*, S. 102.

als eine »Bewegung des Zusammen«, eine »kommuniale Bewegung«,[165] die die individuelle Existenz begründet, indem sie ihre Natur verändert, sie von innen her durchdringt und aus den Angeln hebt.[166]

Die Gemeinschaft zu denken bedeutet, die Reaktivierung der Verausgabung [dépense] als Triebereignis zu denken, aus dem heraus jene *Alteration* entsteht, welche die Absolutheit der Subjekte bricht. Die Verausgabung bedeutet vor allem Wiederauftauchen des Verdrängten und Wiederaneignung des emotionalen Lebens, eine »Entfesselung der Leidenschaften«, eine Befreiung des Individuums aus den selbsterhaltenden und identitätsstiftenden Grenzen, die in der Welt des Nützlichen vorgegeben waren. Sie unterbricht die Erwerbsspirale des *homo oeconomicus* und zerstört den Atomismus des *homo democraticus* durch die Unterbrechung der zerstreuenden Bewegung der Leidenschaft und des Verlangens (per definitionem eine Bewegung ohne Aneignung und Ziel), welche die Subjekte aus sich selbst heraustreibt und den Durchgang öffnet, in den die Andersheit einfallen kann: »[...] das Verlangen, das heißt das souveräne Verlangen, nagend und die Angst nährend, zwingt das Sein, jenseits seiner selbst zu suchen«.[167] Das Verlangen ist die innere Alterität, die *verwirrende Differenz*, die es dem Ich verwehrt, sich wieder in seiner eigenen, sicheren und sterilen Selbstheit einzuschließen.

Das Subjekt findet zu seiner eigenen *Souveränität* zurück, zur Fähigkeit, sich von dem reduzierten und partiellen Horizont des Utilitarismus zu emanzipieren,[168] indem es sich paradoxerweise als Subjekt selbst negiert; wobei es durch die bedingungslose Kapitulation vor der unbeschränkten Verschwendung des Verlangens eine *Verletzung* im kompakten Körper des Ichs verursacht. Das Subjekt der Verausgabung ist das *souveräne* Subjekt, das die von der Welt der Dinge gesetzten Schranken durchbricht, indem es sich dem Selbstverlust aussetzt; das sich dem Risiko der Auflösung und des Todes aussetzt, wobei es den engen prometheischen Entwurfscharakter zurückweist, der es in die Schranken der bloßen Lebenserhaltung verweist; und das dazu bereit ist, als ein geschlossenes, absolutes und »diskontinu-

---

165 Ebd., S. 92.
166 Dies ist die Aufgabe der »heiligen Soziologie«, welche die Mitglieder des Collège vereint: »Sie nimmt an, daß es jenseits der Individuen, aus denen sich die Gesellschaft zusammensetzt, eine Bewegung des Zusammen gibt, welche deren Natur verändert. Sie steht daher außerhalb all jener Konkretionen, für die sich die soziale Existenz darauf beschränkt, den Individuen Verträge beizufügen, Begriffe, auf die sich eben die Gesamtheit der aktuellen Kultur gründet.« (ebd.)
167 Bataille, *Wiedergutmachung an Nietzsche*, a.a.␣.; vgl. auch »Der Begriff der Verausgabung«, a.a.O.
168 Zu der »nietzscheanischen« Idee der *Souveränität* vgl. v. a.: G. Bataille, *La Souveraineté*, in: Œuvres complètes, a.a.O., Bd. 8, dt.: *Die psychologische Struktur des Faschismus, die Souveränität*, München 1978.

ierliches« Subjekt zu sterben,[169] um sich ins Spiel zu bringen und sich der »Totalität« der Existenz zu öffnen.[170]
In dem Moment, in dem es die eigene Souveränität wiederfindet, die nichts mit der leblosen und instrumentellen Autonomie des modernen Subjekts zu tun hat, sondern die im Gegenteil die Selbstentäußerung durch Wiederaneignung der Leidenschaften bedeutet, bekommt das Individuum wieder Zugang zur Dimension der Gemeinschaft: Kommunikation geschieht – so Bataille – nur zwischen zwei Wesen, die sich ins Spiel bringen : verletzt, ausgeliefert, beide im Angesicht ihrer Nichtigkeit.[171] Die Kommunikation verlangt das Leeren des Subjekts, die Auflösung seiner Integrität:

> »Die ›Kommunikation‹ kann nicht zwischen einem vollen und intakten Wesen und einem anderen geschehen: sie verlangt Wesen, in denen das Sein auf dem Spiel steht – in ihnen selbst – an der Grenze zum Tod, zum Nichts; der moralische Höhepunkt ist ein Augenblick, in dem sich das Sein aufs Spiel setzt, sich jenseits seiner selbst entläßt.«[172]

Ebenso wie die Souveränität das Gegenteil jeder trügerischen und überheblichen Autonomie ist, bildet die Kommunikation bei Bataille die Antithese zu jenem instrumentellen und funktionalen Band zur Befriedigung der selbsterhaltenden Individuen, das sich schließlich in der völligen Abwesenheit des Bandes aufgelöst hat. Sie verlangt nach einer gemeinsamen Anerkennung der eigenen Mängel, der eigenen sterblichen Endlichkeit; sie entspringt aus der wechselseitigen »Ansteckung« der jeweils eigenen Verletzungen:

> »In dem Maße, wie die Wesen als perfekt erscheinen, bleiben sie isoliert und in sich selbst verschlossen. *Aber die Wunde der Unabgeschlossenheit öffnet sie.* Durch das, was wir Unabgeschlossenheit nennen können, animalische Nacktheit, Verletzung, kommunizieren die getrennten Wesen und beginnen dadurch, daß sich einer in der Kommunikation mit dem anderen verliert, zu leben.«[173]

Doch die Verletzung ist nichts anderes als die offene Wunde der Entfesselung des Begehrens und der »Überschreitung« der von der Welt des Nützlichen gezogenen Grenzen und der von ihr aufgestellten Verbote.[174] Als Aufflammen des emotionalen

---

169 In Bezug auf diesen Begriff vgl. besonders Bataille, *Der heilige Eros*, a.a.O.
170 In *Wiedergutmachung an Nietzsche* schreibt Bataille, die Totalität sei der Überschuß in uns, ein unerfülltes Streben, ein schmerzliches Verlangen danach, sich zu verzehren, ohne einen anderen Grund als den des Verlangens selbst.
171 Vgl. Bataille, *Wiedergutmachung an Nietzsche*, a.a.O.
172 Ebd.
173 Ders., *Il coupable*, in Œuvres complètes, a.a.O., Bd. 5, S. 263 (kursiv E. P.).
174 Das Begriffspaar Verbot/Übertretung ist analog zu dem der Verausgabung/Selbsterhaltung, zu dem von Konsum/Erwerb oder sakral/profan etc. fundamental für das Denken Batailles.

Lebens fügt die Verausgabung jene Verletzung zu, die dem Individuum den Sinn für die eigene, souveräne Unvollkommenheit zurückgibt und wieder die Chance der Gemeinschaft eröffnet, die, wie Jean-Luc Nancy sagt, als das Teilen, *partage*, das gemeinsame Eingestehen der eigenen Unzulänglichkeit zu verstehen ist.[175]

»Ich schlage vor, die Tatsache, daß *die menschlichen Wesen durch nichts anderes als durch Brüche und Verletzungen vereint werden*, als Gesetz zu betrachten: diese Feststellung besitzt per se eine gewisse Logik. Wenn die Elemente sich mit dem Ziel, eine Gemeinsamkeit zu bilden, zusammensetzen, kann das leicht geschehen, wenn jeder von ihnen durch eine Verletzung seiner Integrität einen Teil seines eigenen Sein zugunsten des gemeinschaftlichen Seins verliert.«[176]

Das Individuum, das dazu fähig ist, »einen Teil seines eigenen Seins« zu verlieren, ist das Subjekt der Verausgabung: ein Subjekt, das sich nie in sich selbst einschließen kann, da es im offenen Raum der Manifestation der eigenen *inneren Differenz* lebt;[177] ein *durch das eigene Verlangen entschiedenes Subjekt*; ein Verlangen, das es gegenüber dem Anderen, gegenüber der Kontamination mit dem Anderen öffnet und es der Immunität des modernen Atomismus entzieht.

Aus der Verletzung nimmt das anonyme Gesetz einer Gemeinschaft Gestalt an, die sich, wie bereits gesagt wurde, nie als realisiertes und werkbezogenes Projekt wird äußern können, ohne die funktionale und instrumentelle Logik wieder aufzunehmen, die dem Individualismus und jeder Metaphysik des Subjekts eignet.[178] Die Gemeinschaft Batailles bedeutet das Fehlen des Werkes, da sie nicht das Ergebnis einzelner autonomer und selbstgenügsamer Willen ist, sondern im Gegenteil das einer »kommunialen« Spannung, die sich ausgehend vom Verzicht des Subjekts auf seine eigene Absolutheit wieder einstellt. Sie bedeutet allerdings ebensowenig ein Verschwinden des Subjekts im verschmelzenden und organizistischen Holismus, wie er für die prämodernen Gemeinschaften und ihre nostalgischen Neuauflagen typisch ist. Sie kann erst *nach dem Individuum* entstehen, nach der modernen Eroberung eines ungeteilten Subjekts, das sich von Verbindlichkeiten emanzipiert hat, die von einer Zugehörigkeit vorgegeben waren, eines Subjekts, das die Fähigkeit zur eigenen Entscheidung besitzt.[179]

---

175 Vgl. J.-L. Nancy, *La communauté désœuvrée*, Paris 1986, dt.: *Die undarstellbare Gemeinschaft*, Stuttgart 1988.
176 Bataille, *Le Collège de sociologie*, a.a.O., (kursiv E. P.).
177 Mit diesem Schlüssel interpretiert Cacciari die Figur des nietzscheanischen Übermenschen: als Figur der *dépense*, als »allem gegenüber unähnlich und fremd [...], und daher allem gegenüber offen und freundlich zu werden, ein Gebender und Geschenk für alle.« (*L'Arcipelago*, a.a.O., S. 146)
178 Zum Thema der werklosen und unmöglichen Gemeinschaft vgl. Nancy, *Die undarstellbare Gemeinschaft*, a.a.O., M. Blanchot, *La Communauté inavouable*, Paris 1983, u. Esposito, *Communitas*, a.a.O.

Damit sich aber die Chance der gemeinschaftlichen Erfahrung eröffnet, muß das Individuum die eigene Integrität verlieren, sich als vollkommen autonomes und *ab-solutes* Wesen auflösen und jene Differenz in sich anerkennen, die es aus jeder Subjektmetaphysik hinauswirft und es aus-sich-selbst-hinaus führt.

»So gesehen – beobachtet Nancy – hat Bataille sicher als erster oder zumindest am intensivsten diese moderne Erfahrung der Gemeinschaft gemacht: die Gemeinschaft ist weder ein herzustellendes Werk, noch eine verlorene Kommunion, sondern der Raum selbst, das Eröffnen eines Raums der Erfahrung des Draußen, das Außer-Sich-Sein.«[180]

Die Gemeinschaft ist kein Aggregat von Atomen, die rational entscheiden, ihren Zustand der Isolation aufzuheben, um ein gemeinsames Interesse zu verfolgen; sie beginnt *innerhalb* des Individuums selbst, dessen Niedergang sie verursacht, dessen Wunde sie aufreißt, eine Wunde, die es gegenüber der Andersheit und der Welt öffnet:

»Im übrigen machen einzelne Atome noch keine Welt. Es bedarf eines *clinamen*. Es bedarf einer Neigung oder einer Zuneigung des einen für den anderen, einer Anziehung des einen durch den anderen, eines gegenseitigen Hingezogenseins. Die Gemeinschaft ist zumindest das *clinamen* des Individuums.«[181]

Das verletzte Subjekt Batailles ist dasjenige, das aus sich herausgeht, das Schwelle der Identität überschreitet, die vom selbsterhaltenden Projekt der Moderne vorgegeben ist, insofern es durchzogen, zerschnitten ist von dem Riß, der durch die Reaktivierung des emotionalen Lebens, durch das Wiederaufblühen des Verlangens nach *dépense* entstanden ist;[182] eines radikalen und unausweichlichen Verlangens, das dazu drängt, die Grenze zu »überschreiten«, die eigene verpuppte Immunität zu durchbrechen und die Kontamination durch den Anderen anzunehmen. Die Gemeinschaft ist daher *ohne eine affektive Dimension* nicht denkbar: »Wir können nicht auftreten, ohne von einander betroffen zu sein«, bemerkt Nancy,[183] ohne diesen Aspekt allerdings weiterzuentwickeln, der doch der neuralgische Punkt des Bataille'schen Denkens und der Theorie der Gabe im allgemeinen ist.

---

179 Giacomo Marramao sagt, daß die Rückkehr zur Gemeinschaft nur »nach dem modernen Individuum« erfolgen könne, »nach dem Leviathan, nach der neutralen Stilisierung des politischen Zusammenschlusses zu einem ›großen Körper‹, der von Individuums-Atomen, von untrennbaren und voneinander isolierten Monaden zusammengesetzt wird.« (»Zone di confine«, in: *Il Mondo*, Rom, 1996, S. 40); vgl. auch ders. *Dopo il Leviatano*, a.a.O.
180 Nancy, *Die undarstellbare Gemeinschaft*, a.a.O., S. 45.
181 Ebd., S. 16.
182 Die »Verwundung« *[wörtlich der Schnitt, Anm. d. Ü.]* spielt offensichtlich auf den Gedanken der »Kopflosigkeit« und der Selbstopferung an (die durch die Enthauptung symbolisiert wird), welche den Titel der von Bataille 1936 gegründeten Zeitschrift *Acéphale* selbst hat.
183 Nancy, *Die undarstellbare Gemeinschaft*, a.a.O.

Es gibt keinen sozialen Zusammenhalt, es gibt kein In-Gemeinschaft-Sein ohne emotionale Mobilisierung, die, wie wir gesehen haben, die Subjekte verändert, indem sie Kommunikation und Verbindung schafft. Diese emotionale Mobilisierung hat nichts gemein mit jenem erneuten Aufwallen eines gewaltsamen Sentimentalismus, dem man in den unterschiedlichen Formen des zeitgenössischen Kommunitarismus begegnen kann– weder mit den »destruktiven Gemeinschaften«, die von Sennett beschrieben werden, noch mit den oben erwähnten »tribalen« Gemeinschaften von Maffesoli. Man könnte sogar sagen, daß die Reaktivierung des emotionalen Aspekts und die Fähigkeit, hierfür Formen der symbolischen Manifestation zu finden, jene Wiedergewinnung der affektiven Sphäre ermöglichen, die allein sie davor bewahren kann, regressive und destruktive Formen anzunehmen.

Das Problem besteht also darin, zu verstehen, *wie* heute diese Wiedergewinnung *geschieht,* hinsichtlich Individuen, die, wie wir gesehen haben, narzißtisch geprägt sind; gekennzeichnet durch eine triebmäßige Leere und eine Art emotionaler Indifferenz, die *a priori* die Möglichkeit einer Wiedergeburt der gemeinschaftlichen Neigung auszuschließen scheinen. Hier zeigen sich auf der historisch-anthropologischen Ebene vielleicht die Grenzen von Batailles Vorschlag, der nichtsdestotrotz seine bahnbrechende theoretische Kraft behält. Nicht so sehr, weil die narzißtische Subjektivität tatsächlich unfähig dazu wäre, die ästhetischen Erfahrungen zu machen, die Bataille als den besonderen Ausdruck des *déchaînement des passions* bezeichnet – wie die Kunst, die Erotik, das Lachen etc. –, sondern weil diese heute ihre Intensität und ihre transgressive Kraft offenbar verloren haben und von der apathischen Vergleichgültigung eines entsubstantialisierten Ichs absorbiert scheinen.[184]

Es geht also darum, Formen der Erfahrung auszumachen, die dazu in der Lage sein könnten, dieser entwirklichenden Vergleichgültigung zu widerstehen und die Wunde, die die narzißtische Verpuppung aufbrechen ließe, wieder zu öffnen.

In dieser Hinsicht scheinen jene Formen der »Gabe an Fremde« von besonderer Bedeutung zu sein, die, wie Godbout selbst anmerkt, von der Erfahrung der eigenen Schwäche und der eigenen Grenzen gestützt werden.[185] Godbout bezieht sich besonders auf die Vereine zur gegenseitigen Hilfe, wie zum Beispiel die Anonymen Alkoholiker. Diesem Verein anzugehören, bedeutet zunächst die Anerkennung des Unvermögens, aus eigener Kraft dem Zustand des Verfalls und des Leidens zu entkommen, in den einen die eigenen Pathologien geführt haben. Das heißt schließlich, zusammen mit der eigenen Unzulänglichkeit, auch die eigene Abhän-

---

184 Wie wir im 4. Kapitel gesehen haben, stellt Lipovetsky in *L'ère du vide* (dt. *Narziß oder die Leere*), a.a.O. diesen Aspekt gut dar.
185 Vgl. Godbout, *Lo spirito del dono*, a.a.O., S. 86f.

gigkeit anzuerkennen, also die Notwendigkeit, sich dem Anderen anzuschließen und Vertrauen in ihn zu setzen.

»Diese Anerkennung bedeutet – meint Godbout –, daß die Person mit dem Narzißmus des modernen Individuums bricht, der ein grenzenloses Vertrauen in die eigene, persönliche Fähigkeit, zur Unabhängigkeit und zur Autonomie mit sich bringt, aber auch eine ebenso grenzenlose Furcht davor, »vom Anderen absorbiert« zu werden.«[186]

Die Akzeptanz der Schwäche und das Sich-Ausliefern an den Anderen ist der erste Schritt eines Prozesses, der zu einem »Aufwachen« im Sinne von Lévinas führt und der die Individuen dazu bringt, ihrerseits zu Subjekten der Gabe zu werden, indem sie sich selbst in eine Kette der Reziprozität einbinden lassen, die insofern unendlich ist, als sich jeder immer gleichzeitig als Gebender und Empfangender betrachtet. Das Aufbrechen der Emotionalität, das diesen Prozeß in Gang setzt, stellt sich also nicht so sehr als die Erfahrung des Triebexzesses heraus,[187] sondern vielmehr als *Erfahrung des als Niederlage und Versagen verstandenen Verlusts*, der Leidenschaft in ihrem ursprünglichen Sinn von »Pein« und Leid.[188] Es stellt sich, anders gesagt, das heraus, was man eine *Katastrophe des Ichs* nennen könnte, welche die Isolation aufbricht und – zusammen mit dem emotionalen Leben – wieder die Ausrichtung auf die Gemeinschaft und das Verlangen nach Bindung aktiviert.

»Die Anonymen Alkoholiker legen – wie wiederum Godbout sagt – ein besonderes Gewicht auf die Notwendigkeit, daß das Ich sich »ergibt«, sich überläßt, auf die Kapitulation der Persönlichkeit. Das Individuum, das sich den Anonymen Alkoholikern anschließt, tauscht das narzißtische einsame Bewußtsein des Alkoholikers gegen das Wissen darum, Teil einer größeren Gesamtheit zu sein, der er sich ausliefert.«[189]

In der Erfahrung des *Versagens* erleidet das narzißtische Ich eine Art Kollaps, der sich jedoch als heilsam erweist, weil er seine trügerischen autarken Fundamente einreißt und es dem Anderen verfügbar macht. Das Versagen frischt die Erinnerung an jenen konstitutiven *Mangel* auf, der dem Ich den Sinn seiner eigenen ambivalenten Verfassung wiedergibt. »Das Versagen« – hat jüngst Richard Sennett

---

186 Ebd., S. 91.
187 Es sei denn, worauf Maurice Blanchot hinweist, man betrachtet den Exzeß selbst nicht als die Demonstration eines Überschusses, sondern als eine Unzulänglichkeit des Seins: »Wer vom Prinzip der Unzulänglichkeit geleitet wird, ist auch dem Exzeß geweiht. Der Mensch: das unzulängliche Wesen mit dem Exzessiven als Horizont. Der Exzeß ist nicht die zu große Fülle, der Überfluß. Der Exzeß aus Mangel ist die nie erfüllte Forderung der menschlichen Unzulänglichkeit.« (*La Communauté inavouable*, a.a.O.)
188 In einer nicht weit davon entfernten Perspektive und mit Sorgfalt wird das Thema von S. Moravia in *L'esistenza ferita*, Mailand 1999 behandelt.
189 Godbout, *Lo spirito del dono*, a.a.O., S. 94.

beobachtet – »ist eines der großen modernen Tabus«.[190] Es ist das Schreckgespenst schlechthin einer Subjektivität, die das Gefühl des eigenen Mangels dem Vergessen anheimgegeben hat und stets autonom und sich selbst genügend sein will. Aber es ist, auch wenn es bewußt übernommen wird, eine Art Königsweg zur Wiedereinbeziehung verdrängter Dimensionen. Das Versagen zu ertragen und zu verarbeiten, bedeutet, wie die Tiefenpsychologie sagt, die eigenen uneingestandenen Wahrheiten wiederzufinden.[191] Es heißt, verdrängte Aspekte wieder mit einzubeziehen, die eine Erweiterung des Ichs mit sich bringen und ihm jenseits der eigenen mythischen Identifikationen die eigene Verletzbarkeit und Schwäche bewußt machen.[192] Ferner bedeutet es, den Selbstverlust, der die unerläßliche Bedingung für die Wiederaufnahme des Kontakts mit der Andersheit ist, nicht nur zu akzeptieren, sondern zu schätzen.

Der Fall der Anonymen Alkoholiker ist nur eines von vielen möglichen Beispielen für die Fähigkeit des Ichs, sich der schmerzhaften, aber fruchtbaren Realität der eigenen Unzulänglichkeit zu stellen und so die Niederlage in eine Erweiterung und Bereicherung des Selbst zu verwandeln. Eine noch umfangreichere und universalere Konnotation erhält die Akzeptanz und Wertschätzung des Versagens jedoch nur dann, wenn man auch der Angst einen Sinn verleiht, die von der Tatsache herrührt, daß wir Mitglieder einer »Risikogesellschaft« sind;[193] wenn man also dazu zur Wertschätzung jener Angst fähig ist, die dem Gefühl der eigenen Schwäche angesichts der globalen Herausforderungen entspringt, die die Menschen erstmals in planetarischer Dimension vereinen. Die Risikogesellschaft schafft die objektiven Bedingungen für eine *allgemeine Katastrophe des Ichs*. Sie verleiht, anders ausgedrückt, zum ersten Mal der Behauptung von Hobbes universale Geltung, daß *die*

---

190 Sennett, *Der flexible Mensch*, a.a.O. Über die Ablehnung des Versagens durch das narzißtische Ich vgl. auch Lasch, *Das Zeitalter des Narzißmus*, a.a.O.
191 Vgl. J. Hillman, *Re-Visioning Psychology*, 1975, und auch ders., *Intervista su amore, anima e psiche*, hrsg. v. M. Beer, Rom/Bari 1983, S. 62 ff.: »Wenn wir uns im Vollbesitz der Selbstbeherrschung fühlen [...] ist alles, was wir im Sinn haben, daß wir das Objekt festhalten und von ihm das nehmen können, was wir wollen. Wenn wir hingegen leiden, wenn wir uns im Zustand des Versagens oder der Verlassenheit fühlen, einsam, uns selbst überlassen, dann fangen wir an zu verstehen, wer wir wirklich sind. [...] Ich denke, daß die wahre Revolution unserer Gesellschaft bei denen beginnt, die ihre eigene Depression ertragen können, weil dies eine Art und Weise ist, sich dem gesamten verrückten Zustand der modernen Gesellschaft zu entziehen [...].«
192 Diesbezüglich beobachtet Mario Pezzella: »Es ist daher nicht die Euphorie der Möglichkeiten, wie auch immer diese interpretiert werden, was ihre Zirkularität unterbricht, sondern die Verarbeitung des Versagens, durch die der Narzißt erfährt, daß ihm seine Identifikationen abhanden kommen. In der Wahrnehmung des Nicht-Möglichen beginnt er seine von allen leuchtenden Phantasmen, denen er das Leben anvertraut, entkleidete Singularität anzuerkennen. (*Narcisismo e società dello spettacolo*, Rom 1996, S. 122).
193 Die Referenz gilt hier selbstverständlich U. Beck, *Risikogesellschaft. Auf dem Weg in eine andere Moderne*, Frankfurt a. M. 1986.

Individuen in ihrer Schwäche alle gleich sind – und daher alle durch die Tatsache ihrer Schwäche vereint.
Die Gabe ist das symbolische Ereignis, das das Wissen um die eigene Schwäche enthüllt. Sie ermöglicht eine Wahrnehmung des eigenen Selbst als Individuum, das – wie Blanchot sagen würde – potentiell immer von dissonanten und unkontrollierbaren Faktoren »angefochten« wird, die den Wunsch nach Teilhabe machtvoll aufleben lassen.[194] Daher erscheint sie als das unzweideutige Zeugnis für die Wiedergeburt des *Vertrauens*, als der einzig möglichen Antwort auf das Bedürfnis nach Gemeinschaft und Bindung – eines Vertrauens, das offensichtlich die unsicheren und riskanten Färbungen einer *Wette* annimmt, das aber gerade aufgrund der Fähigkeit, das Risiko aktiv einzugehen, besser auf die Unwägbarkeiten einer Realität voll neuer Bedrohungen reagieren kann.
Der Gabe eignet also, wie bereits Mauss gesehen hatte, eine inwendige *Normativität*, die dennoch weder auf einer unterstellten Rationalität noch auf einer deontologischen Basis gründet. Es handelt sich vielmehr um eine Normativität, die gleichsam *anthropologisch und emotional begründet* ist, und die, wie bereits gesagt wurde, in der Tatsache besteht, daß »das, was die Menschen tun müssen, sich eigentlich nicht mehr von dem unterscheidet, was sie bereits tun«,[195] und daß das, was moralisch und gesellschaftlich wünschenswert ist, der anthropologischen und affektiven Struktur der Individuen bereits eingeschrieben ist. Durch den symbolischen Kreislauf von Geben-Empfangen-Erwidern, durch den jeder am Leben des Anderen in einer unauflöslichen Verflechtung von Verpflichtung und Freiheit teilnimmt, zeichnet sich – gemäß der zutreffenden Definition von Giacomo Marramao – eine »latente und präreflexive« Normativität ab,[196] die vor und jenseits der rationalen Handlungen und Entscheidungen der Individuen wirkt, und die, obgleich sie den Grund des sozialen Zusammenhalts bildet, keine formal bestimmte Struktur anzunehmen vermag.[197] Das bedeutet aber auch, daß es sich um eine dynamische Normativität handelt, die nicht darauf abzielt, die Unsicherheit zu vermindern,

---

194 Vgl. Blanchot, *La Communauté inavouable*, a.a.O.
195 Caillé, »Né olismo né individualismo metodologici«, a.a.O., S. 30.
196 »Die Idee der Gesellschaft als Produkt rationaler Projekte und Handlungen erklärt nicht das gesamte gesellschaftliche Faktum, sondern versucht, es in ein Netz von Verknüpfungen unterschiedlicher Intentionalität aufzulösen (seien diese strategisch, kooperativ, kommunikativ oder konflikthaft). Um die Gesellschaft zu erklären muß man jedoch vielmehr von der Normativität ausgehen: von einer latenten, präreflexiven Normativität, die nicht nur die Prozesse der kollektiven Identifizierung lenkt, sondern auch diejenigen der individuellen Selbstidentifikation.« (G. Marramao, »Dono, scambio, obbligazione«, in: *Paradigmi*, Nr. 48, Sept.-Dez. 1998, S. 457)
197 »Die konstitutive Dynamik des Sozialen wird durch eine elementare, aber latente Struktur aufrecht erhalten, die empirisch nicht zu enthüllen ist: von einer symbolischen Energie, deren Sinnüberschuß nie vollständig in eine ›Struktur‹ verwandelt werden kann, auch wenn sie alle Systeme von Regeln und Zeichen befruchtet und am Leben erhält.« (ebd.)

sondern sie in einen Wert verwandelt, wobei sie eine fruchtbare und paradoxale Logik enthüllt: sie entsteht nämlich im Inneren des Prozesses, in dem sie wirkt, und sie erfindet sich, während sie am Werk ist.[198]
Die Gabe *vereint in der Unsicherheit*. Sie bedeutet eine affektive Ausrichtung auf den Anderen, die einem Mangel entspringt, nämlich dem Wunsch des Ichs, die eigene Unzulänglichkeit zu beheben und die eigene Wunde durch die Herstellung eines Bandes zum Anderen, in dem das Ich das Fundament seiner eigenen Identität wiederfindet, zu heilen. Ein Band, das gerade dadurch, daß es einem Verlangen des Ichs entspringt, dazu in der Lage ist, die Unsicherheit bezüglich der Reaktion des Anderen zu verkraften.

Die Gabe versucht weder kleine und Sicherheit ausstrahlende Gemeinschaften zu gründen, die die Individuen vor dem Risiko schützen, noch macht sie sich zur Komplizin großer kosmopolitischer Ideologien, sondern sie behauptet aufs Neue die anthropologische Möglichkeit eines Bandes, das nie garantiert ist und das unablässig im Kommen begriffen ist. Wer gibt, setzt jedes Mal von neuem einen lebendigen Kreislauf in Gang, in dem er die eigene Unzulänglichkeit in einen Akt der Neuschaffung und der Wiedererschaffung verwandelt: eine Wiedererschaffung seiner selbst durch die Schaffung von Bindungen, von neuen gemeinschaftlichen Geweben, die potentiell unbegrenzt und nie definitiv sind.

Das bedeutet nicht, daß die Gabe abstrakte und unpersönliche Formen des sozialen Bandes ins Leben rufen würde. Sie begründet im Gegenteil netzartige Formen von Beziehungen, die weder auf juristische Regeln noch auf ein moralisches Sollen zurückgehen, sondern auf einen Mangel, der das Verlangen nach Zugehörigkeit wieder weckt und dieses in konkrete persönliche Handlungen verwandelt, welche die Differenz und die Einzigartigkeit des Anderen berücksichtigen. »Aus der Perspektive der Gabe kann man« – sagt Godbout – »die Gesellschaft als ein Netz betrachten, das aus der Summe der einzelnen Beziehungen gebildet wird, die jedes Mitglied zu den anderen unterhält«.[199] Ihre Besonderheit besteht darin, daß sie die (ethnischen, religiösen und nationalen) Differenzen symbolisch überschreitet, dabei eine globale und kosmopolitische Perspektive eröffnet und zugleich damit gemeinschaftliche Beziehungen knüpft, die von der Konkretheit und der Achtung der Singularität inspiriert sind.[200] Die Gabe ist symbolisch und besitzt die vereinigende und kreative Kraft des Symbols, insofern sie ein Ereignis ist, das in die reale Existenz konkreter Individuen einfällt.

Sie begründet eine Verantwortlichkeit, die – wie wiederum Godbout sagt – weder abstrakt noch formal ist, weil sie eine »Verantwortlichkeit der Bindungen« entste-

---

198 Vgl. Karsenti, *Marcel Mauss*, a.a.O., 1. Kap.
199 Godbout, *Lo spirito del dono*, a.a.O., S. 97.
200 Auf der Konkretheit der Gabe besteht auch Karsenti, *Marcel Mauss*, a.a.Ö., 1. Kap.

hen läßt, die »angesichts derer, die für uns einzigartig sind und umgekehrt« aktiv wird;[201] eine Verantwortlichkeit, die es erfordert, daß die Subjekte sich ins Spiel bringen, und die jeweils die spezifische Situation und den spezifischen Kontext berücksichtigt, in denen jeder einzelne handelt. Wir können an dieser Stelle nicht gesondert darauf eingehen, daß zwischen der Form der konkreten und kontextuellen Verantwortung, die im Inneren der Theorie der Gabe Gestalt annimmt, und der Verantwortung als *Fürsorge* für den Anderen, die Carol Gilligan ausgehend im Sinne einer Aufwertung der weiblichen Differenz skizziert hat, ein Zusammenhang besteht.[202] Tatsächlich zielen beide Perspektiven darauf ab, jenen Aspekten Kraft und Würde zurückzuverleihen, die vom modernen Individualismus verdrängt oder so weit wie möglich in die intime Privatsphäre verbannt wurden, die – wie wir am Modell Rousseaus gesehen haben – mit einer Weiblichkeit identifiziert werden, die in ihren Identitätsmöglichkeiten beschnitten ist. Beide stellen den Versuch dar, die relationalen und verbindenden Eigenschaften der Individuen wieder aufzuwerten und von ihrer Opfer-Matrix zu befreien. Schließlich nehmen beide die ethischen und gesellschaftlichen Implikationen der Fürsorge und der Gabe auf und betonen deren Wirksamkeit nicht nur für die intimen Beziehungen, sondern vor allem auch in bezug auf das weitere Feld der Herstellung des sozialen Bandes. Daher wäre es interessant, den möglichen und weiterführenden reziproken Verbindungen zwischen den beiden Modellen größere Aufmerksamkeit zu widmen. Wenn auf der einen Seite die Errungenschaften der feministischen Reflexion einen wertvollen Beitrag zu einer nicht rein aufopfernden und altruistischen Sicht der Gabe leisten können, führt die Theorie der Gabe auf der anderen Seite nachdrücklich jene symbolische Dimension wieder ein, die dem Risiko neuer dichotomischer Versuchungen, das dem »Denken der Differenz« mitunter eignet, entgehen kann. Weil sie dazu in der Lage ist, scheinbar entgegengesetzte und unvereinbare Perspektiven zusammen zu halten *(sun-bállein)*, enthält die Gabe in ihrer eigenen dynamischen Faktizität die Möglichkeit, jede Dichotomie zu überwinden: vor allem – wie inzwischen evident sein müßte – die Dichotomie zwischen dem Verfolgen des individuellen Interesses und der Herstellung des sozialen Bandes, zwischen Individualismus und Kommunitarismus. In ihrer konkreten Form auf symbolische Weise bezeichnend, enthüllt die Realität der Gabe, daß das Streben nach Bündnis und nach Solidarität seine Wurzeln in der emotionalen Struktur des Ichs selbst hat, insofern es sich weder auf die Verfolgung des reinen Erwerbs-Interesses zurückführen noch darauf eingrenzen läßt. Ohne auf normative Hypothesen zurückzu-

---

201 Godbout, *Lo spirito del dono*, a.a.O., S. 97.
202 Gilligan, *Die andere Stimme*, a.a.O.; vgl. auch Benhabib, »Der verallgemeinerte und der konkrete Andere«, a.a.O. Von der *Ethik der Fürsorge* war bereits im Zusammenhang mit Rousseau in Kap. 3 die Rede.

greifen, legt die Gabe offen, daß die Gemeinschaft keine äußere oder entgegengesetzte Dimension ist, sondern vielmehr dem Individuum selbst innewohnt und für es konstitutiv ist.

Anmerkung der Übersetzerin

Der außerordentliche Reichtum der Buches an Hinweisen und Zitaten stellte hohe Anforderungen an eine editorische Recherche, denen die Übersetzung so weit wie möglich gerecht zu werden versucht hat. Da die italienischen Übersetzungen der englischen und französischen Originaltexte oft eine von derjenigen der deutschen Übersetzungen recht unterschiedliche Begrifflichkeit benutzen, die sich häufig enger an den ursprünglichen Text hält, wurden v. a. die Zitate aus der *Bienenfabel* Mandevilles, aus dem *Wohlstand der Nationen* Smiths und aus den Romanen und Schriften Rousseaus – die zwei in kritischer Ausgabe vorliegenden Diskurse ausgenommen – entlang der von der Autorin benutzten italienischen Ausgaben unter Heranziehung der Originalausgaben übersetzt. Auf die deutschen Ausgaben wird im Siglenverzeichnis verwiesen.

In den Fällen, in denen unterschiedliche deutsche Ausgaben vorliegen und parallel verwendet werden, und in denen die einzelnen Textstellen anhand kurzer Kapitel oder Paragraphen – wie bei Descartes' *Meditationen*, oder bei Lockes *Zwei Abhandlungen über die Regierung* – leicht zu finden sind, wird auf die entsprechenden Kapitel bzw. Paragraphen verwiesen.

Im Falle Platons gilt die verbindliche Seitenzählung der Originalausgabe und es wurde aus der in unterschiedlichen deutschen Ausgaben vorliegenden Schleiermacher-Übersetzung zitiert. Im Original deutsche Begriffe sind im Text durch vorangestellten *Asteriskus gekennzeichnet.

Siglenverzeichnis

LS   Descartes, René, *Passions de l'âme* (1649), dt.: *Die Leidenschaften der Seele*. Hrsg. v. K. Hammacher, Hamburg 1984.

N   Hobbes, Thomas, *The Elements of Law, Natural and Politic* (1640), dt.: *Naturrecht und allgemeines Staatsrecht in den Anfangsgründen*, Berlin 1926.

DC   Hobbes, Thomas, *De Cive* (1642), dt.: *Grundzüge der Philosophie*, 3. Teil: *Lehre vom Bürger*, Leipzig 1949.

L   Hobbes, Thomas, *Leviathan* (1651), dt.: *Leviathan*, Hamburg 1996.

AR   Locke, John, *Two Treatises of Government* (1690), dt.: *Zwei Abhandlungen über die Regierung*, Frankfurt a. M. 1977.

BF   Mandeville, Bernard, *The Fable of the Bees* (1723) [dt.: *Die Bienenfabel oder Private Laster, öffentliche Vorteile*, Frankfurt a. M. 1980.]

BF II   Mandeville, Bernard, *The Fable of the Bees* (2. Teil, 1723) [dt.: *Die Bienenfabel oder Private Laster, öffentliche Vorteile*, s. o.]

E   Montaigne, Michel de, *Essais* (1588), krit. Ausg. Paris 1998, dt.: *Essais*, erste moderne Gesamtübersetzung, Frankfurt a. M. 1998.

KW   Rousseau, Jean-Jacques, *Discours sur les sciences et les arts* (1750), dt.: *Über Kunst und Wissenschaft*, Hamburg 1955.

UM   Rousseau, Jean-Jacques, *Discours sur l'origine et les fondements de l'inégalité* (1755), dt.: *Über den Ursprung der Ungleichheit unter den Menschen*, Hamburg 1955.

NH   Rousseau, Jean-Jacques, *Julie ou la nouvelle Héloïse* (1761), in: ders., *Œuvres complètes*, Paris 1969, Bd. 2, dt.: *Julie oder die neue Héloïse*, München 1978. (Die römischen Ziffern bezeichnen die Kapitel, die Seitenzahlen beziehen sich auf die Originalausgabe.)

GV   Rousseau, Jean-Jacques, *Du contrat social ou principes du droit politique* (1762), dt.: *Vom Gesellschaftsvertrag oder Grundsätze des Staatsrechts*, Stuttgart 1983.

É   Rousseau, Jean-Jacques, *Émile ou de l'éducation* (1762), in: ders., *Œuvres complètes*, a.a.O., Bd. 4, dt.: *Emile oder von der Erziehung*, München 1979. (Die römischen Ziffern bezeichnen die Kapitel, die Seitenzahlen beziehen sich auf die Originalausgabe.)

B   Rousseau, Jean-Jacques, *Les Confessions* (1781-88), dt.: *Bekenntnisse*, Leipzig/Wien 1916.

T   Rousseau, Jean-Jacques, *Rêveries du promeneur solitaire* (1782), dt.: *Die Träumereien des einsamen Spaziergängers*, München 1978.

TeG   Smith, Adam, *The Theory of Moral Sentiments* (1759), dt.: *Theorie der ethischen Gefühle*, Hamburg 1977.

WN   Smith, Adam, *An Inquiry into the Nature and Causes of the Wealth of Nations* (1776), dt.: *Der Wohlstand der Nationen. Eine Untersuchung seiner Natur und seiner Ursachen*, München 1993.

DA   Tocqueville, Alexis de, *De la Démocratie en Amérique* (1835-40), dt.: *Über die Demokratie in Amerika*, Zürich 1987.

Namenindex

A
Adorno, Theodor W. 26, 152
Arendt, Hannah 28, 85-86, 105, 113, 119, 136, 145-147, 197
Aristoteles 107, 182-185, 189

B
Barcellona, Pietro 146
Bataille, Georges 16-17, 27-30, 32, 145, 162, 172-173, 177, 186-187, 189, 204, 209-216
Battista, Anna Maria 34, 38, 51, 138, 144
Baudrillard, Jean 152
Bauman, Zygmunt 15, 150, 156, 206
Beck, Ulrich 218
Bell, Daniel 8, 11, 119, 154, 156, 160
Bellah, Robert 8, 119, 127, 135, 159
Benhabib, Seyla 114, 221
Benjamin, Jessica 109
Berger, Peter 31
Berti, Enrico 201
Blanchot, Maurice 186, 214, 217-219
Bloch, Ernst 121
Blumenberg, Hans 19, 32, 40, 50, 54, 95
Bodei, Remo 41, 44, 46, 49, 99, 124, 135, 141, 192
Boilleau, Jean-Luc 203
Boltanski, Luc 178, 181-182, 189, 200
Brisson, L. 189

C
Cacciari, Massimo 126, 139, 141, 145, 153, 187, 209, 214
Caillé, Alain 16, 161, 172, 174-176, 178, 181, 190, 193-195, 197-198, 204-205, 219
Caillois, Roger 211
Canetti, Elias 65, 145
Chabal, Mireille 188-189, 203

Charron, Pierre 43
Chodorow, Nancy 109
Clastres, Pierre 27
Collange, Jean-François 182
Comte-Sponville, André 178, 189, 192
Constant, Benjamin 105
Corneille, Pierre 46-48
Crespi, Franco 101, 191
Curi, Umberto 157, 190

D
Davidson, Donald 151
De Rougemont, Denis 178
De Sanctis, F. 132, 169
Demokrit 22
Derrida, Jacques 179-182, 185-188, 201, 206, 208-210
Descartes, René 9, 43-50, 52, 55-56, 139
Dewitte, Jacques 201
Douglas, Mary 197
Drescher, Seymour 126
Dumont, Louis 8, 26, 31, 63, 77, 83
Dumouchel, Paul 141
Dupuy, Jean-Pierre 10, 141
Durkheim, Émile 85, 207

E
Elias, Norbert 11, 29-32, 126, 129
Ellul, Jacques 156
Elster, Jon 9, 137-138, 141, 149, 151
Emerson, Ralph Waldo 12, 121, 135, 159
Esposito, Roberto 57, 105, 118, 120, 146, 187, 191-192, 197, 202, 214

F
Ferrara, Alessandro 129, 159-160
Fimiani, Mariapaola 173

225

NAMENINDEX

Foucault, Michel 13, 134, 148, 152
Franklin, Benjamin 127-129, 159
Freud, Sigmund 11, 29-30, 97, 115, 117, 129, 134, 157, 190
Fusini, Nadia 112

G
Gauchet, Marcel 124, 145
Gehlen, Arnold 23, 29, 31, 54, 56, 149
Giddens, Anthony 160
Gilligan, Carol 109, 113-114, 221
Girard, René 76, 93, 141, 203
Godbout, Jacques T. 16, 172-175, 178, 187-194, 196-200, 205-206, 216-217, 220
Goldman, Harvey 128

H
Habermas, Jürgen 15, 161
Haraway, Donna 111
Hayat, Pierre 208
Hayek, F.A. 73
Heller, Agnès 200
Helvétius, C.A. 90
Heraklit 23
Hillman, James 218
Hirschman, Albert O. 10, 26, 77, 126, 134
Hobbes, Thomas 9-10, 13, 22, 24, 41, 43, 46, 49-57, 59-60, 62-64, 66-67, 70, 72, 74-75, 77, 79-82, 85, 89-90, 95, 118, 123, 134-135, 157, 160, 203, 218
Hollis, Martin 195
Holmes, Stephen 10, 26
Honneth, Axel 91, 94
Horaz 64
Horkheimer, Max 26, 39, 43, 152
Houdetot, Sophie d' 96
Hume, David 76

I
Irigaray, Luce 106, 112

J
Jonas, Hans 15, 169, 188

K
Kant, Immanuel 45, 74, 151, 209
Karsenti, Bruno 173, 175, 203, 219-220
Kierkegaard, Sören 121
Kohut, Heinz 156

L
La Boétie, Etienne de 184
La Rochefoucauld, François de 70, 92
Lacan, Jacques 191
Lamberti, Jean-Claude 126, 133, 135
Lasch, Christopher 8, 11, 154-157, 159-160, 217
Latouche, Serge 174
Lefort, Claude 203
Lévinas, Emmanuel 190, 192, 201, 207-208, 210, 217
Lipovetsky, Gilles 8, 26, 153-159, 216
Locke, John 9, 59-63, 110
Luhmann, Niklas 56

M
Machiavelli, Niccolò 22
MacIntyre, Alasdair 165
Macpherson, C.B. 52
Maffesoli, Michel 160, 163-164, 216
Mandeville, Bernard de 9-10, 63-75, 77, 79-82, 85, 87, 92, 94, 141
Manent, Pierre 144, 150
Marcuse, Herbert 12, 82, 121-122
Marion, Jean-Luc 191
Marquard, Odo 15
Marramao, Giacomo 187, 214, 219
Marx, Karl 91, 125, 134, 139, 174
Matteucci, Nicola 129, 144, 148
Mauss, Marcel 16, 26-27, 172-179, 189, 195, 198, 203-204, 207, 210, 219
Mitscherlich, Alexander 155
Montaigne, Michel de 9, 20-26, 33-44, 46, 48-49, 51, 54, 56, 81, 89, 92, 94, 138, 184-185
Moravia, Sergio 217

Moscovici, Serge 162

N
Nancy, Jean-Luc 213-215
Nicolas, Guy 174, 201, 206
Nicole, Pierre 70, 92
Nietzsche, Friedrich 121, 141, 185-186
Novalis 121
Nygren, Anders 178

O
Okin, Susan 106, 110

P
Parise, Eugenia 138
Pascal, Blaise 22, 35, 50, 92
Pateman, Carole 110
Patocka, Jan 181
Pezzella, Mario 218
Polanyi, Karl 84, 206
Pulcini, Elena 9, 92, 101, 210

R
Rawls, John 200
Reale, M. 53
Renaut, A. 8
Ricoeur, Paul 200
Rieff, Philip 8, 12, 155, 157
Riesman, David 8, 154-156
Rossi, Paolo 208
Rousseau, Jean-Jacques 10-12, 16-17, 74, 79, 87-113, 115, 117, 119-122, 125, 135, 141, 159, 171, 203, 221

S
Salsano, Alfredo 206
Sandel, Michael J. 165
Schluchter, Wolfgang 129
Schmitt, Carl 85
Schnackenburg, Rudolf 182
Sen, Amartya 84
Sennett, Richard 8, 11-12, 119, 155, 157, 160, 162-163, 216-217
Sequeri, Pierangelo 182

Shaftesbury, Anthony Ashley Cooper 66, 68, 96
Simmel, Georg 8, 85, 125, 141, 170, 196-197, 200-202
Smith, Adam 9-10, 13, 57, 64, 70, 73-87, 89-90, 92, 94-95, 123, 125, 134-135, 141, 157, 160, 166, 203
Sokrates 22-23
Spinoza, Baruch de 49, 99, 192
Starobinski, Jean 91, 97, 117, 198
Stendhal, Henri 138
Strauss, Leo 51-52, 55
Strzyz, Klaus 156

T
Talmôn, Yaaqov Lêb 105
Taylor, Charles 15, 31, 36, 79, 96, 120, 122, 158-159, 161, 165, 201
Temple, Dominique 203
Thoreau, Henry D. 135
Titmuss, Richard Morris 195
Tocqueville, Alexis de 12-14, 16, 86, 123-124, 126-131, 133-139, 141-142, 144-149, 151-154, 156-158, 160, 166-171
Tönnies, Ferdinand 103
Trilling, Lionel 36, 96-97, 104
Tuccari, Francesco 127

U
Urbinati, Nadia 135

V
Veblen, Thorstein 76
Veca, Salvatore 201, 205
Vegetti Finzi, Silvia 9, 135

W
Weber, Max 7-8, 11, 28, 36, 81-82, 127-130, 134, 136, 147, 155, 160
Whitman, Walt 12, 121, 135, 159
Wordsworth, William 121

Z
Zambrano, María 107, 111, 116

Jan Masschelein, Maarten Simons
Globale Immunität oder
Eine Kleine Kartographie des europäischen Bildungsraums

148 Seiten, Broschur
ISBN 3-935300-61-1
Euro 14,90 / CHF 25,00

Das Buch verdankt sich einem tiefen Unbehagen daran, wie im Kontext der Globalisierung über Erziehung und Bildung gesprochen wird. Da ist die Rede von »lernender Gesellschaft«, internationaler Vergleichbarkeit und »employability«, Rankings, unternehmerischen Hochschulen und den Bildungsraum »Europa«.

Wie die Autoren zeigen, etabliert sich zur Konstruktion der »lernenden Gesellschaft« derzeit ein Bildungs-Regime, dessen Führungstechniken sie als diejenigen eines generalisierten Marktes aufweisen. Das Überleben des Einzelnen am Bildungsmarkt erfordert ein Regime der Selbstführung, das zum »Erwachsenwerden« anleitet und den vollen Einsatz menschlichen und sozialen Kapitals erfordert. Die Kartographie dieses neuen Bildungsraumes, die die Autoren entwerfen, zeigt aber auch, was nicht willkommen ist – und damit das, was insgesamt auf dem Spiel steht. Denn das vorherrschende Regime versucht in seiner Forderung nach »rückhaltloser Erwachsenheit« etwas zu unterlaufen, was Masschelein und Simons als »Kindheit« beschreiben: etwas, das sich gerade nicht zum Einsatz bringen und kapitalisieren läßt. Gerade dies jedoch sei die zentrale Last und Verpflichtung *[munus]* unseres Zusammenlebens in Gemeinschaft *[com-munis]*.

Mündet der heutige Bildungsdiskurs in einer »globalen Immunisierung«? Und wie könnte ein weltweiter (Denk-) Raum aussehen, in dem über Unterricht und Bildung anders gedacht, gesprochen und geschrieben werden kann? Fragen, in denen sich nicht weniger stellt als die Frage nach dem Zusammenleben.

Roberto Esposito
Immunitas
Schutz und Negation des Lebens

288 Seiten, Franz. Broschur, Fadenheftung
ISBN 3-935300-28-x
Euro 25,90 / CHF 46,-

Was haben Warnungen vor Computerviren, die Ängste vor einem weltumspannenden Terrorismus oder Meldungen vor einer neuen hochansteckenden Krankheit miteinander gemeinsam?

Profund und konzis entwickelt der italienische Philosoph Roberto Esposito den Begriff ›Immunität‹ als ein Grundparadigma an den Schnittstellen von Medizin, Politik und Recht, das heute mehr denn je an Gültigkeit gewinnt. Denn: Je stärker das Gefühl des Ausgesetztseins gegenüber dem Risiko von Infiltration und Ansteckung durch von außen kommende Elemente wird, desto mehr zieht sich das Leben des Einzelnen wie der Gesellschaft in das Innere der eigenen, schützenden Grenzen zurück.

Die Option einer solchen Immunisierung hat freilich einen hohen Preis: ebenso wie der Körper des Einzelnen kennt auch der Kollektivkörper die »Impfung« durch das von außen kommende Übel selbst, was bedeutet, es in einer kontrollierten Präventivmaßnahme selbst eindringen zu lassen. Somit kann das Leben dem Zugriff des Todes nur entgehen, wenn es dessen eigenes Prinzip inkorporiert – und dadurch die »Form« des Lebendigen seinem reinen biologischen Überleben opfert.

Roberto Esposito
Communitas
Ursprung und Wege der Gemeinschaft

224 Seiten, Franz. Broschur, Fadenheftung
ISBN 3-935300-29-8
Euro 24,90 / CHF 43,-

Vom amerikanischen Kommunitarismus bis zur Philosophie und Ethik der Kommunikation basiert das Denken der Gemeinschaft auf der unreflektierten Annahme, daß die Gemeinschaft eine »Eigenschaft« bzw. »Eigentum« der Subjekte sei, die sie vereint – Gemeinschaft wird begriffen als ein Ganzes, als Gesamtheit des sozialen Körpers, und das Gemeinsame bzw. Gemeinschaftliche als ein Wert, eine Essenz, eine Errungenschaft, derer man sich rühmt, oder als ein Verlorengegangenes, das beklagt wird.

Esposito distanziert sich von diesen Mustern des modernen politischen Denkens, um zum Ursprung der Sache selbst zurückzugehen – zur etymologischen Herkunft des Wortes »communitas/ communis« als »cum munus«. Aus »munus« – im Sinne von Bürde, Verpflichtung, Gabe, Amt – geht die Gemeinschaft hervor: an ihrem Grund erweist sich, daß sie durchaus kein Besitz, kein Territorium ist, das es zu verteidigen gilt. Ihr dunkler Kern ist vielmehr ein Mangel: etwas Auszufüllendes, eine geteilte Verpflichtung, ein von allen zu Erbringendes – etwas, das stets noch aussteht. »Im-munitas« (als Schutzmechanismus) und »Com-munitas« erscheinen als die Leitbegriffe dieser grundlegenden Ambivalenz zwischen Gabe und Schuld, Geteiltem und Bedrohlichem, die die Gemeinschaft seit Anbeginn prägt.

Jean-Luc Nancy
singulär plural sein

176 Seiten, Franz. Broschur, Fadenheftung
ISBN 3-935300-22-0
Euro 22,90 / CHF 40,00

Ko-Existenz und Mit-Sein sind die fundamentalen Kategorien eines Denkens, das sich – angesichts der schrecklichen Realität der Kriege und Bürgerkriege – der dringlichen Notwendigkeit eines Seins-in-der-Gemeinschaft zu stellen vermag.

»Meiner Ansicht nach ist das erste Erfordernis, das überkommene Verständnis des ›Gemeinsamen‹ und der ›Gemeinschaft‹ unter Vorbehalt zu stellen. Auf dieser Grundlage können wir beginnen zu verstehen, daß das ›Sein-in-der-Gemeinschaft‹ kein gemeinsames Sein ist und daß es anders zu analysieren ist, zum Beispiel als ›Zusammen-Sein‹ oder ›Mit-Sein‹. Die Hauptfrage ist, wie die Politik als eine Nicht-Totalität zu denken ist, und das heißt anders denn als Unterordnung der gesamten Existenz. Zwischen der Ontologie des Mit-Seins und der Politik darf es keinen begründenden Zusammenhang geben und auch keinen solchen des Ausdrucks. Die Politik darf also nicht die Totalität des Mit-Seins zum Ausdruck bringen. Wenn im Gegensatz dazu das Sein des Mit-Seins wesentlich ein plurales ist (singuläre Existenzen und singuläre Ordnungen, Künste, Körper, Gedanken...), dann muß die Politik das sein, was die Gerechtigkeit in der Vielheit und Vielfältigkeit garantiert, aber sie darf keine Aufhebung des Mit-Seins sein.«

Mit »singulär plural sein« liegt Nancys vielleicht einflußreichstes Werk nun endlich auch in deutscher Übersetzung vor.

Jean-Luc Nancy
Die Erschaffung der Welt oder die Globalisierung

152 Seiten, Franz. Broschur, Fadenheftung
ISBN 3-935300-21-2
Euro 19,90 / CHF 33,90

Die in diesem Band versammelten Texte kreisen aus unterschiedlichen Perspektiven um die philosophische Dimension der Globalisierung, der dominierenden geopolitischen Entwicklung unserer Zeit.

Im Rückgriff auf so unterschiedlichen Denker wie Marx, Lyotard, Foucault und Heidegger werden deren Gefahren und Möglichkeiten ausgelotet, darüber hinaus bildet die »Globalisierung« oder »Die Erschaffung der Welt« den Hintergrund für Nancys Auseinandersetzung mit zentralen Begriffen des politisch-philosophischen Denkens, wie etwa Souveränität, Wert und Gerechtigkeit. Gegen die aktuellen Entwicklungen des globalen Kapitalismus setzt Nancy eine Reflexion über unsere Vorstellungen von Welt, Gemeinschaft und Produktion, die er jenseits einer endgültigen Bestimmbarkeit und einer ökonomischen Logik der allgemeinen Verfüg- und Austauschbarkeit zu denken versucht.

Als einer seiner anspruchsvollsten Vertreter setzt Jean-Luc Nancy das Projekt eines ›political turn‹ der Dekonstruktion fort und liefert dem Verständnis einer zukünftigen Gesellschaft und Politik entscheidende Anstöße.

Emmanuel Lévinas
Verletzlichkeit und Frieden. Schriften über die Politik und das Politische

224 Seiten, Franz. Broschur, Fadenheftung
ISBN 3-935300-59-x
Euro 24,90 / CHF 43,00

Lévinas' Schriften über das Politische bringen eine doppelte Dringlichkeit zum Ausdruck: Die erste betrifft die Frage der Gewalt und des Krieges, die die Politik zu beherrschen scheinen. Die zweite, die philosophisch nicht weniger dringlich ist, ist diejenige der Legitimität des Politischen, die nicht allein aus der Gewalt oder aus der Verschiebung dieser Gewalt hervorgehen kann.

In den hier versammelten Texten aus über 40 Jahren spricht Emmanuel Lévinas die Themen des Totalitarismus, des Krieges und der Verletzlichkeit der Menschen, aber auch der Gerechtigkeit, der Menschenrechte und der Legitimität der politischen Institutionen an. Er schreibt über die Hoffnungen und die Gefahren, die er mit dem Staat Israel verbindet, und im allgemeinen über die schwierige Zusammenkunft des jüdischen Anspruchs nach Gerechtigkeit und der griechischen Kategorien des Politischen.

Aus einer neuen Perspektive und mit einem kompromißlosen Anspruch stellt Emmanuel Lévinas die alte, doch stets neu zu stellende Frage nach der Beziehung zwischen Ethik und Politik. »Es ist nicht unwichtig zu wissen – und dies ist vielleicht die europäische Erfahrung des zwanzigsten Jahrhunderts – ob der egalitäre und gerechte Staat, in dem sich der Europäer vollendet – und den es einzurichten und vor allem zu bewahren gilt – aus einem Krieg aller gegen alle hervorgeht oder aus der irreduziblen Verantwortung des einen für den anderen und ob er die Einzigartigkeit des Antlitzes und der Liebe ignorieren kann. Es ist nicht unwichtig, dies zu wissen, damit der Krieg nicht zur Einrichtung eines Krieges mit gutem Gewissen im Namen der historischen Notwendigkeiten wird.«

Pascal Delhom, Alfred Hirsch (Hg.)
Im Angesicht der Anderen
Lévinas und das Denken des Politischen

290 Seiten, Broschur
ISBN 3-935300-70-0
Euro 29,90 / CHF 51,50

Gibt es eine Beziehung zwischen Ethik und Politik? Emmanuel Lévinas gibt eine so eindeutige wie ungewöhnliche Antwort: Die Politik mag ihre Notwendigkeit dem Problem der Gewalt zwischen den Menschen entnehmen, ihre Legitimität findet sie nur im Verweis auf eine Ethik der absoluten Verantwortung für den Anderen. Dabei scheint die Levinassche Ethik meistens sehr fern von aller politischen Sorge. Der Andere ist keine Kategorie des Seins, er gehört nicht zur Welt, sondern ruft von jenseits des Seins und stört die Ordnung der Welt und des Lebens. Die Ethik führt jedoch zur Politik, die wiederum nur in der Ethik ihre Legitimität finden kann.

Die Beiträge des Bandes stellen diese in Deutschland noch zu wenig beachtete Dimension der Philosophie Lévinas' dar und setzen sich kritisch mit ihr auseinander. Gemeinsam ist ihnen, daß sie deren Relevanz für das Denken des Politischen im allgemeinen sowie für die sehr aktuellen Diskussionen über die Menschenrechte, die Gerechtigkeit und die Legitimität der Demokratie anerkennen.

Sarah Kofman
Die Verachtung der Juden.
Nietzsche, die Juden, der Antisemitismus

102 Seiten, Franz. Broschur, Fadenheftung
ISBN 3-935300-11-5
Euro 13,90 / CHF 23,40

Auf der Basis präziser Lektüren erarbeitet Sarah Kofman eine differenzierte und sehr persönliche Sicht auf Nietzsches Verhältnis zum Judentum.

Wie Kofman zeigt, entwickelt Nietzsche mit Blick auf die jüdische Konzeption der Gottheit und den historischen Bezug zum Christentum sowie in Hinsicht auf die Ambivalenz zwischen Selbsthaß und Glauben an die eigene Auserwähltheit ein überaus komplexes Bild des Juden. Begriffe des »genealogischen Historikers« Nietzsche wie ›Rasse‹, ›Übermensch‹ und ›Wille zur Macht‹ erscheinen so in einem neuen Licht.

Darüber hinaus bietet diese späte Schrift einen Zugang zu wichtigen, bislang noch wenig beachteten Aspekten im Werk Sarah Kofmans.

Anne von der Heiden
Der Jude als Medium
»Jud Süß«

336 Seiten, Broschur, 12 Abbildungen
ISBN 3-935300-72-7
Euro 34,90 / CHF 60,00

Die unbegriffenen Widersprüche der Gesellschaft scheinen notwendig die Figur des Juden hervorzubringen, auf den sich die Widersprüche so zurückführen lassen, als hätte er selbst sie verursacht. Über Jahrhunderte zeichnete dieser Komplex »den Juden« aus. Das Bild des Juden als politischem Vampir, der das Land aussaugt, prägt das 18. Jahrhundert – korrespondierend zur neuen Staatsallegorie des Körpers sowie zur Analogie von Blutkreislauf und Ökonomie. Als »Nosferatu des Vorkapitalismus« wird »Jud Süß« zum Übertragungsobjekt für die Ängste gegen die Modernisierung. Das »Ahasverische« und »Wesenlose« macht ihn in der Moderne zum gefährlichen Zauberer, der die Verwandtschaft aller Dinge initiiert und kontrolliert.

Die medienwissenschaftlich orientierte Studie beginnt mit der Historie des »Jud Süß«, einer der bekanntesten Figuren der europäischen Kulturgeschichte. Von der Hetzkampagne gegen den erfolgreichen Hofjuden und Finanzexperten Josef Süß Oppenheimer über die literarischen Werke Hauffs und Feuchtwangers bis hin zu Veit Harlans Film analysiert die Autorin fundamentale kulturelle Strukturen, die die westliche Welt zur symbolischen Administration des »Jüdischen« bereithält.

Serge Latouche
Die Unvernunft der ökonomischen Vernunft

230 Seiten, Gebunden mit Schutzumschlag
ISBN 3-935300-49-2
Euro 24,90 / CHF 42,30

Die Allmacht des Ökonomischen geht einher mit einer Vernunft, die im Streben nach möglichst unbegrenztem Wachstum und maximaler Effizienz auf reine Rationalisierung, Vereinheitlichung und Organisation ausgerichtet ist. Deren negative Aspekte wachsen sich zu chaotischen Exzessen aus, die Alltag geworden sind: BSE und andere Tierseuchen, Brandrodung, riesige vom Erdöl zerstörte Gebiete, monströse Verkehrsszenarien: Manifestationen einer Vernunft, die zum Wahn geworden ist.

Wie angesichts dessen nicht irrationalen Reflexen und endzeitlichen Ängsten verfallen, sondern zu einer anderen Vernunft, einer Weisheit ökonomischen Handelns finden, aus der ein Gegenmodell erwachsen könnte?

Der französische Sozial- und Wirtschaftswissenschaftler Serge Latouche findet die Strategien einer anderen ökonomischen Vernunft in einer informellen Ökonomie, deren Basis nicht Markt und Gewinn sind, sondern vielmehr der Tausch und die Gabe, wo der Akt des Aushandelns, das Gespräch, das Palaver im Mittelpunkt stehen. Zentral ist dabei immer wieder die Begegnung mit dem Anderen der Globalisierung: den lokalen Ökonomien in Afrika, China und Indien. Im Rückgriff auf eine Ethik der Gabe in der Nachfolge von Marcel Mauss und auf eine »mediterrane« Klugheit und Vorsicht im Zeichen des Sozialen hält Latouche ein wortgewaltiges und überzeugendes Plädoyer für das ökonomisch »Irrationale«.

Olivier Razac
Politische Geschichte des Stacheldrahts

104 Seiten, Broschur
ISBN 3-935300-31-x
Euro 12,90 / CHF 22,70

Um drei historische Zeitabschnitte – die Ausrottung der nordamerikanischen Indianer, den ersten Weltkrieg, das Konzentrationslager der Nazis – gruppiert der junge Philosoph Olivier Razac seine ebenso faszinierende wie beklemmende Studie über den Stacheldraht.

Im 19. Jahrhundert gebrauchten die Kolonisatoren des nordamerikanischen Westens den Stacheldraht als zivilisatorische Waffe zum Schutz der Rinderherden vor wilden Tieren und Indianern und um Besitzansprüche zu markieren und durchzusetzen. Stacheldrahtverhaue markierten das unzugängliche Niemandsland zwischen den Schützengräben des Ersten Weltkrieges. Die Verwaltung des Raumes durch den Stacheldraht erreicht schließlich mit dem Konzentrationslager ihre grauenvollste Gestalt. Als Instrument totalitärer Macht dient er der absoluten Beherrschung menschlicher Existenz und zieht die Linie zwischen Leben und Tod.

In Anlehnung an Foucault und Agamben legt Razac prägnant und einleuchtend die Mechanismen von Einschluß und Ausschluß, Schutz und Gewaltanwendung bloß, in deren Rahmen der Stacheldraht die politische Beherrschung des Raums und der Menschen ermöglicht. Eine gerade Linie zeichnet sich ab, die bruchlos von der amerikanischen Prärie über die Mandschurei, Verdun, Dachau bis nach Guantanamo und vor die Schutzwälle der heutigen Ersten Welt führt.

Joseph Vogl
Kalkül und Leidenschaft
Poetik des ökonomischen Menschen

390 Seiten, Broschur
ISBN 3-935300-46-8
Euro 25,00 / CHF 42,50

Unter der Vielzahl ›neuer Menschen‹, die das anthropologische Experimentierfeld der Moderne hervorgebracht hat, hat einzig der ökonomische Mensch überlebt ... Grund genug, diesen Typus, seine Herkunft und seine Konjunktur zum Gegenstand einer historischen Analyse zu machen.

Joseph Vogls Studie untersucht die weitläufigen Austauschverhältnisse zwischen Ökonomie, politischer Theorie, Anthropologie und Literatur bzw. Ästhetik und schlägt einen Bogen vom Barock über die Aufklärung und Romantik bis in die ersten Jahrzehnte des 19. Jahrhunderts.

Es geht dabei um eine Poetologie des Wissens, die die diskursiven Strategien einer ökonomischen Wissenschaft ebenso verfolgt wie die ökonomische Durchdringung literarischer Formen, ein Wechselverhältnis von ökonomischem Text und textueller Ökonomie. Gemeinsam ergeben sie jene Szene, die der ›homo oeconomicus‹ bis auf weiteres beherrscht: als jenes Exemplar, das sich angeschickt hat, nichts Geringeres als der Mensch schlechthin zu werden.

»*Ein Buch, das seine Leser dazu verführt, gleich nach der Lektüre noch einmal von vorn zu beginnen.*« *(Frankfurter Rundschau);* »*Eine brillante Studie*« *(Die ZEIT);* »*Selten ist die Diskursgeschichte so auf Augenhöhe mit den literarischen Kronzeugen wie hier*« *(Süddeutsche Zeitung).*